이한우의

태종실록

재위 5년

새로운 해석, 예리한 통찰

이한우의 태종실록

재위 5년

이한우 옮김

삶과 세계에 대한 뿌리 깊은 지혜, 그 치밀한 기록

2001년부터 2007년까지 7년 동안 『조선왕조실록』을 완독했으니 올해가 바로 완독을 끝마친 지 10년이 되는 해다. 그동안 관심은 사서삼경을 거쳐 진덕수(眞德秀)의 『대학연의(大學衍義)』, 『심경부주(心經附註)』에 이어 지금은 『문장정종(文章正宗)』 그리고 반고(班固)의 『한서(漢書)』 번역으로 확장돼왔다.

원점인 2001년으로 돌아가보자. 나는 왜 『조선왕조실록』을 다 읽기로 결심한 것일까? 그것은 다름 아닌 선조들의 정신세계를 탐구해 우리의 정신적 뿌리를 확인해보려는 것이었다. 그런데 정작 7년간의 실록 읽기가 끝났을 때는 이룬 것보다 앞으로 해야 할 일이 많음을 깨달았다. 우리 선조들의 뛰어난 능력과 치열했던 삶의 태도를 확인했지만 그 뿌리를 제대로 알지 못했던 것이다. 그래서 완독을 끝내자마자 시작한 것이 한문(漢文) 공부다. 위에서 언급한 책들은 한문공부를 마치고서 우리나라에 번역되지 않은 탁월한 한문책들을 엄선해 우리말로 옮긴 것이다. 이때 중요한 것은 '우리말'이다.

우리말이란 대한민국에서 일정한 교육을 받은 사람들이 편안하게쓰는 말을 뜻한다. 과도한 한자 사용을 극복하고 지나친 순우리말또한 일정하게 거리를 뒀다. 그리고 쉬운 말로 풀어 쓸 수 있는 한자어는 가능한 다 풀어냈다. 그래서 나는 '덕(德)'이라는 말은 '은덕(恩

德)'이라고 할 때 외에는 쓰지 않는다. '다움'이 우리말이다. 부덕(不德)도 그래서 '부덕의 소치'라고 하지 않고 '임금답지 못한 때문'이라고 옮긴다.

특히 정치를 다룬 역사서에서 중요한 용어가 '의(議)'와 '논(論)'이다. 그런데 실록 원문에서는 분명히 이 둘을 엄밀하게 구분해 '의지(議之)', '논지(論之)'라고 표현했는데, 번역 과정에서 의(議)도 의논이라고 번역하고 논(論)도 의논이라 번역하면 이는 원문의 뜻을 크게 왜곡하는 것이다. 의(議)란 책임 있는 의견을 내는 것을 말한다. 의정부(議政府)를 논정부(論政府)라고 해서는 안 되는 것과 같다. 논(論)은 일반적으로 책임을 떠나 어떤 사안에 대한 논리적 진단을 하는 것이다. 오늘날 '논객(論客)'이 그런 경우다. 그러나 '의객(議客)'이란 말은 애당초 성립할 수가 없다. 다만 법률과 관련해서는 의(議)보다 논(論)이 중요하다. 그래서 '논죄(論罪)'나 '논핵(論劾)'이라는 말은 현실적 구속력을 갖는다. 재판은 의견을 내는 것이 아니라 기존 법률에 입각해 죄의 경중을 논리적으로 가려내는 일이라는 점에서 논(論)이지 의(議)가 아닌 것이다. 이처럼 기존의 실록 번역은 예나 지금이나 정치에서 대단히 중요한 역할을 할 수밖에 없는 의(議)와 논(論)을 전혀 구분하지 않아 의미를 제대로 전달하지 못한다. 사실

이런 예는 일일이 거론하기 힘들 만큼 많다.

　이런 우리말화(化)에 대한 생각을 직접 번역으로 구현해내면서 다시 실록을 읽어보았다. 기존의 공식 번역은 한자어가 너무 많고 문투도 1970년대 식이다. 이래가지고는 번역이 됐다고 할 수가 없다. 게다가 너무 불친절해서 역주가 거의 없다. 전문가도 주(註)가 없으면 정확히 읽을 수 없는 것이 실록이다. 진덕수의『문장정종』번역을 통해한문 문장의 문체에 어느 정도 눈을 뜨게 된 것도 실록을 다시 번역해야겠다는 결심을 부추겼다. 특히 실록의 뛰어난 문체가 기존의 번역 과정에서 제대로 드러나지 못했다는 인식이 있었기 때문에 이 점을 개선하는 데 많은 노력을 쏟았다. 그리고 사소한 오역은 그냥 두더라도 심한 오역은 주를 통해 바로잡았다. 누구를 비판하려는 것이아니라 미래를 향한 개선의 기대를 담은 것이다.

　물론 이런 언어상의 문제 때문에 실록 번역에 뛰어든 것은 아니다. 실은 삶에 대한, 그리고 세계에 대한 깊은 지혜를 얻고 싶어서다. 이런 기준 때문에 여러 왕의 실록 중에『태종실록(太宗實錄)』을 번역하기로 결심했다. 일기를 포함한 모든 실록 중에서『태종실록』이야말로어쩌면 오늘날 우리에게 반드시 필요한 지혜를 담고 있는지 모른다고 생각했기 때문이다.

지난 10년간 사서삼경과 진덕수의 책들을 공부하고 옮기는 과정에서 공자의 주장에 대해 새롭게 눈뜰 수 있었다. 그것은 다름 아닌 '일[事]'의 중요성이다. 성리학이 아닌, 공자의 주장으로서의 유학은 리더가 일하는 태도를 가르치는 이론이다. 기존의 학계는 성리학의 부정적 영향 때문인지 유학을 철학의 하나로만 국한해서 가르치는 경향이 있다. 그러나 내가 공부한 바에 따르면 공자는 리더의 바람직한 모습 그리고 그런 리더가 되기 위한 수양 과정을 지독할 정도로 치밀하게 이야기하고 가르쳤던 인물이다.

　이런 깨우침에 기반을 두고서 이번에는 공자가 제시했던 지도자상을 태종이 얼마나 체화하고 구현했는지를 확인하고 싶었다. 이런 부분들을 주를 통해 드러낼 것이다. 그렇게 할 때 경학과 역사가 통합된 경사(經史) 통합적인 공부가 될 수 있다.

　그렇다면 '왜 세종이 아니고 태종인가?'라는 질문을 던질 수 있겠다. 물론 세종의 리더십을 탐구하는 것도 대단히 중요하다. 그러나 그의 아버지 태종의 리더십을 충분히 탐구하지 않으면 세종에 대한 탐구는 피상적인 데 그칠 우려가 있다. 따라서 이 작업은 추후 세종의 리더십을 제대로 탐구하기 위한 기초 작업이기도 하다는 점을 밝혀둔다.

이 책에는 새로운 시도가 담겨 있다. '실록으로 한문 읽기'라는 큰 틀에서 번역을 진행했다. 월 단위로 원문과 연결 독음을 붙인 것도 그 때문이다. 번역문 중에도 어떤 말을 번역했는지를 대부분 알 수 있게 표시했고 번역 단위도 원문 단위와 거의 일치하기 때문에 어떤 문장을 어떻게, 심지어 어떤 단어를 어떻게 옮겼는지를 남김없이 알 수 있도록 했다. 물론 '착할 선(善)', '그 기(其)', '오를 등(登)' 수준의 뜻풀이는 생략했다. 아무런 의미가 없기 때문이다. 이러한 장치를 통해 조금이라도 살아 있는 한문을 익히고 우리 역사와 조상들의 사고방식을 가까이하는 데 도움이 되기를 바란다.

역주는 워낙 방대한 작업이기 때문에 앞에서 언급했다고 해서 다시 언급하지 않는 것이 아니라 그때그때 필요하면 중복되더라도 다시 달았다. 편집의 아름다운 완결성을 다소 희생하더라도 독자들의 읽는 재미와 속도를 감안했기 때문이다.

재위 1년 단위로 한 권씩 묶어 태종의 재위 기간 18년-18권을 기본으로 하고, 태조와 정종 때의 실록에 있는 기록과 세종 때의 실록에 담긴 상왕으로서의 기록을 묶은 2권을 별권으로 삼아 모두 20권으로 구성했다. 이를 통해 우리 사회에 태종의 리더십에 대한 제대로된 탐구가 시작되기를 기대한다.

21세기북스 김영곤 대표의 결단이 없었다면 이 책은 세상에 나오지 못했을 것이다. 이 자리를 빌려 깊이 감사드린다. 더불어 계획 초기부터 함께 방향을 고민했던 정지은 팀장과 편집 실무자들에게도 고맙다는 말을 전한다. 해박한 지식과 한문 실력으로 이번 작업을 도와준 주태진 편집위원께도 감사드린다. 그리고 함께 공부하는 즐거움을 누리고 있는 우리 논어등반학교 대원들께 진심으로 고맙다는 말을 전하고 싶다. 마지막으로 내 글쓰기 작업의 원동력인 가족들에게도 깊은 감사를 올린다.

2017년 12월 서울 상도동 보심서실(普心書室)에서

탄주(灘舟) 이한우

| **일러두기** |

1. 실록은 무엇보다 인물과 역사적 배경이 중요하기 때문에 문맥에서 필요한 범위 내에서 충실하게 주(註)를 달았다.

2. 기존의 번역 중 미세한 오역이나 번역이 누락된 경우는 번역의 어려움을 감안해 지적하지 않았지만 중대한 오역이거나 향후 한문 번역에서 같은 잘못이 반복될 수 있다고 판단되는 경우에는 주를 통해 지적했다.

3. 간혹 역사적 흐름에 대한 설명이 필요한 경우 간략한 내용을 주로 달았다. 그러나 독자들의 해석과 평가에 영향을 미치지 않도록 최소한의 범위에서만 언급했다.

4. 『논어(論語)』를 비롯해 동양의 고전들을 인용한 경우가 많은데 기존의 번역에서는 출전을 거의 밝히지 않았다. 그러나 당시 우리 선조들이 실제 정치를 행사하는 데 고전의 도움을 얼마나 받았는지를 알려면 그들의 말과 글 속에 동양 고전들이 얼마나 자연스럽게 녹아 있는지를 살피는 것이 중요하다. 하여 확인 가능한 고전 인용의 경우 주를 통해 그 전거를 밝혔다.

5. 분량이 워낙 방대하기 때문에 설사 앞서 주를 통해 언급한 바 있더라도 다시 찾아보는 번거로움을 덜기 위해 중복이 되더라도 다시 주를 단 경우가 있음을 밝혀둔다.

6. '원문 읽기를 위한 도움말'의 경우 단조로운 문장은 그대로 두고 한문 문장의 독특한 구조를 보여주는 구문에 초점을 맞췄다.

7. 한자는 대부분 우리말로 풀어쓰고 대괄호([ ]) 안에 독음과 함께 한자를 표기했다. 그래서 '천명(天命)'이라고 표기한 경우도 있지만 대부분 '하늘의 명[天命]'이라는 방식으로 표기했다. 또한 한자 단어의 경우 독음을 붙여쓰기로 표기하여 한문 문장을 이해하는 데 도움이 되고자 했다.

8. 문단 맨 앞의 'ㅇ' 표시는 같은 날 다른 기사임을 구분한 것이다.

태종 5년 을유년
1월

一月

무술일(戊戌日-1일) 초하루에 상이 제(帝)에게 정삭(正朔-정월 초하루)을 하례했다. 여러 신하의 조하(朝賀)를 정지시켰다. 춘향(春享)[1]을 위한 재계(齋戒)를 하는 중이었기 때문이다. 2품 이상을 의정부에 모이게 해 연회를 열어주었다.

기해일(己亥日-2일)에 상이 태상전에 조알하여 헌수(獻壽)[2]하고 밤에 돌아왔다.

경자일(庚子日-3일)에 나무에 성에가 꼈다.

○ (명나라) 조정 사신(使臣) 천호(千戶) 고시라(高時羅) 등이 성지(聖旨)를 받들고 오도리(吾都里) 지역[地面]에 이르렀다. 길주안무사(吉州安撫使)가 보고하여 말했다.

'사신 고시라(高時羅) 등이 성지(聖旨-황제의 명)를 펴서 읽으려고 하니 오도리 만호(吾都里萬戶) 동맹가첩목아(童猛哥帖木兒)가 칙명(勅命)을 맞이하지 않고 말하기를 "범칭(汎稱)하여 오도리위(吾都里衛)라고만 하고 만호(萬戶)의 이름을 기록하지 아니했으니 어찌 칙명을 맞

---

1   종묘에서 봄에 올리는 제사다.
2   장수를 비는 술자리를 말한다.

이하겠습니까?"라고 했습니다. 그러자 사신들이 그를 꾸짖어 말하기를 "조선(朝鮮)을 경유해 온 사신 두 사람이 오음회(吾音會)[3]와 그 북쪽 아이아(阿伊兒)·주을거(朱乙巨)·하대(何大) 등지에서 회도이 올량합(會道伊兀良哈) 3위(衛), 호라호 올적합(好羅乎兀狄哈) 2위(衛), 사하음 올적합(沙河飮兀狄哈) 1위(衛) 및 건주위(建州衛) 등지의 7위(衛)를 대접했다. 또 황제께서 도사(都司)를 보내 군사를 거느리고 소주(燒酒) 100병과 조선의 말 30필을 가지고 와서 7위(衛)와 더불어 칼을 갈아 동맹(同盟)하고, 말 30필을 어허출(於虛出) 참정(參政)에게 하사하게 하셨으니 이제 와서 너 만호(萬戶)가 순종하지 않는 것이 옳겠느냐?"라고 하자 맹가첩목아가 사신을 보고 예(禮)를 행하지 아니하며 말하기를 "내 이름을 기록하지 않았는데 무엇 때문에 몸을 굽히겠습니까?"라고 했습니다. 그랬더니 그 어미와 그의 관하(管下) 백성들이 모두 옳지 않다 하며 말하기를 "만약 성지(聖旨)를 좇지 아니하면 제가 반드시 조선에 칙명(勅命)하여 경사(京師)로 잡아가기를 임팔랄실리(林八剌失里)와 같이 할 것이니 옳지 못하지 않겠습니까?"라고 하자 맹가첩목아가 노하여 꾸짖고 마침내 순종하지 않았습니다. 천호(千戶) 등은 반인(伴人) 10여 명을 거느리고 지난달 20일에 오음회에 이른 것입니다.'

신축일(辛丑日-4일)에 강풍이 불기 시작해 사흘 동안 계속됐다.

---

3 함경도 회령(會寧)이다.

임인일(壬寅日-5일)에 햇무리가 졌다.

갑진일(甲辰日-7일)에 태일신(太一神)에게 초제(醮祭)를 지냈다.

○ 대호군(大護軍) 이유(李愉, 1365~1423년)⁴를 동북면(東北面)의 오음회(吾音會)에 보내 동맹가첩목아를 일깨우고 타일러 상황에 맞춰 일을 마땅하게 잘 처리하라고 했다. 표리 단의(表裏段衣) 1령(領-벌)을 내려주고, 올량합 만호(兀良哈萬戶) 유파을소(劉波乙所)에게는 표리(表裏)를 내려주었다.

을사일(乙巳日-8일)에 부모를 뵈러 갔던 환자(宦者) 김희, 박린, 이성 등이 그들의 고향에서 돌아왔다.

○ 골을간 올적합 만호(骨乙看兀狄哈萬戶) 김두칭개(金豆稱介)와 겸진 올적합 만호(兼進兀狄哈萬戶)⁵ 동난(童難) 등에게 옷 한 벌과 신발, 갓, 은대(銀帶) 하나씩을 내려주고 또 반인들에게도 면포(綿布)와 저포(苧布)를 차등 있게 내려주었다.

○ 고(故) 세자(世子) 이방석(李芳碩)의 빈(嬪) 심씨(沈氏)⁶에게 쌀과 콩을 아울러 50석을 내려주었다.

---

4 1382년(우왕 8년) 문과에 급제했으나 조선왕조가 들어서자 시골에 은거하며 지내다가 하륜(河崙)의 간청으로 벼슬길에 나아갔다. 1405년(태종 5년) 대호군(大護軍)으로 여진족을 정벌했고 이후 형조참의, 상주목사 등을 지냈다. 1418년(태종 18년) 사은사(謝恩使)로 명나라를 다녀오면서 옷감을 들여와 옷 색깔만으로도 직위를 구분할 수 있도록 조정 중신들의 관복을 만들었다. 이듬해 형조참판을 거쳐 함길도 도관찰사로 임명돼 여진족 정벌에 공을 세웠고 1423년(세종 5년) 세상을 떠났다.
5 겸진(謙眞)이라고도 하고 혐진(嫌進)이라고도 한다.
6 심효생의 딸이다.

무신일(戊申日-11일)에 검교 호조전서(檢校戶曹典書) 유담(柳湛)[7]의 직(職)을 깎았다[削]. 사간원에서 소(疏)를 올렸는데 대략 이러했다.

'본조(本朝)의 검교직(檢校職)[8]은 훈구지친(勳舊之親)으로 말미암아 있는 것인데 이제 맹인(盲人) 유담(柳湛)을 검교 호조전서로 삼았습니다. 돈 받고 점치는[賣卜] 사람을 훈친(勳親)의 반열(班列)에 있게 하는 것은 벼슬을 마련한 뜻에 어그러질[乖] 뿐만 아니라 또한 후세(後世)에 드리울 법(法)에도 이지러짐이 있으니[有虧], 청컨대 그 벼슬을 거두어 작상(爵賞-벼슬을 내리거나 상을 주는 것)의 공명정대함을 보이셔야 합니다. 만약 작은 공[微功]이라도 있다면 곡식과 비단으로 상을 줌이 옳습니다.'

윤허하지 않았다가 다시 청하니 마침내 이에 따랐다. 담(湛)은 곧 맹승(盲僧) 선명(善明)인데 점[卜筮]을 잘 치기 때문에 이름이 났다.

기유일(己酉日-12일)에 사헌부에서 중외(中外)에 술을 금(禁)하도록 청하니 공사(公私)의 연회에서의 음주[宴飮]만을 금하라고 명했다.

경술일(庚戌日-13일)에 의안대군(義安大君) 화(和), 영안군(寧安君) 양우(良祐), 완산군(完山君) 천우(天祐), 한천군(漢川君) 조온(趙溫, 1347~1417년)[9] 등을 불러 내루(內樓)에서 잔치를 베풀었다.

---

7 태종의 장인 여흥부원군 민제(閔霽)의 바둑 벗이었다.
8 고려 말 조선 초에 높은 벼슬자리를 정원(定員) 외에 임시로 늘리거나, 실지(實地) 사무(事務)를 보지 않고 이름만 가지고 있게 할 때 그 벼슬 이름 앞에 붙이던 명칭이다.
9 할아버지는 판서 돈(暾)이고, 아버지는 용원부원군(龍原府院君) 인벽(仁璧)이다. 어머니

임자일(壬子日-15일)에 관제(官制)를 고쳤다. 국초(國初)에는 전조(前朝-고려)의 구제(舊制)를 이어받아 의정부(議政府)[10]가 각사(各司)

는 환조(桓祖-이성계의 아버지인 자춘(子春))의 딸이다. 어려서부터 외삼촌인 이성계를 유달리 섬겼고, 1388년(우왕 14년) 위화도회군 때 이조판서로 회군에 참여해 회군공신에 책록됐다. 이후 밀직부사를 거쳐 1392년(공양왕 4년) 이성계 추대에 공을 세워 개국공신 2등으로 평양윤(平壤尹)에 임명되고 한천군(漢川君)에 봉해졌다. 1393년(태조 2년) 서북면 도순문사로 수주(隋州)에 쳐들어온 왜구를 격파했고 연의주도(鍊義州道)의 장정들을 군적(軍籍)에 등록시켜 군사력 강화를 꾀했다. 1398년 1차 왕자의 난에 친군위도진무(親軍衛都鎭撫)로서 이방원(李芳遠)의 집권을 도와 그 공으로 정사공신(定社功臣) 2등이 됐다. 중추원사를 거쳐 의흥삼군부좌군동지절제사(義興三軍府左軍同知節制使), 상의문하부사(商議門下府事)를 역임했다. 1400년(정종 2년) 2차 왕자의 난 때 문하부 참찬사로서 방간(芳幹)의 난을 평정하는 데 공을 세웠다. 이해 상왕의 명으로 1차 왕자의 난 때 정도전(鄭道傳) 등을 죽인 죄로 완산부에 유배됐다가 곧 풀려나와 삼사좌사(三司左使)에 올랐다. 1401년 태종이 즉위하자 의정부 참찬사로서 좌명공신(佐命功臣) 4등에 책록돼 부원군(府院君)에 진봉되고 이해 성절사(聖節使)로 명나라에 다녀왔다. 1402년 의정부 찬성사, 동북면 찰리사(東北面察理使)를 지냈다.

10 조선시대 정1품아문(正一品衙門)으로 최고행정기관으로서 백관(百官)을 거느리고 일반정사를 공평히 하며 음양을 섭리하고 국가를 경영하는 관청이다. 국초에는 고려의 제도를 계승하여 도평의사사(都評議使司)를 두고 문하부(門下府), 삼사(三司), 중추원(中樞院)의 종2품 이상의 관원이 모여 국가의 중대사를 의논하는 회의기관(會議機關)으로 삼았다. 1400년(정종 2년)에 도평의사사를 의정부(議政府)로 개편하고 삼군(三軍)에 관한 일을 맡은 자는 정부에 참여할 수 없게 하여 도총제(都摠制) 이하의 관원은 정부의 일을 겸할 수 없게 되니 의정부는 주로 문하부와 삼사의 합의체가 됐다. 이듬해 1401년(태종 1년)에 문하부를 폐지하고 사간원(司諫院)을 독립시키면서 문하부의 재신(宰臣)으로써 의정부의 관원에 충당하니 의정부는 최초의 합의기관(合意機關)에서 벗어나 행정기관(行政機關)으로 되어 재정(財政)을 맡은 사평부(司平府-삼사(三司)를 개칭한 것) 및 군정(軍政)을 맡은 승추부(承樞府-의흥삼군부(義興三軍府)를 개칭한 것)와 더불어 국무를 분담했다. 그리고 이때 사평부가 호조(戶曹)로, 승추부가 병조(兵曹)로 귀속되면서 의정부의 서무(庶務)를 육조(六曹)에 나눴다.
의정부 관원으로는 영의정(領議政-정1품(正一品)), 좌의정(左議政-정1품(正一品)), 우의정(右議政-정1품(正一品)) 각 1원이 있어 이들을 삼공(三公), 삼대신(三大臣), 삼의정(三議政), 삼정승(三政丞), 삼대(三臺), 대신(大臣), 의정(議政), 정승(政丞) 등이라 부르고 특히 영의정을 수규(首揆)·영규(領揆)·영상(領相)·영합(領閤)·원보(元輔)라 하고, 좌의정을 좌규(左揆)·좌상(左相)·좌대신(左大臣)·좌정승(左政丞)·좌대(左臺)·좌합(左閤)이라 하고, 우의정을 우규(右揆)·우상(右相)·우대신(右大臣)·우정승(右政丞)·우대(右臺)·우합(右閤)이라 했다. 좌우찬성(左右贊成-종1품(從一品))과 좌우참찬(左右參贊-정2품(正二品))이 각 1원씩 있어 그 좌석에 의해 좌우찬성을 동벽(東壁), 좌우참찬을 서벽(西壁)이라 하고,

를 전적으로 총괄하고[專總], 사평부(司平府)는 전곡(錢穀)을 관장하
전총
고, 승추부(承樞府)는 갑병(甲兵-병권 및 군사)을 관장하고, 상서사(尙
瑞司)는 전주(銓注-인사)를 관장하고, (의정부의) 좌우정승(左右政丞)
으로 하여금 (육조의) 판사(判事)를 겸하게 하여 육조(六曹)는 조정의
정치[朝政]에 참여해 정사를 들을 수 없었다. 이때에 이르러 사평부
조정
를 혁파해 호조(戶曹)에, 승추부를 병조(兵曹)에 귀속시켰으며, 동서
반(東西班-문무관) 전선(銓選)을 이조(吏曹)와 병조(兵曹)로 귀속시키
고 의정부의 제반 업무[庶務]를 나눠 육조(六曹)에 귀속시켰다. 육조
서무
에 각각 판서(判書) 1명을 두고 직질(職秩)은 정2품으로 했으며, 전서
(典書)[11]와 의랑(議郞-정4품직) 각각 두 사람씩을 없애고 좌우참의(左
右參議) 각각 하나씩을 두었는데 품계는 통정(通政-정3품 당상)으로
했다.

또 좌우찬성을 이상(貳相), 좌참찬(左參贊)을 삼재(三宰), 우참찬(右參贊)을 사재(四宰)라
했다. 사인(舍人-정4품(正四品)) 2원, 검상(檢詳-정5품(正五品)) 1원이 있어 모두 대신이 천
거했으며 사인에 결원(缺員)이 있으면 검상은 재직연수에 구애되지 않고 승진 임명됐다.
사록(司錄-정8품(正八品)) 1원이 있어 의정부의 천거로 삼관(三館-홍문관(弘文館)·교서관
(校書館)·예문관(藝文館))의 참하(參下-7품(七品) 이하)에게 의수(擬授-삼망(三望)의 천거에
의해 벼슬 임명)했다. 사록의 관장하에 시장색(柴場色), 약색(藥色), 해서색(海西色) 등의
분장(分掌)이 있었다. 1555년(명종 10년)에 비변사(備邊司)가 설치돼 군국(軍國) 중대사를
비변사에서 상의하게 되자 삼의정은 도제조(都提調-위원장)로서 이에 참가하고 의정부의
실권은 비변사로 옮겨져 찬성 이하의 관원은 유명무실한 한직(閑職)이 돼버렸다.

11 1392년(태조 1년) 조선이 건국되면서 조선도 고려시대의 관제를 그대로 계승해 이조·호
조·예조·병조·형조·공조의 육조를 설치하고, 이 육조의 장관을 전서라 했다. 품계는 정
3품이다. 그러나 중앙관청인 육조의 장관이 직위가 낮은 정3품이라 육조는 국사에 깊이
참여하지 못하고 단순한 정무 집행기관의 역할밖에 하지 못했다. 그래서 이때 관제를 개
혁하면서 육조의 전서를 판서로 고치고 정2품으로 승격시켜 의정부(議政府)에서 관장하
던 실권을 맡게 했다. 전서는 이후 다시는 등장하지 않았다.

정랑(正郎)¹²과 좌랑(佐郎) 각각 한 사람씩을 더 두었다. 그리고 상서사(尙瑞司)¹³에 비로소 문무관(文武官)을 교차(交差)¹⁴했는데 다만 보새(寶璽)와 부신(符信)만 관장하게 했을 뿐 겸판사(兼判事)는 두지 않았다. 삼군도총제부(三軍都總制府)에 각각 경력(經歷)과 도사(都事)를 두었고 동부대언(同副代言) 한 사람을 새로 더 두었다. 그 전까지는 대언(代言) 다섯 사람으로 이조(吏曹)·병조(兵曹)·호조(戶曹)·예조(禮曹)·공조(工曹)의 일을 맡게 했고[知=主掌], 다른 관직[他官] 종3품 이상인 사람으로 하여금 형조(刑曹)의 일을 맡게 해 도관(都官)에 나가 앉아서 노비(奴婢)의 소송(訴訟)을 판결했으므로 이를 일러 지부(知部)라고 했다. 이때에 이르러 비로소 대언으로 하여금 형조의 일을 맡게 하고, 형조 우참의(右參議)에게는 오직 도관(都官)의 소송만을 맡게 했다. 가선(嘉善-가선대부)은 비록 종2품의

---

12 1392년(태조 1년) 관제를 제정하면서 육조와 고공사(考功司) 및 도관(都官)에 정랑으로 두었고, 정원은 이조(吏曹)와 고공사는 각 1원, 나머지는 각 2원씩 두었다. 이때 이조·호조·예조·공조에 각 3원, 병조·형조는 각 4원씩 두어 『경국대전(經國大典)』에 그대로 반영됐다. 정랑은 육조의 실무를 관장하여 청요직(淸要職)으로 간주됐으며, 특히 이조·병조의 정랑은 좌랑(佐郎)과 함께 인사행정을 담당하여 전랑(銓郎)이라고 했다. 또한 이들은 삼사(三司) 관직의 임명동의권인 통청권(通淸權)과 자신의 후임자를 추천할 수 있는 재량권이 있어 권한이 막강했으며 이로 인해 붕당의 폐단을 낳기도 했다.

13 주된 기능은 제배(除拜), 부인(符印) 등을 관장하는 것이었다. 고려시대 때 소속 관원으로는 양부(兩府)의 관리가 겸임하는 판사(判事) 4인, 대언(代言)이 겸임하는 윤(尹) 1인, 소윤(少尹) 1인과 타관이 겸직하는 승(丞)·주부(注簿)·직장(直長)·녹사(錄事)가 각 2인이 있었다. 조선 건국 후인 1392년(태조 1년) 7월 판사 4인을 양부에서 겸임하는 것만 고려시대와 같다. 그 밖에 주로 타관이 겸직하던 윤 1인은 정3품, 소윤 1인은 정4품, 승 2인은 정5품, 주부 2인은 정6품, 직장 2인은 정7품, 녹사 2인은 정8품, 서리 6인은 9품 거관(去官)으로 각각 맡게 했다. 이때의 관제개혁으로 좌우정승이 판사를 겸하도록 했다.

14 서로 교차해서 임명하는 것을 말한다.

산관(散官)이 될지라도 육조전서(六曹典書)의 계함(階銜)[15]이 될 수
있었고 외방(外方)의 수령(守令)으로서 벼슬이 정3품에 이른 자 또
한 계함이 될 수 있었다. (그러나) 이날 모두 혁파해 통정(通政)으로
고쳐서 낮췄다.

○ 조준(趙浚)을 의정부 영사(領議政府事), 하륜(河崙)과 조영무(趙
英茂)를 의정부 좌우정승(左右政丞), 권근(權近)을 의정부 찬성사(贊
成事), 이숙번(李叔蕃)을 의정부 참찬사(參贊事), 이직(李稷)을 이조
판서(吏曹判書), 남재(南在)를 병조판서(兵曹判書), 이지(李至)를 호
조판서(戶曹判書), 유량(柳亮)을 형조판서(刑曹判書), 이문화(李文和)
를 예조판서(禮曹判書), 최이(崔迤)를 공조판서(工曹判書), 맹사성(孟
思誠)을 동부대언(同副代言)으로 삼았다. 예조(禮曹)에서 아뢰어 말
했다.

"전조(前朝)에서 송(宋)나라 고사(故事)에 의해 중서령(中書令), 영
첨의(領僉議), 영문하(領門下) 등을 모두 본부(本府)에 앉혀서 서사
(署事)[16]하지 아니하고 오직 조회(朝會) 때에만 압반(押班)[17]하게 했습
니다. 지금의 영의정부사(領議政府事)는 곧 전조(前朝)의 영문하(領門
下)이니 육아일(六衙日)에 본부(本府)에 앉아서 대사(大事)를 결단하
고, 조회(朝會)에 압반(押班)하게 하며, 하례(賀禮)가 있으면 서명(署
名)하여 전(箋)을 올리게 하소서."

---

15 품계에 따른 직함이다.
16 일을 처리한다는 뜻이다.
17 백관(百官)의 반차(班次)를 감찰(監察)하는 일을 가리킨다.

그것을 윤허했다. 또 아뢰었다.

"매일 일을 아뢸[啓事] 적에는 의정부 당상관(堂上官)이 육조(六曹)
의 당상관과 삼군도총제부(三軍都摠制府)의 당상관 및 대간(臺諫)의
각 한 사람씩과 더불어 함께 나아가게 해야 합니다.

하나, 상서사(尙瑞司)는 전(殿)에 앉으실 때와 거둥[動駕]하시는 날
에 보(寶)를 받들고 앞서서 인도하게 하며, 보(寶)를 열 때에는 행수
자(行首者)가 인(印)을 열고 봉안(奉安)하게 해야 합니다.

하나, 삼군도총제부(三軍都摠制府)는 병조(兵曹)에는 첩정(牒呈)[18] 으
로 하고, 그 나머지 여러 조(曹)에는 평관(平關)[19] 으로 하게 해야 합
니다.

하나, 무릇 소속관(所屬官)에 제수(除授)되어 출입(出入)할 때를 당
하면 각각 앙속관(仰屬官)[20] 에게 당참례(堂參禮)[21] 를 행하게 하고, 육
조(六曹)와 삼군(三軍) 이하도 또한 의정부에 당참례를 행하게 해 통
속(統屬-지휘계통)을 밝게 해야 합니다."

○ 비로소 여관(女官)을 두었다.[22] 현의(賢儀)가 하나, 숙의(淑儀)가

---

18 하급관청이 상급관청에 올리는 문서를 첩정(牒呈)이라고 한다.

19 각 아문(衙門)과 사신(使臣)이 동등한 자에게 보내던 관문(關文)이다. 그 서식인 평관식
(平關式)의 기재 내용은 모(某) 아문이 모 사건에 대해 무엇무엇이라고 합행(合行) 이관
(移關)하니 이 공문이 도착하는 대로 조험(照驗)하여 시행하기를 청한다는 것과 모 아문,
연·월·일, 모가 공문을 보낸다는 것 등이다.

20 직속상관을 가리킨다.

21 새로 벼슬에 제수(除授)되거나 전임(轉任)될 때 그 앙속관(仰屬官)인 의정부(議政府)나 이
조(吏曹)와 병조(兵曹)에 예물(禮物)을 바치고 인사드리던 예를 가리킨다.

22 궁관은 일정한 직임과 품계를 가지고 궁중 운영의 핵심이 되었던 계층이다. 위로는 왕비
와 내관을 받들고, 아래로는 품계를 받지 못한 잡역에 종사하는 하층 궁녀를 부렸다. 세
자궁에도 역시 내관과 궁관으로 구별되어 있었다. 궁관의 조직은 1397년(태조 6년) 3월

하나, 찬덕(贊德)이 하나, 순덕(順德)이 둘, 사의(司儀)가 둘, 사침(司寢)이 하나, 봉의(奉衣)가 둘, 봉선(奉膳)이 둘이었다.

○ 검교 의정부 참찬사 조호(趙瑚, ?~1410년)[23]를 (황해도) 평주(平州)로 유배 보냈다. 명나라[朝廷]와 소를 무역할 적에 호(瑚)가 남의 소를 빌려서 바치고, 그 값을 받을 때 소 주인이 여러 번 값을 요구해도 주지 않았다. 소 주인이 사헌부(司憲府)에 고소해 호(瑚)가 탄핵을 당하고도 녹(祿)을 받았다. 그래서 헌부에서 그 녹(祿)을 징수하

상서사판사(尙瑞司判事) 조준(趙浚)과 정도전이 입안했다. 현의(賢儀) 정·종1품 각 1명, 숙의(淑儀) 정·종2품 각 1명, 찬덕(贊德) 정3품 1명과 종3품 2명, 순성(順成) 정4품 1명과 종4품 2명, 상궁(尙宮) 정5품 1명과 종5품 2명, 상관(尙官) 정6품 1명과 종6품 2명, 가령(家令) 정·종7품 각 2명, 사급(司給) 정·종8품 각 2명, 사식(司飾) 정·종9품 각 2명 등 총 28명이었다. 1401년(태종 1년) 태종은 태조궁(太祖宮)인 태상전(泰上殿) 여관의 월봉(月俸)을 부활시키고, 하륜(河崙)과 권근(權近) 등에게 하(夏)·은(殷)·주(周) 3대 이하 역대 군왕의 비빈·시녀의 수와 고려 역대 비빈·시녀의 수를 상고하여 아뢰게 했다. 이에 이 때의 내관제도는 현의 1명, 숙의 1명, 찬덕 1명, 순덕(順德) 2명, 사의(司儀) 2명, 사침(司寢) 1명, 봉의(奉衣) 2명, 봉선(奉膳) 2명 등 총 12명으로 정했다. 명칭상 현의, 숙의, 찬덕까지는 내관에 해당되며 순덕 이하 봉선까지는 궁관에 해당된다. 본격적인 궁관제도가 정비된 것은 1428년(세종 10년)이다. 당시 궁관은 정5품 상궁·상의(尙儀)·상복(尙服)·상식(尙食)·상침(尙寢)·상공(尙功)·상정(尙正) 각 1명, 정6품 사기(司記)·사빈(司賓)·사의(司衣)·사선(司膳)·사설(司設)·사제(司製) 각 1명, 정7품 전언(典言)·전찬(典贊)·전식(典飾)·전약(典藥)·전등(典燈)·전채(典綵)·전정(典正) 각 1명 총 20명이다. 이때부터 비빈에 해당되는 내관과 궁중의 일을 처리하는 궁관(宮官)이 구별됐다. 궁관은 '상(尙)'자가 붙은 정5품, '사(司)'자가 붙은 정6품, '전(典)'자가 붙은 정7품으로 구성됐다. 각 품계마다 담당 업무가 배정되었다.

23 1383년(우왕 9년)에 판사로 있을 때 전토(田土) 때문에 환자(宦者)와 싸운 죄로 수안군에 장류(杖流)됐고 1389년(공양왕 1년)에 밀직사로 복직됐지만 또다시 김저(金佇)의 옥사에 연루돼 유배를 갔다. 그 뒤 곧 복직됐으나 1392년(태조 1년) 강회백(姜淮伯)과 이숭인(李崇仁) 등 고려 구신들과 결당을 모의한 혐의로 직첩을 빼앗기고 먼 곳으로 유배됐다. 1401년(태종 1년) 예문관 태학사가 된 뒤 곧 검교 의정부 참찬사가 됐으나 사헌부를 모독한 죄로 탄핵을 받아 평주(平州)에 유배됐다가 이듬해 복직됐다. 그리고 이때 소를 사취(詐取)해 나라에 바친 뒤 그 값을 돌려주지 않았다는 죄로 다시 평주에 유배되었다가 곧 풀려나서 적몰(籍沒)된 녹봉을 되돌려 받기도 했다. 그러나 1409년 왕실에 대한 불충한 일을 도모하다가 승니(僧尼) 묘음[妙音]의 고발로 다시 수금돼 이듬해 4월에 옥사했다.

고 유배 보낼 것을 청했다.

계축일(癸丑日-16일)에 (조선인 출신 명나라) 환자(宦者) 이성(李成), 박린(朴麟), 김희(金禧)에게 (상이) 경연청(經筵廳)에서 잔치를 베풀었다.

갑인일(甲寅日-17일)에 이성(李成) 등 세 사람이 돌아가니 저포(苧布)와 마포(麻布) 각각 10필씩을 내려주고 의정부에 명해 서교(西郊)에서 전별하게 했다.

을묘일(乙卯日-18일) 밤 인방(寅方)²⁴에 흰 기운[白氣]이 있었다.
백기

정사일(丁巳日-20일)에 햇무리를 하고, 또 이틀 동안 해 주변에 귀고리 모양[日珥]이 일어났다.
일이

무오일(戊午日-21일)에 평천군(平川君) 조희민(趙希閔, ?~1410년)²⁵으로 하여금 한성부윤(漢城府尹)을 겸하게 했다.

---

24 정동쪽에서부터 북쪽으로 30도 되는 방위를 중심으로 한 15도 각도 안의 동동북 방위를 말한다.

25 아버지는 검교 정당(檢校政堂) 조호(趙瑚)다. 술수(術數)의 학문에 능통했다. 1400년(정종 2년) 방원(芳遠)이 그의 동복형인 방간(芳幹)이 일으킨 난을 평정하고 왕위에 오르는 데 협력한 공으로 1401년(태종 1년) 좌명공신(佐命功臣) 3등에 책록됐다. 1402년 9월에 완산부윤이 됐고 이때 평천군(平川君)에 봉작되면서 한성부윤이 됐다. 1409년 10월에 민무구(閔無咎)·민무질(閔無疾)의 옥사에 관련돼 광양에 유배됐다가 이듬해인 1410년 2월에 유배지에서 처형됐다. 이때 아버지와 아들도 연좌돼 일문이 화를 입었다.

○ 감찰(監察)의 상접례(相接禮-상견례)를 다시 정했다. 사헌부에서 판지를 받았는데[受判] 다음과 같다.

'감찰은 곧 헌부(憲府) 소속으로 그 직임(職任)이 가볍지 않다. 지금부터 신감찰(新監察)의 상접(相接)과 허참(許參)²⁶은 신구 대장(新舊臺長)²⁷의 상접(相接)과 출관(出官)의 예(例)에 의거하여 이를 어기는 자는 헌사(憲司)에서 규찰하도록 하라. 일찍이 감찰을 지낸 자가 제좌(齊坐-근무)하는 날에는 본방(本房)의 모임 또한 금지하게 하라.'

계해일(癸亥日-26일)에 상이 태상전에 나아갔다. 한도(漢都-한양)에 행차하는 것을 고하기 위함이었다.

○ 밤에 흰 기운이 유술방(酉戌方)²⁸에서 일어나 손방(巽方)²⁹에 이르렀는데 그 모양이 베[匹布]와 같았다.

갑자일(甲子日-27일)에 예문관 제학(藝文館提學) 김한로(金漢老)를 보내 경사(京師)에 가게 했다. 성절(聖節)³⁰을 하례(賀禮)하기 위함이

---

26 새로 출사(出仕)하는 관원이 구관원(舊官員)에게 음식을 차려 대접하고 인사드리는 예(禮)다. 이로부터 서로 상종(相從)을 허락한다는 뜻으로, 신관원(新官員)의 오만(傲慢)을 없앤다는 풍습이며, 다시 열 며칠 뒤에 면신례(免新禮)를 행해야 비로소 구관원과 동석(同席)할 수 있었다.

27 대장(臺長)은 사헌부의 장령과 지평을 달리 부르는 통칭이다.

28 유방은 정서(正西)쪽을 중심으로 한 15도 각도 안의 방위를 말하고, 술방은 정서에서 북(北)으로 30도의 방위(方位)를 중심(中心)한 15도 각도(角度) 안을 말한다.

29 정동쪽과 정남쪽 사이의 한가운데를 중심으로 한 15도 각도 안의 방위를 말한다.

30 황제의 생일을 뜻한다.

었다.

○ 이조판서 이직(李稷)이 전(箋)을 올려 사직했으나 윤허하지 않
았다.

○ 상이 신도(新都)에 갔다[如].
여

戊戌朔 上賀帝正. 停群臣朝賀. 以春享齋戒也. 會二品以上於

議政府賜宴.

己亥 上朝太上殿獻壽 夜還.

庚子 木稼.

朝廷使臣千戶高時羅等 奉聖旨到吾都里地面. 吉州按撫使

報云:

'使臣高時羅等 欲開讀聖旨 吾都里萬戶童猛哥帖木兒不

迎命曰: "汎稱吾都里衛 不錄萬戶之名 何以迎命!" 使臣等詰之

曰: "由朝鮮來使臣二人 於吾音會 彼北 阿伊兒 朱乙巨 何大

等處 會道伊 兀良哈三衛 好羅乎 兀狄哈二衛 沙河飲 兀狄哈

一衛 建州衛等處七衛待之. 又皇帝遣都司 率兵衆齋燒酒百瓶及

朝鮮馬三十匹來 與七衛磨金同盟 賜馬三十匹於於虛出參政 今

爾萬戶不順可乎?" 猛哥帖木兒見使臣不爲禮曰: "不錄吾名 緣

何屈身!" 其母及管下百姓皆不可曰: "若不從聖旨 帝必勅朝鮮

執歸于京師 如林八剌失里 無乃不可乎①?" 猛哥帖木兒怒叱之

遂不順. 千戶等率伴人十餘 前月二十日 至吾音會'

辛丑 大風至三日.
신축 대풍 지 삼일

壬寅 日珥.
임인 일이

甲辰 行太一醮.
갑진 행 태일 초

遣大護軍李愉于東北面吾音會 諭童猛哥帖木兒以應變事宜
견 대호군 이유 우 동북면 오음회 유 동맹가첩목아 이 응변 사의

賜表裏段衣一領 兀良哈萬戶劉波乙所表裏.
사 표리 단의 일령 올량합 만호 유파을소 표리

乙巳 省親宦者金禧 朴麟 李成等回自其鄕.
을사 성친 환자 김희 박린 이성 등 회자 기향

賜骨乙看兀狄哈萬戶金豆稱介 兼進兀狄哈萬戶童難等衣一襲
사 골을간 올적합 만호 김두칭개 겸진 올적합 만호 동난 등 의 일습

靴笠銀帶一腰 又賜伴人緜布苧布有差.
화 립 은대 일요 우사 반인 면포 저포 유차

賜故世子芳碩嬪沈氏米豆幷五十石.
사 고 세자 방석 빈 심씨 미두 병 오십 석

戊申 削檢校戶曹典書柳湛職. 司諫院上疏 略曰:
무신 삭 검교 호조 전서 유담 직 사간원 상소 약왈

'本朝檢校之職 由有勳舊之親 今以盲人柳湛爲檢校戶曹典書.
본조 검교 지직 유유 훈구 지친 금이 맹인 유담 위 검교 호조 전서

賣卜之人 居於勳親之列 不惟乖於設官之意 亦有虧於垂世之規②
매복 지인 거어 훈친 지열 불유 괴어 설관 지의 역 유휴 어 수세 지규

請收其職 以示爵賞之公. 如有微功 賞以粟帛可也.'
청수 기직 이시 작상 지공 여유 미공 상이 속백 가야

不允 復請 乃從之. 湛 卽盲僧善明也. 以善卜筮著名.
불윤 부청 내 종지 담 즉 맹승 선명 야 이 선복 서 저명

己酉 司憲府請中外禁酒 命止禁公私宴飮.
기유 사헌부 청 중외 금주 명 지금 공사 연음

庚戌 召義安大君和 寧安君良祐 完山君天祐 漢川君趙溫 宴
경술 소 의안대군 화 영안군 양우 완산군 천우 한천군 조온 연

于內樓.
우 내루

壬子 改官制. 國初 承前朝之舊 議政府專總各司 司平府掌
임자 개 관제 국초 승 전조 지구 의정부 전총 각사 사평부 장

錢穀 承樞府掌甲兵 尙瑞司掌銓注 以左右政丞兼判事 六曹
전곡 승추부 장 갑병 상서사 장 전주 이 좌우 정승 겸 판사 육조

不得與聞朝政. 至是革司平府 歸之戶曹; 承樞府歸之兵曹; 以
부득 여문 조정 지시 혁 사평부 귀지 호조 승추부 귀지 병조 이

東西班銓選 歸之吏兵曹: 分政府庶務 歸之六曹. 六曹各置判書

一員 秩正二品; 罷典書議郞各二人 置左右參議各一 階通政;

增置正佐郞各一. 尙瑞司始以文武官交差 但掌寶璽符信而已

不置兼判事; 三軍都摠制府 各置經歷都事 增置同副代言一人.

前比 以代言五人 知吏兵戶禮工曹事; 以他官從三品以上 知刑曹

事 坐都官決奴婢訴訟 謂之知部. 至是始以代言 知刑曹事 使

刑曹右參議專掌都官訴訟. 嘉善雖爲從二品散官 然以爲六曹

典書之階銜; 外方守令官至正三品者 亦得以爲階銜. 是日悉革之

皆以通政改下.

以趙浚領議政府事 河崙 趙英茂爲議政府左右政丞 權近

議政府贊成事 李叔蕃參贊議政府事 李稷吏曹判書 南在

兵曹判書 李至戶曹判書 柳亮刑曹判書 李文和禮曹判書 崔迤

工曹判書 孟思誠同副代言.

禮曹啓曰;

"前朝依宋朝故事 中書令 領僉議 領門下 俱不坐本府署事 唯

朝會押班. 今領議政府事 卽前朝領門下也. 以六衙日 坐本府斷

大事; 於朝會 押班; 有賀禮 署名上箋."

允之. 又啓:

"每日啓事 議政府堂上官與六曹堂上官 三軍都摠制府堂上

臺諫各一員偕進. 一, 尙瑞司 坐殿時及動駕日 奉寶前導; 開寶日行首者開印奉安. 一, 三軍都摠制府 於兵曹牒呈 其餘諸曹平關.
행수 자 개인 봉안 일 삼군도총제부 어 병조 첩정 기여 제조 평관

一, 凡所屬官 當除授出入 各於仰屬官 行堂參禮 六曹三軍以下
일 범 소속관 당 제수 출입 각 어 앙속관 행 당참례 육조 삼군 이하

亦於議政府 行堂參禮 以明統屬."
역 어 의정부 행 당참례 이 명 통속

始置女官: 賢儀一, 淑儀一, 贊德一, 順德二, 司儀二, 司寢一,
시 치 여관 현의 일 숙의 일 찬덕 일 순덕 이 사의 이 사침 일

奉衣二, 奉膳二.
봉의 이 봉선 이

流檢校參贊議政府事趙瑚于平州. 朝廷之易換牛隻也. 瑚借人
유 검교 참찬 의정부 사 조호 우 평주 조정 지 역환 우척 야 호 차인

牛而納之 及其受價 牛主累索之而不與. 牛主訴于司憲府 瑚被劾
우 이 납지 급 기 수가 우주 누 색지 이 불여 우주 소 우 사헌부 호 피핵

而受祿 故憲府請徵其祿而流之.
이 수록 고 헌부 청징 기록 이 유지

癸丑 宴宦者李成 朴麟 金禧于經筵廳.
계축 연 환자 이성 박린 김희 우 경연청

甲寅 李成等三人還 賜苧麻布各十匹 命議政府餞于西郊.
갑인 이성 등 삼인 환 사 저마포 각 십필 명 의정부 전 우 서교

乙卯 夜 寅方有白氣.
을묘 야 인방 유 백기

丁巳 日暈且珥二日.
정사 일운 차 이 이일

戊午 以平川君趙希閔 兼漢城府尹.
무오 이 평천군 조희민 겸 한성부 윤

更定監察相接禮. 司憲府受判: '監察乃憲府所屬 職任不輕.
갱정 감찰 상접 례 사헌부 수판 감찰 내 헌부 소속 직임 불경

自今新監察相接及許參 依新舊臺長相接及出官例 違者憲司
자금 신 감찰 상접 급 허참 의 신구 대장 상접 급 출관 예 위자 헌사

糾理. 曾經監察者齊坐日 本房聚會 亦行禁止.'
규리 증경 감찰 자 제좌 일 본방 취회 역행 금지

癸亥 上詣太上殿 告幸漢都也.
계해 상 예 태상전 고행 한도 야

夜 白氣起酉戌方至巽方 狀如布匹.
야 백기 기 유술방 지 손방 상여 포필

甲子 遣藝文館提學金漢老如京師. 賀聖節也.
갑자 견 예문관 제학 김한로 여 경사 하 성절 야

吏曹判書李稷上箋辭 不允.
이조 판서 이직 상전 사 불윤

上如新都.
상 여 신도

| 원문 읽기를 위한 도움말 |

① 無乃不可乎. 無乃는 추측이나 완곡한 표현을 나타내는 반어적 표현
무내 불가 호 무내
이다. 반드시 뒤에 乎나 哉가 따라오며 '아마도 ~ 아닌가?'로 풀이한다.
호 재
毋乃도 같은 뜻이다.
무내

② 不惟乖於設官之意 亦有虧於垂世之規. '不惟~亦~'의 구문으로 '~뿐만
불유 괴 어 설관 지 의 역 유휴 어 수세 지 규 불유 역
아니라 ~도 또한 ~'을 뜻한다.

32

태종 5년 을유년
2월

二月

정묘일(丁卯日-1일) 초하루에 어가(御駕)가 신도에 이르러 연화방 (蓮花坊)¹에 있는 조준(趙浚)의 집으로 나아갔다[御].

무진일(戊辰日-2일)에 이궁(離宮)을 짓는 것을 살펴보았다. 성산군 (星山君) 이직(李稷)과 더불어 그 규모(規模)를 크게 늘리기로 획정하고 종친 및 근신(近臣)들과 술자리를 함께하며 극진히 즐겼다.

○ 중국 사람[唐人] 대연경(戴延卿)과 정자량(鄭自良) 등 13명에게 쌀 한 섬[石]씩을 내려주었다.

○ 봉선사(奉先寺)² 불상[金人]이 땀을 흘렸다.

기사일(己巳日-3일)에 경상도 계림(鷄林), 안동(安東) 등 15고을과 강원도 강릉(江陵), 평창(平昌) 등지에 지진(地震)이 있었다. 유사(有司)에 명해 계림, 안동 등지에 진병 별제(鎭兵別祭)³를 거행하게 했다.

경오일(庚午日-4일)에 여러 군(君)을 거느리고 동교(東郊)에서 매를

---

1 조선시대 초기부터 있던 한성부 동부 12방 중의 하나로서, 이곳에 도성의 동·서·남지 중 동지에 해당하는 큰 연못인 연지(蓮池)가 있던 데서 방 이름이 유래했다.

2 경기도 남양주시 진접읍 부평리에 있는 절이다.

3 별제란 천재지변이나 흉사(凶事)로 인한 액막이를 하고자 베푼 특별한 제사를 말한다.

놓았다[放鷹].⁴
_{방응}

　신미일(辛未日-5일)에 의안대군 화(和) 등을 불러 격구(擊毬)를 하고 술자리를 베풀었다.

　○ 이유(李愉) 등이 동북면(東北面)에서 돌아왔다. 유(愉)가 아뢰어 말했다.

　"올적합(兀狄哈) 등이 명나라 사신의 명을 좇지 아니했습니다."

　임신일(壬申日-6일)에 병조정랑 박강생(朴剛生, 1369~1422년)⁵을 순금사에 가뒀다가 얼마 후에[尋] 풀어주었다. 의정부에서 보고하기를
_심
강생이 (상이) 거둥하는 날에 의장(儀仗)을 미처 갖추지 못했다고 했기 때문이다.

　계유일(癸酉日-7일)에 (경기도) 광주(廣州)에서 매사냥을 하고[放鷹]
_{방응}
이튿날 돌아왔다. 상이 일찍 일어나 파루(罷漏)⁶를 독촉해 박석명(朴

4　매사냥을 했다는 말이다.

5　1392년 조선이 개국되자 호조전서에 임명됐으나 사퇴했고 1408년(태종 8년) 진위사(陳慰使) 서장관으로 명나라에 가서 세자에 대해 보고를 잘함으로써 황제의 환심을 사고 돌아와 태종으로부터 미두(米豆)를 하사받고 이어 선공감역(繕工監役)이 됐다. 1412년 앞서 지인주사(知仁州事)로 있을 때의 부정사건에 연루돼 태형(笞刑)을 받고 사임했으며 1417년 수원부사로 재임 중 한양으로 교체돼 가는 과천현감(果川縣監) 윤돈(尹惇)의 전별연(餞別宴)에서 금천현감(衿川縣監) 김문(金汶)이 과음해 죽음으로써 사헌부의 탄핵을 받고 파직됐고 뒤에 다시 등용돼 세종 때 안변도호부사(安邊都護府使)를 지냈다. 1424년(세종 6년) 딸이 세종의 후궁인 귀인 박씨(貴人朴氏)가 됨으로써 찬성(贊成)에 추증됐다.

6　조선시대에 통행금지 해제를 알리는 것이다. 밤 10시경 종을 28번 쳐서 인정(人定)을 알리면 도성(都城)의 문이 닫혀 통행금지가 시작되고 새벽 4시경인 오경삼점(五更三點)에

36

錫命)과 이응(李膺) 등을 거느리고 광주(廣州)로 향했는데 날은 아직 밝지 않았고 또 안개가 짙어서 나룻길[津路]을 잃었으나 뱃사람이 가르쳐주고 나서 건널 수 있었다. (상이) 친히 활을 쏘다가 말이 놀라는 바람에 떨어졌으나 다치지는 않았다.

○ 광주(廣州)에 있는 고(故) 세자(世子-이방석)의 무덤을 지키는 종에게 쌀과 콩을 아울러 10섬을 내려주었다.

을해일(乙亥日-9일)에 우정언(右正言) 이종화(李種華)가 소(疏)를 올려 사냥을 하지 말 것을 청하니 상이 종화(種華)를 불러 명하여 말했다.

"너의 말이 심히 옳다만 단지 이곳은 행재소(行在所)다. 이제부터 만일 하고 싶은 말이 있거든 상소(上疏)로 하지 말고 바로 와서 말함이 좋겠다."

○ 여성군(驪城君) 민무질(閔無疾)을 겸 우군도총제(右軍都摠制), 칠성군(漆城君) 윤저(尹柢, ?~1412년)[7]를 겸 의용순금사판사(義勇巡禁司判事)로 삼았다.

○ 패(牌)가 없는 매[鷹子]를 (소유하거나 사냥에 쓰는 것을) 금하도

종을 33번 쳐서 파루를 알리면 도성문이 열리고 통행금지가 해제됐다.

7 본관은 칠원(漆原-경상도 함안)이다. 고려 말기부터 이성계(李成桂)에게 시종한 인연으로 조선왕조가 건국되자 1392년(태조 1년) 상장군으로 등용됐다. 1395년 형조전서가 되어 고려 왕족들을 강화나루에 잡아다가 수장(水葬)하는 데 앞장섰다. 1396년 중추원상의사가 됐으며 1397년 경상도 절제사로 재직 중 박자안(朴子安)의 옥사에 관련돼 한때 투옥됐다가 풀려났다. 1400년(정종 2년) 상진무(上鎭撫)가 되었으며 다음 해인 1401년 이방간(李芳幹)의 난을 평정하고 태종이 왕위에 오르는 데 협력한 공으로 좌명공신(佐命功臣) 3등에 책록됐다. 훗날 이조판서를 거쳐 1408년 찬성사에 이르렀다.

록 명했다. 영을 내려 사헌부(司憲府), 순금사(巡禁司), 경기 관찰사(京畿觀察使)로 하여금 금하게 했고 만일 패(牌)가 없는 매를 가진 자가 있으면 순금사에 가두고 그 매는 빼앗아 곧바로 내응인(內鷹人)[8]에게 넘기도록 했다.

○ 이조판서 이직(李稷, 1362~1431년)[9]이 소(疏)를 올려 전선법(銓選法)을 논(論)했다. 소는 대략 이러했다.

'본조(本曹)는 사람을 잘 저울질하여 골라 뽑는[銓選] 임무를 맡
전선
았으니 마땅히 사방(四方)의 재간(才幹) 있는 선비를 널리 구해[旁求]
방구
중외(中外)에 포진시켜서 사림(士林)들로 하여금 그들의 재주를 다

8 조선시대 궁궐 안에 두었던 내응방(內鷹坊·內鷹房)에 소속돼 사냥하는 매를 기르던 관인
   으로 내응사(內鷹師)라고도 했다.
9 1377년(우왕 3년) 문과에 급제해 경순부 주부(慶順府注簿)에 보직되고 그 뒤 사헌지평,
   성균사예, 전교부령(典校副令), 종부령(宗簿令), 밀직사우부대언(密直司右副代言) 등을 거
   쳐 공양왕 때 예문제학을 지냈다. 1392년에 이성계(李成桂) 추대에 참여해 지신사(知申
   事)로서 개국공신 3등이 되고 성산군(星山君)에 봉해졌다. 이듬해 중추원 도승지(中樞院
   都承旨), 중추원 학사(中樞院學士)로서 사은사(謝恩使)가 돼 명나라에 다녀왔다. 1397년
   (태조 6년) 대사헌을 지내고, 1399년(정종 1년) 중추원사(中樞院使)로서 서북면 도순문찰
   리사(西北面都巡問察理使)를 겸임해 왜구의 침입을 격퇴했다. 1400년 문하부 참찬사(門下
   府參贊事)에 오르고, 이어 삼사좌사(三司左使)·의정부 지사(議政府知事)를 역임했다. 이
   해 2차 왕자의 난 때 방원(芳遠)을 도와 1401년(태종 1년) 좌명공신(佐命功臣) 4등이 되고
   사은사로서 명나라에 다녀왔다. 1402년 대제학을 거쳐 이듬해 사평부 판사로서 왕명으
   로 주자소(鑄字所)를 설치해 동활자인 계미자(癸未字)를 만들었다. 1405년 육조의 관제
   가 정해지자 처음으로 이조판서가 되었다. 1407년 동북면 도순문찰리사·영흥부윤이 되
   고, 이어 찬성사로서 대사헌을 겸임했다. 이듬해 다시 이조판서로 의용순금사판사(判義
   勇巡禁司事)를 겸임하고, 1410년 천릉도감제조(遷陵都監提調)로서 덕릉(德陵), 안릉(安陵)
   등을 함흥으로 옮겼다. 1412년 성산부원군(星山府院君)으로 진봉되고, 1414년 우의정에
   승진되어 진하사(進賀使)로서 명나라에 다녀왔다.
   이듬해 황희(黃喜)와 함께 충녕대군(忠寧大君-세종)의 세자 책봉을 반대하다 성주에 안치
   됐다. 1422년(세종 4년) 풀려 나와 1424년 영의정에 오르고 이해 등극사(登極使)로 명나
   라에 다녀왔다. 1426년 좌의정으로 전직했다가 이듬해 사직했다.

하지 못한 것에 대한 원망이 없게 하고 임금과 신하의 여러 공적들 [庶績]이 빛나게 하며 풍속(風俗)을 아름답게 해야 할 것입니다. 이는 바로 전하께서 신하(臣下)에게 기대하는 바이며 신하로서 마땅히 온 마음을 다해야 할 바일 것입니다. 이 때문에 신(臣)은 저의 우천(愚賤)은 헤아리지 않고 감히 사람을 뽑는 방법을 아래에 조목별로 열거하오니 엎드려 바라옵건대 재결(裁決)하고 채택해서 시행하소서.

하나, 무릇 사람의 재주란 한 해나 한 달 내에 성취(成就)되는 것이 아닙니다. 비록 각사(各司)로 하여금 1년에 두 번씩 인재를 뽑아 올리게 하지만 사람의 재주란 다시 얻은 바가 없고, 한갓 문적(文籍)만 번거롭게 하고 있습니다. 바라건대 이제부터는 중외(中外)의 대소관(大小官)에서 추천한 인재(人材)는 그 직품(職品)을 종류별로 나눠 일일이 기록하여 책(冊)을 만들어서 매번 전주(銓注)할 때마다 직품에 따라 계문(啓聞-보고)하여 낙점(落點)을 받아 임명하고 3년 혹은 5년 만에 인재가 성취(成就)되기를 기다려 다시 천거하게 하는 것을 영구히 항규(恒規-항식)로 삼아야 합니다. (이 과정에서) 만일 재주를 가진 자인데 빠진[遺逸] 자가 있으면 대소관(大小官)으로 하여금 그 연한(年限)에 구애치 말고 실봉(實封)하여[10] 특천(特薦)하게 하소서.

하나, 문음(門蔭)[11]과 공음(功蔭)[12]의 자제를 서용(敍用)하는 법은 이미 정해진 규정이 있으나 그 밖의 다른 자제는 벼슬에 나아갈 길

---

10 단단히 봉함한 글을 말한다.
11 선조(先祖)의 여덕(餘德)이 있는 집안을 가리킨다.
12 선조(先祖)의 공적(功績)이 있는 집안을 가리킨다.

이 없습니다. 이제부터는 문음과 공음의 자제 이외에 관직이 없는 자의 자제로서 나이 18세 이상으로 재간(才幹)이 있는 자 또한 대소관(大小官)으로 하여금 천거하게 하되 아울러 친조부(親祖父)와 외조부(外祖父)의 직명(職名)을 기록해 본조(本曹)에 올리게 하여[呈] 서예(書藝), 산학(算學), 율학(律學)으로써 그 능력의 여부를 시험해 서용하도록 함으로써 요행을 바라는 길을 막으소서.

하나, 각 도(各道)의 주(州)·부(府)·군(郡)·현(縣) 안에 경학(經學)에 밝고 행실을 닦아[經明行修] 지식(知識)이 다스림의 요체[治體]에 통달해 가히 맡겨서 부릴 만한 자와 이사(吏事-행정)에 능하고[暗練] 겸하여 군무(軍務)를 잘 알아서 가히 진수(鎭守)¹³를 감당할 수 있는 자를 감사(監司-관찰사)와 수령(守令)이 널리 구해 뽑아 천거하게[選擧] 하되 실봉(實封)하여 아뢰게 함으로써 (향후에) 발탁해서 쓰는 일[擢用]에 대비하소서.

하나, 경외관(京外官)에서 후보자를 추천할[薦望] 때 만약 탐오(貪汚)하고 불법(不法)한 자나, 일찍이 죄명(罪名)을 범한 자 혹은 직무(職務)를 삼가지 아니하여 일찍이 폄출(貶黜)된 자를 천거할 경우에는 본조(本曹)에서 곧장 헌사(憲司)에 문서를 넘기게 하여[移文=移牒] 엄하게 이뤄지도록 철저히 단속하소서.

하나, 수령(守令)의 전최(殿最)¹⁴를 1년에 두 번 고사(考查-인사고과)

---

13 군대를 주둔시켜 군사상 중요한 곳을 지키는 일을 말한다.

14 관찰사(觀察使)가 수령(守令)의 치적(治績)을 조사해 보고하던 일을 뜻한다. 포폄(褒貶)이라고도 한다. 법적으로는 경관(京官)에게도 적용되는 것이었으나 대개 지방관의 경우를 일컬었다. 조선시대에는 1392년(태조 1년) 이미 지방관의 고과법(考課法)을 제정하여 실

하도록 정해진 제도가 있으나 그 직임에 적당치 아니한 자는 하루라도 백성을 다스려서는[臨民] 안 됩니다. 그런데 감사(監司)가 그 폐단을 보고도 포폄(褒貶)할 기한을 기다린다면 자못 올리고 내치는[黜陟] 본래의 뜻을 잃게 됩니다. 이제부터는 만일 그 직임에 적당치 아니한[不稱] 자가 있으면 기한에 구애(拘礙)치 말고 즉시 실봉(實封)하여 아뢰게 하고 곧바로 (다른 사람으로) 고쳐서 임명해[改差] 백성들의 바람에 부응해야[副] 할 것입니다.'

이를 윤허했다.

정축일(丁丑日-11일)에 종친(宗親)과 의안대군(義安大君) 화(和) 등이 헌수(獻壽)했다.

○ 밤에 간방(艮方)[15]에 붉은 기운이 있었다.

무인일(戊寅日-12일)에 내관(內官) 유침(劉忱)을 보내 이저(李佇)를 (경기도) 이천(利川)으로 옮기게 하고, 궁주(宮主)도 따라가게 했다. 감사(監司)에게 명해 이들이 필요로 하는 의식주를 제공하게 했다[供億]. 대간(臺諫-사헌부와 사간원)에서 소를 올렸는데 대략 이러했다.

적을 선(善)·최(最)·악(惡)·전(殿)의 4등급과 여기에 세밀한 등급을 붙여 조사, 보고하도록 했다. 그 후 기준은 다소 달라졌으나 이상의 사실을 근거로 하여 관찰사가 지방관의 실적을 몰래 조사해 매년 6월 15일과 12월 15일에 이를 중앙에 보고했다.

15 정북쪽과 정동쪽 사이의 한가운데를 중심으로 한 15도 각도 안의 방위로 동북방을 말한다.

'이저 부자는 그 죄가 죽여야[就戮] 마땅한데 전하께서 차마 죽이지[致辟] 못하시고 저(佇)를 함주(咸州)에 안치한 것으로 이미 형(刑)이 가벼웠습니다. (그런데) 지금 또 환관을 보내 장차 이천으로 안치하려 하오니 그 아비가 있는 곳과의 거리가 매우 가까워 화계(禍階)[16]가 생길까 두렵습니다. 바라건대 경기(京畿) 밖의 먼 곳으로 옮겨두어야 합니다.'

상이 (사헌부) 지평(持平) 이효인(李孝仁)과 (사간원) 정언(正言) 이종화(李種華) 등을 불러 가르쳐 말했다[敎曰].

"내가 이저 부자를 죽이지 아니한 것은 그들의 목숨을 보전하고자 함이다.[17] 아비와 아들이 어찌 서로 보고 싶지 않겠느냐? 내 누이가 저를 따라 먼 지방에 있으니 내가 어찌 마음이 편하겠느냐? 그러므로 이천으로 옮겨두는 것이니 다시 말하지 말라."

효인(孝仁)이 대답했다.

"비록 옮겨두신다 하실지라도 서울 가까이는 불가합니다."

상이 말했다.

"너희가 이런 말을 그치지 않으면 나는 기필코 부자(父子)를 같이 있게 할 것이며 혹 특별히 불러서 서울에 들어오게 할 것이니 마땅히 다시 말하지 말라."

대간에서 다시 소를 올렸으나 모두 윤허하지 않았다.

---

16 화(禍)가 생겨날 계제(階梯)를 말한다.
17 이것이 자신의 본심이라는 뜻이다.

○ 공안부판사(恭安府判事)[18] 김을귀(金乙貴)가 졸(卒)했다. 3일 동안 조회(朝會)를 정지하고 부의(賻儀)로 쌀과 콩을 아울러 50석과 종이 100권을 내려주었다.

○ 예조좌랑 최항(崔沆)의 집에 부의(賻儀)를 내려주었다. 항(沆)이 절일사 서장관(節日使書狀官)으로 (명나라) 조정에 들어갔는데, 그 사이에 그 어머니가 죽었으므로 쌀과 콩을 아울러 20석과 종이 50권을 내려주었다.

기묘일(己卯日-13일)에 우박이 내렸다.

경진일(庚辰日-14일)에 날씨가 겨울처럼 추웠다.

신사일(辛巳日-15일)에 양주(楊州)에서 강무(講武-사냥)했는데 대간(臺諫)과 이조(吏曹), 병조(兵曹)에서 각각 한 사람씩 호종(扈從)했다. 이날 풍양(豊壤) 등지에서 사냥하고 평구역(平丘驛)[19] 들에서 머물렀다[次].
차

임오일(壬午日-16일)에 가벼운 무장을 한 기병[輕騎]을 거느리고 봉
경기

---

18 공안부란 1400년(정종 2년) 11월 정종이 태종에게 양위하고 상왕으로 은퇴하자 태종이 그를 위해 설치한 특별관부다. 이는 1400년 6월 상왕이었던 태조를 위해 세운 승녕부(承寧府)의 예에 따른 것으로 판사, 윤(尹), 소윤, 판관, 승(丞), 주부 각 1인씩을 속관으로 두었다.

19 경기도 양주에 속했던 남양주시 삼패동 평구마을에 있던 교통·통신 기관이다.

안역(奉安驛)[20] 등지에서 사냥하여 노루 두 마리를 쏘았다.

계미일(癸未日-17일)에 풍양(豊壤)에서 사냥하고 저물어서 궁으로 돌아왔다.

갑신일(甲申日-18일) 밤에 경방(庚方)[21]에 흰 기운이 있었다.

을유일(乙酉日-19일)에 눈이 내렸다.

○ 이궁(離宮)의 경연청(經筵廳)에 술자리를 베풀고 종친을 불러 격구(擊毬)하고 겸하여 독역관(督役官)을 위로했다.

병술일(丙戌日-20일)에 (명나라) 조정에 들어가는 사신의 타재법(馱載法)[22]을 세웠다. 의정부에서 청했다.

'사신(使臣)의 한 짐바리[馱]에 100근을 넘지 못하게 해야 합니다. 그리고 토산물(土産物) 이외에 금은(金銀)과 같은 금물(禁物)을 싸서 가지고 가는 자는 서북면 도순문사(西北面都巡問使)가 검사하여 금지하게 하고 만일 법령을 범한 자나 법령의 봉행(奉行)을 지극하게 하지 못한 자가 있으면 사헌부에서 신청(申請)하여 논죄(論罪)해야 합니다. 또 범인이 지닌 금물(禁物)은 관(官)에 몰수하고 법률에 의해

---

20 경기도 광주시 지역에 있었던 조선시대의 역참이다.
21 정서쪽에서부터 남쪽으로 15도 되는 방위를 중심으로 한 15도 각도 안의 방위를 말한다.
22 싣고 가는 물품의 수량을 정한 법이다.

죄를 논하고 몸은 수군(水軍)에 채워 넣어야 합니다.'

그대로 따랐다.

정해일(丁亥日-21일)에 행주(幸州)에서 사냥하는 것을 구경했다.

기축일(己丑日-23일)에 비가 내렸는데 색깔이 잿빛이었다.

○ 의정부의 지인(知印)²³ 김상기(金尙琦)를 동북면(東北面)에 보내 동맹가첩목아(童猛哥帖木兒)에게 경원(慶源) 등지의 관군 만호(管軍 萬戶)의 인신(印信) 한 개와 청심원(淸心元) 10환(丸), 소합원(蘇合元) 30환(丸)을 내려주고, 올량합 만호(兀良哈萬戶) 보리(甫里)에게는 단의(段衣) 한 벌을, 만호(萬戶) 파을소(波乙所)에게는 삽화 은대(鈒花銀帶) 한 개를 내려주고, 동맹가첩목아의 관하 사람 82명과 파을소의 관하 사람 20명에게는 도합 목면(木綿) 120필·백저포(白苧布) 30필을, 여진 만호(女眞萬戶) 구요로(仇要老)의 아들 요하(遼河)에게는 만호(萬戶)의 작위를 계승하게[襲爵] 하는 차부(箚付-증명서) 한 통을
_{습작}
내려주었다. 동맹가첩목아가 부리는 천호(千戶) 하을치(河乙赤)에게는 초립(草笠), 모주구(帽珠具-모자 장식), 목면 겹의(木綿裌衣) 1영(領)과 광은대(光銀帶) 하나를 내려주었다.

○ 이궁(離宮)에 행차해 정전(正殿)에 나아가 정사를 처리했다 [聽政].
_{청정}

---

23 수령관(首領官) 밑에서 행정잡무를 맡아보던 이속 중 하나다.

경인일(庚寅日-24일)에 김희선(金希善)을 경상도 도관찰사, 박자안 (朴子安)을 경상도 병마도절제사 겸 수군도절제사로 삼았다.

신묘일(辛卯日-25일)에 어가(御駕)가 송도(松都)로 돌아오다가 저녁 에 (경기도) 적성(積城)에서 머물렀다. 의정부에서 참찬(參贊) 민무구 (閔無咎)를 보내 문안(問安)하게 하고, 술과 과일을 올렸다.

임진일(壬辰日-26일)에 나무에 성에가 꼈다.

계사일(癸巳日-27일)에 햇무리가 나타났다.
○ 임강(臨江)과 마전(麻田)[24] 등지에서 사냥을 구경했다.

갑오일(甲午日-28일)에 신도(新都)에서 (송도(松都)에) 이르렀다. 이 날 사냥을 구경하고 산대암(山臺巖)에 이르니 세자와 좌정승 하륜 및 육조판서들이 술과 과일을 올리고, 태상전(太上殿)과 정비(靜妃- 왕비 민씨)가 또한 사람을 보내 술과 과일을 올렸다. 상이 풍악을 울 리게 해 매우 즐겼다. 태상전에 나아가 조알하고 드디어 궁으로 돌아 왔다.

---

24 경기도 연천군 미산면 마전리 주변으로 보인다.

원문

丁卯朔 駕至新都 御蓮花坊 趙浚第.
정묘 삭 가 지 신도 어 연화방 조준 제

戊辰 觀營離宮. 與星山君李稷 經畫規模 與宗親近臣 置酒
무진 관영 이궁 여 성산군 이직 경획 규모 여 종친 근신 치주

極歡.
극환

賜唐人戴延卿 鄭自良等十三人各米一石.
사 당인 대연경 정자량 등 십삼 인각 미 일석

奉先寺金人汗.
봉선사 금인 한

己巳 慶尙道雞林 安東等處十五州郡 江原道江陵 平昌等處
기사 경상도 계림 안동 등처 십오 주군 강원도 강릉 평창 등처

地震. 命有司行鎭兵別祭于雞林 安東等處.
지진 명 유사 행 진병 별제 우 계림 안동 등처

庚午 率諸君放鷹于東郊.
경오 솔 제군 방응 우 동교

辛未 召義安大君和等 擊毬置酒.
신미 소 의안대군 화등 격구 치주

李愉等回自東北面. 愉啓曰: "兀狄哈等 不從朝廷使臣之命."
이유 등 회자 동북면 유계왈 올적합 등 부종 조정 사신 지명

壬申 囚兵曹正郎朴剛生于巡禁司 尋放之. 議政府啓 剛生於
임신 수 병조 정랑 박강생 우 순금사 심 방지 의정부 계 강생 어

行幸之日 不及備儀仗故也.
행행 지일 불급 비 의장 고야

癸酉 放鷹于廣州 翼日還. 上早起 督罷漏 率朴錫命 李膺等向
계유 방응 우 광주 익일 환 상 조기 독 파루 솔 박석명 이응 등향

廣州 天未明 且霧暗迷津路 舟人指之 然後得渡. 親御弓矢 馬驚
광주 천 미명 차 무 암 미 진로 주인 지지 연후 득도 친어 궁시 마경

而墜 不傷.
이 추 불상

賜廣州故世子守塚奴米豆幷十石.
사 광주 고 세자 수총 노 미두 병 십석

乙亥 右正言李種華 上疏請勿遊畋 上召種華命之曰："汝之言

甚然 但此是①行在所也. 自今如有所欲言 毋上疏而直來言可也."

以驪城君閔無疾 兼右軍都摠制 漆城君尹抵 兼判義勇巡禁司

事.

命禁無牌鷹子. 令司憲府巡禁司京畿觀察使禁之 如有持無牌

鷹子者 囚于巡禁司 取其鷹子 卽付內鷹人.

吏曹判書李稷上疏論銓選之法. 疏略曰:

'本曹掌銓選之任 宜旁求四方之才幹之士 布列中外 使士林

絶不盡其才之怨 庶績熙而風俗美. 此正殿下期之於臣下 而臣下

所當盡心者也. 是以臣不度愚賤 敢以選人之術 條列于後 伏惟

裁擇施行. 一, 凡人之才 非一年一月所成就. 雖令各司一年再擧

於人才更無所得 徒煩文籍. 願自今 京外大小官所薦人才 類分

職品 開寫成册 每當銓注 隨品啓聞 受點差除 或三年或五年 待

人材作成 更令薦擧 永爲恒規. 如有懷才遺逸者 令大小官 不拘

年限 實封特薦. 一, 門蔭功陰子弟敍用之法 已有成規 他子弟

未有仕進之路. 自今其門蔭功陰外 無職子弟年十八以上 有才幹

者 亦令大小官薦擧 幷錄內外祖父職名 呈本曹 以書算律 試其

能否 方許敍用 以杜倖之門. 一, 各道州府郡縣內 經明行修 識達

治體可爲任使者 暗練吏事 兼識軍務 可當鎭守者 監司守令旁求

選擧 實封以聞 以備擢用. 一, 京外官當薦望之際 若擧貪汚不法

者 曾犯罪名者 不謹職事曾見②貶黜者 則本曹輒移文憲司 痛行
자 증범 죄명 자 불근 직사 증견 폄출 자 즉 본조 첩 이문 헌사 통행

禁斷. 一, 守令殿最 一年再考 雖有定制 然不稱其職者 不可使
금단 일 수령 전최 일년 재고 수유 정제 연 불칭 기직 자 불가사

一日臨民 監司坐視其弊 以待襃貶之期 殊失黜陟之義. 自今如有
일일 임민 감사 좌시 기폐 이대 포폄 지기 수실 출척 지의 자금 여유

不稱其職者 不拘限期 輒實封以聞 隨卽改差 以副民望. 允之.
불칭 기직 자 불구 한기 첩 실봉 이문 수즉 개차 이부 민망 윤지

　丁丑 宗親義安大君和等獻壽.
　정축 종친 의안대군 화 등 헌수

夜艮方有赤氣
야 간방 유 적기

戊寅 遣內官劉忱 移李佇于利川 宮主隨之. 命監司供億. 臺諫
무인 견 내관 유침 이 이저 우 이천 궁주 수지 명 감사 공억 대간

上疏 略曰:
상소 약왈

　'李佇父子 罪當就戮 殿下不忍致辟 置佇于咸州 已失於輕. 今
　이저 부자 죄당 취륙 전하 불인 치벽 치저 우 함주 이실 어경 금

又遣宦官 將置利川 與其父所在 相距甚近 恐生禍階. 願令移置
우견 환관 장치 이천 여 기부 소재 상거 심근 공생 화계 원령 이치

畿外遠處.'
기외 원처

　上召持平李孝仁 正言李種華等敎曰: "予之不殺李佇父子 欲
　상소 지평 이효인 정언 이종화 등 교왈 여지 불살 이저 부자 욕

以保全也. 父子豈不欲相見也? 予之妹 隨佇在遠方 予豈安心?
이 보전 야 부자 기 불욕 상견 야 여지 매 수저 재 원방 여기 안심

故移置利川 宜勿復言." 孝仁對曰: "雖欲移置不可近京." 上曰:
고 이치 이천 의물 부언 효인 대왈 수욕 이치 불가 근경 상왈

"汝等爲此言不止 則吾必使父子同處 或特召入京 宜勿復言."
여등 위 차언 부지 즉 오필 사 부자 동처 혹 특소 입경 의물 부언

臺諫復上疏 皆不允.
대간 부 상소 개 불윤

判恭安府事金乙貴卒. 停朝三日 賜賻米豆幷五十石 紙一百卷.
판 공안부 사 김을귀 졸 정조 삼일 사부 미두 병 오십 석 지 일백 권

賜賻禮曹佐郞崔沆家. 沆以節日使書狀入朝 而其母死 賜米豆
사부 예조 좌랑 최항 가 항 이 절일사 서장 입조 이 기모 사 사 미두

幷二十石 紙五十卷.
병 이십 석 지 오십 권

　己卯 雨雹.
　기묘 우박

庚辰 氣寒如冬.
경진 기한여동

辛巳 講武于楊州 臺諫 吏兵曹各一員扈從. 是日畋于豐壤等處
신사 강무 우 양주 대간 이 병조 각 일원 호종 시일 전 우 풍양 등처

次于平丘驛郊.
차 우 평구 역 교

壬午 率輕騎畋于奉安驛等處 射獐二.
임오 솔 경기 전우 봉안 역 등처 사 장 이

癸未 畋于豐壤 暮還宮.
계미 전우 풍양 모 환궁

甲申 夜 庚方有白氣.
갑신 야 경방 유 백기

乙酉 雪.
을유 설

置酒離宮經筵廳 召宗親擊毬 兼慰督役官也.
치주 이궁 경연청 소 종친 격구 겸위 독역관 야

丙戌 立入朝使臣馱載之法. 議政府請: '使臣每一馱 不過百斤;
병술 입 입조 사신 태재 지 법 의정부 청 사신 매 일태 불과 백근

土物外金銀禁物齎持者 西北面都巡問使 考察禁止 如有犯令及
토물 외 금은 금물 재지 자 서북면 도순문사 고찰 금지 여유 범령 급

奉行不至者 司憲府申請論罪. 犯人將帶禁物 沒官 依律論罪 身
봉행 부지 자 사헌부 신청 논죄 범인 장대 금물 몰관 의율 논죄 신

充水軍.' 從之.
충 수군 종지

丁亥 觀獵于幸州.
정해 관렵 우 행주

己丑 雨色如灰.
기축 우 색 여 회

遣議政府知印金尙琦于東北面 賜童猛哥帖木兒 慶源等處
견 의정부 지인 김상기 우 동북면 사 동맹가첩목아 경원 등처

管軍萬戶印信一顆 淸心元十丸 蘇合元三十丸; 兀良哈萬戶 甫里
관군만호 인신 일과 청심원 십환 소합원 삼십 환 올량합 만호 보리

段衣一; 萬戶波乙所鈒花銀帶一腰; 童猛哥帖木兒管下人八十二
단의 일 만호 파을소 삽화 은대 일요 동맹가첩목아 관하 인 팔십 이

波乙所管下人二十 都賜木縣一百二十匹 白苧布三十匹; 女眞
파을소 관하 인 이십 도사 목면 일백 이십 필 백저포 삼십 필 여진

萬戶仇要老子遼河襲爵萬戶箚付一道. 賜童猛哥帖木兒所使千戶
만호 구요로 자 요하 습작 만호 차부 일도 사 동맹가첩목아 소사 천호

河乙赤草笠帽珠具木縣裌衣一領 光銀帶一腰.
하을치 초립 모주구 목면 겹의 일령 광은대 일요

50

幸離宮 御正殿聽政.
행 이궁 어 정전 청정

庚寅 以金希善爲③慶尙道都觀察使 朴子安慶尙道兵馬都節制使
경인 이 김희선 위 경상도 도관찰사 박자안 경상도 병마도절제사

兼水軍都節制使.
겸 수군 도절제사

辛卯 駕還松都 夕次積城. 議政府遣參贊閔無咎問安 進酒菓.
신묘 가 환 송도 석 차 적성 의정부 견 참찬 민무구 문안 진 주과

壬辰 木稼.
임진 목가

癸巳 日珥.
계사 일이

觀獵于臨江 麻田等處.
관렵 우 임강 마전 등처

甲午 至自新都. 是日觀獵至山臺巖 世子與左政丞河崙及六曹
갑오 지자 신도 시일 관렵 지 산대암 세자 여 좌정승 하륜 급 육조

判書進酒菓 太上殿及靜妃亦遣人進酒菓. 上擧樂歡甚 進謁
판서 진 주과 태상전 급 정비 역 견인 진 주과 상 거악 환심 진알

太上殿 遂還宮.
태상전 수 환궁

| 원문 읽기를 위한 도움말 |

① 此是. 둘 다 '이것'을 뜻하는데 합쳐서 此是라고 하면 '이곳' 혹은 '이 때
   차시   차시
   문에' 등을 뜻한다.

② 不謹職事曾見貶黜者. 여기서 見은 수동형을 만드는 일종의 조동사다.
   불근 직사 증견 폄출 자   견

③ 以金希善爲慶尙道都觀察使. '以~爲~'는 원래 '~를 ~로 간주하다'인데
   이 김희선 위 경상도 도관찰사   이 위
   인사발령의 경우에는 '~를 ~로 삼다'라는 뜻이다.

태종 5년 을유년
3월

三月

병신일(丙申日-1일) 초하루에 크게 바람이 불고 눈이 내렸다. 다음 날에도 이와 같았는데 우박까지 내렸다.

○ 예조에서 육조(六曹)의 직무 분담[分職]과 (각 조별로) 소속기관을 상세하게 정해 계문(啓聞-보고)했다.

'이조(吏曹)는 문선(文選-문관 인선), 훈봉(勳封), 고과(考課)의 정사(政事)를 맡아 다움과 행실[德行], 재주의 활용도[才用], 업무 기여[勞效] 등으로 그 우열(優劣)을 비교해 그 유임과 방출[留放]을 정하고 주의(注擬)¹ 등의 일을 한다. 그 소속기관은 셋이 있으니 첫째는 문선사(文選司),² 둘째는 고훈사(考勳司), 셋째는 고공사(考功司)다. 문선사는 문관(文官)의 계품(階品-품계), 고신(告身), 녹사(祿賜-녹봉

---

1 관원(官員)을 임명할 때 먼저 문관(文官)은 이조(吏曹), 무관(武官)은 병조(兵曹)에서 임용 예정자 수의 3배수[三望]를 정해 임금에게 올리던 것을 말한다.

2 이때 태종의 왕권강화 도모와 직결된, 육조가 중심이 되어 국정을 운영하는 육조직계제(六曹直啓制)의 실시 기도와 명나라의 속부제(屬部制) 및 청리사제(淸吏司制)가 연관되면서 육조속사제가 정립될 때 설치돼 1894년(고종 31년) 갑오경장으로 폐지됐다. 성립 시 문관의 품계, 고신(告身), 녹사(祿賜) 등에 관한 일을 맡도록 규정했다. 그 뒤 더욱 구체화된 것이 『경국대전』에 종친·문관·잡직·승직(僧職)의 임명과 고신·녹패(祿牌), 문과시·생원시·진사시의 합격자에 대한 사패(賜牌), 차정(差定)·취재(取才)·개명(改名) 및 장오패상인록안(臟汚敗常人錄案-탐장죄와 강상죄를 범한 관리의 성명을 기록한 명부) 등에 관한 일을 맡도록 성문화해 문선사가 폐지될 때까지 이 기능이 계승됐다. 문선사는 문관의 인사에 간여했기 때문에 그만큼 중시됐으며, 동서 분당(東西分黨)의 한 원인으로 지목되는 이조전랑(吏曹銓郞)은 주로 문선사의 정랑과 좌랑을 일컫는다.

과 시상) 등의 일을 맡고 정랑(正郎)이 한 사람, 좌랑(佐郎)이 한 사람이다. 고훈사는 종친(宗親), 관리(官吏)의 훈봉(勳封)과 내외 명부(內外命婦)의 고신(告身) 및 봉증(封贈)의 일을 맡고 정랑이 한 사람, 좌랑이 한 사람이다. 고공사는 내외(內外) 문무관(文武官)의 공과(功過)와 선악(善惡)의 고과(考課) 및 명시(名諡-시호 작명)와 비갈(碑碣)의 일을 맡고 정랑이 한 사람, 좌랑이 한 사람이다.

병조(兵曹)는 무선(武選-무관 인선), 부위(府衛),[3] 조견(調遣),[4] 직방(職方),[5] 병갑(兵甲),[6] 출정(出征),[7] 고첩(告捷),[8] 강무(講武)[9] 등의 일을 맡는다. 그 소속기관은 셋이 있으니 첫째는 무선사(武選司), 둘째는 승여사(乘輿司), 셋째는 무비사(武備司)다. 무선사는 무관(武官)의 계품(階品), 고신(告身), 무거(武擧-무과 선발시험), 부위(府衛), 군융(軍戎-군사행정)의 일을 맡고 정랑이 한 사람, 좌랑이 한 사람이다. 승여사는 노부(鹵簿),[10] 여연(輿輦), 유악(帷幄),[11] 구목(廏牧),[12] 정역(程驛-역

---

3 조선시대 농민으로 조직된 병농일치제의 군대다. 당(唐)나라의 제도를 모방해 병농일치의 병제를 설치한 것이라고 한다. 전국 각지의 지방 농민이 3년마다 한 번씩 교대로 번상(番上)하여 서울에서 복무하거나 변경에 가서 수자리를 섰다. 부병(府兵)이라고도 한다.

4 필요한 인원을 조달(調達)하여 파견하는 일을 말한다.

5 전국의 지도·지형을 담당하고, 각 지역별 인민과 그 재용·구곡(九穀)·육축(六畜)의 수를 판별하고 각지의 이익과 손해를 파악한다.

6 각종 무기류를 갖추는 일을 말한다.

7 정벌에 나서는 일을 말한다.

8 전승을 고하는 일을 말한다.

9 사냥 등 군사훈련을 말한다.

10 의장(儀仗)을 갖춘 국왕의 거둥 때의 행렬을 말하며 규모에 따라 대가(大駕), 법가(法駕), 소가(小駕)로 나눠진다.

11 작전 계획을 짜는 곳을 가리킨다.

12 국영 마구간과 목장을 가리킨다.

참)의 일을 맡고 정랑이 한 사람, 좌랑이 한 사람이다. 무비사는 중외(中外) 갑병(甲兵)의 수목(數目)과 무예(武藝)의 훈련(訓鍊), 지도(地圖)의 고열(考閱), 진융(鎭戎)·성보(城堡)와 변경 요해(邊境要害)의 주지(周知), 봉화(燧火), 출정(出征), 고첩(告捷) 등의 일을 맡고 정랑이 한 사람, 좌랑이 한 사람이다.

호조(戶曹)는 호구(戶口), 전토(田土), 전곡(錢穀), 식화(食貨) 등의 정사(政事)와 공부 차등(貢賦差等)의 일을 맡는다. 그 소속기관은 셋이 있으니 첫째는 판적사(版籍司), 둘째는 회계사(會計司), 셋째는 급전사(給田司)다. 판적사는 호구(戶口), 전토(田土), 부역(賦役), 공헌(貢獻), 농상(農桑)의 권과(勸課), 흉풍(凶豊)·수한(水旱)의 고험(考驗), 의창(義倉), 진제(賑濟) 등의 일을 맡고 정랑이 한 사람, 좌랑이 한 사람이다. 회계사는 조부(租賦), 세계(歲計), 권형(權衡), 도량(度量), 경외(京外)의 저축[儲備]과 지출[支調] 등의 일을 맡고 정랑이 한 사람, 좌랑이 한 사람이다. 급전사(給田司)는 영업전(永業田),[13] 구분전(口分田),[14]

---

13 고려시대 양반, 서리(胥吏), 군인 등에게 지급했던 토지를 가리킨다. 구분전(口分田)에 대칭되는 것으로 모두 당(唐)나라의 토지제도인 균전제(均田制)에서 사용된 용어다. 구분전은 생계유지를 위해 지급된 것으로 수급자가 사망하면 국가에 반납하도록 되어 있었으나 영업전은 자손에게 상속시킬 수 있었다. 균전제에 규정된 영업전에는 호내영업전(戶內永業田)과 관인영업전(官人永業田)의 구별이 있었다. 전자는 일반 장정(壯丁) 1인에 대해 영업전 20무(畝), 구분전 80무, 합계 1경(頃)의 토지를 지급한 것으로 부병제(府兵制)·조용조(租庸調) 등과 서로 상호 보완관계에 있는 것이었다. 후자는 전체 관료에게 품계에 따라 최고 100경까지의 영업전을 지급한 것으로 관료가 제명을 당해 관료 신분을 상실하더라도 계속해서 보유할 수 있었다.

14 세습이 허용되지 않고 국가에 반환하도록 정해진 토지를 가리킨다.

원택(園宅), 문무 직전(文武職田)[15]과 여러 공해전(公廨田)[16]의 일을 맡고 정랑이 한 사람, 좌랑이 한 사람이다.

형조(刑曹)는 율령(律令), 형법(刑法), 도예(徒隷),[17] 안핵(案覈),[18] 얼금(讞禁),[19] 심복(審覆),[20] 서설(敍雪)[21] 등의 일을 맡는다. 그 소속기관은 셋이 있으니 첫째는 고율사(考律司), 둘째는 장금사(掌禁司), 셋째는 도관사(都官司)다. 고율사는 율령(律令), 안핵(案覈), 형옥(刑獄), 판결하는 일을 맡고 정랑이 한 사람, 좌랑이 한 사람이다. 장금사는 문관(門關), 진량(津梁-나루와 다리), 도로(道路), 금령(禁令)의 일을 맡고 정랑이 한 사람, 좌랑이 한 사람이다. 도관사는 공사 노예(公私奴隷)의 부적(簿籍)과 부수(俘囚-포로) 등의 일을 맡고 정랑이 한 사람, 좌랑이 한 사람이다.

예조(禮曹)는 예악(禮樂), 제사(祭祀), 연향(燕享-연회), 공거(貢擧),[22] 복축(卜祝) 등의 일을 맡는다. 그 소속기관은 셋이 있으니 첫째는 계제사(稽制司), 둘째는 전향사(典享司), 세째는 전객사(典客司)다. 계제

---

15 직전은 조선시대 사전(私田)의 하나로 벼슬아치들에게 벼슬하는 동안 나눠 주던 땅이다.

16 국가기관의 관청 및 왕실, 궁원(宮院)의 경비조달을 위해 지급된 토지다. 공해전에 해당하는 종류로는 지전, 제사(諸司)의 채전(菜田)·내수사전(內需司田)·국행수륙전(國行水陸田), 혜민서(惠民署)의 종약전(種藥田), 진상(進上)의 청죽전(靑竹田)·관죽전(官竹田)·저전(楮田), 지방관청의 아록전(衙祿田)·원전(院田)·도전(渡田) 등이 있었다.

17 관아나 개인에게 딸려 잡일을 하던 하인을 가리킨다.

18 죄인의 실상을 캐는 일을 말한다.

19 죄를 평의하는 것을 말한다.

20 죄인의 죄상을 다시 심사(審査)하는 것을 말한다.

21 아마도 죄인의 해명을 기록하는 것을 말하는 듯하다.

22 지방에서 인재를 선발해 올려 임용하는 제도를 말한다.

사는 의식(儀式), 제도(制度), 조회(朝會), 경연(經筵), 사관(史館), 학교(學校), 공거(貢擧), 도서(圖書), 상서(祥瑞), 패인(牌印), 표소(表疏), 책명(冊命), 천문(天文), 누각(漏刻), 국기(國忌),[23] 묘휘(廟諱),[24] 상장(喪葬) 등의 일을 맡고 정랑이 한 사람, 좌랑이 한 사람이다. 전향사는 연향(燕享), 사기(祀忌), 생두(牲豆), 음선(飮饍), 의약(醫藥) 등의 일을 맡고 정랑이 한 사람, 좌랑이 한 사람이다. 전객사는 사신 영접, 외방 조공(外方朝貢)과 연설(燕設), 사여(賜與)[25] 등의 일을 맡고 정랑이 한 사람, 좌랑이 한 사람이다.

공조는 산택(山澤-산과 연못이나 늪지), 공장(工匠), 토목(土木), 영선(營繕), 둔전(屯田), 염장(鹽場), 도야(陶冶) 등의 일을 맡는다. 그 소속 기관은 셋이 있으니 첫째는 영조사(營造司), 둘째는 공치사(攻治司), 셋째는 산택사(山澤司)다. 영조사는 궁실(宮室), 성지(城池), 공해(公廨), 옥우(屋宇), 토목(土木), 공역(工役) 등의 일을 맡고 정랑이 한 사람, 좌랑이 한 사람이다. 공치사는 백공(百工)의 제작(制作), 선야(繕冶), 도주(陶鑄-도자기 굽기와 동전 주조) 등의 일을 맡고 정랑이 한 사람, 좌랑이 한 사람이다. 산택사는 산택(山澤), 진량(津梁), 원유(苑囿-동산)와 초목(草木)의 종식(種植), 시탄(柴炭)·목석(木石)의 취벌(取伐), 가항(街巷), 제언(堤堰-제방), 선즙(船楫-선박), 조운(漕運), 연

---

23 왕(王), 왕비(王妃), 왕세자(王世子), 세자빈(世子嬪) 등의 별세(別世)로 치르게 되는 국장(國葬) 또는 그 기일(忌日)을 뜻한다.
24 임금이 사망한 뒤에 지은 휘(諱)다. 이에 해당하는 글자 역시 신하들로 하여금 쓰지 못하게 했다.
25 금품을 내려주는 일을 말한다.

애(碾磑-돌절구와 맷돌), 둔전(屯田), 어염(魚鹽) 등의 일을 맡고 정랑이 한 사람, 좌랑이 한 사람이다.

(그 밖에) 이조(吏曹)에 속한 관아는 승녕부(承寧府), 공안부(恭安府), 종부시(宗簿寺),[26] 인녕부(仁寧府),[27] 상서사(尙瑞司),[28] 사선서(司膳署),[29] 내시부(內侍府),[30] 공신도감(功臣都監), 내시원(內侍院),[31] 다방(茶房), 사옹방(司饔房)[32]이다.

병조(兵曹)에 속한 관아는 중군(中軍), 좌군(左軍), 우군(右軍), 십사(十司), 훈련관(訓鍊觀), 사복시(司僕寺), 군기감(軍器監), 의용순금사(義勇巡禁司), 충순호위사(忠順扈衛司), 별시위(別侍衛), 응양위(鷹揚衛), 인가방(引駕房),[33] 각전(各殿)의 행수(行首), 견룡(牽龍)[34]이다.

---

26 조선시대 왕실의 계보인 선원보첩(璿源譜牒)의 편찬과 종실의 잘못을 규탄하는 임무를 관장하기 위해 설치했던 관서다.

27 상왕(上王) 정종의 왕후(王后)에 대한 공봉(供奉)과 그 밖의 일체의 사무를 맡아보았다. 1420년(세종 2년) 3월에 공안부(恭安府)가 폐지됨과 동시에 인녕부에 통합됐다가 1421년(세종 3년) 10월에 인녕부를 경순부(慶順府)로 만들어 동궁(東宮)에 속하게 했다.

28 주된 기능은 제배(除拜), 부인(符印) 등을 관장하는 것이었다.

29 왕에게 음식을 올리는 일을 담당하던 관서다.

30 조선 건국과 동시에 내시에게는 수문(守門)과 청소의 임무만 전담시키고 관직은 일절 주지 말자는 여론이 강력히 대두됐다. 그러나 태조는 개국 초부터 모든 내시를 배척, 도태할 수는 없다고 하여 1392년(태조 1년) 문무 유품의 정직 외에 따로 내시부를 설치했다.

31 왕을 측근에서 시종하던 내시들이 소속된 관청이다. 환관들의 내시부와는 구별된다.

32 계절에 따라 생산되는 과일이나 농산물을 신주를 모신 사당이나 제단에 올려 먼저 차례를 지내거나 지방 특산물을 왕에게 올리는 것을 관장했다. 뒤에 사옹원으로 이름이 바뀌었다.

33 어가를 인도하는 일을 맡았다.

34 고려 때 생겨난 직책이다. 주로 대전(大殿)을 숙위했지만 동궁(東宮)을 숙위하는 동궁견룡이 따로 설치돼 있었으며 충렬왕 때부터는 제비주부(諸妃主府)의 숙위에도 동원됐다. 또한 국왕의 의위(儀衛)와 왕태자의 노부(鹵簿)에도 시종했다. 견룡지유(牽龍指諭)·견룡행수(牽龍行首) 등의 직제가 갖춰져 있었으며, 산원(散員)·대정(隊正) 등 말단 무관으로 충당됐다.

호조(戶曹)에 속한 관아는 전농시(典農寺), 내자시(內資寺),[35] 내섬시(內贍寺),[36] 군자감(軍資監),[37] 풍저창(豊儲倉), 광흥창(廣興倉), 공정고(供正庫),[38] 제용고(濟用庫),[39] 경시서(京市署),[40] 의영고(義盈庫), 장흥고(長興庫), 양현고(養賢庫), 각 도 창고(各道倉庫), 동부(東部)·남부(南部)·서부(西部)·북부(北部)·중부(中部)이다.

형조(刑曹)에 속한 관아는 분도관(分都官), 전옥서(典獄署), 율학(律學), 각 도 형옥(各道刑獄)이다.

예조(禮曹)에 속한 관아는 예문관(藝文館), 춘추관(春秋館), 경연(經筵), 서연(書筵), 성균관(成均館), 통례문(通禮門), 봉상시(奉常寺), 예빈시(禮賓寺), 전의감(典醫監), 사역원(司譯院), 서운관(書雲觀), 교서관(校書館), 문서응봉사(文書應奉司), 종묘서(宗廟署), 사온서(司醞署), 제생원(濟生院), 혜민국(惠民局), 아악서(雅樂署), 전악서(典樂署), 사련소(司臠所),[41] 선관서(膳官署), 도류방(道流房), 복흥고(福興庫)와 동

---

35 왕실에서 사용되는 쌀, 국수, 술, 간장, 기름, 꿀, 채소, 과일 및 내연직조(內宴織造) 등을 관장했다. 1392년(태조 1년) 관제를 새로이 정할 때 내부시(內府寺)라 했으나 1401년(태종 1년) 내자시로 개칭하고, 1403년에는 의성고(義成庫)를 병합해 소관사무를 확정했으며, 이때 육조의 직무를 나누면서 호조에 소속시켰다.

36 왜인과 야인에 대한 음식물 공급, 직조(織造) 등을 관장하기 위해 설치했던 관서다. 공주를 낳은 왕비의 권초(捲草-출산 때 까는 거적 짚)를 봉안하기도 했다. 1392년(태조 1년) 설치한 덕천고(德泉庫)를 1403년(태종 3년) 6월의 관제개혁 때 내섬시로 고친 뒤 이때 육조의 분직과 소속을 정하면서 호조의 속사(屬司)가 됐다.

37 군사상에 필요한 물자를 관장하기 위해 설치됐던 관서다.

38 조선 전기 궁궐에서 소요되는 미곡과 장(醬) 등의 식료품 공급을 담당하던 관서다.

39 고려 공양왕 때부터 각지에서 진헌(進獻)해 온 저마포(苧麻布), 피물(皮物), 인삼과 사여(賜與)하는 의복 등을 맡아보던 관청이다.

40 시전(市廛)을 관장하기 위해 설치되었던 관서다.

41 조선 초기 소나 말을 길러서 국용(國用)에 이바지하던 관아다. 1460년(세조 6년)에 분예

서대비원(東西大悲院),[42] 빙고(氷庫), 종약색(種藥色), 태청관(太淸觀),[43] 소격전(昭格殿), 도화원(圖畵院), 가각고(架閣庫), 전구서(典廐署), 사직단(社稷壇), 관습도감(慣習都監), 승록사(僧錄司), 각 도 학교(各道學校), 의학(醫學)이다.

공조(工曹)에 속한 관아는 선공감(繕工監), 사재감(司宰監), 공조서(供造署), 도염서(都染署), 침장고(沈藏庫), 별안색(別鞍色),[44] 상의원(尙衣院), 상림원(上林園), 동서요(東西窯), 각 도(各道)의 염장(鹽場), 둔전(屯田)이다.'

무술일(戊戌日-3일) 밤에 금성(金星)이 목성(木星)을 범(犯)했다. 유성(流星)이 태미 동번(大微東藩) 상장(上將)에서 나와 고루(庫樓)로 들어갔는데, 크기가 되[升]만 했고 그 빛이 청황(靑黃)이었다. 상이 서운관(書雲觀) 승(丞) 박념(朴恬)을 불러서 물었다.

"유성은 어떠한 별인가?"

빈시(分禮賓寺)와 합쳐 사축소(司畜所)로 바꾸었다가 1466년(세조 12년)에 사축서(司畜署)로 고쳤다.

42 대비원은 일종의 국립 의료기관으로, 고려시대에는 개경의 동쪽과 서쪽 두 곳에 있었다고 하여 보통 동서대비원(東西大悲院)이라고 불렸다. 그렇지만 사실은 서경(西京)에도 분사(分司)가 설치되어 있었다. 1414년(태종 14년)에 동서활인원(東西活人院)으로 이름을 바꿨고, 1466년(세조 12년)에 다시 활인서(活人署)로 고쳤다.

43 태청의 도덕천존은 천황대제(天皇大帝-노자(老子))라고도 한다. 태청관에서는 이 천황대제를 모시고 도교의 법사(法事)를 행했다. 충선왕 때 동반(東班)으로 설치해 종9품의 판관 1인을 두었다. 독(纛-깃발)을 보관하는 것이 주된 업무이며 출정(出征) 때는 반드시 여기에서 마제(禡祭)를 올리는 것이 상례로 돼 있었다.

44 원래는 1385년(우왕 11년) 요동(遼東) 공격을 위해 동원되었던 정벌군의 마필(馬匹)을 준비하기 위해 설치되었던 임시 관부다. 그래서 '별(別)'이라고 했는데 이때까지 존속됐다.

"병거(兵車)를 맡은 곳[府]입니다."

"그러면 그 응험(應驗)은 어떤 것인가?"

박념이 대답했다.

"유성이 크면 사신(使臣)이 크고, 유성이 작으면 사신이 작은 것이오니 그 뜻은 곧 (명나라) 조정 사신이 오는 것이라 생각되옵니다."

임금이 『문헌통고(文獻通考)』[45]를 가져다가 지신사 박석명(朴錫命)에게 명해 역대(歷代)의 성변(星變)에 대한 일을 두루 찾아보고[徧觀] 아뢰게 했다.

○사간원에서 소를 올려 이거이(李居易) 부자(父子)에게 죄줄 것을 청했으나 윤허하지 않았다.

기해일(己亥日-4일)에 사간원에서 담선(談禪)[46]을 없앨 것을 청했으나 윤허하지 않았다.

경자일(庚子日-5일)에 생원 시원(生員試員-시험관) 우대언(右代言)

---

45 중국 고대로부터 남송(南宋) 영종(寧宗) 시대까지의 제도와 문물에 관해 기록한 책이다. 중국 송나라 말과 원나라 초의 학자 마단림(馬端臨)이 편찬했다. 총 348권이다. 당나라 두우(杜佑)의 『통전(通典)』, 송나라 정초(鄭樵)의 『통지(通志)』와 함께 3통(通)으로 불린다. 전부(田賦)·전폐(錢幣)·호구(戶口)·직역(職役)·정각(征榷)·시적(市糴)·토공(土貢)·국용(國用)·선거(選擧)·학교(學校)·직관(職官)·교사(郊祀)·종묘(宗廟)·왕례(王禮)·악(樂)·병(兵)·형(刑)·경적(經籍)·제계(帝系)·봉건(封建)·상위(象緯)·물이(物異)·여지(輿地)·사예(四裔-사방의 오랑캐)의 24고(考)로 돼 있으며, 사예 중에 고려(高麗)라는 조항이 들어 있다.

46 선학(禪學)의 강화(講話)로, 대화 형식으로 진행되는 불교의 문답이다.

김과(金科)와 성균대사성(成均大司成) 정이오(鄭以吾, 1347~1434년)[47]

가 조서로(趙瑞老, 1382~1445년)[48] 등 100인을 뽑았다. 애초에 서로

(瑞老)가 전 감찰(監察)로서 직첩(職牒)을 바치고 과거시험에 나아가

니 사헌부에서 소(疏)를 올려 말했다.

'생원은 배움에 들어가는 문이고 급제(及第)는 벼슬에 들어가는 길

이옵니다. 그래서 포의(布衣)를 입은 학생들이 향시(鄕試)에 합격한

뒤 본시(本試)에 나아가는 것이온데 근래에 참(參)[49] 이상의 사람들

이 명기(名器-벼슬)의 무거움을 생각하지 않고서 직첩(職牒)을 바치

고 시험에 나아가니 일이 뒤바뀌고 차례를 잃어[顚倒失序] 선비의 기

풍이 아름답지 못합니다. 이제부터는 참(參) 이상의 사람은 시험에

응시하지 못하게 해야 합니다.'

의정부에 내려 헤아려 토의하게 했다. 의정부에서는 이렇게 의견을

모았다[議得].

"참(參) 이상의 사람도 시험에 응시하도록 허락해 후학(後學)을 권

장할 것이며, (대신에) 합격 여부를 물론하고 (일단 바친) 그 직첩은

---

47 1398년 조준(趙浚), 하륜(河崙) 등과 함께 『사서절요(四書節要)』를 찬진(撰進)했다.
    1400년(정종 2년) 성균관 악정(成均館樂正)이 됐으며 병조의랑(兵曹議郞), 예문관 직제학,
    예문관 사성을 역임했다. 1403년(태종 3년) 대사성으로 승진했고, 이때 김과(金科)와 함
    께 생원시를 관장했다. 1409년 병서습독제조(兵書習讀提調)를 거쳐 동지춘추관사를 겸임
    하면서 『태조실록』의 편찬에 참여했다. 1413년 『태조실록』 편찬에 대한 노고로 예문관
    대제학이 되면서 지공거(知貢擧)를 겸했다. 1418년 72세로 치사(致仕)했다. 세종이 즉위
    하자 태실증고사(胎室證考使)가 되어 진주 각처를 다녔고, 속현인 곤명(昆明)을 태실소로
    정하게 했다. 노성(老成)한 덕이 있다 하여 숭정대부(崇政大夫)에 올랐다.

48 이해에 식년문과의 병과로 급제해 이조좌랑, 사헌부 지평 등을 역임했다. 크게 현달하지
    는 못했다. 형제로는 서강(瑞康), 서안(瑞安)이 있다.

49 6품을 말한다.

돌려주지 말아야 할 것입니다."

그대로 따랐다.

　신축일(辛丑日-6일)에 사간원에서 소(疏)를 올려 사헌부 대사헌 함부림(咸傅霖)을 죄줄 것을 청했으나 윤허하지 않았다. 소는 대략 이러했다.

　'신 등이 가만히 보건대 대사헌 함부림은 겉모습은 조심하고 삼가지만 속마음은 간사하고 기만적입니다[外貌小謹 內懷奸詐]. 지난 무인년(戊寅年-1398년)에 몸이 최질(衰絰-상중)에 있으면서 권간(權奸)에 당을 짓고 붙어서[黨附] 협유탈적(挾幼奪嫡)[50]의 모의(謀議)에 가담했다가 요행히 죽음을 면했는데[逭=免], 도리어 다른 꾀를 품었습니다. 그 간사하고 불충(不忠)한 죄가 셋이 있습니다.

　지난해 10월 난신(亂臣) 이거이 부자가 몰래 불궤(不軌-역모)를 도모하다가 실상[情=實情]이 드러나고 일이 밝혀져[白] 대간(臺諫)에서 함께 글을 올려[交章] 죄줄 것을 청했습니다. (그 당시) 부림(傅霖)은 동북면 찰리사(東北面察理使)로 있다가 대사헌에 새롭게 제수되어 국가에 변(變)이 있다는 말을 듣고서도 청가(請暇)를 칭탁(稱託)한 채 기생을 싣고 천천히 가서 시골에 머물러 시간을 보내며 그 일이 진정되기를 기다렸다가 가만히 서울 길에 올랐으니 그 죄가 첫째입니다.

　전하께서 삼공신(三功臣)[51] 중에서 전후(前後)의 동맹(同盟)에 참

50　이방석(李芳碩)을 세자(世子)로 세운 일을 가리킨다.

51　개국공신(開國功臣), 좌명공신(佐命功臣), 정사공신(定社功臣)을 가리킨다.

여하지 아니한 자는 그 마음이 오히려 굳지 못할까 깊이 염려하시어 마침내 삼맹(三盟)의 신하를 모아 (하늘과 땅의) 상하 신기(上下神祇)[52]에 밝게 고하고 동맹삽혈(同盟歃血)[53]하여 다시 힘써서 충성을 다해 서로 믿어서 왕실(王室)을 가까이에서 돕도록 했습니다. 그때 공신(功臣)으로서 밖에 나가 변경(邊境)을 지키는 자와 변방 고을을 다스리는 자, 늙고 병든 자까지도 모두 달려와서 제휴(提携)하여 그 맹세에 참여했습니다. (그런데) 부림은 이를 듣고도 진(秦)나라가 월(越)나라 보듯 하면서 홀로 그 맹세에 참여하지 않았으니 그 죄가 둘째입니다.

난신(亂臣) 이거이 부자의 죄는 전하께서 종친과 삼공신을 명으로 불러[命召] 대간(臺諫)과 더불어 입증하고 가린 것[證辨]이 지극히 명백하여 중외(中外)의 신하와 백성들이 그 사실을 훤히[灼] 알고 있습니다. (그런데도) 부림은 헌사(憲司)의 장(長)으로서 글을 올려 죄주기를 청해 다시 그 정상(情狀)을 국문하려고 했습니다. 이는 난신(亂臣)의 죄를 의심스럽다고 여겨 어떻게 해서건[擬] 가볍게 죄주려고 한 것이니 그 죄가 셋째입니다.

신 등은 부림(傅霖)이 무슨 마음으로 감히 이런 지경에 이르렀는지는 알지 못하겠습니다. 바라건대 전하께서는 그를 유사(攸司)에 내려 그 직첩을 거두고 그 실상을 국문함으로써 불충(不忠)을 경계하게

---

52 천지신명(天地神明)과 같은 뜻이다.

53 맹세할 때에 희생(犧牲)을 잡아 서로 그 피를 들이마셔 입술을 벌겋게 하고 서약을 꼭 지킨다는 단심(丹心)을 신에게 맹세하는 일이다.

해야 할 것입니다.'

상은 윤허하지 않고 이렇게 말했다.

"남은(南誾)과 정도전(鄭道傳)이 국사(國事)를 담당했을 때를 맞아 어느 재상(宰相)이 그들에게 붙좇지[歸附] 아니했는가? 하물며 그 당시에 부림에게 죄가 있었다면 나는 마땅히 그에게 죄를 주었을 것이다. 부림이 동북면(東北面)에 있을 때 휴가를 청해 강릉(江陵)에 성묘하러 갔었는데, 대사헌(大司憲)을 제수한 명령이 그때 마침[適] 있었던 것이니 어찌 시골에 머물러 있었다는 것으로써 죄를 삼을 수 있겠는가? 지난해 12월 16일이 바로 삼공신(三功臣)이 회맹(會盟)했던 날인데, 부림은 그달 14일에야 겨우 들을 수 있었으니 어찌 회맹에 참가하지 못한 것을 죄로 삼을 수 있겠는가? 거이 부자는 죄가 있으면 마땅히 다스려야 한다는 점에서 부림이 청한 것은 마땅하다[宜]. (그런데) 어찌 다시 청한 것을 갖고서 죄를 줄 수 있겠는가? 다만 기생을 싣고 다닌 일은 내가 알지 못한다. 그러나 이 또한 (거창한) 죄목을 붙여서 죄줄 것을 청할 일은 아니다."

좌헌납(左獻納) 최순(崔洵)을 불러 명하여 말했다.

"부림의 죄는 명목[名]이 없기 때문에 윤허하지 않겠다."

부림을 불러 말했다.

"경은 죄가 없으니 마땅히 직임에 나아가도록 할 것이며 간원(諫院)에서 죄를 청했다고 꺼려서는[嫌] 안 된다."

부림이 청해 말했다.

"신이 재주도 없이 헌부(憲府)의 장(長)이 되어 간원(諫院)의 탄핵을 입었고, 일을 논(論)하면 그때마다 그릇되어 윤허를 얻지 못했으니 중망(衆望)에 맞지 않습니다. 바라건대 전하께서는 신을 면직(免職)하시어 사람들의 바라는 마음을 다독여주소서."

상이 말했다.

"경(卿)에게 직임에 나아가라고 내가 명한 것은 (경이) 뛰어나다[賢]고 본 때문이 아니라 마침내 간원에서 사람의 죄를 얽어내는 것[織]을 미워하기 때문이다.[54] 그러나 경의 청이 이와 같으니 일단은[姑] 물러가서 명을 기다리도록 하라."

○ 아무런 근거도 없이[妄] 오결(誤決)이라고 제소하는[呈訴] 자를 처벌하는[加罪] 법을 세웠다. 사헌부에서 청했다.

"노비 재판에서의 바른 판결[正決]을 아무런 근거도 없이 오결(誤決)이라고 어가(御駕) 앞에서 털어놓아[申呈] 말을 꾸며 억지로 변명하는 자는 율(律)에 비춰 장(杖) 100대에, 도(徒-징역) 3년에 처하고, 군관(軍官)과 군인(軍人)으로서 범한 자는 각위(各衛)에 나눠 충군(充軍)하고 노비와 가산은 관(官)에 몰수해야 합니다."

의정부에서 의결했다[議得].

"장(杖) 100대에 처하고, 충군(充軍)한 자의 노비와 가산을 관에 몰수하면 군역(軍役)을 감당하기 어려우니 이 뒤로는 노비와 가산을 관에 몰수하지 말고, 양식(糧食)을 스스로 갖춰[自備] 장기 입역(長期立役)하게 함이 어떻겠습니까?"

그대로 따랐다.

---

54 태종이 이렇게 판단한 근거는 사간원 소 가운데 다음과 같은 표현과 밀접한 관계가 있다. "신 등은 부림(傅霖)이 무슨 마음으로 감히 이런 지경에 이르렀는지는 알지 못하겠습니다."

임인일(壬寅日-7일)에 사간원에서 소(疏)를 올려 이거이 부자를 각각 변방의 군[邊郡]에 둘 것을 청했으나 윤허하지 않았다. 소는 대략 이러했다.

'난신(亂臣) 거이(居易)·저(佇) 부자가 두 마음을 품은[懷二] 죄는 진실로 목베고 일족을 멸해야[誅夷] 마땅한데, 전하께서 다만 폐고(廢錮)[55]만 시켜 사장(私庄-개인 농장)에 안치(安置)시키는 바람에 그 친척과 붕당(朋黨)이 중외(中外)에 퍼져 있으니 일국(一國)의 신민들이 마음을 서늘하게 여기지[寒心] 않는 이가 없습니다. 거이와 저의 사람됨은 평소 부귀(富貴)가 극에 달했을 때에도 오히려 만족하지 아니하고 몰래 불궤(不軌)를 도모했습니다. 하물며 지금 폐출(廢黜)되어 항상 울분과 원망[憤怨]을 품었음에야 어떠하겠습니까! 또 저를 이천(利川)으로 옮기면 그 부자(父子)가 서로 거리가 가까워져 같이 통하고 모의(謀議)하여 무뢰(無賴)한 무리들을 속이고 꾀어서 불궤한 음모를 고쳐 선동(鼓吹煽動)하고, 그 중외(中外)의 친척과 붕당이 가만히 엿보다가[窺伺] 기회를 타 서로 호응하면[響應] 전하께서 오늘날 그들을 보전(保全)해주신 것이 곧 그들을 해치게 되는 결과가 됩니다. 전하께서 만일 법에 따라 시행해 화(禍)의 근원[禍源]을 끊지 못하시겠다면 장차 거이 부자를 각각 변방의 땅[邊裔=邊地]에 두어 출입을 엄금하고 친척 중에서 서울에 있는 자는 그곳의 출입을 못 하게 하여 화(禍)의 싹[禍萌]을 막아야 할 것입니다.'

---

55 종신(終身)토록 관리(官吏)가 될 수 없게 하는 것이다.

을사일(乙巳日-10일)에 병조(兵曹)의 보거법(保擧法)을 세웠다. 병조에서 청했다.

"무관(武官)의 보거(保擧)[56]는 경중(京中)에서는 동반(東班) 6품, 서반(西班) 4품 이상이 각각 3품 이하의 무재(武才)가 능한 자를 그 나이의 많고 적음에 상관없이 천거하여 본관(本貫)과 부(父)의 직명(職名)을 갖춰 본조(本曹)에 올리고, 외방(外方)에서는 각 고을 수령(守令)이 경중의 사례와 같이 감사(監司)에게 보고하여 감사(監司)가 본조에 올립니다. 그러면 본조에서는 삼군부(三軍府)와 더불어 고험(考驗)하여 그 이름을 적(籍)에 기록했다가 갑사(甲士)의 궐원(闕員)이 생기면 낙점(落點)을 받아서 서용(敍用)하고, 만일 추천과 달리 그 실상이 못 미치는[不稱]〔불칭〕 자가 있으면 죄(罪)가 거주(擧主)에게 미치게 하소서."
그대로 따랐다.

○ 함부림을 불러 직무를 보도록 명했다.

병오일(丙午日-11일)에 명나라 사신 왕교화적(王敎化的) 등 세 사람이 칙서(勅書)를 받들고 오니 상이 서교(西郊)에서 맞아 무일전(無逸殿)에 이르러 칙서를 받았다.

'황제는 조선 국왕에게 아래와 같이 칙유(勅諭)하노라. 동개원(東開原), 모련(毛憐) 등지의 만호(萬戶) 동맹가첩목아(童猛哥帖木兒)는 능히 짐(朕)의 명령을 공경(恭敬)하여 조정(朝廷)에 마음을 돌렸다

---

56 관리를 임명할 때 재주가 있거나 공로가 많은 사람을 자기가 책임지고 임금에게 천거하던 일을 말한다. 곧 거주(擧主)가 후보자를 보증하여 천거한 것이다.

[歸心]. 그래서 이제 천호(千戶) 왕교화적(王教化的) 등을 보내 칙서
를 싸 가지고 가서 위로하게 하니 가는 길에 왕의 나라로 지나게 되
거든 사자(使者) 하나를 함께 보내 동행(同行)하게 하는 게 좋을 것
이다. 이 때문에 칙유한다.'

○동맹가첩목아(童猛哥帖木兒) 등에게 보내는 칙유(勅諭)는 이러
했다.

'만호(萬戶) 맹가첩목아 등에게 칙유하노라. 지난번 아합출(阿哈出)
이 조정에 와서 말하기를 네가 총명(聰明)하여 천도(天道)를 안다고
하기에 이미 사신을 보내 칙서를 가지고 가서 너를 효유(曉諭)하게
했다. 그리고 사자(使者)가 돌아와서 말하기를 네가 능히 짐의 명령
을 공경하여 조정에 마음을 돌리겠다고 했으니 짐이 이를 매우 가상
히 여겨 이제 다시 천호(千戶) 왕교화적(王教化的) 등을 보내 너에게
채단(綵段)의 표리(表裏)를 하사한다. 네가 친히 내조(來朝)하면 너에
게 명분(名分)[57]과 상사(賞賜)를 주어 너로 하여금 군민(軍民)을 안무
(安撫)하게 하고, 사냥[打圍]과 방목(放牧)을 하면서 편한 대로 생활
하게 할 것이다. 그리고 그 나머지 두목(頭目)들도 명분(名分)을 주기
에 합당한 자는 함께 같이 오는 것이 좋겠다. 만약 명분을 주기에 합
당한 사람으로서 그곳의 일로 인해 오지 못하는 자가 있거든 (그들의
이름을) 명백하게 일일이 기록해 가지고 와서 아뢰면 명분(名分)과 상
사(賞賜)를 모두 다 주겠다. 이 때문에 칙유한다.'

---

57 명나라의 관직에 따른 직첩(職牒)을 가리킨다.

정미일(丁未日-12일)에 상이 태평관(太平館)에 가서 사신들에게 잔치를 베풀었다.

○ 한성시(漢城試)의 액수(額數-정원)를 더하여 30명으로 했다가 이내[旣而] 없던 일로 했다. 애초에 성균관(成均館)에서 서(書)를 올렸다.

기이

'전조(前朝) 때의 개성시(開城試)는 다만 종사원(從仕員)만 뽑았기 때문에 그 액수가 단지 20명뿐이었습니다. 근년 이후로는 종사원뿐만 아니라 신생원(新生員) 및 서울에 살고 있는 유학(幼學)들에 이르기까지 모두 한성시(漢城試)에 응하는데, 그 액수는 아직껏 옛 제도를 따르고 있으니 인재(人材)를 놓치는 한탄(恨歎)이 없지 않습니다. 바라건대 관시(館試)[58]의 예(例)에 의해 30명을 뽑아야 합니다.'

이를 윤허했다. 헌사에서 향시(鄕試)와 관시의 액수(額數)는 이미 행한 지가 오래되었는데, 성균관에서 마음대로 10명을 더해 차례를 건너 뛰어[越次] 청을 올렸다고 했기 때문에 논하여 없던 일로 했다.

월차

○ 사헌부 대사헌 함부림(咸傅霖)이 면직(免職)을 청했으나 윤허하지 않았다.

---

58 성균관에 수학하는 유생들이 응시하는 식년문과초시(式年文科初試)다. 관시에 응시할 수 있는 유생의 수는 처음에 30명이었다가 1417년(태종 17년) 50명으로 늘었다. 관시에 응시하는 성균관 유생은 소과에 합격한 생원·진사였다. 이러한 자격을 지닌 유생은 대개 성균관 상재생(上齋生)이나 사학승보생(四學陞補生)인 하재생(下齋生)이었다. 관시를 보려면 원점(圓點) 300점을 받아야 했다. 원점은 일종의 출석점수로 성균관 식당에서 아침과 저녁을 먹어야 원점 하나를 주었다. 성균관 유생들은 식당에 출석하면서 그 증거로 도기(到記-출석부)에 서명해야 한다. 이는 나중에 원점을 계산하는 근거가 되는데, 아침·저녁으로 연달아 출석하면 1점을 주고 아침·저녁 식사 가운데 한 번이라도 결석하면 평점으로 하여 계산해주지 않았다.

○ 오도리 만호(吾都里萬戶) 최야오내(崔也吾乃)에게 술과 고기와 쌀 1석, 옷 한 벌[稱], 그리고 신발과 갓을 내려주었다.

기유일(己酉日-14일)에 상이 태상전에 나아가 문안하고 이어 헌수(獻壽)한 다음 매우 즐겼다.

○ 상호군(上護軍) 신상(申商, 1372~1435년)[59]을 동북면(東北面)에 보내 동맹가첩목아(童猛哥帖木兒)를 일깨워주었다[諭]. 명나라 사신의 명령을 따르지 말도록 하려는 것이었다. 상이 일찍이 좌정승 하륜(河崙)과 우정승 조영무(趙英茂)에게 일러 말한 적이 있었다.

"사신이 오는 것은 오로지 동맹가첩목아를 초안(招安-회유)하려고 하는 것이다. 이 사람은 동북면의 번리(藩籬-울타리)이니 경들은 이를 도모하라."

이때에 이르러 상(商)을 보내 일깨워주게 한 것이다.

경술일(庚戌日-15일)에 상이 태상전에 나아갔다.

---

59 1390년(공양왕 2년) 문과에 급제해 예조정랑이 됐다. 조선조에 들어와서는 사헌시사(司憲侍史)·경력·병조의랑·이조의랑·연안부사 등을 역임하고, 이때 상호군으로 동북면에 파견되어 동맹가첩목아(童猛哥帖木兒)를 회유하는 등 국경 경비를 맡았다. 1417년(태종 17년) 강원도 도관찰출척사(江原道都觀察黜陟使)를 거쳐 병조참판이 되었을 때 당(黨)을 만들어 죄 없는 신하들에게 죄를 뒤집어씌운다는 박은(朴블)의 상소로 인해 의금부에 갇혔다가 풀려나 공조와 예조의 참판을 지냈다. 1419년(세종 1년)에는 진하사(進賀使)로 명나라에 다녀와서 경상도 도관찰출척사가 됐는데, 이때 기근에 처한 백성들을 진휼하는 데 진력했다. 이어 대사헌, 이조참판, 한성부윤, 우군도총제 겸 평안도 도관찰출척사 등을 거쳐 1424년 예조판서로 성절사(聖節使)가 되어 명나라에 다녀왔다. 1425년 형조판서를 지내고, 이듬해 다시 예조판서가 됐다. 풍채가 매우 컸고, 오랫동안 예조판서로 있으면서 실수 없이 일을 무난히 처리했다는 평이다.

○ 주윤단(朱允端)에게 쌀과 콩 15석을 내려주었다.

　신해일(辛亥日-16일)에 올량합 상만호(兀良哈上萬戶) 김대첩목아(金大帖木兒)에게 광은대(光銀帶) 하나, 만호(萬戶) 유요하(柳遼何)와 다루가치(達魯花赤) 김도치(金都赤)에게는 각대(角帶) 하나를 내려주고, 또 각각 목면 겹단령(木棉裌團領)·주유의(紬襦衣-명주 저고리)·주소삼(紬小衫-명주 작은 웃도리)·단군(單裙-홑치마)·신[靴화] 등을 하나씩 내려주었다. 도만호(都萬戶) 유귀모하(柳歸毛何), 도진무(都鎭撫) 유야하(柳也何)와 천호(千戶) 유가을모(柳加乙毛)·진로고(鎭老古), 백호(百戶) 호심파(好心波), 통사(通事) 김철(金哲) 등에게 목면 직령(木綿直領)·갓·신 하나씩을 내려주었다.

　○ 사간원에서 소(疏)를 올려 여관(女官) 및 검교(檢校),[60] 첨설(添設)[61] 등의 관직을 혁파할 것을 청했다. 소는 대략 이러했다.

　'하나, 여관(女官)의 설치는 본래 옛 제도[古制고제][62]가 아니고 한(漢)나라 이후부터 처음 있었으니 이는 곧 구차스런[苟且구차=不當부당] 정사(政事)이며 성덕(盛德)한 시대의 일이 아닙니다. 우리 태상 전하(太上殿

60　고려 말 조선 초에 직함(職衛)만 주고 공사(公事)는 맡기지 아니했던 벼슬이다. 처음에는 훈구지친(勳舊之親)을 위해 설치한 것이었는데 뒤에 군공(軍功)이나 특별한 공로(功勞)가 있는 자에게 주었다.

61　고려 말 조선 초에 공로가 있는 사람에게 벼슬을 주거나 승직시키려 해도 실직(實職)이 없을 때 차함(借衛)으로 직첩을 주는 것을 말한다. 공신이나 훈구를 대우하기 위해 조선 태조 때 고려의 제도를 본떠 첨설을 두었고, 태종 때 검교(檢校)를 만들고 세종 때 물러나는 치사(致仕)제도를 만들었다.

62　이때 옛 제도란 하(夏)·은(殷)·주(周) 3대의 이상적인 정치를 염두에 둔 것이다.

下)께서 즉위하신 이후부터 내총(內寵)[63]이 점점 번성하여 드디어 여관(女官)을 설치해 그 품급(品級)이 정승(政丞)에 준하는 자까지 있고, 그 아래로는 각각 차례로 등급(等級)이 있어 비천(卑賤)한 사람이 간혹 외람되게 이를 받아 앉아서 천록(天祿)을 누리니 식자(識者)들이 마음 아프게 여겼습니다. 전하께서 사직(社稷)을 정(定)하시던 [定社] 초기에 먼저 그 폐단을 개혁하시니 중외(中外)가 기뻐 복종하며[悅服] 모두 지극한 다스림[至治](이 있게 되는 것)을 바랐습니다. (그런데) 이제 폐단을 고치고 법을 세우는 때를 맞아 다시 그 벼슬을 두니 비록 급료(給料)는 나눠 주지 않는다 할지라도 나라를 다스리는 도리[經國之道]와 후세(後世)에 드리울 법[垂世之法]은 아닌가 하옵니다. 바라건대 전하께서는 삼대(三代)에서 관직을 두었던 아름다운 뜻을 생각하시고, 한(漢)나라와 당(唐)나라가 여총(女寵)으로 인해 입었던 화(禍)를 경계하시어 명하여 그 관직을 개혁해 만세(萬世)에 모범을 드리우셔야 할 것입니다.

하나, 선비는 염치(廉恥)가 있은 뒤에야 능히 임금을 섬기는 의리를 다할 수 있습니다. 전조(前朝)의 말기에[季] 정권(政權)이 아래로 옮겨져서 권세(權勢)에 아부하는 자는 갑자기 좋은 요직(要職)으로 옮기고, 청렴(淸廉)하여 조용히 있으면서 본분(本分)을 지키는 자는 도리어 물리침을 당했습니다. 심지어 대간(臺諫)의 관원까지도 모두 그들의 수중(手中)에 들어 있어 분경(奔競)[64]으로 풍습을 이루다 보

---

63 궁녀들에 대한 임금의 사랑을 말한다.
64 엽관운동(獵官運動)이나 노골적인 인사청탁을 말한다.

니 염치(廉恥)의 도리가 없어져 마침내 나라가 뒤엎어지기에 이르렀습니다. 국초(國初)에 그 유풍(遺風)이 다 없어지지 아니하고 습속(習俗)이 그대로 남아 있어 전하께서 깊이 그 폐단을 생각하시고 법금(法禁)을 엄하게 세워 헌사(憲司)로 하여금 다스리게[糾理] 하여 혹 규리 파출(罷黜)을 가했으나 아첨하는 무리들이 틈을 타고 기회를 타서 간알 아부(干謁阿附)[65]하여 말을 만들고 일을 꾸며서 드디어 청렴(淸廉)하여 조용히 있는 무리로 하여금 반드시 그 욕(辱)을 입게 하오니 진실로 한탄스럽습니다. 바라건대 이제부터 만일 대신(大臣)이나, 귀척(貴戚)이나, 집정자(執政者)의 집에 그의 친척이 아닌 다른 사람으로서 분경(奔競)하고 아부(阿附)하는 자가 있으면 이조(吏曹)로 하여금 정밀히 살펴서 자세히 아뢰게 하고 시산(時散)[66]을 막론하고 과명(過名)[67]을 기록해 서용(敍用)하지 못하게 해야 합니다. 또 헌사(憲司)로 하여금 그 법을 거듭 엄하게 하여 사풍(士風)을 가다듬어야 할 것입니다.

하나, 본조(本朝)의 육조(六曹)의 임무는 곧 『주관(周官)』[68]에 나오는 육경(六卿)입니다. 전조(前朝)의 쇠퇴한 말기에 법도(法度)가 무너지고 해이해져서 한갓 그 이름만 있고 그 실상은 없어 마침내 첨설(添設)을 두어 군공(軍功)에 대해 상을 주었습니다. 그 말류(末流)에

---

65 사사(私事)로 알현(謁見)을 구하고 아부하는 것을 말한다.
66 시임(時任)과 산관(散官)을 가리킨다.
67 죄명을 말한다.
68 총 42권으로 천지춘하추동(天地春夏秋冬)의 6상(像)에 따라 천관(天官), 지관(地官), 춘관(春官), 하관(夏官), 추관(秋官), 동관(冬官)으로 나눠 관제(官制)를 세우고 직장(職掌)을 기록했다.

이르러서는 첨 전서(添典書)가 된 자가 이루 다 기록할 수 없을 정도였으니 명기(名器-관직)의 남용(濫用)이 이러한 지경에 이르렀습니다. (그런데) 이제 전하께서 성모(聖謨-임금의 시책)를 능히 넓히시어 전해 내려오던 나쁜 폐단을 일거에 바꿔 백사(百司)의 서무(庶務)를 육조(六曹)에 나눠 맡겨서 판서(判書)로 계급을 올리고, 인하여 참의(參議)를 두었으니 이목(耳目)을 새롭게 하고 이름에 따라 실상에 맞게 한 바가 지극하다 하겠습니다. 다만 오직 호조(戶曹)와 공조(工曹)에만 검교 참의(檢校參議)를 두어 낮고 천한 자에게까지 범람할 만큼 미치오니 옛 폐단을 개혁하고 명기(名器)를 무겁게 하는 아름다운 뜻이 아닌가 하옵니다. 바라건대 이제부터 검교(檢校)와 첨설 참의(添設參議)는 한꺼번에 모두 없애 육조(六曹)를 무겁게 해야 할 것입니다.'

그대로 따랐다. (다만) 분경(奔競)을 금하는 일은 집정 가문(執政家門) 이외에는 거론(擧論)하지 못하게 했고, 검교(檢校)를 혁파하자는 일도 거론하지 말도록 했다.

임자일(壬子日-17일)에 계성군(鷄城君) 이래(李來), 의정부 지사 전백영(全伯英), 우군도총제 임정(林整) 등이 (명나라) 경사(京師)에서 돌아왔는데 예부(禮部)의 자문(咨文) 세 통[道]을 가지고 왔다.

그 하나는 도망친 군사들[漫散軍]에 대한 추가적인 일로서 내용은 이러했다.

'근래 조선 국왕의 자문(咨文)에 의하면 "조사해보니 동녕위(東寧衛)에 속한[原=屬] 만산군(漫散軍) 가운데 아직 돌아가지 않고 (조선 땅에) 남아 있는 전자수(全者邃) 등을 계속 잡아 보내고, 이 밖에 아직 잡지 못한 사람의 수도, 곧 판지(判旨)를 내려 의정부로 하여금 풍해도(豊海道) 등과 동서북면(東西北面)의 갑주(甲州), 강계(江界), 이성(泥城), 의주(義州) 등지에 지시를 내려 다시 유벽(幽僻)한 산골짜기를 샅샅이 수색하여 잡게 했으며 만일 잡게 되면 곧 보내드리고 관련 자문을 예부로 넘기도록 하겠습니다. 자문이 도착하거든 조사하여 대조하시기 바랍니다'라고 했습니다. 이에 앞서 인수감 내관(印綬監內官) 왕영(王永)이 아뢰기를 "동녕위 천호(東寧衛千戶) 왕득명(王得名) 등의 정문(呈文-보고서)에 의거하면 '차견(差遣-파견)을 받아 칙유(勅諭)를 가지고 조선국에 가서 초유(招諭)했는데, 토군(土軍) 1만 755명이 모두 동녕위 등으로 돌아와서 생업(生業)을 회복하여 자리 잡고서 잘 지내고[屯種] 있습니다. 이 밖에 아직 돌아오지 아니하고
_{둔종}
남아 있는 자가 전자수(全者邃) 등 4,940명이온데 본국(本國)의 풍해(豊海) 등에 있습니다'라고 했습니다. 그러므로 정문(呈文)을 갖춰 함께 아룁니다'라고 했습니다.

삼가 명령에 의[欽依]하건대 "지금 조선국 사신(使臣)이 이곳에 도
_{흠의}
착해 있으니 예부(禮部)와 병부(兵部)에서 그들에게 자문을 주어 그곳에 이르게 하여 곧 찾아 보내도록 하라"고 했으므로 이에 흠준(欽遵)하여 시행하게 했습니다. 지금은 자문에 의하건대 비록 다시 수색했다고 했으나 끝내 다 잡아서 보내오지 못했으니 마땅히 그대로 본국(本國)에서 행하되, 이미 시행한 사리(事理)에 의해 도망쳐서 잡지 못한 남은 군사 전자수(全者邃) 등을 힘써 수색해 잡아서 요동도사(遼東都司)로 해송(解送)하여 교할(交割)하게 하십시오. 이에 갖추

어 주문(奏聞)하고 본국(本國)에 이자(移咨)하는 것이니 삼가 받들어 [欽遵] 시행하십시오.'

_{흠준}

그 하나는 세자의 책봉을 청한 것 등의 일로서 내용은 이러했다.

'이제 각 건(各件)의 사리(事理)를 자문(咨文)에 써서 보내온 사신 이래(李來) 등에게 부쳐 보내 가지고 가게 하니 삼가 받들어 시행하십시오. 한 건(件)은 세자(世子)의 책봉을 청한 일이다. 영락 2년 12월 14일 본국(本國)의 자문에 의하건대 "장자(長子) 제(禔)가 현재 나이가 11세인데 지금 세자(世子)로 세우고자 하나 감히 마음대로 할 수가 없어 표전(表箋)을 찬술(撰述)하여 배신(陪臣) 사평부 참판사 이래(李來) 등을 보내 이를 가지고 가서 받들어 올리게 하니 이제 자문(咨文)을 보낸다"고 했다. 이달 15일 아침 일찍이 본부 상서(本部尚書) 겸 좌춘방 태학사(左春坊太學士) 이지강(李至剛) 등이 주본(奏本)을 갖춰 위의 표전(表箋)을 가지고 봉천전(奉天殿)에 나아가서 진주(進奏)하여 인준하는 성지(聖旨-황제의 뜻)를 받들었습니다. "다른 사안에 준해서 하라." 이에 의해 흠준(欽遵)하여 시행하고 이자(移咨)하는 바이니 공경히 준행하여 시행하십시오. 또 한 건(件)은 역일(曆日)의 일입니다. 지금 영락 3년의 『대통역일(大統曆日)』 100본(本) 안에 황릉면(黃綾面)⁶⁹ 1본(本)을 반사(頒賜)합니다.'

그 하나는 인구(人口)를 돌려주는 일로서 내용은 이러했다.

'영락 3년(1405년) 정월 16일 저녁에 본부 관원(本部官員)이 우순문(右順門)에서 성지(聖旨)를 삼가 받들었는데 "제강(淛江) 영파(寧

---

69 임금만을 위한 것으로 특별히 황릉(黃綾)으로 겉표지를 싸서 만든 것이다.

波)에서 잡아온 도적이 말하기를 '본래 조선국 사람인데 왜적(倭賊)에게 사로잡혀 갔었다'고 하나 사실인지 사실이 아닌지를 알지 못하니 만일 지금 본국(本國) 사신(使臣)이 여기 있거든 금의위(錦衣衛)로 하여금 그 도적들에게 형틀을 씌워 사신이 돌아갈 때 모두 데리고 가게 하되, 그들이 지나가는 위소(衛所)에 이를 알려 군사를 내어 단단히 관압(管押)해서 조선국 계상(界上)에 이르러 사신에게 교부해주도록 하라. 그러면 국왕의 곳에 데려가서 자세히 심문(審問)하여 만일 그것이 좋은 백성이라면 즉시 생업을 회복시켜 백성으로 삼을 것이고, 만약 배반하여 도망해 온 것이라면 머리를 자를 것이되 그곳에서 호령할 것이다"라고 했다. 이에 의해 흠준(欽遵)하여 시행하고, 이제 명령을 받은 사유를 갖춰 본국(本國)에 이자(移咨)하여 왕에게 알리는 바이니 이에 흠준하여 시행하고 사유를 갖춰 회보(回報)해주십시오. 형틀을 씌워 보낸 범인(犯人)은 모두 6명이니 전상자(錢尙仔), 최백가(崔伯可), 이철리(李鐵里), 정삼(丁參), 정사(丁肆), 차갑(車甲)입니다.'

○ 요동 도지휘사사(遼東都指揮使司)에서 영락 3년 2월 29일에 좌군도독부(左軍都督府)의 호자(壺字)[70] 183호(號)를 등초(謄抄)해 보냈는데, 이것은 진무(鎭撫)를 맡고 있는 장진(張振)이 요동 도지휘사사에 가지고 온 것이다. 인구(人口)를 돌려주는 일에 대한 것이다.

'경력사(經歷司)에서 문안(文案)을 예부(禮部)에 올려 인준(認准)을 받은 주객청리사(主客淸吏司)의 수본(手本)에 의거하면 "영락(永

---

70 뒤에 나오는 좌자(左字)와 마찬가지로 관용문서 양식의 일종으로 보인다.

樂) 3년 정월 16일 저녁에 본부 관원(本部官員)이 우순문(右順門)에서 성지(聖旨-황제의 명)를 받들었는데 이와 같았다. '제강(淛江) 영파(寧波)에서 잡아온 도적이 말하기를 "본래 조선국 사람인데 왜적(倭賊)에게 사로잡혀 갔었다"고 하나 사실인지 사실이 아닌지를 알지 못하니 만일 지금 본국(本國) 사신(使臣)이 여기 있거든 금의위(錦衣衛)로 하여금 그 도적들에게 형틀을 씌워 사신이 돌아갈 때 모두 데리고 가게 하되, 그들이 지나가는 위소(衛所)에 이를 알려 군사를 내어 단단히 관압(管押)해서 조선국 계상(界上)에 이르러 사신에게 교부해주도록 하라. 그러면 국왕의 곳에 데려가서 자세히 심문(審問)하여 만일 그것이 좋은 백성이라면 즉시 생업을 회복시켜 백성으로 삼을 것이고, 만약 배반하여 도망해 온 것이라면 머리를 자를 것이되 그곳에서 호령할 것이다.' 이에 본사(本司)에서 문안을 본부(本府)에 보냈으므로 이제 본직(本職)을 임명해 보내 각 범인을 관압(管押)하여 요동도사에게로 가게 했으니 문권(文券-문서)을 잘 대조해보고 결재하여 인수인계하라[交割]. 그리고 본사(本司)에서 군사를 보내 관압하여 조선국 계상(界上)에 이르러 사신에게 넘겨주어 사신이 이를 넘겨받아 본국으로 돌아가게 하고, 본사(本司)의 인신(印信)과 영장(領狀)을 받아 갖춰 먼저 회보(回報)하되, 문권(文券)을 잘 대조해보라. 진무(鎭撫) 장진(張振)을 보내 해주위(海州衛)에서 보고한 연도(沿途)의 병고(病告)와 현재 있는 사람의 이름이 같은지를 확인하라. 그리고 좌자(左字) 1호(號), 격안(格眼) 1지(紙)[71]

---

71 글씨를 가지런히 쓰기 위해 줄을 친 종이 한 장이라는 뜻이다. 격안(格眼)이란 목수가 선

를 가지고 본사(本司)에 이르게 했으니 위의 일을 마땅히 행하여 시행하라"고 했습니다. 이를 제외하고는 지금 현재 형틀을 씌운 범인 최백가(崔伯可) 등을 백호(百戶) 유빈(劉斌)을 보내 군인 10명을 거느리고 해송(解送)하게 하되, 조선 경계인 압록강에 이르러 넘겨주어 사신 임정(林整) 등이 넘겨받아 데리고 가게 했습니다. 이에 성지(聖旨)에 의해 사리(事理)대로 시행하고, 자문(咨文)을 보내는 바입니다. 형틀을 씌운 범인은 모두 6명인데 현재 있는 5명은 최백가(崔伯可), 이철리(李鐵里), 정삼(丁參), 정사(丁肆), 차갑(車甲)이고 병들어 죽은 1명은 전상자(錢尙仔)이니 영락 3년 정월 23일에 출발해 양주부(楊州府) 강도현(江都縣)에 이르러서 병으로 죽었습니다. 그래서 본현(本縣) 형방 전리(刑房典吏) 장귀(張貴) 등이 감독해 묻었습니다.'

○ 승려 각미(覺眉)에게 장(杖) 100대를 쳐서 (경상도) 동래(東萊) 수군(水軍)에 채워 넣었다[充]. 태상전(太上殿)에 가서 요망한 말을 했기 때문이다. 미(眉)는 가던 도중에 죽었다.

갑인일(甲寅日-19일)에 왕교화적(王教化的)이 건주위(建州衛)로 갔다. 상이 태평관에 가서 다례(茶禮)를 행했고 의정부가 숭인문(崇仁門) 밖에서 전송했다. 상장군(上將軍) 곽경의(郭敬儀)를 반송사(伴送使-돌아가는 사신을 안내하는 사신)로 삼았다.

○ 소요산 이궁(離宮)이 불탔다. 산불이 옮겨 붙어 타버린 것이다.

올 그을 때 쓰는 먹자로서, '선 긋기나 그어진 선 또는 줄을 친 종이'라는 뜻을 지닌다.

을묘일(乙卯日-20일)에 교서를 내려 효자(孝子), 순손(順孫), 의부(義夫), 절부(節婦) 등을 기려 상을 주도록 했고 또 명하여 나이 80세 노인과 환과고독(鰥寡孤獨)[72]을 모두 구휼(救恤)하도록 했다. 강원도 관찰사의 청을 따른 것이다.

○ 병조(兵曹)에서 총제(摠制)와 절제사(節制使)가 금군(禁軍)[73]을 거느리고 사사로이 사냥하는 것[私獵]을 금지시키기를 청하니 이를 윤허했다.
_{사렵}

정사일(丁巳日-22일)에 사헌부에서 우대언(右代言) 김과(金科)와 대사성(大司成) 정이오(鄭以吾)를 탄핵했다. 왜냐하면 이들은 생원시(生員試)를 관장하면서 세력가[勢家=勢門]의 어린 자제들을 많이 뽑았기 때문이다. 애초에 시험에 응시한 생도가 1,000여 명이었는데 나이가 장성하고 재주가 있는 자는 많이 떨어지고, 어린아이들 중에 합격된 자[中者]가 많이 있었다. 좌의정 하륜이 그 공정치 못함[不公]에 노해서 사헌부에 이관(移關)하여 이들을 추핵(推劾)하게 한 때문이다. 사헌부에서 삼관원(三館員)으로 하여금 시험에 떨어진 여러 생도들의 권자(卷子-시험지) 중에서 뽑을 만한 것을 고르게 하니 임금이 사헌부 장무(掌務)를 불러 그만두도록 타일렀다.

○ 동북면의 굶주린 백성들을 진휼(賑恤)했다. 의정부 참찬사 이숙번(李叔蕃), 병조판서 남재(南在), 호조판서 이지(李至) 등이 아뢰어

---

72 홀아비, 과부, 어리고 부모 없는 사람, 늙고 자식이 없는 사람 등을 일컫는 말이다.
73 왕궁을 수비하고, 왕이 거둥할 때 왕을 호위하고 경비하던 기마군대를 가리킨다.

말했다.

"동북면의 굶주린 백성들을 진휼하는 일은 전적으로 (해당 지역의) 수령(守令)에게 책임지게 해야 합니다."

상이 곧바로 숙번에게 명해 정부에 가서 함께 토의해 감사(監司-관찰사)에게 문서로 통보하게 했다[移文].
_{이문}

경신일(庚申日-25일)에 상이 태상전에 나아가서 헌수(獻壽)하고 극진히 즐겼다.

신유일(辛酉日-26일)에 금주령(禁酒令)을 내렸다. 여러 달 동안 비가 내리지 않아 경기(京畿)와 풍해도(豊海道)에 기근이 들었기 때문이다.

계해일(癸亥日-28일)에 사헌부에서 자민(字民)[74] 두 조목을 올리니 이를 윤허했다. 소는 대략 이러했다.

'옛날에는 백성들을 때에 맞춰 부렸기[使民以時][75] 때문에 부역이
_{사민 이 시}
3일을 넘지 않았습니다. 이는 백성들의 힘을 중히 여기고 농사에 힘쓰기를 염려한 것입니다. 지금 한도(漢都)에 이궁(離宮)을 짓는 것은

---

74 '백성을 사랑한다'라는 뜻이다. 字는 子와 통해 자식처럼 길러준다는 뜻이다.

75 『논어(論語)』「학이(學而)」편에 나오는 공자의 말이다. "(제후의 나라인) 천승지국을 다스릴 때라도 매사에 임할 때 공경하는 마음으로 일관함으로써 백성들의 믿음을 얻어내고, 재물을 쓸 때는 절도에 맞게 하여 사치를 멀리함으로써 백성들을 사랑해야 하며[愛人= 愛民] (어쩔 수 없이) 백성들을 (공역 등에) 부려야 할 경우에는 때에 맞춰 (농사일을 하지
_{애인}
않는 농한기 때 시키도록) 해야 한다[使民以時]."
_{사민 이 시}

그만둘 수 없는 일이오니 승도(僧徒)들의 노는 손[遊手]과 부졸(府
卒)들의 상역자(常役者)들로 부역시키는 것은 가능합니다. 그러나 영
선(營繕)의 잡무(雜務)와 공역(供億-물품 지원)의 큰 비용, 그리고 농
가(農家)의 사람과 소를 이용하여 운반하고 일하는 것이 적지 않습
니다. 또 근년에 수재(水災)와 한재(旱災)가 잇따라서 해마다 흉년이
들어 백성들이 먹기도 어렵습니다. 게다가 지금 농사철을 맞아 공역
(工役)을 멈추지 않으니 만약 파종(播種)할 시기를 잃어 장차 기근
(飢饉)이 들게 되면 백성을 사랑하는[字民=子民] 지극한 어짊[至仁]
에 훼손됨이 있을까 두렵습니다. 바라건대 전하께서는 농사짓는 어
려움[艱難]을 생각하시고 한 사람이라도 생활을 영위하지 못하게 됨
을 염려하시어 유사(有司)에게 명령을 내려 농사철에 한(限)하여 우
선 이 역사(役事)를 정지시켜 생민(生民)의 바라는 마음을 위로하셔
야 합니다.'

  상은 그렇다고 여겨 기술(技術)이 숙달된 목수(木手) 외의 승려들
은 모두 놓아 보내게 하고 그 부졸(府卒)들은 당번을 나눠 일하도록
명했다.

  ○ (사헌부에서) 또 말했다.

'지금 음죽(陰竹)[76] 국농소(國農所)[77]를 폐지하고 그 칭간(稱干),[78]

---

76 지금의 충청북도 음성군(陰城郡)과 경기도 이천시(利川市)의 일부 지역에 있던 곳이다.

77 나라에서 경영하던 농장으로 노예를 집단으로 사역(使役)시키고 곡식의 종자(種子)와 소
    를 지급하여 경작시켰다.

78 옛날 천인 신분(賤人身分)으로 천직(賤職)에 종사하던 사람으로, 곧 염간(鹽干), 봉화간
    (烽火干) 등을 말한다.

농부들을 모두 선군(船軍)과 한도(漢都) 연와군(鍊瓦軍)으로 나눠 붙였습니다. 이에 힘 있고 사나운 무리들이 그 전지(田地)를 다퉈 점령하고 아울러 간(干) 등이 경작하던 전지를 빼앗으며 그들의 집도 또한 모두 빼앗아 점령하니 간 등이 생업(生業)을 잃어 원통하고 억울함을 펼 수가 없습니다. 바라건대 행대감찰(行臺監察)[79]을 보내 전에 있던 농소(農所)와 관사(館舍)는 음죽현(陰竹縣)에 붙이게 하고 그 공전(公田)은 경작할 땅이 없는 선군(船軍)과 가난한 사람들에게 나눠 줘야 합니다. 또 간 등이 빼앗긴 집과 전지도 아울러 돌려주게 해야 합니다. 그리고 공전(公田)을 점령해 백성들과 더불어 이해관계를 다투는 자는 일일이 추국하여 신문(申聞)해서 논죄(論罪)해야 합니다.'

그대로 따랐다.

○ 전 호군(護軍) 동소을오(童所乙吾)에게 저포(苧布) 3필, 면포(綿布) 1필, 주포(紬布) 1필, 쌀 5석(石), 장(醬) 1독을 내려주었다.

을축일(乙丑日-30일)에 비가 내렸고 갑자기 북풍(北風)이 불었다. 동북면(東北面)에는 우박이 내렸는데 크기가 탄환만 했다.

○ 의정부 지사 이첨(李詹)이 죽었다[卒]. 첨(詹)은 (충청도) 홍주(洪州) 사람으로, 자(字)는 중숙(中叔)이고 자호(自號)를 쌍매당(雙梅堂)이라 했다. 증(贈) 의정부 참찬사 희상(熙祥)의 아들이다. 지정(至正) 을사년(1365년) 감시(監試)에 2등으로 합격했다. 무신년에 공민왕

(恭愍王)이 구재(九齋)에 행차해 경의(經義)로써 여러 생도를 시험하고 이색(李穡)에게 명해 권자(卷子)를 읽게 하여 합격한 자가 일곱 사람이었는데 첨(詹)이 1등이었다. 특별히 급제(及第)를 주고 예문 검열(藝文檢閱)에 제배했다. 이듬해에 우정언(右正言)으로 발탁됐는데 소를 올려 청하기를 '백관(百官)으로 하여금 매일 5경(更)에 일을 아뢰[啓事]게 하고, 사관(史官) 두 사람을 좌우(左右)에 입시(入侍)하게 하소서'라고 하니 왕이 그대로 따랐다. 을묘년에 좌헌납(左獻納)에 제배돼 정언(正言) 전백영(全伯英)과 더불어 소를 올려 논(論)하기를 '수문하시중(守門下侍中) 이인임(李仁任)과 찬성사 지윤(池奫)이 망한 원(元)나라와 몰래 통하여 심왕(瀋王)[80]과 교결(交結)하니 화(禍)를 측량하기 어렵습니다'라고 하여 두 사람을 주살할 것을 청했다. 이로 인해 죄를 입어 유폄(流貶)된 지 10년이었다. 무진년에 다시 내부부령(內部副令)과 예문응교(藝文應敎)에 임명됐고 다섯 번 옮겨서 우상

---

80 고려 후기 심주(瀋州), 요양(遼陽)의 고려인들을 통치하기 위해 원(元)에서 고려의 왕족에게 수여한 봉호(封號)다. 1307년(충렬왕 33년)에 충선왕이 원에서 무종(武宗)을 옹립하는 데 공을 세우자 이듬해 충선왕을 심양왕(瀋陽王)으로 삼아 이 지역을 다스리도록 했다. 1310년(충선왕 2년)에 이것이 심왕으로 바뀌었다. 원나라에서 왕족·부마들에게 진봉(進封)했던 제왕(諸王)의 반열에 들어 금인수뉴(金印獸紐)를 받았으며, 제왕 가운데 서열은 39위로서 41위인 고려 국왕보다 상위에 있었다. 1345년(충목왕 1년)에 심왕 고가 죽자, 공석으로 있다가 1354년(공민왕 3년)에 그의 손자인 독타불화(篤朶不花-탈탈불화(脫脫不化))가 심왕에 봉해졌다. 그리고 이후로는 심왕이 고려 왕위를 엿보는 일이 거의 없었다. 다만 1356년(공민왕 5년)에 고려에서 반원운동을 일으켜 기철(奇轍) 등 부원배들을 죽이자 기철의 누이인 원의 기황후 등이 이에 반발해 공민왕을 폐하고 심왕 독타불화를 옹립하려 했으나 본인이 사양함으로써 좌절됐다. 그리고 1374년에도 공민왕이 죽자 북원(北元)에서 역시 심왕 독타불화를 고려 국왕에 봉했지만, 이때는 이미 원의 영향력이 대단히 축소되어 있었으므로 이뤄지지 못했다. 1376년(우왕 2년)에 심왕 독타불화가 죽은 뒤 새로운 책봉이 없는 것으로 보아 이 무렵에 폐지된 듯하다.

시(右常侍)에 이르렀다. 공양왕(恭讓王)이 원래 첨(詹)을 좋아해 첨을 대언(代言)에 임명하고 자못 신뢰하며 중히 여겼다. 임신년 봄에 지신사(知申事)로서 감시(監試)를 맡았었는데, 김진양(金震陽) 등이 장류(杖流)됨에 이르러 첨도 역시 (충청도 홍성군의) 결성(結城)으로 유배되었다가 (그해) 겨울에 자편(自便-자원안치)을 얻었다. 무인년 가을에 다시 이조전서(吏曹典書)가 되었다가 중추원 학사(中樞院學士), 동지공거(同知貢擧)에 올랐다. 임오년에 의정부 지사(知議政府事)로서 하륜(河崙)을 따라 중국에 들어가 황제의 등극(登極)을 하례하고, 황제에게 아뢰어 고명(誥命)과 인장(印章)을 고쳐 내려주기를 청했다. 환국(還國)하자 (조정에서는) 그 공로로 전지(田地)와 노비(奴婢)를 내려주고, 자급을 정헌대부(正憲大夫-정2품)로 올렸다. 이때에 이르러 죽으니 나이가 61세다. 3일 동안 조회(朝會)를 정지하고 관곽(棺槨)을 내려주었으며 '문안(文安)'이라는 시호(諡號)를 내려주었다. 첨(詹)은 타고난 자질[天資]이 중후(重厚)하고 학문에 힘써서 문장에 능했으며 손에서 책을 놓지 아니했다[手不釋卷]. 아들이 하나이니 소축(小畜)이다.

丙申朔 大風雨雪. 丁酉亦如之 且雨雹.
병신 삭 대풍 우설 정유 역 여지 차 우박

禮曹詳定六曹分職及所屬以聞.
예조 상정 육조 분직 급 소속 이문

吏曹掌文選 勳封 考課之政 以德行才用勞效 較其優劣而定
이조 장 문선 훈봉 고과 지정 이 덕행 재용 노효 교기 우열 이정

其留放 爲之注擬等事. 其屬有三 一曰文選司 二曰考勳司 三曰
기 유방 위지 주의 등사 기속 유삼 일왈 문선사 이왈 고훈사 삼왈

考功司. 文選司 掌文官階品告身祿賜之事 正郎一人 佐郎一人.
고공사 문선사 장 문관 계품 고신 녹사 지사 정랑 일인 좌랑 일인

考勳司 掌宗親官吏勳封內外命婦告身及封贈之事 正郎一人
고훈사 장 종친 관리 훈봉 내외 명부 고신 급 봉증 지사 정랑 일인

佐郎一人. 考功司 掌內外文武官功過善惡考課及名諡碑碣之事
좌랑 일인 고공사 장 내외 문무관 공과 선악 고과 급 명시 비갈 지사

正郎一人 佐郎一人.
정랑 일인 좌랑 일인

兵曹掌武選 府衛 調遣 職方 兵甲 出征 告捷 講武等事. 其屬
병조 장 무선 부위 조견 직방 병갑 출정 고첩 강무 등사 기속

有三 一曰武選司 二曰乘輿司 三曰武備司. 武選司 掌武官階
유삼 일왈 무선사 이왈 승여사 삼왈 무비사 무선사 장 무관 품계

告身 武擧 府衛 軍戎之事 正郎一人 佐郎一人. 乘輿司掌鹵簿
고신 무거 부위 군융 지사 정랑 일인 좌랑 일인 승여사 장 노부

輿輦 帷幄 廐牧 程驛之事 正郎一人 佐郎一人. 武備司 掌中外
여연 유악 구목 정역 지사 정랑 일인 좌랑 일인 무비사 장 중외

甲兵數目 訓練武藝 考閱地圖 周知鎭戎城堡 邊境要害 烽火
갑병 수목 훈련 무예 고열 지도 주지 진융 성보 변경 요해 봉화

出征 告捷之事 正郎一人 佐郎一人.
출정 고첩 지사 정랑 일인 좌랑 일인

戶曹掌戶口 土田 錢穀 食貨之政 貢賦之差等事. 其屬有三 一
호조 장 호구 토전 전곡 식화 지정 공부 지 차등 사 기속 유삼 일

曰版籍司 二曰會計司 三曰給田司. 版籍司 掌戶口 土田 賦役
왈 판적사 이왈 회계사 삼왈 급전사 판적사 장 호구 토전 부역

貢獻 勸課農桑 考險豊凶水旱及義倉賑濟之事 正郎一人 佐郎
공헌 권과 농상 고험 풍흉 수한 급 의창 진제 지사 정랑 일인 좌랑

一人. 會計司 掌租賦 歲計 權衡度量 京外儲備支調之事 正郎
일인 회계사 장 조부 세계 권형 도량 경외 저비 지조 지사 정랑

一人 佐郎一人. 給田司 掌永業 口分 園宅 文武職田 諸公廨田之
일인 좌랑 일인 급전사 장 영업 구분 원택 문무 직전 제 공해전 지

事 正郎一人 佐郎一人.
사 정랑 일인 좌랑 일인

刑曹掌律令 刑法 徒隷 案覈 讞禁 審覆 鈒雪等事. 其屬有三
형조 장 율령 형법 도예 안핵 얼금 심복 서설 등사 기속 유삼

一曰考律司 二曰掌禁司 三曰都官司. 考律司 掌律令 案覈 刑獄
일 왈 고율사 이 왈 장금사 삼 왈 도관사 고율사 장 율령 안핵 형옥

平決之事 正郎一人 佐郎一人. 掌禁司 掌門關 津梁 道路 禁令
평결 지사 정랑 일인 좌랑 일인 장금사 장 문관 진량 도로 금령

之事 正郎一人 佐郎一人. 都官司 掌公私奴隷簿籍及俘囚之事
지사 정랑 일인 좌랑 일인 도관사 장 공사 노예 부적 급 부수 지사

正郎一人 佐郎一人.
정랑 일인 좌랑 일인

禮曹掌禮樂 祀祭 燕享 貢舉 卜祝等事. 其屬有三 一曰稽制司
예조 장 예악 사제 연향 공거 복축 등사 기속 유삼 일 왈 계제사

二曰典享司 三曰典客司. 稽制司 掌儀式 制度 朝會 經筵 史館
이 왈 전향사 삼 왈 전객사 계제사 장 의식 제도 조회 경연 사관

學校 貢舉 圖書 祥瑞 牌印 表疏 册名 天文 漏刻 國忌 廟諱
학교 공거 도서 상서 패인 표소 책명 천문 누각 국기 묘휘

喪葬之事 正郎一人 佐郎一人. 典享司 掌燕享 祀忌 牲豆 飲膳
상장 지사 정랑 일인 좌랑 일인 전향사 장 연향 사기 생두 음선

醫藥之事 正郎一人 佐郎一人. 典客司 掌使臣迎接 外方朝貢
의약 지사 정랑 일인 좌랑 일인 전객사 장 사신 영접 외방 조공

燕設 賜與之事 正郎一人 佐郎一人.
연설 사여 지사 정랑 일인 좌랑 일인

工曹掌山澤 工匠 土木 營繕 屯田 鹽場 陶冶等事. 其屬有三
공조 장 산택 공장 토목 영선 둔전 염장 도야 등사 기속 유삼

一曰營造司 二曰攻治司 三曰山澤司. 營造司 掌宮室 城池 公廨
일 왈 영조사 이 왈 공치사 삼 왈 산택사 영조사 장 궁실 성지 공해

屋宇 土木 工役之事 正郎一人 佐郎一人. 攻治司 掌百工制作
옥우 토목 공역 지사 정랑 일인 좌랑 일인 공치사 장 백공 제작

繕冶 陶鑄之事 正郎一人 佐郎一人. 山澤司 掌山澤 津梁 苑囿
선야 도주 지사 정랑 일인 좌랑 일인 산택사 장 산택 진량 원유

種植 土木 取伐柴炭 木石 街巷 堤堰 船楫 漕運 碾磑 屯田
종식 토목 취벌 시탄 목석 가항 제언 선즙 조운 연애 둔전

魚鹽之事 正郎一人 佐郎一人.
어염 지사 정랑 일인 좌랑 일인

吏曹所屬 承寧府 恭安府 宗簿寺 仁寧府 尙瑞司 司膳署
이조 소속 승녕부 공안부 종부시 인녕부 상서사 사선서

內侍府 功臣都鑑 內侍院 茶房 司饔房.
내시부 공신도감 내시원 다방 사옹방

兵曹所屬 中軍 左軍 右軍 十司 訓鍊觀 司僕寺 軍器監
병조 소속 중군 좌군 우군 십사 훈련관 사복시 군기감

義勇巡禁司 忠順扈衛司 別侍衛 鷹揚衛 引駕房 各殿行首
의용순금사 충순호위사 별시위 응양위 인가방 각전 행수

牽龍.
견룡

戶曹所屬 典農寺, 內資寺 內贍寺 軍資監 豊儲倉 廣興倉
호조 소속 전농시 내자시 내섬시 군자감 풍저창 광흥창

供正庫 濟用庫 京市署 義盈庫 長興庫 養賢庫 各道倉庫 東部
공정고 제용고 경시서 의영고 장흥고 양현고 각도 창고 동부

南部 西部 北部 中部.
남부 서부 북부 중부

刑曹所屬 分都官 典獄署 律學 各道刑獄.
형조 소속 분도관 전옥서 율학 각도 형옥

禮曹所屬 藝文館 春秋館 經筵 書筵 成均館 通禮門 奉常寺
예조 소속 예문관 춘추관 경연 서연 성균관 통례문 봉상시

禮賓寺 典醫監 司譯院 書雲觀 校書館 文書應奉司 宗廟署
예빈시 전의감 사역원 서운관 교서관 문서 응봉사 종묘서

司醞署 濟生院 惠民局 雅樂署 典樂署 司臠所 膳官署 道流房
사온서 제생원 혜민국 아악서 전악서 사련소 선관서 도류방

福興庫 東西大悲院 氷庫 種藥色 太淸觀 昭格殿 圖書院
복흥고 동서 대비원 빙고 종약색 태청관 소격전 도화원

架閣庫 典廐署 社稷壇 慣習都鑑 僧錄司 各道學校 醫學.
가각고 전구서 사직단 관습도감 승록사 각도 학교 의학

工曹所屬 繕工監 司宰監 供造署 都染署 沈藏庫 別鞍色
공조 소속 선공감 사재감 공조서 도염서 침장고 별안색

尙衣院 上林園 東西窯 各道鹽場屯田.'
상의원 상림원 동서 요 각도 염장 둔전

戊戌 夜 金星犯木星. 流星出太微東藩上將 入庫樓 大如
무술 야 금성 범 목성 유성 출 태미 동번 상장 입 고루 대 여

升 其色靑黃. 上召書雲觀丞朴恬 問曰: "流星 何星也?" 對曰:
승 기색 청황 상 소 서운관 승 박념 문왈 유성 하성 야 대왈

"兵車之府也." "然則其應何如?" 對曰: "流星大則使大 流星小
병거 지 부 야 연즉 기응 하여 대왈 유성 대 즉 사 대 유성 소

則使小 意朝廷之使來也"上取文獻通考 命知申事朴錫命 徧觀
歷代星變之事以聞.

司諫院上疏 請李居易父子之罪 不允.

己亥 司諫院請除談禪 不允.

庚子 生員試員右代言金科 成均大司成鄭以吾 取趙瑞老等
百人. 初 瑞老以①前監察 納職牒赴試 司憲府上疏言:

'生員 入學之門; 及第 入仕之路 故布衣學生入鄕試 而後赴試.
近來參以上人 不思名器之重 納職牒 而赴試 顚倒失序 士風
不美. 自今參以上員 毋令赴試'

下議政府擬議. 政府議得: "參以上員 許令赴試 以勸後學
勿論中否 其職牒 不許還給"從之.

辛丑 司諫院上疏請司憲府大司憲咸傅霖之罪 不允. 疏略曰:

'臣等竊見 大司憲咸傅霖 外貌小謹 內懷奸詐. 其在②戊寅 身
居衰絰 黨附權姦 與於挾幼奪嫡之謀 幸逃天誅 反懷異計. 其
姦詐不忠之罪有三.

前歲十月 亂臣李居易父子 潛圖不軌 情現事白 臺諫交章請罪.
傅霖以東北面察理使 新除大司憲 聞國家有變 托以請暇 載妓
徐行 淹留鄕曲 俟其事定 從容就道 其罪一也.

殿下深慮三功臣前後不與同盟者 其心猶未固 乃會三盟之臣
昭告上下神祇 同盟歃血 更令勉勵 忠誠相信 夾輔王室. 功臣之

出鎮塞外 分憂邊郡 與夫老疾者 莫不駿奔提携 以與其盟. 傳霖
출진 새외 분우 변군 여부로 질자 막부 준분 제휴 이여 기맹 부림

聞之 如秦視越 獨不與盟 其罪二也.
문지 여진시월 독불여맹 기죄 이야

亂臣李居易父子之罪 殿下命召宗親三功臣 與臺諫證辨極明
난신 이거이 부자 지죄 전하 명소 종친 삼공신 여 대간 증변 극명

中外臣民灼知其實. 傳霖以憲司之長 上章請罪 更欲鞫問其狀.
중외 신민 작지 기실 부림 이 헌사 지장 상장 청죄 갱욕 국문 기상

此以③亂臣之罪爲③疑似而擬輕出之 其罪三也.
차 이 난신 지죄위 의사 이 의경 출지 기죄 삼야

臣等不識傳霖以何心而敢至此哉? 願殿下下攸司 收其職牒
신등 불식 부림 이 하심 이 감 지차 재 원 전하 하 유사 수기 직첩

令鞫其狀 以戒不忠.'
영국 기상 이계 불충

上不允曰: "當南誾 鄭道傳當國之時 何宰相不歸附乎? 況當
상 불윤 왈 당 남은 정도전 당국 지시 하 재상 불 귀부 호 황당

其時 傳霖有罪 則予當罪之. 傳霖在東北面時 請暇拜掃于江陵
기시 부림 유죄 즉 여 당 죄지 부림 재 동북면 시 청가 배소 우 강릉

而除大司憲之命適至 豈可以淹留鄕曲爲罪乎? 前年十二月十六
이제 대사헌 지명 적지 기 가이 엄류 향곡 위죄 호 전년 십이월 십육

日 乃三功臣會盟之日. 傳霖是月十四日 乃得聞之 豈可以不及
일 내 삼공신 회맹 지일 부림 시월 십사 일 내 득 문지 기 가이 불급

爲罪乎? 居易父子 有罪當討 傳霖之請宜矣. 豈可以更請爲罪
위죄 호 거이 부자 유죄 당토 부림 지청 의의 기 가이 갱청 위죄

乎? 但載妓之事 未可知也. 然此亦非明言請罪之事也."
호 단 재기 지사 미 가지 야 연 차역 비명 언 청죄 지사 야

召左獻納崔洵命曰: "傳霖之罪無名 故不允."
소 좌헌납 최순 명왈 부림 지죄 무명 고 불윤

召傳霖曰: "卿無罪 宜就職 毋以諫院請罪爲嫌."
소 부림 왈 경 무죄 의 취직 무이 간원 청죄 위혐

傳霖請曰: "臣以不才 忝於憲府之長 被劾諫院 論事輒誤 未蒙
부림 청왈 신 이 부재 첨 어 헌부 지장 피핵 간원 논사 첩오 미몽

允許 不協衆望. 願殿下免臣職 以慰人望."
윤허 불협 중망 원 전하 면 신직 이위 인망

上曰: "命卿就職 非以爲賢也 乃惡諫院織人之罪也. 然今卿之
상 왈 명 경 취직 비 이위 현야 내오 간원 직인 지죄 야 연 금 경지

請如是 姑退待命."
청 여시 고 퇴 대명

立妄呈誤決加罪之法. 司憲府請: "妄以正決奴婢爲誤決 駕前
입 망정 오결 가죄 지법 사헌부 청 망 이 정결 노비 위 오결 가전

申呈 飾辭强辨者 照律杖一百 徒三年; 軍官軍人犯者 衞分充軍

奴婢家産沒官." 議政府議得:"杖一百充軍者 奴婢家産沒官 則

軍役難當. 今後除奴婢家産沒官 使自備糧 長年立役何如?"

從之.

壬寅 司諫院上疏請李居易父子各置邊郡 不允. 疏略曰:

'亂臣居易 佇父子懷二之罪 誠合誅夷 殿下只令廢錮 安置私庄

而親戚朋黨 森列中外 一國臣民 莫不寒心. 居易 佇之爲人 當

平居富貴之極 猶爲不厭 潛圖不軌. 況今廢黜 常懷憤怨! 又移

佇利川 父子相近 通同爲謀 誑誘無賴之徒 鼓扇不軌之謀 其

中外親黨 潛相窺伺 乘機響應 則殿下今日之保全 適所以害之也.

殿下苟不能據法施行 以絶禍源 將居易父子 各置邊裔 嚴禁出入;

親戚之在京者 不許出入 以杜禍萌.

乙巳 立兵曹保擧之法. 兵曹請:"武官保擧 京中東班六品

西班四品以上 各擧三品以下武才有能者 不拘多少年甲 本貫父

職名 具呈本曹: 外方各官守令 如京中例報監司 轉呈本曹. 曹

與三軍府考驗 錄名于籍 甲士有闕 受點敍用 如有不稱者 罪及

擧主." 從之.

召咸傅霖 命就職.

丙午 朝廷使臣王教化的等三人 奉勑書至 上迎于西郊 至

無逸殿受勑: '皇帝勑諭朝鮮國王. 東開原 毛憐等處地面萬戶

童猛哥帖木兒 能敬恭朕命 歸心朝廷. 今遣千戶王敎化的等 齎勅
동맹가첩목아 능 경공 짐명 귀심 조정 금견 천호 왕교화적 등 재칙

勞之 道經王之國中 可遣一使 與之同行. 故勅.'
노지 도경 왕지 국중 가견 일사 여지 동행 고칙

勅諭萬戶猛哥帖木兒等:
칙유 만호 맹가첩목아 등

'前者 阿哈出來朝言: 爾聰明 識達天道. 已遣使齎勅諭爾.
전자 아합출 내조 언 이 총명 식 달 천도 이 견사 재 칙유 이

使者回復言: 爾能恭敬朕命 歸心朝廷 朕甚嘉之 今再遣千戶
사자 회 부언 이 능 공경 짐명 귀심 조정 짐 심 가지 금 재견 천호

王敎化的等 賜爾綵段表裏. 爾可親自來朝 與爾名分賞賜 令爾
왕교화적 등 사 이 채단 표리 이 가 친자 내조 여이 명분 상사 영이

撫安軍民 打圍牧放 從便生理. 其餘頭目人等 合與名分者 可與
무안 군민 타위 목방 종편 생리 기여 두목 인등 합여 명분 자 가여

同來. 若有合與名分 在彼管事 不能來者 可明白開寫來奏 一體
동래 약유 합 여 명분 재피 관사 불능 래자 가 명백 개사 내주 일체

給與名分賞賜. 故勅.'
급여 명분 상사 고칙

丁未 上如太平館 宴使臣.
정미 상 여 태평관 연 사신

加漢城試額數爲三十 旣而罷之. 初 成均館上書:
가 한성시 액수 위 삼십 기이 파지 초 성균관 상서

'前朝開城試 只取從仕員 故額數只二十. 近年以來 非惟
전조 개성시 지 취 종사원 고 액수 지 이십 근년 이래 비유

從仕員 至於新生員及京居幼學等 皆赴漢城試 其額數尙循舊制
종사원 지어 신생원 급 경거 유학 등 개 부 한성시 기 액수 상 순 구제

不無遺材之歎. 願依館試例取三十人.'
불무 유재 지탄 원 의 관시 례취 삼십 인

允之. 憲司以鄕館試額數 行之已久 成均館擅加十人 越次申請
윤지 헌사 이 향 관시 액수 행지 이구 성균관 천 가 십인 월차 신청

論罷之.
논 파지

司憲府大司憲咸傅霖請免 不允.
사헌부 대사헌 함부림 청면 불윤

賜吾都里萬戶崔也吾乃酒肉及米一石 衣一稱 靴笠.
사 오도리 만호 최야오내 주육 급 미 일석 의 일칭 화립

己酉 上朝太上殿問安 仍獻壽懽甚.
기유 상 조 태상전 문안 잉 헌수 환심

遣上護軍申商于東北面諭童猛哥帖木兒. 以勿從朝廷使臣之
견 상호군 신상 우 동북면 유 동맹가첩목아 이 물종 조정 사신 지

命也. 上嘗謂左政丞河崙 右政丞趙英茂曰: "使臣之來 專以招安

童猛哥帖木兒也. 此人 東北面之藩籬也. 卿等其圖之." 至是 遣

商以諭之.

庚戌 上詣太上殿.

賜朱允端米豆十五石.

辛亥 賜兀良哈上萬戶金大帖木兒光銀帶一腰 萬戶柳遼何

達魯花赤 金都赤角帶一腰 又各賜木縣袷團領 紬襦衣 紬小衫

單裙 靴各一. 都萬戶柳歸毛何 都鎭撫柳也何 千戶柳加乙毛

鎭老古 百戶好心波 通事金哲等木縣直領笠靴各一.

司諫院上疏 請革女官及檢校添設等職. 疏略曰:

'一. 女官之設 本非古制 自漢以來始有之 是乃苟且之政 非

盛德之事. 及我太上殿下卽位以後 內寵漸盛 遂設女官 其品級

至有與政丞準者 其下各以次等第 卑賤之人 間或冒受 坐享天祿

識者痛心. 殿下定社之初 首革其弊 中外悅服 咸望至治. 今當

革弊立法之時 復置其官 雖不頒廩 恐非經國之道 垂世之規也.

願殿下 念三代設官之美意 戒漢唐女寵之致禍 命革其官 垂法

萬世.

一. 士有廉恥 然後能盡事君之義. 前朝之季 權移於下 附權

趨勢者 驟遷華要 廉靜自守者 反遭擯斥 雖臺諫之員 皆爲頤指

奔競成風 廉恥道喪 以至覆轍. 國初 遺風未殄 習俗尚存 殿下

深念其弊 嚴立法禁 令憲司糾理 或加罷黜. 然諂諛之徒 乘間

抵隙 干謁阿附 造言生事 遂使廉靜之輩 必蒙其辱 良可歎也. 願

自今 如有大臣貴戚執政之門 自非親戚外 奔競阿附者 令吏曹

精察悉聞 勿論時散 標付過名 不許敍用 又令憲司 申嚴其法 以

礪士風.

一. 本朝六曹之任 卽周官之六卿. 前朝衰季 法度廢弛 徒有

其名 而無其實 遂置添設 以賞軍功. 及其末流 爲添典書者 不可

勝紀 名器之濫 至此極矣. 今殿下克恢聖謨 一變流弊 百司庶務

分委六曹 陞秩判書 仍置參議 其所以作新耳目 循名責實 可謂

至矣. 獨於戶工曹置檢校參議 濫及卑鄙 恐非革舊弊重名器之

美意也. 願自今 檢校添設參議 一皆汰之 以重六曹.'

從之. 其禁奔競事 執政家門外 勿擧論; 革檢校事 亦勿擧論.

壬子 雞城君李來 知議政府事全伯英 右軍都摠制林整等 回自

京師 齎禮部咨文三道以來:

其一 爲漫散軍餘事.

'近準朝鮮國王咨 該體勘得東寧衛原漫散未回軍餘全者逐等

陸續緝捕起送外 未獲人數 隨卽判付議政府 行移豐海等道幷

東西北面甲州 江界 泥城 義州等處 再於幽僻山谷間 窮搜緝捕

如遇得獲 卽便解送外 移咨到部查對. 先該印綬監內官王永

奏:"據東寧衛千戶王得名等呈 蒙差齎勑諭 往朝鮮國 招諭到

土軍一萬七百五十五口 俱回東寧等衛 復業屯種外 再有未回軍

餘全者遂等四千九百四十口 在本國豊海等道 備呈具奏." 欽依:

"如今朝鮮國使臣 見在這裏着 該付禮部兵部 餘他設到那裏 便

尋出發來." 除欽遵施行去後 今準來咨 雖稱再行搜緝 終是未獲

解報 擬合仍行本國 依已行事理 將原逃未獲軍餘全者遂等 務要

根捕得獲 解送遼東都司交割 除具奏外 合行移咨本國 欽遵

施行.'

　其一 爲請封世子等事.

　'今將各件事理 開咨就付差來使臣李來等 齎捧前去 欽遵施行.

一件 請封世子事. 永樂二年十二月十四日 準本國咨: "該長子

禔 見年一十一歲 今欲立爲世子 未敢擅便 修撰表箋 差陪臣

參判司平府事李來等 齎擎進呈移咨." 本月十五日早 本部尙書兼

左春坊太學士李至剛等 具本將前項表箋 於奉天殿進奏奉聖旨:

"準他." 欽此 除欽遵外 擬合移咨 欽遵施行. 一件 曆日事. 今頒

永樂三年大統曆日一百本內 黃綾面一本.'

　其一 爲給還人口事.

　'永樂三年正月十六日晚 本府官於右順門 欽奉聖旨: "浙江

寧波拿來的賊人 他說是朝鮮國人 被倭賊拘攜去 未知實與不實

如今本國使臣 見在這裏 敎錦衣衛將那賊人枷釘了 着使臣每帶

回還去. 着該付行移經過衛所 撥軍牢固管押 直至朝鮮界上 交與

使臣 領到國王處審問. 如是好百姓 就着復業爲民 若是逃叛出來

的 都砍了頭 就那裏號令." 欽此 除欽遵外 今將欽奉事理備云

移咨本國王知會 欽遵施行 具由回報. 計送枷釘犯人六名錢尙仔

崔伯可 李鐵里 丁參 丁肆 車甲.'

遼東都指揮使司: 永樂三年二月二十九日 抄蒙左軍都督府

壹字一百八十三號批 差所鎭撫張振到司. 爲給還人口事:

'據經歷司案呈 準禮部主客淸吏使手本 "該永樂三年正月十六

日晩 本部官於右順門 奉欽依: '浙江 寧波拿來的賊人 說(他說)

是朝鮮國人 被倭賊拘擄去 未知實與不實 如今本國使臣 見在

這裏 敎錦衣衛將那賊人枷釘了 管押直至朝鮮界上 交與使臣 領

到國王處審問. 如是好百姓 就着復業爲民 若是逃叛出來的 都

砍了頭 就那裏號令.' 欽此. 送司案呈到部 今差本職管押各犯

前去遼東都司 比號相同交割. 仰本司差軍管押 至朝鮮界上 交付

使臣 收領回國 取具本司印信領狀 先行繳報." 蒙此 比號相同

行間 該差來所鎭撫張振幷海州衛呈 開沿途病告 幷見在人名

同. 左字一號 格眼一紙 呈解到司 前事擬合就行 爲此除外. 今

將見在枷杻犯人崔伯可等 差百戶劉斌 領軍人十名 固解前赴

朝鮮界鴨綠江 交與使臣林整等收領轉解前去外 咨請煩依奉欽依

事理施行 須至咨者. 計枷杻犯人六名 見在五名崔伯可 李鐵里

丁參 丁肆 車甲; 病故一名錢尙仔 於永樂三年正月二十三日 行

至楊州府 江都縣病故 本縣刑房典吏張鬼相埋.'
지 양주부 강도현 병고 본현 형방 전리 장귀 상매

杖僧覺眉一百 充東萊水軍. 以說妖言于太上殿也. 眉中路而死.
장 승 각미 일백 충 동래 수군 이설 요언 우 태상전 야 미 중로 이사

甲寅 王敎化的如建州衛 上如太平館行茶禮 議政府餞于
갑인 왕교화적 여 건주위 상여 태평관 행 다례 의정부 전우

崇仁門外. 以上將軍郭敬儀爲伴送使.
숭인문 외 이 상장군 곽경의 위 반송사

逍遙山離宮火. 山火延燒也.
소요산 이궁 화 산화 연소 야

乙卯 下敎褒賞孝子 順孫 義夫 節婦 又命八十老人鰥寡孤獨
을묘 하교 포상 효자 순손 의부 절부 우명 팔십 노인 환과고독

皆加存恤.④ 從江原道都觀察使之請也.
개 가 존휼 종 강원도 도관찰사 지청 야

兵曹請禁摠制及節制使率禁軍行私獵 允之.
병조 청금 총제 금 절제사 솔 금군 행 사렵 윤지

丁巳 司憲府劾右代言金科 大司成鄭以吾. 以掌生員試 多取
정사 사헌부 핵 우대언 김과 대사성 정이오 이장 생원시 다취

勢家幼弱子弟也. 初 赴試生徒一千餘人 年壯成才者多見棄 而
세가 유약 자제 야 초 부시 생도 일천 여인 연장 성재 자 다 견기 이

童蒙之輩 多有中者. 左議政河崙 怒其不公 移關憲府 使之推劾
동몽 지배 다유 중자 좌의정 하륜 노기 불공 이관 헌부 사지 추핵

故也. 司憲府令三館員 於落試諸生卷子中 擇其可取者 上召憲府
고야 사헌부 영 삼관원 어 낙시 제생 권자 중 택기 가취 자 상소 헌부

掌務 諭止之.
장무 유 지지

賑東北面飢. 參贊議政府事李叔蕃 兵曹判書南在 戶曹判書
진 동북면 기 참찬 의정부 사 이숙번 병조 판서 남재 호조 판서

李至等啓曰: "東北面賑飢 專責守令." 上卽命叔蕃 往政府同議
이지 등 계왈 동북면 진기 전책 수령 상즉명 숙번 왕 정부 동의

移文監司.
이문 감사

庚申 上詣太上殿 獻壽極懽.
경신 상 예 태상전 헌수 극환

辛酉 下禁酒令. 以累月不雨 京畿 豐海道飢也.
신유 하 금주령 이 누월 불우 경기 풍해도 기 야

癸亥 司憲府上字民二條 允之. 疏略曰:
계해 사헌부 상 자민 이조 윤지 소 약왈

'古者使民以時 故役不過三日. 是重民力慮農務也. 今漢都離宮
고자 사민 이시 고 역 불과 삼일 시 중 민력 려 농무 야 금 한도 이궁

之作 不可獲已 而役之以僧徒之遊手 府卒之常役者可矣. 然營繕
지작 불가 획이 이역지 이 승도 지유수 부졸 지 상역 자가의 연영선

雜務 供億鉅費 農家人牛之輪轉服役不小. 且比年水旱相仍 連歲
잡무 공억 거비 농가 인우 지 수전 복역 부소 차 비년 수한 상잉 연세

不登 民尙艱食. 今當農月 工役不停 播種失時 將或至於飢饉 恐
부등 민 상 간식 금당 농월 공역 부정 파종 실시 장 혹 지어 기근 공

有虧於字民之至仁也. 願殿下念稼穡之艱難 慮一夫之不獲 下令
유휴 어 자민 지 지인 야 원 전하 염 가색 지 간난 려 일부 지 불획 하령

有司 限以農月 姑停此役 以慰生民之望.'
유사 한이 농월 고정 차역 이위 생민 지망

上然之. 命成才木手外僧 竝令放送 其府卒分番.
상 연지 명 성재 목수 외승 병령 방송 기 부졸 분번

又言:
우언

'今革陰竹國農所 其稱干農夫等 竝皆分屬船軍及漢都鍊瓦軍.
금 혁 음죽 국농소 기 칭간 농부 등 병개 분속 선군 급 한도 연와군

豪强之輩 爭占其田 竝取干等所耕之田 其家舍 亦皆奪占 干等
호강 지배 쟁점 기전 병취 간등 소경 지전 기 가사 역개 탈점 간등

失業 冤抑莫伸. 願遣行臺監察 在前農所館舍屬陰竹縣 其公田
실업 원억 막신 원견 행대 감찰 재전 농소 관사 속 음죽 현 기 공전

分給無所耕船軍及艱難人等: 干等被奪家舍田地 竝令還給: 據占
분급 무 소경 선군 급 간난 인등 간등 피탈 가사 전지 병령 환급 거점

公田 與民爭利者 一一推鞫 申聞論罪.'
공전 여민 쟁리 자 일일 추국 신문 논죄

從之.
종지

賜前護軍童所乙吾苧布三匹 綿布一匹 紬布一匹 米五石 醬
사 전 호군 동소을오 저포 삼 필 면포 일필 주포 일필 미 오석 장

一甕.
일 옹

乙丑 雨 北風暴作. 雨雹于東北面 大如彈子.
을축 우 북풍 폭작 우박 우 동북면 대 여 탄자

知議政府事李詹卒. 詹洪州人 字中叔 自號雙梅堂 贈參贊
지 의정부 사 이첨 졸 첨 홍주 인 자 중숙 자호 쌍매당 증 참찬

議政府事熙祥之子. 至正乙巳中監試第二人. 戊申 恭愍王幸
의정부 사 희상 지자 지정 을사 중 감시 제이 인 무신 공민왕 행

九齋 以經義試諸生 命李穡讀卷 中者七人 詹爲第一 特賜及第
구재 이 경의 시 제생 명 이색 독권 중자 칠인 첨 위 제일 특사 급제

拜藝文檢閱. 明年 擢右正言 上疏請令 百官每日五更啓事 史官
배 예문 검열 명년 탁 우정언 상소 청령 백관 매일 오경 계사 사관

二人入侍左右 王從之. 乙卯 拜左獻納 與正言全伯英上疏 論
이인 입시 좌우 왕 종지 을묘 배 좌헌납 여 정언 전백영 상소 논

守門下侍中李仁任 贊成事池奫潛通亡元 交結瀋王 禍不可測
수문하시중 이인임 찬성사 지윤 잠통 망원 교결 심왕 화 불가측

請誅二人. 坐此流貶者十年. 戊辰 起拜內府副令 藝文應敎 五轉
청주 이인 좌차 유폄 자 십년 무진 기배 내부 부령 예문 응교 오전

至右常侍. 恭讓王素與詹善 拜詹代言 頗信重之. 壬申春 以
지 우상시 공양왕 소 여첨선 배첨 대언 파 신중지 임신 춘 이

知申事 掌監試 及金震陽等杖流 詹亦流于結城 冬得自便. 戊寅
지신사 장 감시 급 김진양 등 장류 첨 역 유우 결성 동 득 자편 무인

秋 起爲吏曹典書 陞中樞院學士 同知貢擧. 壬午 以知議政府事
추 기위 이조 전서 승 중추원 학사 동지공거 임오 이 지 의정부 사

從河崙入賀皇帝登極 奏于帝 請改賜誥命印章. 使還 以功賜田口
종 하륜 입하 황제 등극 주우제 청개사 고명 인장 사환 이공사 전구

進階正憲. 卒年六十一. 輟朝三日 賜棺槨 贈諡文安. 詹天資厚重
진계 정헌 졸 연육십일 철조 삼일 사 관곽 증시 문안 첨 천자 후중

力學能文 手不釋卷. 一子小畜.
역학 능문 수불석권 일자 소축

| 원문 읽기를 위한 도움말 |

① 瑞老以前監察. 以는 여기서 '~로서'라는 뜻이다.
　서로　이 전　감찰　이

② 其在. 관용적 표현으로 '~에 있어' 혹은 '~의 경우에'라는 뜻이다.
　기재

③ 此以亂臣之罪爲疑似. '以~爲~'는 전형적으로 '~를 ~로 여기게 하다'라
　차 이 난신 지 죄 위 의사　이　위
　는 뜻이다. 이하에서도 계속 이 구문이 등장하기 때문에 주목해야 한다.

④ 皆加存恤. 이때의 存은 '묻다', '챙기다'라는 뜻이다. 存問이라고 할 때의
　개 가 존휼　　　존　　　　　　　　　　　　　　　　　　　존문
　存과 같다.
　존

태종 5년 을유년
4월

四月

병인일(丙寅日-1일) 초하루에 조정 일을 보았다[視朝=視事]. 상이
가뭄을 근심해 조정 일을 보지 않다가 이날 영의정 조준(趙浚), 좌정
승 하륜(河崙), 우정승 조영무(趙英茂), 찬성사 권근(權近) 등이 모두
전(殿)에 올라 일을 상의했는데[議事], 원평군(原平君) 윤목(尹穆)이
상언(上言)한 '먹을 것을 풍족하게 하고 군대를 튼튼하게 하고 백성
들이 믿고 따르게 하는 것[足食足兵民信之][1]'의 조목을 갖고서 대소
신료(大小臣僚)들로 하여금 깊이 헤아려 토의하게 한 다음 그 결과
를 보고하게 했다. 또 제복(祭服)과 악기(樂器)를 무역(貿易)하는 일
의 마땅함을 아뢰어 보고하자 상이 그것을 따랐다.

○ 경기 좌우도(京畿左右道)와 동북면(東北面)의 시위 번상군(侍衛
番上軍)[2]을 (당번 차례에서) 풀어주었다.

---

1 『논어(論語)』「안연(顏淵)」편에서 공자와 제자 자공(子貢)의 문답 중에 나오는 말이다. 자
공이 바른 정치를 하려면 어떻게 해야 하느냐고 묻자 공자는 이렇게 답했다. "먹을 것을
풍족하게 하고 군대를 튼튼하게 하고 백성들이 (정치지도자들을) 믿고 따르게 하는 것
이다." 이에 자공이 다시 물었다. "어쩔 수 없이 셋 중에 하나를 버려야 한다면 어떤 것을
먼저 버려야 하겠습니까?" 공자는 "군사를 버려야 한다"라고 답했다. 다시 자공이 물었다.
"어쩔 수 없이 나머지 둘 중에 하나를 버려야 한다면 어떤 것을 먼저 버려야 하겠습니
까?" 공자는 답했다. "양식을 버려야 한다. 예로부터 사람은 누구나 다 죽음이 있거니와
사람은 믿음이 없으면 설 수 없다."
2 번(番)의 차례가 되어 지방에서 서울로 올라와 군역에 복무하는 군사다.

정묘일(丁卯日-2일)에 상이 태상전(太上殿)에 나아갔다. 태상왕이 불렀기 때문이다. 태상이 잔치를 베풀어주고 매우 즐거워했다.

무진일(戊辰日-3일)에 사은사(謝恩使) 박신(朴信)이 경사(京師)에서 돌아왔다. 신(信)이 아뢰어 말했다.

"고평왕(高平王)과 평양왕(平陽王)이 아뢰기를 '영락(永樂) 2년 12월 17일에 산서(山西) 평양부(平陽府)와 포주(蒲州) 하진현(河津縣)에 황하(黃河)의 물이 맑아져 수백 리에 뻗쳤고, 돌거북[石龜]이 나타 났다'고 하니 문무 관리들이 표(表)를 올려 하례했습니다."

기사일(己巳日-4일)에 충청도의 청주(淸州), 태안(泰安), 예산(禮山)에 우박이 내렸는데 크기가 배[梨]만 하여 곡식이 모두 상했다.

○ 조온(趙溫), 조연(趙涓), 김남수(金南秀) 등을 거느리고 활쏘기를 구경했다.

○ 사간원에서 산릉제(山陵祭)에 풍악을 사용하지 말고 또 아울러 신하와 서민들이 담제(禫祭)[3]에 풍악을 사용하는 것을 금할 것을 청하니 그대로 따랐다.

경오일(庚午日-5일)에 윤저(尹柢)를 의정부 참찬사, 조견(趙狷)을 개성유후(開城留後), 박신(朴信)을 의정부 참지사, 이래(李來)를 사헌부

---

3   대상(大祥-죽은 지 두 돌 만에 지내는 제사)을 지낸 뒤 두 달 뒤 혹은 백일이 다가오는 정 일(丁日)이나 해일(亥日)을 택일하여 지낸다. 담사(禫祀)라고도 한다.

대사헌으로 삼았다.

신미일(辛未日-6일)에 (명나라) 조정(朝廷)의 내사(內使)⁴ 정승(鄭昇), 김각(金角), 김보(金甫) 등이 예부(禮部)의 자문(咨文)을 싸 가지고 왔다. 모두 본국(本國-조선) 출신의 환자(宦者)들이다. 상이 서교(西郊)에서 맞이했다. 자문(咨文)은 이러했다.

'영락(永樂) 2년 12월 17일에 본부관(本部官-예부 관원)이 봉천문(奉天門)에서 성지(聖旨)를 받들었는데 이러했습니다. "지금 내사(內使) 정승(鄭昇), 김각(金角), 김보(金甫) 등이 조선국(朝鮮國)으로 돌아가니 너 예부(禮部)에서 즉시 문서(文書)를 보내 국왕(國王)이 알게 하라. 정세(精細)하고 쓰기에 알맞은 화자(火者)⁵가 있거든 많이 뽑아 명단을 보내게 하라. 병이 든 내사 김보는 의약(醫藥)으로 치료하여 나았을 때 돌려보내게 하라. 정승은 선유(宣諭)를 가지고 가서 송자(松子-잣)와 묘(苗)를 구(求)하게 하라. 김각은 모상(母喪)을 마친 뒤에 들어오게 하라."'

○ 의정부 참찬사 이숙번(李叔蕃)이 사직하기를 청하니 허락했다.

임신일(壬申日-7일)에 상이 태평관에 가서 사신에게 잔치를 베풀었다.

---

4 원문에서는 내사(內使)와 내사(內史)를 섞어서 쓰고 있다. 그러나 환관의 경우에는 내사(內使)라고 하는 것이 더 정확해 번역에서는 통일시켰다.

5 조선시대에 명나라에 보내던 열두서너 살부터 열여덟 살쯤까지의 환관(宦官) 후보자를 가리킨다.

○ 동북면(東北面) 길주(吉州)의 쌍포(雙浦), 다리(多里), 만춘(萬春) 등지의 바닷물이 붉게 됐는데 총 3일 동안 그러했다.

○ 전라도에 비가 4일 동안 계속 내렸다.

계유일(癸酉日-8일)에 공안부윤(恭安府尹) 허응(許應)을 경사(京師)에 보냈다. 세자 책봉(世子冊封)을 청한 것에 대해 인준(認准)해준 것을 사례하고, 겸하여 거북이 나타나고 황하수(黃河水)가 맑아진 것에 대해 하례하게 했다. 그 하례하는 표문[賀表]은 이러했다.
<small>하표</small>

땅에 진기(珍奇)한 물건이 나타나 한 시대의 문명(文明)을 열었구나.

황하의 물이 맑아져 천년의 맑디맑음에 응했도다.

일월(日月)이 비쳐 다다르는 곳에

펄쩍 뛰어 춤추는[跳舞] 기쁨 한결같아라.
<small>도무</small>

남몰래 듣건대 일찍이 성신(聖神)이 일어나니

반드시 상서(祥瑞)로운 나타남이 있었고

낙서(洛書)가 하(夏)나라에서 나오고[6]

바다 물결이 주(周)나라에서는 일어나지 않았도다.

하물며 이제 신령(神靈)한 상서(祥瑞)가 거듭 이르니

더욱 거룩한 시대의 아름다운 상서로다.

---

6 하(夏)나라 우왕(禹王)이 홍수(洪水)를 다스렸을 때 낙수(洛水)에서 나온 신귀(神龜)의 등에 쓰여 있었다는 글이다.

공경히 생각하건대 황제 폐하께서는

밝고 착하심은 순(舜)임금과 같으시고

넓고 깊으심은 탕(湯)왕을 넘치시며

정일집중(精一執中)[7]은

마음의 근원을 맑게 하여 치도(治道)를 행하도다.

집희경지(緝熙敬止)[8]로

덕(德)을 밝히고 이륜(彝倫-떳떳한 도리)을 펴시는구나.

모든 공적(功績)이 빛나게 밝으며

아름다운 징조가 여러 번 나타났도다.

이에 사방(四方)에서 와서 하례(賀禮)함을 받으시니

실로 만세(萬世)에 태평(太平)할 기틀이옵니다.

엎드려 생각하옵건대 신(臣)은 머나먼 변방 나라를 지켜

경사스런 상서(祥瑞)의 만남을 기뻐하옵니다.

공경스럽게 제후(諸侯)의 법도(法度)를 준수해

매양 강물이 바다로 흘러감을 생각할 때마다 한나라의 조정을 떠

---

7 『서경(書經)』에 나오는 말이다. 순임금이 말했다. "사람의 마음이란 오직 위태위태한 반
   면 도리의 마음은 오직 잘 드러나지 않으니 (그 도리를 다하려면) 정밀하게 살피고 한결같
   음을 잃지 않아 진실로 그 적중해야 할 바를 잡도록 하라[人心惟危 道心惟微 惟精惟一 允
                                        인심 유 위 도심 유 미 유 정 유 일 윤
   執厥中]." 이 16자(字)는 곧 요임금, 순임금, 우왕(禹王)이 서로 전수하고 전수받은 마음의
   집 궐 중
   법칙[心法]이니 모든 세대에 통용될 수 있는 제왕학[聖學]의 깊은 뿌리[淵源]다.
     심법   성학   연원
8 『시경(詩經)』「대아(大雅)」'문왕(文王)'에 "목목(穆穆)한 문왕이여, 아! 경(敬)을 계속하여
   밝히셨도다[穆穆文王 於緝熙敬止]"라는 내용이 보인다. 주공(周公)이 문왕의 광명(光明)한
            목목 문왕 오 집회 경지
   덕을 추술(追述)하여 주(周)나라 왕실에서 천명을 받아 상(商)나라를 대신한 것이 모두
   이에서 비롯되었음을 밝힘으로써 성왕(成王)을 경계시킨 것이다.

올리고[9]

항상 황제의 나이[皇齡]를 축수(祝壽)하여
　　　　　　 황령
하늘과 땅처럼 오래오래 이어지기를 바라옵나이다.

의정부 찬성사 권근(權近)이 지은 것[所製]이다.
　　　　　　　　　　　　　　　　 소제
○ (명나라) 예부(禮部)에 보내는 자문(咨文)은 이러했다.

'의정부(議政府) 장계(狀啓)[10]에 의거하건대 "봉상시(奉常寺) 정문
(呈文-보고문)을 살펴보니 '본시(本寺-봉상시)에서 관장하는 사계절
마다 거행하는 조묘(祖廟)와 사직(社稷), 적전(籍田), 문묘(文廟) 등의
제사에 사용하는 배신(陪臣)의 제복(祭服) 및 악기(樂器) 등의 물건
이 모두 파손되고 오래되어 거의 사용하기 어렵습니다. 마땅히 경사
(京師)에 가서 구입해 새것으로 바꿔 앞으로의 사용에 대비해야겠습
니다'라고 했습니다." 이에 (의정부에서) 정문을 갖춰[具呈] 장계했습
　　　　　　　　　　　　　　　　　　　　　　 구정
니다. 이를 받아 자세히 살펴보건대 위 항목의 제복과 악기는 감히
마음대로 경사(京師)에서 살 수가 없고 자품(咨稟-조정에서 내려줌)함
이 이치에 합당하겠기에 번거롭게 주달(奏達)하는 것입니다. 만일 윤
허를 받게 되면 곧 뒤따라 사람을 보내 값을 가지고 경사에 가서 사
들여 앞으로의 사용에 대비하겠습니다.'

○ 내사 정승 등이 대궐에 이르렀다.

9　강물은 제후, 바다는 천자를 뜻한다.
10　원래는 조선시대 관찰사, 병사, 수사 등 왕명을 받고 외방에 나가 있는 신하가 자기 관하
　　의 중요한 일을 왕에게 보고하거나 청하는 문서다. 그러나 여기서는 의정부가 토의하여
　　임금에게 보고한 문서를 가리킨다.

○ 의안대군(義安大君) 화(和-이화) 등이 헌수(獻壽)했다.

○ 외방(外方) 각 관아에 명해 양반(兩班-동반과 서반)의 자제를 뽑아 무예(武藝)를 익히고 병서(兵書)를 읽게 했다. 경상도 도관찰사가 해마다 봄과 가을에 점고(點考-점검 평가)하고 식년(式年)[11]이 되면 시험을 치게 하자고 청했기 때문이다.

갑술일(甲戌日-9일)에 달이 태미성(太微星) 서쪽 태양문(太陽門)으로 들어갔다.

○ 호조판서 이지(李至) 등이 글을 올려 일[事=時事]을 말하니 그
글을 의정부에 내려 육조(六曹), 여러 군(君), 삼군총제(三軍摠制)와 함께 모여서 토의하여[會議] 보고하라고 했다. 그 글은 이러했다.

'하나, 일찍이 받은 공신전(功臣田)과 과전(科田)이 30결(結) 이상인 자는 3분의 1을 떼어 군자(軍資-군자감)에 넘긴 다음 이를 경상 및 전라도로 옮겨 그 수(數)를 채워서 지급하게 해야 합니다.

하나, 각사(各司)의 노비들이 받는 의복(衣服) 및 양식(糧食)의 비용을 줄여야 합니다.

하나, 장차 혁파할 사평부(司平府), 승추부(承樞府)의 전토(田土) 및 (황해도) 연안부(延安府), 배주(白州) 등지에서 다시 측량하여 남아도는 전토는 개인들이 과전으로 받는 것[科受]을 허락하지 말고 모두 군자(軍資)에 넘겨야 합니다.

---

11 자(子), 묘(卯), 오(午), 유(酉)가 들어 있는 해로 3년에 한 번씩 돌아오며 이때 시행하던 과
   거를 식년시(式年試)라 한다.

하나, 무릇 일찍이 과전(科田)을 받은 자가 그 받은 전토(田土)를 기름진 땅과 바꾸려고 하여 제 마음대로 어지럽게 진고(陳告)[12]하여 공무(公務)를 번거롭게 하오니, 바라건대 이제부터는 일절 모두 금단(禁斷)해야 합니다.

하나, 매년 녹봉(祿俸)을 나눠 줄 때 녹봉으로 줄 쌀이 부족하면 군자(軍資)나 풍저미(豊儲米)[13]를 빌려서 주다 보니 국용(國用)이 텅 비게 됩니다. 이제부터는 녹봉전(祿俸田)의 소출(所出)을 가지고 그 (범위 안에서) 수량에 따라 지급하고 군자나 풍저미를 빌리지 말도록 해야 합니다.'

의정부에서 토의해 결론을 내렸다.

"이지(李至)가 아뢴[所申=所奏] 일의 건은 모두 이치에 합당하나,
　　　　　　　소신　소주
다만 공신전(功臣田)과 과전(科田)을 먼 지방으로 옮겨주게 되면 뒤에 반드시 폐단이 있을 것입니다. 무릇 과전(科田)은 제1과(第一科)가 100결(結)인데, 이것을 갖고서 차등(差等)을 두어 18과(科)에 이르니 각각 5결씩 덜어 군자(軍資)에 붙입니다. 또 새로 개간한 전지와 원래 군자에 속해 있던 전지 중에 일찍이 개인이 받은 것은 모두 군자에 환속시켜 군량을 넉넉하게 해야 합니다[贍=豊足]."
　　　　　　　　　　　　　　　　　　　　　섬　풍족
상이 윤허했는데 다만 각 품(品)의 녹봉과 과전은 거론하지 말게

---

12 다른 사람의 잘못이나 실상을 관청에 이야기하여 알리는 것이다. 무고와는 구별된다.

13 호조의 지휘 감독 아래 미곡, 콩, 종이, 자리 등 전국 각지로부터 수납된 물품을 관할하던 풍저창 소관의 쌀을 말한다.

했다. 사패전(賜牌田)¹⁴ 외의 별사전(別賜田)¹⁵은 본인이 죽은 뒤에는 군자에 붙이게 했다. 의정부에서 또 말씀을 올렸다.

"과전을 받고 외방에 나가서 살겠다고 자원(自願)하는 자는 외방 군전(外方軍田)의 예(例)에 의해 (한꺼번에 주는 것이 아니라) 나눠서 지급하고[折給] 그 나머지 전토는 경중(京中)에 늘 거주하는 각 품 관리로서 전지를 받지 못한 자에게 지급하도록 하소서."

그것을 따랐다.

을해일(乙亥日-10일)에 달이 태미성 단문(端門)¹⁶의 북쪽으로 들어 갔다.

○ 노비 전계문자(奴婢傳繼文字)¹⁷의 법(法)을 세웠다. 의정부(議政府)가 상으로부터 판단을 받은 내용[受判=判旨]은 이러했다.

'무릇 노비 문자(奴婢文字)의 전계(傳繼)는 전(前)에 있던 예(例)에 의해 증인(證人)과 문서 작성자[筆執者]를 족친(族親) 및 이웃 사람

---

14 사패전(賜牌田)은 사전(賜田)의 한 형태이며 사급전(賜給田)이라고도 불렸다. 사패전에는 공을 세운 신하에게 준 공신사패전(功臣賜牌田)과 토지 개간을 목적으로 준 개간사패전(開墾賜牌田)이 있다. 전자는 공신전(功臣田)의 일종으로서 개간된 땅을 주었으며 조선 초기까지도 사패를 통해 공신전을 지급했다. 후자는 원 간섭기(元干涉期)에 특징적으로 나타난 사패전으로, 몽고와의 장기간의 전쟁 과정에 황폐해진 토지를 신속하게 개간할 목적으로 지급했다.

15 승려, 무당, 점쟁이 또는 국가의 공적이 있는 관리에게 내려준 토지다. 관리에게 내려준 별사전의 경우 후손들에게 세습이 가능하여 대토지 사유의 원인이 됐다.

16 태미원(太微垣) 남방 중앙의 두 별 사이를 가리킨다. 태미원은 천자의 궁정, 오제(五帝)의 좌(座), 12제후의 부(府) 등을 형상하며, 단문 동쪽의 별은 좌집법(左執法)으로 정위(廷尉)를, 서쪽의 별은 우집법(右執法)으로 어사대부(御史大夫)를 형상한다.

17 노비 상속에 관한 문서다.

중에서 글을 아는 두세 사람 이상을 세워 문계(文契-문서)를 작성해 주도록 하라. 이를 전해 받은 사람은 4년을 경과(經過)하지 말고 정장(呈狀-문서로 보고)하게 하되, 재주(財主-노비주인) 및 증인(證人)과 필집(筆執)의 답통(答通)에 의해 빙고(憑考)해 입안(立案)하여 문서를 작성한다[成給]. 재주(財主)가 문계(文契)를 작성해놓고서 그 몸이 죽은 자는 시병(侍病)한 친족(親族) 및 노비(奴婢)에게 빙고(憑考)해 조사하여 입안해서 문서를 작성한다. 자식이 없는데 문계(文契)를 작성해놓지 않고 죽은 자의 노비는 '노비를 친족에게 전계(傳繼)하는 법'에 의해 한정(限定)된 촌수(寸數)의 범위 안에서 나눠 주도록 하라.'

병자일(丙子日-11일)에 정승(鄭昇) 등이 각각 자신들의 고향으로 돌아갔다. 승(昇)은 (경상도) 개령(開寧) 사람이고, 보(甫-김보)는 밀양 사람이고, 각(角-김각)은 (전라도) 옥과(玉果) 사람이다. 계미(癸未-1403년)·갑신(甲申-1404년) 양년(兩年)에 황제가 내사(內史) 한첩목아(韓帖木兒)를 보내 소환(小宦-어린 환관)을 뽑아 데려오게 해 승(昇) 등이 뽑혔다. 공조참의(工曹參議) 우홍부(禹洪富)를 승(昇)과 보(甫)의 반행(伴行)으로 삼고, 호조참의(戶曹參議) 한답(韓答)을 각(角)의 반행(伴行)으로 삼았다. 승(昇)의 본가(本家)에 쌀과 콩을 아울러 50곡(斛-10말)을, 보(甫)에게는 20곡을, 각(角)에게는 40곡을 내려주고 모두 호역(戶役)[18]을 면제해주었다[復=復戶].

---

18 국가에서 집집마다 부과하는 부역이다.

○사헌 감찰 김기(金棄)와 경시서(京市署)¹⁹ 영(令) 전경(全卿)을 파직했다. 애초에 대전별감(大殿別監)²⁰ 오룡(五龍)이 저자에 들어와서 무역(貿易)을 어지럽히니 기(棄)와 경(卿)이 잡아서 매질했다. 상은 오룡이 비록 죄가 있다고 해도 제 마음대로[擅自] 매질하는 것은 남의 천자
신하된 자[人臣]의 예(禮)가 아니라 하여 파직하라고 명했다.
인신

정축일(丁丑日-12일)에 양청(涼廳)에 나아가 활쏘기를 구경했다.

○송충이를 잡도록 명했다. 송충이가 (신도 한양의) 종묘(宗廟) 북쪽 산 백악(白岳), 인왕(仁王), 장의동(藏義洞)의 여러 산의 솔잎을 갉아 먹으니 오부(五部)의 사람들을 동원하여 잡게 했다.

○조서(曹庶, ?~?)²¹와 송희정(宋希靖)²²에게 각각 쌀과 콩 20곡(斛)을 내려주었다.

무인일(戊寅日-13일)에 우박이 떨어졌다.

○조관(朝官-조정관리)들에게 명해 '먹을 것을 풍족하게 하고 군대

---

19 시전을 관리 감독하거나 국역의 부과 등을 맡아본 관청으로 경시감(京市監)이라고도 했다.

20 조선시대 대전(大殿)에 소속된 7~9품의 별감(別監)으로서 어전 시위(御殿侍衛)의 구실을 한 관계로 힘과 용맹이 뛰어나고 재산이 있는 장실(壯實)한 자를 뽑았는데, 이들은 대체로 액정서(掖庭署)에서 관장했다.

21 1394년(태조 3년) 왕명으로 왕씨들의 복을 빌기 위해 법화경을 썼다. 1397년 우산기상시, 좌산기상시를 거쳐 예조전서가 됐다. 1395년 명나라에서 정총(鄭摠)이 가져간 표사(表辭)를 문제 삼자, 표전문의 계본을 쓴 그가 1398년에 중국에 불려가서 운남 금치에 유배되었다가 1404년(태종 4년)에 풀려나 돌아왔다.

22 통사인데 조서와 함께 상을 내린 것으로 볼 때 조서를 송환시키는 데 기여한 공을 인정한 것으로 보인다.

를 풍족하게 하고 백성들이 믿고 따르게 하는 도리[足食足兵民信之
　　　　　　　　　　　　　　　　　　　　　　　　족식 족병 민신 지
道]'에 대해 각각 진술해서 실봉(實封-밀봉)으로 아뢰게 했다.[23]
도

○ 단산부원군(丹山府院君) 이무(李茂)를 무과 회시 감교관(武科會
試監校官),[24] 우군도총제(右軍都摠制) 조연(趙涓, 1374~1429년)을 동감
교관(同監校官)으로 삼아 황상(黃象)[25] 등 28명을 뽑았다.

기묘일(己卯日-14일)에 (황해도) 영강현(永康縣)에 서리가 내렸다.

○ 종친과 공신을 청화정(淸和亭)에 모이게 해 술자리를 베풀었다.

○ 행대감찰을 보내 (황해도) 평주(平州)와 강음(江陰)에서 다투어
전지를 점유하는 자를 금하게 했다. 상이 군기감(軍器監)에서 경작하
던 평주, 강음 두 고을에 있는 혁파(革罷)한 전지를 호세가(豪勢家)들
이 다투어 점유한다는 말을 듣고서 의정부에 명해 감찰을 보내 금지
하게 하고 전토(田土)가 없는 백성들에게 고르게 나눠 주도록[均給]
　　　　　　　　　　　　　　　　　　　　　　　　　　　　　균급
했다.

23　이달 1일자 기사에 이어지는 것이다.

24　회시란 초시(初試) 급제자가 서울에 모여 제2차로 보는 시험으로, 복시(覆試)라고도 한다.

25　아버지는 개국공신 황희석(黃希碩)이다. 1401년(태종 1년) 금주령을 어기고 술을 마시다
　　영흥부로 유배되기도 했다. 이때 무과에 급제하고 다음 해 호군방(護軍房)이 다시 설치
　　되면서 방주(房主)가 됐다. 1407년 축첩 문제로 파직됐으나 개국공신의 후예라 하여 곧
　　사면되고, 각위(各衛)에 절제사를 두면서 1411년(태종 11년) 충좌사첨절제사(忠佐司僉節
　　制使)가 됐다. 1419년(세종 1년) 세종이 등극해 상왕의 지도 하에 왜구의 진원지 대마도
　　(對馬島)를 정벌할 때 삼군도체찰사(三軍都體察使) 이종무(李從茂) 휘하의 중군장에 임명
　　됐다. 1426년 도총제가 됐는데 세종이 군을 친열할 때 군법을 문란하게 했다 하여 편(鞭)
　　50의 벌을 받았다. 이듬해 병조판서로서 황희(黃喜) 등과 같이 양녕대군(讓寧大君)을 폐
　　출할 것을 주장했으며, 육진(六鎭)의 하나인 경원이 여진의 침구가 빈번하니 곡창지 용성
　　(龍城)으로 옮길 것을 건의한 바 있다. 그러나 1428년 병조판서의 중책을 지닌 자로 기첩
　　(妓妾)을 만나느라 왕을 호가하지 않았다는 사헌부의 탄핵을 받고 고성으로 유배됐다.

116

○ 제주(濟州) 사람이 육지에 나와서 개인 말[私馬]을 파는 것을
금하지 말도록 명했다.

○ 송악(松岳)과 용수산(龍首山)[26]에서 송충이를 잡도록 명했다.

경진일(庚辰日-15일)에 (황해도 신천군) 문화현(文化縣)에 서리가 내
렸다.

신사일(辛巳日-16일)에 (강원도) 이천(伊川)에 우박이 떨어졌고 고성
(高城)과 평강(平康)에는 눈이 내렸다.

○ 영흥부(永興府) 검산(劍山) 이북의 여러 산에 눈이 모두 3일 동
안 내렸다.

임오일(壬午日-17일)에 우박이 내리고 폭풍이 불었으며 밤에는 서
리가 내렸다. (황해도) 서흥(瑞興)과 곡주(谷州)에는 우박이, (강원도)
평강(平康)에는 눈이, (황해도) 신주(信州-신천)에는 눈이 오고 서리
가 내렸다. 상이 정양월(正陽月)[27]에 서리가 내렸다 하여 자책(自責)하
니 병조판서 남재(南在)가 답하여 말했다.

"늘 있는 일일 뿐입니다."

호조판서 이지(李至)는 재상(宰相)이 직책을 다하지 못한[不稱] 때

---

26 황해도 해주시의 북쪽에 있는 산이다. 용머리처럼 생긴 산이라 하여 용수산이라 했다.
뇌수산 또는 비둘기 같은 고개라 하여 '구현'이라고도 한다.
27 음력 4월을 부르는 명칭 중 하나다.

문이라고 했다.

예조판서 이문화(李文和)가 답하여 말했다.

"성상께서 마땅히 날마다 삼가셔야 합니다."

상이 말했다.

"참소(讒訴)가 행해졌는가? 백성들이 원한이 있는가? 어찌하여 하늘의 꾸지람이 이처럼 심한가?"

○ 서북면에 이틀 동안 비가 내렸다.

○ 여진 만호(女眞萬戶) 구로(仇老)에게 목면겹의(木綿裌衣)·저포의(苧布衣)·한삼(汗衫)·갓·신·향목대(香木帶)를, 백호(百戶) 호시라(好時羅)에게 목면의(木綿衣)·저포의(苧布衣)·한삼(汗衫)·갓·신을, 통사(通事) 김용기(金龍奇)에게 목면(木綿)·저포(苧布) 1필씩과 갓을 내려주었다.

계미일(癸未日-18일)에 서리가 내렸다.

○ 순흥부(順興府)[28] 소백산(小白山)에 눈이 내려 산에 가득했는데 겨울철[冬令] 같았다.
                동령

○ 상이 태상전에 조알해 격구(擊毬)를 하고 이어서 헌수(獻壽)하여 극진히 즐겼다.

---

28 고구려 때는 급벌산군(及伐山郡), 통일신라시대는 업산군(岌山郡)이라 하다가 고려 초 흥주(興州)라 개칭하고 충목왕 때 승격시켜 순흥부가 됐다. 1458년(조선 세조 4년) 관내에 모반사건이 발생해 부를 폐지하고 영주 및 봉화(奉化)로 나눴다. 1683년(숙종 9년) 다시 순흥부로 복구했다가 1895년(고종 32년) 군(郡)으로 강등했고, 1914년 군을 폐지하고 봉화와 영주에 각각 편입시켰다. 순흥 안씨(順興安氏)의 관향으로 알려져 있다.

○ 병조에 명해 만일 기밀(機密)이나 친품(親稟-직접 아룀)할 일이 있거든 의정부에는 보고하지 말고 직접 시행하게 하고, 이어서 의정부에 (이 같은 내용의) 뜻을 내려[下旨] 일러주었다.

○ 전 재상 조희고(趙希古, ?~?)[29]에게 쌀과 콩 40석을 내려주었다. 희고(希古)는 일찍이 태상왕을 모셨는데 몸이 늙어 풍해도(豊海道-황해도)에 물러가 살고 있었다. 이 도(道)에 흉년이 들어 태상왕의 명이 있었기 때문이다.

○ 조호(趙瑚)[30]의 죄를 용서하고 거뒀던 녹(祿)을 돌려주었다.

갑신일(甲申日-19일)에 황주(黃州)에 우박이 떨어졌다.

○ (동북면) 길주(吉州)의 바닷물이 여러 날 동안 붉어졌다.

○ (개경의) 삼사동(三司洞) 구리정(求利井)이 4일 동안이나 울었는데, 그 소리가 맷돌을 가는 것과 같았고 해괴제(解怪祭)를 지냈다.

---

29 1363년 홍건적의 침입으로 빼앗겼던 경성(京城-개성)을 수복한 공으로 전공판서(典工判書)로서 1등공신이 됐다. 1364년 밀직부사가 되고, 이듬해 다시 동지밀직사사에 올랐으며 동천군(東川君)에 봉해진 뒤 동서북면 부원수로 나갔다. 그 뒤 권신 신돈(辛旽)의 무고로 파직됐다. 1367년 지도첨의(知都僉議) 오인택(吳仁澤), 전 시중 경천흥(慶千興), 상호군 조린(趙璘) 등과 함께 신돈의 제거를 모의하다가 누설돼 남쪽 변방에 유배돼 관노가 되고 가산은 적몰됐다. 그 뒤 풀려나 지밀직으로 있을 때인 1374년 김의(金義)의 명사(明使) 살해사건으로 이인임(李仁任)에게 혐의를 받아 다시 유배됐다. 그 뒤 풀려나 1377년 (우왕 3년) 지밀직사사로서 전라도 도병마사가 돼 왜구를 방어했다. 1388년 팔도도통사의 조전원수로 요동정벌에 출전했다가 위화도회군에 가담해 1390년(공양왕 2년) 회군공신의 호를 받았다.

30 소를 사취(詐取)하여 나라에 바친 뒤 그 값을 돌려주지 않았다는 죄로 평주에 유배됐었다.

을유일(乙酉日-20일)에 죄수(罪囚)를 걱정했는데 비가 오지 않는 것을 민망히 여긴 때문이다. 사헌부 지평 이흡(李洽), 형조정랑 진자성(陳自誠), 순금사 대호군 김문발(金文發)을 불러 명했다.

"아무 사람은 아무 죄(罪)로 아무 해 아무 달에 갇히고, 또 (아무 죄로 아무 해 아무 달에) 부처(付處-유배)되었다고 자세히 기록하여 아뢰라. 내가 가벼운 자들을 골라서 용서하려고 한다."

○ (명나라) 조정 사신(使臣) 왕가인(王可仁)이 거양(巨陽) 사람 20여 명과 더불어 겸진(兼進)과 골간(骨看)의 올적합(兀狄哈)이 사는 곳에 이르렀다. 이들을 초유(招諭)하여 명나라로 함께 돌아가고자 함이었다. 탐주(耽州), 이주(耳州), 아적랑이(阿赤郎耳), 오음회(吾音會-회령) 등지의 사람 중에 지난해에 왕교화적(王教化的)과 더불어 명나라로 들어간 자가 여섯 사람이었는데 제(帝)가 이들에게 옷을 내려주었고 이번에 왕가인과 함께 왔다.

○ 왕교화적(王教化的) 등이 야인(野人) 땅에 이르렀다. 왕교화적 등이 이달 8일에 길주(吉州)에 이르러 동맹가첩목아(童猛哥帖木兒)와 파아손(把兒遜) 등이 사는 곳에 먼저 반인(伴人)을 보내니 맹가첩목아 등이 말했다.

"우리가 조선(朝鮮)을 순순히 따라 섬긴 지[順事] 20여 년이다. 조선이 대(大) 명나라와 친교(親交)하기를 형제(兄弟)처럼 하는데 우리가 어찌 따로 대 명나라를 섬길 필요가 있겠는가?"

이달 14일에 왕교화적이 오음회(吾音會)에 이르니 동맹가첩목아가 관하(管下) 사람을 거느리고 명령을 받지 않으려 했고, 파아손(把兒遜)·착화(着和)·아란(阿蘭) 세 만호(萬戶)는 길에서 교화적(教化的)의 반인(伴人)을 만나 말했다.

"우리가 조선을 섬기고 있는데 너희가 함부로 사신(使臣)이라 일컫고 난잡(亂雜)하게 왕래(往來)하고 있다."

거절하고 상대하지 않았다. (이들 세 만호가) 오음회(吾音會)에 이르러 맹가첩목아와 함께 약속하여 이렇게 말했다.

"평소의 뜻을 변치 말고 조선을 우러러 섬기고[仰事] 두 마음을 갖
<small>앙사</small>
지 말자."

병술일(丙戌日-21일)에 도류(徒流-도형과 유배형)된 사람들을 석방했다. 가뭄을 근심한 때문이다.

○ 부자(富者)들의 곡식을 거두어 굶주린 백성에게 나눠 주었다. 풍해도 도관찰사 신호(申浩, ?~1432년)[31]가 아뢰었다.

"부자의 곡식을 내어서 굶주린 백성에게 주고, 평시(平時) 이자[子母]의 예(例)에 의해 가을에 환납(還納)하게 하소서."
<small>자모</small>

그대로 따르고, 아울러 타도(他道)에도 이문(移文)했다. 풍해도의 기민(飢民)이 3,700여 명이고, 경기의 기민이 1,140여 명이었다.

○ 지공거(知貢擧) 이숙번(李叔蕃)과 동지공거(同知貢擧) 유창(劉敞)

---

31 1401년(태종 1년) 형조전서(刑曹典書)를 지냈고 이때 풍해도 도관찰사로 있으면서 부자들의 곡식을 거두어 굶주린 백성을 진휼했다. 그리고 다음 해 그의 상언(上言)으로 더욱 실용적인 청색 방의(靑色防衣)가 모든 도의 군사에게 정해졌다. 1412년(태종 12년) 나주 목사(羅州牧使), 1419년(세종 1년) 전라도 관찰사, 1420년(세종 2년) 우군총제(右軍摠制)를 역임했고, 1421년(세종 3년) 형조와 호조의 판서로 있으면서 사은사로 베이징에 다녀왔다.

이 (문과에서) 정초(鄭招, ?~1434년)[32] 등 33명을 뽑았다.

○ 경상도에 비가 내렸다. 계림(鷄林-경주), 안동(安東), 성주(星州), 밀양(密陽) 등 26개 고을에 빗물이 한 자[尺]나 넘게 땅에 스몄다.

정해일(丁亥日-22일)에 상호군(上護軍) 신상(申商)에게 부의(賻儀)를 내려주었다. 상(商)이 부상(父喪-부친상)을 당했기 때문이다. 쌀과 콩을 아울러 20석(石)과 종이 50권(卷)이었다.

무자일(戊子日-23일)에 명하여 이거이(李居易)의 여러 아들에게 (충청도) 진주(鎭州-진천)에 가서 그 아비를 만나보게 했다. 그 아들 백관(伯寬), 백신(伯臣), 현(儇) 등으로 하여금 그 아비를 만나본 뒤에 자원(自願)에 따라 안치(安置)하게 했다.

○ 우부대언(右副代言) 이담(李擔)이 그의 집 미친개[猘狗=狾狗=狂犬]에게 물려 죽었다. 부의(賻儀)로 종이 100권, 쌀과 콩을 아울러 30석, 그리고 관곽(棺槨)을 내려주고 사람을 보내 치제(致祭)했다. 담(擔)은 고려(高麗) 문하시중(門下侍中) 제현(齊賢)의 증손(曾孫)이다. 계유년(癸酉年-1393년) 을과(乙科)에 셋째로 과거에 올라 글씨를 잘 쓰는 까닭으로 항상 상서사(尙書司) 벼슬을 맡고, 좋은 요직(要職)을

---

32 이때 문과에 급제하고 1407년 중시에 합격했다. 훗날 이조판서와 대제학을 지냈다. 세종 초의 과학사업에 중요한 소임을 맡아 정인지(鄭麟趾), 정흠지(鄭欽之)와 함께 대통통궤(大統通軌)를 연구해 『칠정산내편(七政算內篇)』을 편찬하고 간의대(簡儀臺)를 제작해 설치하는 일을 관장했다. 그 밖에도 왕명에 의해 『농사직설(農事直說)』, 『회례문무악장(會禮文武樂章)』, 『삼강행실도』 등을 편찬했다.

두루 지냈다. 아들이 하나로 안경(安敬)이다.

  경인일(庚寅日-25일)에 종묘(宗廟) 및 소격전(昭格殿)과 여러 산천(山川)에 비를 빌었다[禱雨].
  ○ 명나라 조정에서 백호(百戶) 김성(金聲)을 보내 동북면(東北面)에 이르렀다. 황제는 모련(毛憐) 지역 올량합 만호(兀良哈萬戶) 파아손(把兒遜), 착화(着和), 답실(答失) 등에게 유시(諭示)하여 알렸다[知道].
  '짐(朕)이 이제 즉위(卽位)한 지 3년인데 천하(天下)는 태평하고 사해(四海)의 내외(內外)가 모두 한 집안 같다. (그런데) 너희는 이를 알지 못하니 서로 통속(統屬)되지 않으면 강한 자가 약한 자를 능멸(陵蔑)하고 (인구수가) 많은 자가 적은 자를 포학(暴虐)하게 하여 어찌 편히 쉴 수 있으랴! 이제 백호(百戶) 김성(金聲) 등을 보내 짐(朕)의 뜻을 너희에게 효유(曉諭)하고 아울러 채폐(綵幣) 등의 물건을 내려주노라. 너희가 만약 하늘의 뜻을 공경히 순종(順從)하여 성심(誠心)으로 내조(來朝)하면 각각 위(衛)를 세워 인신(印信)을 나눠 주고, 명분(名分-작위와 벼슬)과 상사(賞賜)를 주어 너희로 하여금 대대로 본토(本土)에 살게 하고, 스스로 서로 통속(統屬)하여 사냥[打圍]과 방목(放牧)으로 각각 편하게 생활하고, 장사와 무역으로 마음대로 왕래하여 태평한 복을 함께 누리게 하겠다. 이 까닭으로 효유(曉諭)하노라.'
  ○ 사헌부에서 평천군(平川君) 조희민(趙希閔)과 승녕부소윤(承寧府少尹) 이승간(李承幹) 등을 죄줄 것을 청했으나 윤허하지 않았다. 희민 등이 혁파(革罷)한 음죽(陰竹)의 국농소(國農所) 전토(田土)를 점거했기 때문이다. 헌사(憲司)에서 다시 청했으나 역시 답하지 않았다.

신묘일(辛卯日-26일)에 원평군(原平君) 윤목(尹穆)을 보내 경사(京師)에 가게 했다. 천추절(千秋節)[33]을 하례하기 위함이었다.

임진일(壬辰日-27일)에 (문과에 급제한) 정초(鄭招) 등에게 복시(覆試)[34]를 시행했다. 유면(兪勉)[35]을 1등으로 삼았다. 면(勉)에게는 장흥고 부사(長興庫副使)를 제수하고, 2등 정초는 내자 직장(內資直長), 3등 정지당(鄭之唐)은 군자 직장(軍資直長)을 제수했다.

갑오일(甲午日-29일)에 술을 올리지 못하게 했다. 상왕도 술을 올리지 못하게 했다.

○ 중과 무당을 모아 비를 빌었다.

○ 신도(新都)에서 이궁(離宮)을 짓는 군인(軍人)들을 놓아 보냈다. 또 우봉(牛峯), 토산(兎山), 영평(永平), 철원(鐵原), 안협(安峽), 삭녕(朔寧) 등지의 선군(船軍)에게 석 달의 급료(給料)를 주도록 명했다.

---

33 주로 중국 명나라 황태자의 생일을 이르던 말로, 조선시대에는 이를 축하하기 위해 천추사(千秋使)를 파견했다.

34 서울과 지방에서 초시에 합격한 자들을 재시험해 합격자를 정하는 시험으로, 이 복시에 뽑힌 자만이 마지막 3단계의 전시(殿試)에 진출할 수 있었다. 잡과만은 이 복시만으로 합격자를 결정했다.

35 사헌부 지평을 역임했으나 일찍 죽었다.

丙寅朔 視朝. 上憂旱不視朝 是日 領議政趙浚 左政丞河崙
병인 삭 시조 상 우한 불 시조 시일 영의정 조준 좌정승 하륜

右政丞趙英茂 贊成事權近等 皆上殿議事 以原平君尹穆上言
우정승 조영무 찬성사 권근 등 개 상전 의사 이 원평군 윤목 상언

足食足兵民信之之目 願令大小臣僚擬議以聞. 又祭服樂器貿易
족식 족병 민 신지 지목 원령 대소 신료 의의 이문 우 제복 악기 무역

事宜 奏聞 上從之.
사의 주문 상 종지

放京畿左右道及東北面侍衛番上軍.
방 경기 좌우도 급 동북면 시위 번상군

丁卯 上詣太上殿. 太上王召之也. 太上設宴懽甚.
정묘 상 예 태상전 태상왕 소지 야 태상 설연 환심

戊辰 謝恩使朴信 回自京師. 信啓曰: "高平王 平陽王奏:
무진 사은사 박신 회자 경사 신 계왈 고평왕 평양왕 주

'永樂二年 十二月十七日 山西 平陽府 蒲州 河津縣 黃河淸 延
영락 이년 십이월 십칠일 산서 평양부 포주 하진 현 황하 청 연

數百里 石龜出見.' 文武官進表以賀."
수백 리 석구 출현 문무관 진표 이하

己巳 雨雹于忠淸道 淸州 泰安 禮山 大如梨子 禾穀皆傷.
기사 우박 우 충청도 청주 태안 예산 대여 이자 화곡 개 상

率趙溫 趙涓 金南秀等觀射.
솔 조온 조연 김남수 등 관사

司諫院請除山陵祭用樂 幷禁臣庶禫祭用樂 從之.
사간원 청제 산릉 제용악 병금 신서 담제 용악 종지

庚午 以尹柢參贊議政府事 趙狷開城留後 朴信參知議政府事
경오 이 윤저 참찬 의정부 사 조견 개성 유후 박신 참지 의정부 사

李來司憲府大司憲.
이래 사헌부 대사헌

辛未 朝廷內使鄭昇 金角 金甫等 齎禮部咨來. 皆本國宦者也.
신미 조정 내사 정승 김각 김보 등 재 예부 자래 개 본국 환자 야

上迎于西郊. 咨曰:
상 영 우 서교 자왈

永樂二年十二月十七日 本部官於奉天門 欽奉聖旨:"如今
영락 이년 십이월 십칠일 본부 관 어 봉천문 흠봉 성지 여금

內史鄭升 金角 金甫 回朝鮮國去 爾禮部便行文書 與國王知道.
내사 정승 김각 김보 회 조선국 거 이 예부 편행 문서 여 국왕 지도

有精細中用的火者 多選幾名來: 患病的內史金甫 醫藥治得 好時
유 정세 중용 적 화자 다선 기 명 래 환병 적 내사 김보 의약 치득 호시

還送他來: 鄭升奉傳宣諭 求松子與苗; 金角 行母喪畢後入來."
환송 타래 정승 봉전 선유 구 송자 여묘 김각 행 모상 필후 입래

參贊議政府事李叔蕃乞辭 許之.
참찬 의정부 사 이숙번 걸사 허지

壬申上如太平館 宴使臣.
임신 상 여 태평관 연 사신

東北面吉州 雙蒲 多里 萬春等處 海水赤 凡三日.
동북면 길주 쌍포 다리 만춘 등처 해수 적 범 삼일

全羅道雨連四日.
전라도 우 연 사일

癸酉 遣恭安府尹許應如京師. 謝準封世子之請 兼賀龜見河淸
계유 견 공안부 윤 허응 여 경사 사 준 봉세자 지 청 겸하 구현 하청

也. 其賀表云:
야 기 하표 운

'坤珍效異 開一代之文明
곤 진 효이 개 일대 지 문명

河水流淸 應千年而瑩澈
하수 유청 응 천년 이 형철

照臨所曁 蹈舞惟均
조림 소기 도무 유균

竊以嘗聞聖神之興 必有禎祥之至
절이 상문 성신 지흥 필유 정상 지지

洛出書於有夏 海不波於成周
낙 출서 어 유하 해 불파 어 성주

況今靈貺之荐臻 尤是盛時之嘉瑞
황금 영황 지 천진 우시 성시 지 가서

欽惟皇帝陛下
흠유 황제 폐하

濬哲齊舜 廣淵邁湯
준철 제순 광연 매탕

精一執中 澄心源而出治道
정일 집중 징 심원 이출 치도

緝熙敬止 明己德而敍彝倫
집희 경지 명 기덕 이서 이륜

昭庶績之咸熙 致休徵之屢見
소 서적 지 함희　치 휴징 지 누현

爰受四方之來賀 實基萬世之太平
원 수 사방 지 내하　실기 만세 지 태평

伏念臣邈守邊封 欣逢慶瑞
복념 신 막수 변봉　흔봉 경서

恪遵侯度
각준 후도

每懷江 漢之祖宗
매 회 강 한지 조종

恒祝皇齡
항 축 황령

願獻乾坤之攸久'
원헌 건곤 지 유구

議政府贊成事權近所製也.
의정부　찬성사　권근　소제 야

就咨禮部曰:
취 자 예부 왈

'據議政府狀啓 "備奉常寺呈照得 本寺所掌四時祖廟社稷
거　의정부　장계　비 봉상시 정 조득　본시 소장 사시 조묘 사직

籍田文廟等祭 陪臣祭服及樂器等物 悉皆損舊 似難應用. 理宜
적전 문묘 등제 배신 제복 급 악기 등물 실개 손구 사난 응용　이의

赴京收買 換新備用 具呈狀啓." 得此竊詳 上項祭服樂器 不敢
부경 수매 환신 비용 구정 장계　득 차 절상 상항 제복 악기 불감

擅便赴京收買 理合咨稟 煩爲奏達. 如蒙允許 隨後差人齎價
천편 부경 수매 이합 자품 번위 주달　여몽 윤허 수후 차인 재가

赴京收買 以備應用.'
부경 수매 이 비 응용

鄭升等詣闕.
정승 등 예궐

義安大君和等獻壽.
의안대군　화 등 헌수

命外方各官 選兩班子弟 習武藝 讀兵書. 慶尙道都觀察使請
명 외방 각관 선 양반 자제 습 무예 독 병서　경상도　도관찰사 청

每年春秋點考 及式年 令赴試故也.
매년 춘추 점고 급 식년 영 부시 고야

甲戌 月入太微西太陽門.
갑술 월입 태미 서 태양 문

戶曹判書李至等上書言事 下其書於議政府 與六曹 諸君 三軍
호조 판서 이지 등 상서 언사 하 기서 어 의정부 여 육조　제군　삼군

摠制會議以聞. 書曰:

'一, 曾受功臣田科田三十結已上者 三分取一 以屬軍資 移於

慶尙全羅道 充其數而給之.

一. 減省各司奴婢所受衣糧之費.

一, 將革罷司平府 承樞府之田及延安府 白州改量剩出之田

毋令許人科受 皆屬軍資.

一, 凡曾受科田者 將其所受之田 欲換膏腴之田 亂雜陳告 以

致公務之煩. 願自今一皆禁斷.

一, 每歲頒祿之時 祿俸之米不足 則借軍資 豐儲之米以給之

以致國用虛竭. 願自今 將祿俸之田所出 隨其數而給之 毋借軍資

豐儲之米'.

議政府議得:

"李至所申事件① 悉皆當理 唯功臣田科田移給於遐方 則後

必有弊. 凡科田第一科一百結 以此差等 至十八科 各除五結 以

屬軍資. 且其新墾之田及元屬軍資之田 曾爲人所受者 竝皆還屬

軍資 以贍兵糧."

上允之. 唯各品祿俸及科田 勿擧論; 賜牌外別賜田 當身故

後屬軍資. 政府又上言:

"受科田自願居外方者 依外方軍田例折給 其餘田 許於京中

恒居各品未受田者給之."

從之.
종지

乙亥 月入太微端門北.
을해 월입태미 단문 북

立奴婢傳繼文字之法. 議政府受判:
입 노비 전계 문자 지법 의정부 수판

'凡奴婢文字傳繼 以在前例 證人筆執者 用族親及隣里中
범 노비 문자 전계 이 재전 례 증인 필집자 용 족친 급 인리 중

有識者二三人以上 成給文契. 傳得者 不過四年呈狀 財主及
유식자 이삼 인 이상 성급 문계 전득 자 불과 사년 정장 재주 급

證人筆執 準備答通 憑考立案成給:② 財主文契成置身死者則
증인 필집 준비 답통 빙고 입안 성급 재주 문계 성치 신사자 즉

於侍病族親及奴婢憑考取招 立案成給; 無子息文契未成身死者
어 시병 족친 급 노비 빙고 취조 입안 성급 무자식 문계 미성 신 사 자

奴婢 依奴婢傳繼 族親限寸分給.
노비 의 노비 전계 족친 한촌 분급

丙子 鄭升等各歸其鄕. 昇開寧人 甫密陽人 角玉果人. 癸未
병자 정승 등 각 귀 기향 승 개령 인 보 밀양 인 각 옥과 인 계미

甲申兩年 帝遣內史韓帖木兒 索小宦以歸 昇等與焉. 以工曹參議
갑신 양년 제 견 내사 한첩목아 색 소환 이 귀 승 등 여 언 이 공조 참의

禹洪富爲昇 甫伴行; 戶曹參議韓答爲角伴行. 賜昇本家米豆幷
우홍부 위승 보 반행 호조 참의 한답 위 각 반행 사 승 본가 미두 병

五十斛 甫二十斛 角四十斛 皆復其戶.
오십 곡 보 이십 곡 각 사십 곡 개 복 기호

司憲監察金棄 京市署令全卿罷. 初 大殿別監吳龍 入市亂於
사헌 감찰 김기 경시서 영 전경 파 초 대전별감 오룡 입시 난 어

貿易 棄與卿執而鞭之. 上以吳龍雖有罪 擅自鞭之 非人臣之禮
무역 기 여 경 집이 편지 상 이 오룡 수 유죄 천자 편지 비 인신 지 례

命罷之.
명 파지

丁丑 御涼廳觀射.
정축 어 양청 관사

命捕松蟲. 蟲食宗廟北山白岳 仁王 藏義洞諸山松葉 發五部人
명포 송충 충 식 종묘 북산 백악 인왕 장의동 제산 송엽 발 오부 인

捕之.
포지

賜曹庶 宋希靖各米豆二十斛.
사 조서 송희정 각 미두 이십 곡

戊寅 雨雹.
무인 우박

命朝官各陳足食足兵民信之道 實封以聞.
명 조관 각진 족식 족병 민신지 도 실봉 이문

以丹山府院君李茂爲武科會試監校官 右軍都摠制趙涓爲
이 단산 부원군 이무 위무과 회시 감교관 우군 도총제 조연위

同監校官 取黃象等二十八人.
동감교관 취 황상 등 이십 팔인

己卯 隕霜永康縣.
기묘 운상 영강현

會宗親功臣于淸和亭 置酒.
회 종친 공신 우 청화정 치주

遣行臺監察 禁平州 江陰爭占田者. 上聞豪勢之家爭占 革罷
견 행대 감찰 금 평주 강음 쟁 점전 자 상문 호세 지가 쟁점 혁파

軍器監所耕平州 江陰兩邑之田 命議政府遣監察禁止 均給無田
군기감 소경 평주 강음 양읍 지전 명 의정부 견 감찰 금지 균급 무전

之民.
지민

命勿禁濟州人出賣私馬.
명 물금 제주 인출매 사마

命捕松蟲于松岳及龍首山.
명포 송충 우 송악 급 용수산

庚辰 隕霜于文化縣.
경진 운상 우 문화현

辛巳 雨雹于伊川 雨雪于高城 平康.
신사 우박 우 이천 우설 우 고성 평강

永興府 劍山以北諸山 雨雪凡三日.
영흥부 검산 이북 제산 우설 범 삼일

壬午 雨雹暴風 夜隕霜. 雨雹于瑞興 谷州 雨雪于平康 雨雪
임오 우박 폭풍 야 운상 우박 우 서흥 곡주 우설 우 평강 우설

隕霜于信州. 上以正陽月霜降自責 兵曹判書南在對曰: "常事耳."
운상 우 신주 상 이 정양 월 상강 자책 병조 판서 남재 대왈 상사 이

戶曹判書李至對 以宰相不稱職故也.③ 禮曹判書李文和對曰:
호조 판서 이지 대 이 재상 불칭직 고야 예조 판서 이문화 대왈

"上宜日愼." 上曰: "讒訴行歟? 民有怨歟? 何天之譴至此極也?"
상 의 일신 상왈 참소 행여 민 유원 여 하 천지견 지 차극 야

西北面雨二日.
서북면 우 이일

賜女眞萬戶仇老木綿裌衣 苧布衣 汗衫 笠靴 香木帶 百戶
사 여진 만호 구로 목면 겹의 저포 의 한삼 입화 향목 대 백호

好時羅木綿衣 苧布衣 汗衫 笠靴 通事金龍奇木綿 苧布各一匹 笠
호시라 목면 의 저포 의 한삼 입화 통사 김용기 목면 저포 각 일필 입

癸未 隕霜.

順興府 小白山雨雪滿山 如冬令.

上朝太上殿擊毬 仍獻壽極歡.

命兵曹如有機密及親稟之事 勿報政府 直自施行 仍下旨

議政府以諭之.

賜前宰相趙希古米豆四十石. 希古曾侍太上王 以老退居于

豊海道, 此道飢 有太上之旨故也.

宥趙瑚罪 仍還所徵之祿.

甲申 雨雹于黃州.

吉州海水赤數日.

三司洞 求利井 鳴四日 聲如運磨 行解怪祭.

乙酉 慮罪囚 閔雨也. 召司憲府持平李洽 刑曹正郎陳自誠

巡禁司大護軍金文發命之曰: "某人以某罪 某年某月被囚及付處

開寫以聞. 予欲擇輕者而宥之."

朝廷使臣王可仁 與巨陽人二十餘 到兼進 骨看 兀狄哈居處.

欲招諭與之還朝也. 耽州 耳州 阿赤郎耳 吾音會等處人 往年與

王教化的入朝者六人 帝賜衣 今與王可仁俱來.

王教化的等 至野人地面. 王教化的等 月八日到吉州 先送伴人

於童猛哥帖木兒 把兒遜等居處. 猛哥帖木兒等云: "我等順事

朝鮮二十餘年矣. 朝鮮向大明交親如兄弟 我等何必別事大明

乎?" 月十四日 王敎化的到吾音會 童猛哥帖木兒率管下人不肯
호　　月 십사 일 王교화적 도 오음회 童맹가첩목아 솔 관하 인 불긍

迎命 把兒遜 着和 阿蘭 三萬戶 路逢敎化的伴人言: "我等順事
영명 파아손 착화 아란 삼 만호 노봉교화적 반인 언 아등 순사

朝鮮 汝妄稱使臣 亂雜往來." 拒而不對. 到吾音會 與猛哥帖木兒
조선 여 망칭 사신 난잡 왕래 거이부대 도 오음회 여 맹가첩목아

約云: "不變素志 仰事朝鮮無貳心."
약 운 불변 소지 앙사 조선 무이심

丙戌 放徒流人. 憂旱也.
병술 방 도류 인 우한 야

括富人穀 給飢民. 豐海道都觀察使申浩啓: "請發富人穀 給
괄 부인 곡 급 기민 풍해도 도관찰사 신호 계 청발 부인 곡 급

飢民 至秋還納 依平時子母之例." 從之 幷移文他道. 豐海道飢民
기민 지 추 환납 의 평시 자모 지 례 종지 병 이문 타도 풍해도 기민

三千七百餘名 京畿飢民一千一百四十餘名.
삼천 칠백 여명 경기 기민 일천 일백 사십 여명

知貢擧李叔蕃 同知貢擧劉敞 取鄭招等三十三人.
지공거 이숙번 동지공거 유창 취 정초 등 삼십 삼인

慶尙道雨. 鷄林 安東 星州 密陽等 二十六州雨 入地尺餘.
경상도 우 계림 안동 성주 밀양 등 이십 육주 우 입지 척여

丁亥 賜賻上護軍申商. 商喪父也. 米豆幷二十石 紙五十卷.
정해 사부 상호군 신상 상 상부 야 미두 병 이십 석 지 오십 권

戊子 命李居易諸子 見其父於鎭州. 令子伯寬 伯臣 儇等 歸見
무자 명 이거이 제자 견 기부 어 진주 영 자 백관 백신 현 등 귀견

其父後 以自願安置.
기부 후 이 자원 안치

右副代言李擔 爲其家猳狗所傷而卒. 賜賻紙一百卷 米豆幷
우부대언 이담 위 기가 제구 소상 이 졸 사부 지 일백 권 미두 병

三十石及棺槨 遣人致祭. 擔 高麗門下侍中齊賢之曾孫. 登癸酉
삼십 석 급 관곽 견인 치제 담 고려 문하시중 제현 지 증손 등 계유

乙科第三人 以善書 常任尙瑞司官 備歷華要. 一子安敬.
을과 제삼 인 이 선서 상임 상서사 관 비력 화요 일자 안경

庚寅 禱雨于宗廟及昭格殿 諸山川.
경인 도우 우 종묘 급 소격전 제 산천

朝廷遣百戶金聲到東北面. 皇帝諭毛憐地面兀良哈萬戶把兒遜
조정 견 백호 김성 도 동북면 황제 유 모련 지면 올량합 만호 파아손

着和 答失等知道:
착화 답실 등 지도

'朕今卽位三年 天下太平 四海內外 皆同一家. 恐爾等不知
짐 금 즉위 삼년 천하 태평 사해 내외 개 동 일가 공 이등 부지

不相統屬 强凌弱衆暴寡 何寧息之有! 今遣百戶金聲等 以朕意
불상 통속 강릉약 중포과 하 영식 지유 금견 백호 김성 등 이짐의

諭爾 幷賜爾綵幣等物. 爾等若能敬順天意 誠心來朝 各立衛分給
유이 병사 이채폐 등물 이등 약능 경순 천의 성심 내조 각립위 분급

印信 授以名分賞賜 俾爾世居本土 自相統屬 打圍牧放 各安
인신 수 이 명분 상사 비이 세거 본토 자상 통속 타위 목방 각안

生理: 經商買賣 從便往來 共享太平之福. 故諭.'
생리 경상 매매 종편 왕래 공향 태평 지복 고유

司憲府請平川君趙希閔 承寧府少尹李承幹等罪 不允. 希閔等
사헌부 청 평천군 조희민 승녕부 소윤 이승간 등죄 불윤 희민 등

據占陰竹革罷國農所田也. 憲司再請 亦不報.
거점 음죽 혁파 국농소 전야 헌사 재청 역 불보

辛卯 遣原平君尹穆如京師. 賀千秋也.
신묘 견 원평군 윤목 여 경사 하 천추 야

壬辰 覆試鄭招等 以兪勉爲第一. 除勉長興庫副使 第二人鄭招
임진 복시 정초 등 이 유면 위제일 제면 장흥고 부사 제이 인 정초

內資直長 第三人鄭之唐軍資直長.
내자 직장 제삼 인 정지당 군자 직장

甲午 止酒. 上王亦止酒.
갑오 지주 상왕 역 지주

聚僧巫禱雨.
취 승무 도우

放新都離宮造成軍人. 命給牛峯 兎山 永平 鐵原 安峽 朔寧
방 신도 이궁 조성 군인 명급 우봉 토산 영평 철원 안협 삭녕

等處船軍三月料.
등처 선군 삼월 료

| 원문 읽기를 위한 도움말 |

① 李至所申事件. 자주 나오는 표현으로 '所~'의 주격은 李至다. 그렇게 해
   이지 소신 사건   소   이지
서 事件을 수식하게 된다.
   사건

② 憑考立案成給; 財主文契成置. 원문 교감에서는 ';' 표시가 成置 바로 다
   빙고 입안 성급 재주 문계 성치   성치
음에 있는데 문맥을 보면 成給 뒤에 있는 것이 맞다.
                        성급

③ 以宰相不稱職故也. '以~也'는 '왜냐하면 ~이기 때문이다'라는 뜻이다.
   이 재상 불칭직 고야 이 야

태종 5년 을유년
5월

五月

을미일(乙未日-1일) 초하루에 어선(御膳)(가짓수)을 줄였는데 오랜 가뭄을 근심한 것이다.

○ 무과(武科)의 황상(黃象) 등에게 복시(覆試)를 시행해 강유(姜裕)를 1등으로 삼았다.

병신일(丙申日-2일)에 비가 조금 내렸다[小雨]. 기우(祈雨)하는 법석(法席)¹에 백저포(白苧布) 2필과 추포(麤布) 106필을 보시(布施)했다.

○ 강화부사(江華府使) 이정간(李貞幹, 1360~1439년)²에게 나(羅)와 견(絹) 각 1필씩을 내려주었다. 큰 호랑이가 매도(煤島)³의 목장에 들어가 국마(國馬)를 상하게 했는데 정간(貞幹)이 사람을 다치지 않게 하면서 잘 잡았기 때문이다.

○ 동맹가첩목아(童猛哥帖木兒)와 파을소(波乙所) 등이 칙서(勅書)를 맞이하고 채단(綵段)을 받았다. 교화적(教化的)이 회유했기 때문이다.

---

1 불교의 설법을 행하는 자리를 말한다.

2 아버지는 원종공신 이구직(李丘直)이다. 아버지의 음덕으로 벼슬에 올라 사헌부 집의를 거쳐 1405년 강화부사가 됐다. 그 뒤 내외의 관직을 역임하고 세종 때 강원도 관찰사에 이르러 사임했다.

3 석모도와 어유정도 사이에 있던 섬으로 매음도(煤音島), 구음도(仇音島), 구음섬, 그음섬, 글음섬 등으로도 불렀다. 조선 숙종 때에 간척사업으로 석모도 및 어유정도와 합쳐졌으며, 현재의 인천광역시 강화군 삼산면 매음리 지역이다. 조선시대에 궁궐에 깔던 박석을 채굴하던 곳이라고 한다.

무술일(戊戌日-4일)에 비가 아주 조금 내렸다[微雨].
미우

○ 상이 태상전에 나아가 문안했다.

경자일(庚子日-6일)에 햇무리가 졌는데 안쪽은 약간 붉고[微紅] 밖
미홍

은 희었다.

○ 경기도에 기근이 들었다.

임인일(壬寅日-8일)에 종묘사직((宗廟社稷) 원단(圓壇)⁴과 명산대천
(名山大川)에 비를 빌었다. 상이 오랜 가뭄으로 인해 대전(大殿)에 나

아가 정사를 듣지[聽政] 않았고 날마다 더욱 두려워하며 자신을 닦
청정

았는데[恐懼修省] 문가학(文可學)⁵이 아뢰어 말했다.
공구 수성

"신(臣)이 청재(淸齋)⁶에 들어가서 비를 빌면 반드시 비가 내릴 것

입니다."

상이 그대로 따랐다. 과연 조금 비가 내렸으나 단지 가벼운 먼지만

적실[浥輕塵] 뿐이었다.
읍 경진

○ 노비변정도감(奴婢辨定都監)⁷을 세웠다가 얼마 안 가서[旣而]
기이

---

4   원래는 원구단(圓丘壇)이라고 했다. 이 단은 하늘에 제사지내는 제천단(祭天壇)이다. 하
    늘에 제사지내는 제천의식은 이미 삼국시대부터 행해왔다. 태조 때는 원구단이 본래 제
    천단으로 천자의 의식을 행하는 곳이므로 조선에서는 폐해야 한다는 의견이 제시됐으나
    제사는 폐하지 않고 이름만 원단(圓壇)으로 고쳐 부르기로 했다.

5   여말선초 때의 도사다.

6   마음을 깨끗이 하여 재계(齋戒)하는 일을 가리키는데 여기서 그런 공간을 말한다.

7   고려시대 1269년(원종 10년) 전민변정도감(田民辨正都監)이 설치된 이후 충렬왕·공민왕·
    우왕 때에도 설치됐고, 1392년(공양왕 4년) 인물추고도감(人物推考都監)을 설치하여 불법
    으로 빼앗은 노비를 본 주인에게 환원시키거나 노비의 신분상속 관계가 잘못된 것을 바

없앴다. 애초에 사헌부에서 아뢰었다.

"신사년(辛巳年-1401년) 8월 28일 이전의 노비 소송은 당시(當時)에 판결(判決)을 얻은 자에게 허락해 지급해주어야 합니다."

이로 말미암아 소송하는 자가 원망이 많았기 때문에 다시 도감(都監)[8]을 세워 조준(趙浚), 이숙번(李叔蕃), 이직(李稷), 전백영(全伯英), 박신(朴信 1362~1444년),[9] 함부림(咸傅霖)을 제조(提調)로 삼았다. 형조판서 유량(柳亮)이 나아와 말했다.

"전하께서 도감을 설치하신 것은 여러 사람이 혹 원통하고 억울함이 있어 화기(和氣)를 상(傷)하여 한발(旱魃)을 가져오게 한 것인가

로잡아주는 일을 담당했다. 이러한 노비변정사업은 조선 초기에도 계속되어 1395년(태조 4년), 1400년(정종 2년), 1401년(태종 1년), 1405년, 1414년에 노비변정도감을 설치하고 노비의 결송정한법(決訟定限法)·중분결절법(中分決絶法)·오결관리처벌법(誤決官吏處罰法)을 제정하는 한편 오결사(誤決事)를 처리했다. 소속 관원은 일정하지 않고 설치될 때마다 달랐는데 1414년의 경우 호조판서 한상경(韓尙敬), 금천군(錦川君) 박은(朴訔), 호조판서 박신(朴信) 등 3인을 제조(提調)로 삼고 그 예하에 15방(房)을 두었다. 그리하여 태종 말년까지 노비변정사업이 어느 정도 마무리됐으며, 이후 형조의 도관(都官)에서 이를 맡았다가 1467년(세조 13년)에 전담 관서로 장예원(掌隸院)을 설치했다.

8 국가의 중대사를 관장하기 위해 수시로 설립한 임시 관서로 오늘날의 위원회와 비슷하다.
9 정몽주(鄭夢周)의 문인이다. 1385년(우왕 11년) 문과에 급제하고 여러 관직을 옮겨 사헌규정(司憲糾正)이 되었다. 1395년 형조도관으로서 공사노비(公私奴婢)에 대해 다른 도감을 두고 새로운 노비문서를 만들어 노비 문제에 대한 쟁송을 없애려고 했다. 1397년 간관(諫官)으로서 변정도감의 속공(屬公-공노비로 소속됨)한 노비로 방환(放還-공노비에서 풀어줌)한 노비의 수를 보충하자고 해 관철시켰다. 1402년 대언(代言)·사헌부 대사헌에 특배(特拜)되고, 각 도에 경차관(敬差官)을 파견해 곡식의 손실을 검사하자고 주청했다. 1405년 이때 노비변정도감(奴婢辨正都監)의 제조(提調), 다시 대사헌이 됐으나 대사헌으로서 '전후가 맞지 않는 계문(啓聞)을 올렸다'는 이유로 사간원의 탄핵을 받아 순군사(巡軍司)에 하옥됐다가 아주(牙州)로 유배를 갔다. 1406년 유배에서 풀려나 경외종편(京外從便)됐으며 1407년 의정부 참지사로 기용되어 세자가 정조사(正朝使)로 명나라에 갈 때 요동까지 호종하고 돌아와 공조판서에 올랐다. 1410년 의정부 지사(知議政府事)로 기용됐으며 이듬해 노비변정도감을 두었을 때 호조판서로서 제조가 됐다. 그 뒤 호조판서, 병조판서, 의정부 찬성, 이조판서 등을 차례로 역임했다.

염려하신 때문입니다. 그러나 노비란 각기 그 자손(子孫)들이 서로 소송하는 일이고 국정(國政)에 관계되는 바가 아니오니 대도감(大都監)을 설치하는 것은 생각건대 아름다운 일이 아닙니다."

사간원에서도 소를 올려 말했다.

'지금 바야흐로 흉년이 들고 가뭄이 심한 이때에 다시 도감을 세워서 민심을 소란하게 해서는 안 될 것입니다.'

드디어 없앴다.

○ 비를 비는 정근(精勤)[10]을 연복사(演福寺)에 베풀었다.

○ 의정부 지인(知印)[11]을 풍해도(豊海道-황해도)에 보냈다. 의정부에서 백성들 중에 굶어 죽은 자를 조사할 것을 청한 때문이었다.

○ 밤에 달이 태미성(太微星) 좌집법(左執法)[12] 북쪽으로 들어갔다.

계묘일(癸卯日-9일)에 풍해도 연안부(延安府) 경계 지역에 황충(蝗蟲)이 생겨나 농작물의 싹을 갉아 먹었다.

을사일(乙巳日-11일)에 비가 조금 내렸다.

○ 여자 무당들을 모아 송악(松岳)과 개성(開城)의 대정(大井)[13]에서 비를 빌었다.

---

10 나라의 가뭄이나 재앙(災殃)이 들 때 승려(僧侶)들을 모아 정성을 다해 기도하고 법회(法會)를 열어 설법(說法)하던 일을 가리킨다. 보통 정근(精勤)에서는 승려 대신에 무당을 동원하기도 했다.

11 행정잡무를 맡아보던 이속 중 하나다.

12 별자리 이름으로 태미원(太微垣)에 속하며 현재의 처녀자리의 일부다.

13 당시 기우제를 자주 올리던 곳이다.

○사헌부에서 원윤(元尹), 이백온(李伯溫, ?~1419년)¹⁴에게 죄줄 것을 청하니 그대로 따랐다. 백온(伯溫)이 노비의 남편인 백성 오마대(吾亇大)를 죽이자 사헌부 대사헌 이래(李來, 1362~1416년)¹⁵ 등이 소를 올려 말했다.

'최근에 백온이 살인(殺人)한 죄를 갖고서 두 번이나 신청(申請)했으나 아직도 그대로 윤허를 받지 못해 마음이 아픈 것을 이루 다 말씀드리지 못하겠습니다. 신 등이 가만히 듣건대 천자(天子)의 아버지가 사람을 죽여도 사구(司寇)¹⁶가 법으로써 죄를 논하고 천자는 사사로이 할 수가 없다고 했습니다. 주공(周公)도 관숙과 채숙[管蔡]¹⁷에게 천하(天下)를 위해 사사로운 은혜[私恩]를 폐기했습니다. (그런데) 이제 전하께서 종친(宗親)이라 하여 만세(萬世)의 법을 무너뜨리고 만세의 비

---

14 아버지는 태조의 이복형인 이원계(李元桂)이며, 완평군(完平君) 이조(李朝)의 동생이다. 왕족으로 원윤(元尹)에 봉해졌고 도총제(都摠制), 돈녕부 지사 등을 지냈다. 1414년(태종 14년)에는 총제(摠制) 유습(柳濕)과 정조사(正朝使)로 명나라에 다녀왔다. 종친으로서 주색을 탐함이 심해 강상(綱常)을 문란하게 하여 여러 차례 사헌부의 탄핵을 받았다.

15 1371년(공민왕 20년) 아버지 이존오가 신돈(辛旽)의 처벌을 주장하다가 유배되어 울화병으로 죽고 이어 신돈이 처형되자, 10세의 어린 나이로 전객녹사(典客錄事)에 특임됐다. 1383년(우왕 9년) 문과에 급제했는데 이방원과 함께 급제한 과거 동기였다. 공양왕 때에 우사의대부(右司議大夫)에 올랐다. 1392년(공양왕 4년) 정몽주(鄭夢周)가 살해되자 그 일당으로 몰려 계림(鷄林)에 유배됐다가 곧 풀려나서 공주에 은거했다. 1399년(정종 1년) 좌간의대부로 등용되고 이듬해인 1400년에 이방간(李芳幹)의 난을 평정하는 데 공을 세워 추충좌명공신(推忠佐命功臣) 2등에 책록됐다. 1402년(태종 2년) 승추부 첨서사가 됐다가 그해 대사간을 거쳐 공조판서에 올랐다. 1404년 정조사(正朝使)가 되어 명나라에 다녀왔으며 곧 대사헌이 됐다. 1406년 예문관 대제학이 됐고 1407년 경연관을 거쳐 세자의 스승인 좌빈객(左賓客)을 지냈으며, 1408년에 의정부 지사 겸 경승부 판사에 이르렀다.

16 주대(周代)에 형벌을 관장하던 벼슬로 대사헌에 해당한다.

17 관숙(管叔)과 채숙(蔡叔)은 모두 주나라 문왕의 아들로 주공(周公)의 형제들이다. 주공이 무왕의 아들 성왕(成王)이 아직 어려 섭정을 할 때 관숙과 채숙이 반란을 일으키자 주살했다.

난을 받으시려 하시니 이게 될 일이겠습니까? 바라건대 그 죄를 국문하고 법대로 처리하시어 죽임을 당해[見殺] 눈물을 삼키는 혼령을 위로함으로써 천지(天地)의 생성(生成)하는 기운과 조화를 이루소서.'

윤허하지 않았다. 래(來) 등이 대궐 뜰에 나아와서 다시 백온의 죄는 사형(死刑)에 해당하니 용서할 수 없다고 했으나 또 윤허하지 않았다. 래 등이 두 번, 세 번 거듭 청했으나 윤허를 얻지 못하자 이에 아뢰어 말했다.

"만약 율(律)대로 따르지 않으시겠다면 죄를 내려[降] 장(杖) 100대를 치고 먼 지방에 유배를 보내십시오."

상은 또 윤허하지 않고 말했다.

"그러면 성문 밖으로만 내보내겠다."

래 등이 복합(伏閤)[18]하여 굳이 청하니[固請] 상이 순금사에 내려 장형을 집행하도록[決杖] 명했다. 래 등이 다시 청해 말했다.

"본래 신 등이 탄핵했으니 마땅히 신 등으로 하여금 장형을 집행하게 하셔야 합니다."

상이 또 이 사안을 종부시(宗簿寺)로 옮겨 순금사와 함께 장(杖) 60대를 쳐서 함주(咸州)로 유배 보내게 했다. 사헌부에서 사람을 시켜 그를 포박해 (종부시로) 보냈더니 완산군(完山君) 천우(天祐) 등이 이 사실을 (상께) 아뢰자 상이 노하여 지평 이흡(李洽)을 불러 그 까닭을 묻고 흡(洽)을 포박해 순금사에 내렸다. 래가 아뢰어 말했다.

"종부(宗簿)는 본래 형관(刑官)이 아니고, 다만 종친(宗親)의 문부

---

18 대궐 문에 엎드려 상소(上疏)하는 것이다.

(文簿-족보)만 맡을 뿐입니다. (그런데) 지금 사람을 죽인 난적을 헌사(憲司)에서 엄하게 다스릴까 염려하시어 그를 순금사로 옮기시고, 또 순금사에서도 엄하게 다스릴까 염려하시어 종부시로 옮기셨으니 이것은 무슨 법입니까? 백온의 형(兄) 조(朝)가 전에 이미 사람을 죽였고 백온이 이번에 또 사람을 죽였으니 이는 백온 형제가 참으로 전하의 성덕(盛德)을 더럽힌 것입니다. 백온이 용서치 못할 죄가 있다면 비록 포박해 보낸다 할지라도 무엇이 의리에 해롭겠습니까? 또 포박해 보낸 까닭은 그가 날래고 용맹스러워서 쉽게 도망칠 것을 염려한 것입니다."

상이 말했다.

"경(卿)은 이씨(李氏) 사직(社稷)의 신하가 아닌가? 어찌하여 종친(宗親)을 이처럼 대하는가?"

래가 다시 아뢰어 말했다.

"신 등이 포박해 보낸 것은 종친을 욕보이기 위함이 아니라 전하의 임금다움을 도운 것입니다."

래 등은 모두 집으로 물러가 출사(出仕-출근)하지 않았다.

○ 의정부 우정승 조영무(趙英茂, ?~1414년)[19]가 전(箋)을 올려 물러

19 1392년(공양왕 4년) 이방원의 명으로 조영규(趙英珪) 등과 함께 정몽주(鄭夢周)를 격살한 뒤 그해 이성계를 추대해 조선 개국에 공을 세우고 개국공신 3등에 책록되었으며 한산백(漢山伯)에 봉해졌다. 1차 왕자의 난 때 이방원을 도와 정사공신(定社功臣) 1등에 봉해졌다. 태조는 조영무의 배은망덕을 크게 개탄했는데 1402년(태종 2년)에 일어난 조사의의 난은 조영무와 이무(李茂) 등을 죽이기 위한 것이었다는 시각도 있다. 2차 왕자의 난에도 이방원을 도와 좌명공신(佐命功臣) 1등에 봉해졌다. 사병혁파가 실시될 때 이를 거부하고 무기를 수납하는 군관을 구타했다가 황주에 유배됐으나 곧 풀려나와 서북면 도순문사 겸 평양부윤으로 나갔다. 태종 집권 후 주로 병권을 관장하다가 1405년 우정승에 올랐으며

나겠다고 했으나 윤허하지 않았다. 전(箋)은 이러했다.

'벼슬은 높고 다움은 엷으니 마땅히 스스로를 끌어내려[自引] 물러나 쉬어야겠고 맡은 바가 무겁고 능력은 미미하니 참으로 억지로 오래 견디기가 어렵습니다. 이에 감히 간절하고 정성스러운 마음[惘愊=至誠]을 털어놓아 높으신 위엄을 어지러이 더럽히옵니다[庸瀆]. 가만히 생각건대 이제 국가의 안위(安危)는 곁에서 보필하는[陪輔] 신하가 뛰어나느냐, 그렇지 못하느냐에 달려 있습니다. 은(殷)나라 고종(高宗)이 부열(傅說)을 바라보기를 가뭄이 심할 때 장마를 기다리듯 했고 주(周)나라 성왕(成王)이 주공(周公)을 재상으로 삼자 비가 열흘 동안이나 밤에도 줄곧 내렸습니다. 그 (임금과 신하의 보필에) 관계되는 바가 이와 같으니 어찌 재상을 뽑는 일을 가볍게 할 수 있겠습니까!

엎드려 생각건대[伏念] 신은 오직 외로이 바치는 충성[孤忠]만 가졌을 뿐 모든 직사(職事)에 헛되이 어둡기만 합니다. 연이어 삼조(三朝)의 갑옷과 투구[甲胄]를 걸치고서[擐] 오랫동안 한 부(府-승추부)의 중한 임무[樞機]를 전적으로 맡아왔습니다. 바야흐로 국방(國防-호유(戶牖))을 미리 튼튼하게 하기를 생각하다 보니 나이가 서산(西山)[桑楡]에 기울어짐을 깨닫지 못했습니다. 그런데 어찌 함께 우러러보는 자리에 함부로[叨] (저를) 정승(政丞)으로 삼으실 것이라는 걸

이듬해 이병조판사(吏兵曹判事)를 겸직한 뒤 1408년 부원군(府院君)에 진봉됐다. 1409년 훈련관 도제조(訓鍊觀都提調)를 지내고 삼군부영사(三軍府領事)가 됐다가 병으로 사직했다. 1412년 수군첨절제사에 임명된 박영우(朴英祐)의 위임 거부로 물의가 일어나자 추천한 장본인으로서 탄핵을 받아 파직됐으나 이듬해 우정승에 복직됐다.

생각이나 했겠습니까? 노둔(駑鈍)한 말이 피로(疲勞)함에도 멈추지 아니하고 작은 그릇이 차고 바야흐로 넘쳐흐릅니다. 은총(恩寵)과 영광(榮光)이 극도에 넘치니 근심과 걱정이 오직 깊습니다. 하물며 이 성하(盛夏)에 한발(旱魃)을 일으켜 한 달의 재앙이 이처럼 심하니 반년(半年)을 섭리(燮理)한 공(功)이 어디에 있겠습니까? 역대(歷代)의 고사(故事)에 재앙을 만나면 곧 사직(辭職)했사오니 비록 전하께서 우대(優待)해 용납(容納)하심을 보이시나, 소신(小臣)에게 있어서는 어찌 물러가기를 구하지 아니하겠습니까? 엎드려 바옵라건대 전하께서는 대명(大明)으로써 굽어 통촉(洞燭)하시고 넓으신 도량(度量)으로 포용(包容)하시어 이 태평(太平)할 때에 한가함을 주시어 병(病)을 다스리게 하신다면 만약 급한 일[緩急]이 있을 때에는 장차 삼가 일
_{완급}
어나 나와서 계책을 올리겠습니다.'

상은 윤허하지 않고 비답(批答)하여 말했다.

'몸은 다르나 마음은 같으니 마땅히 충성(忠誠)을 다해 서로 도울 것이며, 힘을 베풀어 반열(班列)에 나아갔으니 어찌 성만(盛滿)하다 하여 사양할 것인가! 경(卿)은 장수(將帥)의 지략(智略)이 크고 깊으며, 조정(朝廷)의 계책(計策)이 굳세고 과단(果斷)하니 몸이 사직(社稷)의 중함과 관계되어 이미 안위(安危)를 맡았고, 산(山)과 물이 다 하도록 변(變)치 않기를 맹세하여 휴척(休戚)을 같이하고 있다. 나는 비유하자면 가물 때에 장마처럼 바라고, 나라에서는 방패와 성[干城]
_{간성}
처럼 믿는다. 이 공(功)을 생각해 정승의 자리에 앉혔거늘 어찌 나 한 사람의 돌봄이 있음이겠는가! 진실로 이는 만백성이 함께 보는 바이다. 어찌 한발의 재앙을 이유로 갑자기 정승의 직을 사양하겠는

가. 저 재앙이 이른 것은 실로 나의 부덕(不德)한 소치다. 마땅히 밤낮으로 오직 삼가면서 서로 부족함을 닦고 삼가서 처음부터 끝까지 더욱 힘써 영원히 무궁토록 보전할 것이니 굳이 사양하지 말고 빨리 그대의 자리로 돌아가라.'

병오일(丙午日-12일)에 (서북면) 평양(平壤)과 상원(祥原)에서 바람과 우박으로 벼가 상했고 큰비가 내려 물이 불어 익사자가 있었다.

○ (황해도) 배주(白州)에 천둥 번개가 쳐 황충이 죽었다.

정미일(丁未日-13일)에 옥천군(玉川君) 유창(劉敞)을 세자 우부빈객(世子右副賓客), 한장수(韓長壽)를 안원군(安原君), 이행(李行)을 예문관 대제학으로 삼았다.

무신일(戊申日-14일)에 이흡(李洽)을 옥(獄)에서 내보냈다. 좌사간대부 조서(趙敍) 등이 대궐에 나아와 청하여 말했다.

"이흡 등은 법을 잘 따르고 엉뚱한 짓을 하지 않았는데 도리어 옥에 갇혔습니다[見囚]. 청컨대 그 죄를 풀어주어 사람들의 바라는 바를 달래주셔야 합니다."

그 때문이었다.

기유일(己酉日-15일)에 유성(流星)이 묘방(卯方)[20]에서 나왔는데 크

---

20 정동쪽을 중심으로 한 15도 각도 안의 방위를 말한다.

기가 1되들이 용기만 했다.

○ 이래(李來)와 이흡 등에게 직무를 보라[視事]고 명했다.
시사

경술일(庚戌日-16일)에 탄신의 하례(賀禮)를 정지하고 가벼운 죄를 사면했다. 가뭄을 근심한 때문이다. 김천보(金天甫)와 손기린(孫奇麟)이 어보(御寶) 및 관교(官教)²¹를 위조(僞造)한 일이 있어 그 죄가 사형(死刑)에 해당됐으나 등급을 줄여 장(杖) 100대를 치고 도역(徒役-일종의 징역형)을 정했다.

○ 예문관 대제학 이행(李行, 1352~1432년)²²을 (명나라) 경사(京師)에 보냈다. 다음과 같은 글을 아뢰었다.

'영락(永樂) 3년(1405년) 3월 11일에 왕교화적(王教化的)이 칙유(勅諭)를 받들고서 본국(本國)에 이르렀습니다. 이에 배신(陪臣) 곽경의(郭敬儀)를 파견해 칙유(勅諭)를 따라 함께 모시고 가도록 했습니다. 동북면 도순문사(東北面都巡問使) 여칭(呂稱)의 장계(狀啓)에 의거하오면 "이번에 삼가 파견된[欽差] 천호(千戶) 왕교화적 등이 동맹가첩
흠차
목아(童猛哥帖木兒), 파아손(把兒遜), 착화(着和), 답실(答失) 등을 초청하고 타일러 장차 조정(朝廷)에 조회하게 하려고 하니 맹가첩목아

---

21 관교란 임금이 문무관 1품에서 4품까지의 관리에게 내리는 사령(辭令) 혹은 교지(敎旨)를 말한다.

22 1390년(공양왕 2년) 윤이(尹彝)·이초(李初)의 옥사가 일어나자 이에 연루돼 이색(李穡)과 함께 청주옥에 갇혔으나 수재로 석방됐다. 그 뒤 경연참찬관, 예문관 대제학을 지냈고, 1392년에는 이조판서로 정몽주(鄭夢周)를 살해한 조영규(趙英珪)를 탄핵했다. 고려가 망하자 예천동(禮泉洞)에 은거했다. 1393년(태조 2년) 고려의 사관(史官)이었을 때 이성계(李成桂)를 무서(誣書-글로써 무고함)한 죄가 있다 하여 사헌부의 탄핵을 받아 가산이 적몰되고 울진에 유배 갔다가 이듬해에 풀려났다.

가 대답하기를[回稱] '당초에 우리가 올적합(兀狄哈)과 서로 싸워서 가속(家屬)을 거느리고 떠돌아다니다가 본국(本國-조선)에 이르렀습니다. (그런데) 이제 만약 경사(京師)에 가게 되면 올적합 등이 틈을 타서 가속을 노략질하여 원수를 갚으려 할 것입니다. 또 바닷가에는 왜구(倭寇)가 침입할 것입니다. 이 때문에 걱정하고 의심하여 결정하지 못하겠습니다'라고 했습니다"라고 했기에 이 장계(狀啓)를 올려 신달(申達)하옵니다.

이것으로 비춰보면 맹가첩목아 등은 처음에 올적합의 침략으로 인해 자리를 피해 본국(本國) 동북면(東北面)의 경원(慶源), 경성(鏡城) 땅에 이르러 거주(居住)했습니다. 인력 동원에 응해[差役] 왜적(倭賊)을 방어한 공로가 있으므로 경성 등지의 만호(萬戶) 직(職)을 맡겨 지금 몇 해가 지났습니다. 영락 2년 5월에 (명나라 조정에서) 파견한 사신[欽差使臣] 동녕위 천호(東寧衛千戶) 왕수(王脩)가 칙서(勅書)를 받들고 왔습니다. 그에 따르면 "삼산(三山), 독로올(禿魯兀) 등 10곳의 여진(女眞) 백성을 초유(招諭)한다"라고 했고, 홍무(洪武) 21년(1388년) 중에 태조 고황제(太祖高皇帝)의 성지(聖旨)를 받들어 "공험진(公嶮鎭) 이북은 요동(遼東)으로 환속(還屬)하고, 공험진 이남에서 철령(鐵嶺)까지는 그대로 본국(本國)에 붙여달라"고 청하기 위해 배신(陪臣) 김첨(金瞻)을 보내 글을 받들고 가서 아뢰게 했는데, 그해 10월 11일에 (김첨이) 경사(京師)로부터 돌아와서 삼가 칙서(勅書)를 받아보니 "삼산 천호(三散千戶) 이역리불화(李亦里不花) 등 10곳의 인원(人員)을 허락한다"라고 하셨습니다. 이에 신(臣)이 일국(一國)의 신민(臣民)들과 더불어 감격함이 끝이 없었습니다.

가만히 생각건대 소방(小邦-조선)이 성조(聖朝-명나라)를 섬긴 이래로 여러 번 고황제(高皇帝)의 조지(詔旨)를 받았사온데 화외(化外)[23]를 구분하지 않고 일시동인(一視同仁)[24]하셨고, 근자에 또 칙지(勅旨)를 받들어 삼산(三散) 등 10곳의 인원(人員)을 허락해주셨습니다. 맹가첩목아(猛哥帖木兒)와 답실(答失) 등은 관하(管下) 180여 호(戶)와 함께 현재 공험진(公嶮鎭) 이남(以南) 경성(鏡城) 지방에 살고, 파아손(把兒遜)과 착화(着和) 등은 관하(管下) 50여 호(戶)와 함께 현재 공험진 이남 경원(慶源) 지방에 살고 있으므로 각각 호적(戶籍)에 붙여 인력 동원에 종사하게 했으니 모두 허락해주신 10곳의 지역에 매여 있어 성조(聖朝)의 동인지내(同仁之內)에 있습니다. 엎드려 바라옵건대 성자(聖慈)께서 상항(上項)의 사람들로 하여금 예전대로 편안히 생업(生業)에 종사하게 하여 길이 빼어난 은택을 입게 하소서.'

○ 다시 명산대천(名山大川)에 비를 빌었다. 가뭄이 심한 때문이었다.

신해일(辛亥日-17일)에 이래 등이 사직하니 허락하지 않았다. 래 등을 불러 직무에 나아가게 하니[就職]_{취직} 래가 굳이 사양하며[固辭]_{고사} 말했다.

"신 등이 전에 백온(伯溫-이백온)의 일로 견책(譴責)을 받았지만 오늘의 일은 백온의 일 때문이 아닙니다. 큰 가뭄이 이와 같은데 신 등

---

23 교화가 미치는 곳과 그 외의 지역을 가리킨다.
24 모든 것을 차별 없이 평등하게 사랑한다는 말이다.

의 책임이 언관(言官)에 있으면서 가뭄을 구제할 방도를 알지 못하고 있습니다. 반드시 다른 사람들 중에 능히 제대로 말할 수 있는 사람이 있을 것이므로 사직하는 것일 뿐입니다."

상이 힘써[勉=力] 직무에 나아가게 하니 래 등이 절하고 사례하고 마침내 말했다.

"사람의 일[人事]이 아래에서 감동을 일으키면 하늘의 변화[天變]는 위에서 감응한다고 했습니다. 요즘 상(上)께서 가뭄을 구제하시려고 공구수성(恐懼修省)[25]하여 어선(御膳)을 줄이고 술을 그치시는 것은 진실로 아름다운 뜻입니다. 그러나 정전(正殿)에 나오시어 정사(政事)를 듣지 아니하시므로 만기(萬機)를 결단하지 못하고 좋은 말[善言]을 올리지 못하오니 이것이 어찌 하늘에 비는 도리이겠습니까? 청컨대 날마다 정전(正殿)에 나오시어 대신들과 더불어 일을 논하시고[論事] 또 형벌이 그 마땅함을 얻은 연후에야 천심(天心)에 부합할 수 있을 것입니다. (그런데 오히려) 지금 사죄(死罪)를 모두 용서하니 간악(奸惡)함이 무엇으로 말미암아 그칠 수 있겠습니까? 바라건대 이제부터는 사유(赦宥)를 가볍게 시행해서는 안 될 것입니다. 서북면(西北面) 안주(安州) 이남에서부터 풍해도(豊海道)까지 기근(饑饉)이 더욱 심해 죽은 자가 너무나도 많은데 수령들이 사실대로 보고하지 않고 있습니다. 마땅히 조정 선비들[朝士] 중에서 훌륭한 자[良者]들을 보내 그들을 구제하게 해야 합니다. 서북면의 창고는

---

25 몹시 두려워하여 수양하고 반성한다는 뜻으로, 유학의 제왕학에서는 천재지변이 있으면 임금이 먼저 스스로를 돌아보고 반성하게 했다.

가득 차 있으니 역시 그것을 풍해도로 옮길 수 있습니다. 만약 비상시에 쓸 비축(備蓄)이라 한다면 백성들이 다 굶어 죽고 나서 먹을 것이 설사 풍족한들 무슨 도움이 되겠습니까!"

상이 말했다.

"내가 정사를 듣지 않는 것은 게을러서가 아니라 마음이 편치 못한 때문이다. 내가 가볍게 죄인을 사면하는 것은 이로써 비를 비는 것이 아니라 몹시 비가 오기를 바라는 마음에서 (할 수 있는 일이면 무엇이든지) 못할 바가 없을 뿐이기 때문이다. 백성들이 굶어 죽는 일은 이미 사람을 보내 살펴보게 했으니 그가 돌아오기를 기다려서 대책을 도모하겠다."

래 등이 말했다.

"비록 편치 못하시더라도 청컨대 더욱 힘써 정사를 들으십시오. 또 지나간 일은 어쩔 수 없지만 이후로는 결코 가볍게 죄인을 사면하지 마십시오."

상이 말했다.

"이후로는 마땅히 그만두겠다."

계축일(癸丑日-19일)에 비가 약간 내렸다.

○사간원에서 소를 올려 병조판서로 하여금 삼군총제를 겸하게 하자고 청했으나 윤허하지 않았다. 소는 대략 이러했다.

'병조는 삼군부와 지위가 같고 세력이 비슷해[適=等] 영(令)을 내기가 어렵습니다. 바라건대 지금부터는 판서(判書)가 반드시 총제의 임무를 겸하게 해야 합니다.'

갑인일(甲寅日-20일)에 대신(大臣)들을 나눠 보내 북교(北郊) 및 박연(朴淵),[26] 개성(開城) 대정(大井)과 명산대천(名山大川)에서 비를 빌게 하고 태일초(太一醮)를 소격전(昭格殿)에서 거행했다. 이날 약간의 비가 내렸다.

정사일(丁巳日-23일)에 비가 흡족하게 내렸다. 상이 기뻐하여 북교 헌관(北郊獻官) 조영무(趙英茂)와 박연 헌관(朴淵獻官) 이숙번(李叔蕃)에게 안장 있는 말을 내려주고 박연(朴淵)에 비를 빈 주법승(主法僧)에게는 저포(苧布) 한 필, 나머지 승려 47명에게는 각각 정포(正布)[27] 한 필씩을 내려주었다.

○ 풍해도 군(軍)의 번상시위(番上侍衛)를 정지했는데 기근을 염려해서다.

무오일(戊午日-24일)에 비가 내렸다. 좌정승 하륜이 원단(圓壇)에 비를 빌려고 이미 재계(齋戒)를 마쳤는데, 상이 명하여 불러서 돌아오게 한 다음에 술을 내려주었다.

○ 풍해도(豊海道)의 맥세(麥稅-보리세)를 면제했다. 충청도의 메밀씨[蕎麥種] 3,000석을 풍해도로 조운(漕運)하게 했다. 풍해의 백성들이 가뭄으로 실농(失農)했기 때문에 종자를 주어 경작할 수 있게 하

---

26 개성시 박연리 박연폭포의 위쪽에 있는 못이다. 용이 살던 못이라 하여 용연이라고도 한다.
27 품질이 좋은 베를 가리킨다.

기 위함이었다.

○ 의정부에서 대궐에 이르러 약주(藥酒)를 올렸으나 상이 허락하지 않았다. 두 번, 세 번 청하자 좇았다. 애초에 상이 가뭄이 심한 것을 걱정하여 어선(御膳)을 줄이고 풍악을 물렸으며 혹 낮에 한 끼만 들기도 하여 모두 20여 일이 되었는데, 이때에 이르러 비가 충분히 내렸기 때문에 하륜과 조영무 등이 술을 올린 것이다.

○ 일본(日本) 비전주 준주 태수(肥前州駿州太守) 원원규(源圓珪)와 비전주(肥前州) 산서교사(山西敎寺) 주지(住持) 원기(源奇)가 각각 사람을 보내 예물(禮物)을 바쳤다.

기미일(己未日-25일)에 비가 내렸다. 상이 가까운 신하들과 작은 술자리를 베풀었다[小酌=小宴].
　　　　　　　　　　　　소작　소연

경신일(庚申日-26일)에 날이 갰다.

○ (충청도) 정해(貞海)를 서주(瑞州-서산)에 병합하고 이산(伊山)을 덕풍(德豊-덕산)에 병합했다. 그 도(道) 관찰사의 청을 따른 것이다.

신유일(辛酉日-27일)에 사헌부 감찰(監察) 최사규(崔士規)[28]와 이사

---

28 아버지 최유경(崔有慶, 1343~1423년)이 참찬을 지냈다. 세 번 결혼을 했는데 초실(初室)이 낳은 아들은 최사위(崔士威)로 한성부윤(漢城府尹)이다. 재실(再室)이 낳은 아들은 최사의(崔士儀)로 판돈녕부사(判敦寧府事)이며, 딸은 경력(經歷) 이좌(李佐)에게 시집갔다. 삼실(三室)이 낳은 아들은 넷인데, 맏이 최사규(崔士規)는 지평(持平)이고, 차남 최사강(崔士康)은 우찬성(右贊成)이고, 다음 최사용(崔士庸)은 첨지중추부사(僉知中樞府事)이고, 막내인 최사흥(崔士興)은 현감(縣監)으로 유복자(遺腹子)이다.

관(李士寬, 1382~1440년)[29]을 파직했다. 애초에 대사헌 이래(李來), 집의(執義) 유두명(柳斗明), 장령(掌令) 허지(許遲), 지평(持平) 이효인(李孝仁)이 본부(本府-사헌부)에 나와 앉았는데[出坐] 감찰들이 이들을 맞이할 때 장난을 치며 풍자했다.[30] 래 등이 서리(書史)를 감찰방(監察房)에 보내 희롱하고 풍자한 이유를 물었더니 방주(房主) 최사규 등이 이렇게 대답했다.

"기롱한 데는 세 가지 뜻이 있다. 지평 이흡(李洽)을 묶어 옥(獄)에 가뒀는데 대사헌 이하가 흡(洽)과 더불어 함께 일을 했으니[同事] 진실로 마땅히 피혐(避嫌)하여 예궐(詣闕)해서 면직을 청해야 할 터인데 그렇지 않았으니[不爾] 이것이 첫째다. 풍헌(風憲)을 맡은 관사(官司)로서 장무(掌務)가 묶이어 갇힌 것을 보고도 즉시 사직하지 않고 17일이 지난 뒤에야 사직했으니 이것이 둘째다. 상께서 순금사에 명해 백온(伯溫)을 종부시(宗簿寺)에서 장(杖)을 치게 하셨는데, 사헌부에서 서리(書史)와 소유(所由)를 보내 포박하여 보냄으로써 마땅히 해서는 안 되는 것을 하여 스스로 가볍게 욕을 당했으니 이것이 곧 셋째다."

이에 래(來), 두명(斗明), 지(遲), 효인(孝仁) 등은 먼저 나가고 장령 이지강(李之剛)만이 일찍이 병으로 인해 백온(伯溫)의 일에 참여하

---

29 1424년(세종 6년) 대사헌에서 지사간원사(知司諫院事)가 되고 1431년 첨총제(僉摠制), 이 듬해 형조참의를 거쳐 호조참의에 이르렀다. 그 뒤 강원도 관찰사, 중추원부사, 한성판윤을 역임했다. 6명의 아들인 이의장(李義長), 이예장(李禮長), 이지장(李智長), 이함장(李諴長), 이효장(李孝長), 이서장(李恕長)이 모두 과거에 급제했기 때문에 이름이 더욱 높았다.
30 대사헌은 정3품 당상관, 집의는 종3품, 장령은 정4품, 지평은 정5품, 감찰은 가장 낮은 정6품이다.

지 않았기 때문에 사규(士規)가 장관(長官-대사헌)을 속이고 업신여긴 죄를 청했다. 상이 명하여 파직시키고 감찰 소호인(蘇好仁)과 하담(河澹) 등을 불러 출근하게 했다.

○ 임오년(壬午年-1402년)에 주살당한 사람의 속공(屬公)된 처자(妻子)들을 풀어주었다.[31]

임술일(壬戌日-28일)에 이래, 유두명, 허지, 이효인 등이 사직했는데 감찰에게 업신여김을 당한 때문이었다.

○ 의정부에 명해 호조(戶曹)와 각 도(各道) 감사(監司-관찰사)로 하여금 중앙과 지방의 덜고 줄일 만한 경비(經費)를 토의해 보고하게 했다.

계해일(癸亥日-29일)에 대마도 만호(萬戶) 등륙(藤陸) 등 다섯 사람이 와서 포(布)를 차등 있게 내려주었다.

○ 상왕대비(上王大妃)의 공상별진사(供上別進使)를 없애고 공안부(恭安府)에서 겸해 관장하게 했다.

○ 사간원에서 소를 올려 장병관(掌兵官-장교)이 사사로이 사냥하는 것을 금할 것을 청했다. 소는 이러했다.

'부위병(府衛兵)은 왕실을 시위(侍衛)하기 때문에 머물러 있을 때는 무겁고 이동할 때는 가볍게 하여 교대로 쉬게 하고 교대로 임무를 맡게 하여 예기치 못한 사태에 대비해야 합니다. 마땅히 사사로이

---

31 조사의의 난에 관련된 자들의 처자들을 공노비로 만들었다가 이때 풀어준 것이다.

거느리고 다니면서 사냥놀이를 하여[遊獵] 군사와 말을 수고롭게 해
서는 안 될 것입니다. 하물며[矧] 지금은 바야흐로 농사철에다가 크
게 가물거늘 군사를 거느리는 자가 다른 말로 핑계를 대 마침내 번
(番)을 쉬는 군사를 거느리고 전포(田圃)를 가리지 않고 마음대로 말
을 달려 화곡(禾穀)을 상하게 하여 백성에게 원망을 사고 있으니, 다
만 전하의 가뭄을 두려워하고 백성을 염려하시는 뜻을 잃게 하고 있
습니다. 바라건대 전하께서는 사냥놀이를 엄하게 금지하시어 백성의
원망을 풀어주고 부병(府兵)을 쉬게 해야 합니다.'

  답하지 않았다.

乙未朔 減膳 憂久旱也.
을미 삭 감선 우 구한 야

覆試武科黃象等 以姜裕爲第一.
복시 무과 황상 등 이 강유 위 제일

丙申 小雨. 賜祈雨法席 布施白苧布二匹 麤布百六匹.
병신 소우 사 기우 법석 보시 백저포 이필 추포 백육 필

賜江華府使李貞幹羅絹各一匹. 有大虎入煤島牧場 傷國馬
사 강화 부사 이정간 나 견 각 일필 유 대호 입 매도 목장 상 국마

貞幹不傷人而能捕也.
정간 불 상인 이 능포 야

童猛哥帖木兒 波乙所等迎勅書受綵段. 敎化的誘之也.
동맹가첩목아 파을소 등 영 칙서 수 채단 교화적 유지 야

戊戌 微雨.
무술 미우

上詣太上殿問安.
상 예 태상전 문안

庚子 日珥 內微紅外白.
경자 일이 내 미홍 외 백

京畿飢.
경기 기

壬寅 禱雨于宗廟 社稷 圓壇 名山大川. 上以久旱不御殿聽政
임인 도우 우 종묘 사직 원단 명산대천 상 이 구한 불 어전 청정

日益恐懼修省 文可學啓曰: "臣入淸齋禱雨 必得." 上從之. 果有
일익 공구 수성 문가학 계왈 신 입 청재 도우 필득 상 종지 과유

小雨 然只浥輕塵而已.
소우 연 지읍 경진 이이

立奴婢辨定都監 旣而罷之. 初 司憲府啓: "辛巳八月二十八日
입 노비변정도감 기이 파지 초 사헌부 계 신사 팔월 이십 팔일

已前奴婢訴訟 許於當時得決者給之." 由是訟者多怨 故復立都監
이전 노비 소송 허 어 당시 득결 자 급지 유시 송자 다원 고 부립 도감

以趙浚 李叔蕃 李稷 全伯英 朴信 咸傳霖爲提調. 刑曹判書
이 조준 이숙번 이직 전백영 박신 함부림 위 제조 형조 판서

柳亮進曰: "殿下設都監 慮衆人或有冤抑 傷和以召旱也. 然奴婢
各其子孫相訟之事 非國政所關 設大都監 恐非美事." 司諫院亦
上疏言: '時方荒旱 不可復立都監 以擾民心.' 遂罷之.

設禱雨精勤于演福寺.

遣議政府知印于豐海道. 議政府請使檢民飢死者也.

夜 月入太微左執法北.

癸卯 豐海道 延安府界 蝗食苗.

乙巳 小雨.

聚女巫禱雨于松岳 開城大井.

司憲府請元尹伯溫之罪 從之. 伯溫殺婢夫百姓吾亇大 司憲府

大司憲李來等上疏曰:

'近以伯溫殺人之罪 申請至再 未蒙兪允 不勝痛心. 臣等竊聞
天子之父殺人 司寇執法而論 天子不得而私焉; 周公之於①管蔡 亦
爲天下廢私恩. 今殿下以宗親之故 壞萬世之法 貽萬世之譏可乎?
願鞫其罪 置之於法 以慰見殺②飮泣之魂 以和天地生成之氣.'

不允. 來等詣闕庭 更請伯溫罪當死不可宥 又不允. 來等再三
申請不得 乃啓曰: "若不從律 降杖一百 流于遠方." 上又不允曰:
"可令出門外而已." 來等伏閤固請 上命下巡禁司決杖. 來等更請
曰: "本臣等所劾 宜令臣等決杖." 上又移宗簿寺 與巡禁司杖六十
流于咸州. 司憲府令人縛而送之 完山君天祐等以聞 上怒 召持平

李洽 問其故 縛洽下巡禁司. 來啓曰: "宗簿 本非刑官 但主宗親
이흡 문 기고 박흡 하 순금사 래계왈 종부 본비 형관 단 주 종친

之簿而已. 今將殺人之賊 慮憲司之嚴 移之巡禁司 又慮巡禁司之
지부 이이 금 장 살인 지적 려 헌사 지엄 이지 순금사 우려 순금사 지

嚴 移之宗簿寺 是何法也? 伯溫之兄朝 前旣殺人 伯溫今又殺人
엄 이지 종부시 시 하법 야 백온 지형조 전기 살인 백온 금 우 살인

是伯溫兄弟實汚殿下之盛德也. 伯溫有不赦之罪 則雖縛送 何害
시 백온 형제 실오 전하 지 성덕 야 백온 유 불사 지죄 즉수 박송 하해

於義? 且所以縛之者 慮其驍勇而易逃也." 上曰: "卿非李氏社稷
어의 차 소이 박지 자 려기 효용 이 이도 야 상왈 경비 이씨 사직

之臣乎? 何待宗親如是也?" 來復啓曰: "臣等所以縛而送之者 非
지신호 하대 종친 여시야 래부 계왈 신등 소이 박이 송지 자 비

所以辱宗親也 乃輔殿下之德也." 來等皆退于家 不仕.
소이 욕 종친 야 내보 전하 지덕 야 래등 개퇴 우가 불사

議政府右政丞趙英茂 上箋辭 不允. 箋曰:
의정부 우정승 조영무 상전 사 불윤 전왈

'官高德薄 當自引而退休; 任重力微 固難强而持久. 敢陳悃愊
판고 덕박 당 자인 이 퇴휴 임중 역미 고난 강이 지구 감진 곤핍

庸瀆崇威. 竊以③今國家之安危 係陪輔之賢否. 殷宗之望傅說
용독 숭위 절이 금 국가 지 안위 계 배보 지 현부 은종 지 망 부열

歲旱作霖; 成王之相周公 旬雨必夜. 所係如此 其選可輕! 伏念
세한 작림 성왕 지상 주공 순우 필야 소계 여차 기선 가경 복념

臣唯繫孤忠 徒迷百職. 連擐三朝之甲胄 久專一府之樞機. 方纏
신 유계 고충 도미 백직 연환 삼조 지 갑주 구전 일부 지 추기 방전

戶牖於未陰 不覺桑楡之已晚. 何圖具瞻之地 叨作端揆之臣!
호유 어 미음 불각 상유 지 이만 하도 구첨 지지 도작 단규 지신

駑馬疲而不停 小器溢而方注. 寵榮蹜極 憂慮殊深. 矧兹盛夏
노마 피 이 부정 소기 일 이 방주 총영 유극 우려 수심 신 자 성하

招致恒暘! 惟月之咎徵斯臻 半年之變理安在? 歷代故事 遇災
초치 항양 유월 지 구징 사진 반년 지 섭리 안재 역대 고사 우재

卽辭. 雖殿下曲示優容 在小臣盍先求去! 伏望殿下 大明附燭
즉사 수 전하 곡시 우용 재 소신 합선 구거 복망 전하 대명 부촉

宏度幷包 迄兹平康 賜餘閑以養病; 設有緩急 將愿起而獻謀.'
굉도 병포 흘 자 평강 사 여한 이 양병 설유 완급 장 원기 이 헌모

上不允 批答曰:
상 불윤 비답 왈

'異體同心 當盡忠誠而相與; 陳力就列 豈以盛滿而爲辭! 卿
이체 동심 당진 충성 이 상여 진력 취열 기 이 성만 이 위사 경

將略雄深 廟謀剛果 身關社稷之重 旣佩安危; 誓至帶礪之功 且
장략 웅심 묘모 강과 신관 사직 지중 기패 안위 서지 대려 지공 차

同休戚. 予喩之以霖雨 國倚之以干城. 念茲勳功 置諸端揆 豈予
동 휴척　　여유지 이임우　　국 의지 이간성　　염 자 훈공　치저 단규　기여

一人之有眷! 實是萬民之具瞻. 何緣旱魃之災 遽辭相臣之職! 彼
일인 지 유권　실시 만민 지 구첨　하연 한발 지재 거사 상신 지직 피

咎徵之斯至 實否德之致然. 當夙夜以惟寅 交修不逮; 謹終始而
구징 지 사지 실 부덕 지 치연　당 숙야 이유인 교수 불체　근 종시 이

益勵 永保無疆. 毋敢固辭 亟踐爾位.'
익려　영보 무강　무감 고사 극천 이위

丙午 平壤 祥原風雹傷禾; 大雨水漲 有溺死者.
병오 평양　상원 풍박 상화　대우 수창 유 익사자

雷于白州 蝗死.
뇌우 배주 황사

丁未 以玉川君劉敞爲世子右副賓客 韓長壽安原君 李行
정미 이 옥천군 유창 위 세자 우부빈객　한장수 안원군 이행

藝文館大提學.
예문관 대제학

戊申 釋李洽囚. 左司諫大夫趙敍等 詣闕請曰: "李洽等執法
무신 석 이흡 수　좌사간대부　조서 등　예궐 청왈　이흡 등 집법

不變 反見囚於囹圄. 請釋其罪 以慰人望." 故也.
불변 반 견수 어 영어　청석 기죄 이위 인망　고야

己酉 流星出卯方 大如升.
기유 유성 출 묘방 대여승

命李來李洽等視事.
명 이래 이흡 등 시사

庚戌 停誕晨賀禮 宥輕罪. 憂旱也. 有金天甫 孫奇麟 僞造御寶
경술 정 탄신 하례 유 경죄　우한 야　유 김천보 손기린 위조 어보

官敎 當死 減等杖一百 定徒役.
판교 당사 감등 장 일백 정 도역

遣藝文館大提學李行如京師. 奏曰:
견 예문관 대제학 이행 여 경사　주왈

'永樂三年三月十一日 王敎化的欽奉勅諭到國. 欽此 差陪臣
영락 삼년 삼월 십일일 왕교화적 흠봉 칙유 도국　흠차 차 배신

郭敬儀欽依伴送去後 據東北面都巡問使呂稱狀啓: "見爲欽差
곽경의 흠의 반송 거후 거 동북면　도순문사 여칭 장계　견 위 흠차

千戶王敎化的等 招諭猛哥帖木兒 把兒遜 着和 答失等 將赴
천호 왕교화적 등 초유 맹가첩목아　파아손 착화 답실 등 장부

朝廷 有猛哥帖木兒回稱: '當初我與兀狄哈相鬪 挈家流移 到來
조정 유 맹가첩목아 회칭　당초 아 여 올적합 상투　설가 유이 도래

本國. 今若赴京 慮其兀狄哈等 乘間擄掠家小 以快其讎. 又
본국　금 약 부경 려 기 올적합 등 승간 노략 가소 이쾌 기수　우

160

濱大海 倭寇來往. 以此憂疑未決.' 聽此 狀啓申達." 得此照得
<small>빈 대해 왜구 내왕 이차 우의 미결 청차 장계 신달 득차 조득</small>

猛哥帖木兒等 始緣兀狄哈侵擾 避地到來本國東北面慶源
<small>맹가첩목아 등 시연 올적합 침요 피지 도래 본국 동북면 경원</small>

鏡城地面居住. 當差役因防倭有功 就委鏡城等處萬戶職 經今
<small>경성 지면 거주 당 차역 인 방왜 유공 취위 경성 등처 만호 직 경금</small>

有年. 永樂二年五月間 奉欽差東寧衛千戶王脩齎勑:"招諭三散
<small>유년 영락 이년 오월 간 봉 흠차 동녕위 천호 왕수 재칙 초유 삼산</small>

禿魯兀等十處女眞人民." 欽此竊照 洪武二十一年間 欽蒙太祖
<small>독로올 등 십처 여진 인민 흠차 절조 홍무 이십 일 년간 흠몽 태조</small>

高皇帝聖旨準請 公嶮鎭迆北 還屬遼東: 公嶮迆南至鐵嶺 仍
<small>고황제 성지 준청 공험진 이북 환속 요동 공험 이남 지 철령 잉</small>

屬本國. 因差陪臣金瞻 齎文奏達 當年十月十一日 回自京師
<small>속 본국 인차 배신 김첨 재문 주달 당년 십월 십일 일 회자 경사</small>

欽奉勑書:"三散千戶李亦里不花等十處人員準請." 欽此 臣與
<small>흠봉 칙서 삼산 천호 이역리불화 등 십처 인원 준청 흠차 신여</small>

一國臣民感激不已. 竊念小邦 臣事聖朝以來 累蒙高皇帝詔旨
<small>일국 신민 감격 불이 절념 소방 신사 성조 이래 누몽 고황제 조지</small>

不分化外一視同仁; 近又欽蒙勑旨 三散等十處人員準請. 竊詳
<small>불분 화외 일시 동인 근 우 흠몽 칙지 삼산 등 십처 인원 준청 절상</small>

猛哥帖木兒 答失等幷管下一百八十餘戶 見居公嶮鎭迆南慶城
<small>맹가첩목아 답실 등 병 관하 일백 팔십 여호 현거 공험진 이남 경성</small>

地面. 把兒遜着和等幷管下五十餘戶 見居公嶮鎭迆南慶源地面
<small>지면 파아손 착화 등 병 관하 오십 여호 현거 공험진 이남 경원 지면</small>

各各附籍當差. 俱係欽蒙準請十處地面 皆在聖朝同仁之內 伏望
<small>각각 부적 당차 구계 흠몽 준청 십처 지면 개재 성조 동인 지내 복망</small>

聖慈許令上項人等 仍舊安業 永霑聖澤.'
<small>성자 허령 상항 인등 잉구 안업 영점 성택</small>

復禱雨于名山大川. 旱甚也.
<small>부 도우 우 명산대천 한심 야</small>

辛亥 李來等辭職 不許. 召來等令就職 來固辭曰:"臣等前以
<small>신해 이래 등 사직 불허 소래 등 영 취직 래 고사 왈 신등 전이</small>

伯溫之事得譴責 今日之事 非以④伯溫之事. 大旱如此 臣等責在
<small>백온 지사 득 견책 금일 지사 비이 백온 지사 대한 여차 신등 책재</small>

言官 不能知救旱之術. 必有他人⑤能言者 故辭職耳."
<small>언관 불능 지 구한 지술 필유 타인 능언 자 고 사직 이</small>

上勉令就職 來等拜謝 乃言曰:"人事感於下 天變應於上. 今
<small>상 면령 취직 래등 배사 내 언왈 인사 감어하 천변 응어상 금</small>

上以救旱之故 恐懼修省 減膳止酒 誠美意也. 然不御正殿聽政
<small>상 이 구한 지고 공구 수성 감선 지주 성 미의 야 연 불어 정전 청정</small>

萬機未決 善言不進 豈祈天之道乎? 請日御正殿 與大臣論事 且
만기 미결 선언 부진 기 기천 지도호 청 일어 정전 여 대신 논사 차

刑罰得其當 然後可以合天心. 今死罪皆宥 奸惡何由而止! 願自今
형벌 득 기당 연후 가이 합 천심 금 사죄 개유 간악 하유 이지 원 자금

毋輕赦宥. 西北面安州以南 至豊海道饑饉尤甚 死者甚多 守令
무경 사유 서북면 안주 이남 지 풍해도 기근 우심 사자 심다 수령

不以實聞. 宜遣朝士之良者以救之. 西北面倉廩實 亦可移粟於
불 이실문 의견 조사 지 양자 이구지 서북면 창름 실 역가 이속 어

豊海. 若曰以備不虞之用 則民皆飢死 食雖足 何益哉! 上曰:"予
풍해 약왈 이비 불우 지용 즉 민 개 기사 식 수족 하익 재 상왈 여

之不聽政 非怠也 心不寧也; 予之輕宥 非欲以此祈雨 悶雨之至
지불 청정 비 태야 심 불녕 야 여지 경유 비욕 이차 기우 민우 지지

無所不至耳. 民之飢死 已遣人察之 待其還而圖之." 來等曰:"雖
무 소부지 이 민지 기사 이견인 찰지 대 기환 이 도지 래등 왈 수

不寧 請力疾聽政. 且往者不可追 後勿輕宥." 上曰:"後當且已."
불녕 청 역질 청정 차 왕자 불가 추 후 물 경유 상왈 후 당 차 이

癸丑 微雨.
계축 미우

司諫院上疏 請使兵曹判書 兼三軍摠制 不允. 疏略曰:
사간원 상소 청사 병조판서 겸 삼군 총제 불윤 소 약왈

'兵曹與三軍府 位均勢適 難於出令. 願自今 判書必兼摠制
병조 여 삼군부 위균 세적 난어 출령 원 자금 판서 필겸 총제

之任.'
지임

甲寅 分遣大臣 禱雨于北郊及 朴淵 開城 大井 名山大川; 行
갑인 분견 대신 도우 우 북교 급 박연 개성 대정 명산대천 행

太一醮於昭格殿. 是日小雨.
태일초 어 소격전 시일 소우

丁巳 雨洽. 上喜. 賜北郊獻官趙英茂 朴淵獻官李叔蕃鞍馬
정사 우흡 상희 사 북교 헌관 조영무 박연 헌관 이숙번 안마

朴淵禱雨主法僧苧布一匹 餘僧四十七名各正布一匹.
박연 도우 주법승 저포 일필 여승 사십 칠명 각 정포 일필

停豊海道軍番上侍衛 慮其饑饉也.
정 풍해도 군 번상 시위 려 기 기근 야

戊午 雨. 左政丞河崙 欲禱雨于圓壇 已致齋 上命召還 賜酒.
무오 우 좌정승 하륜 욕 도우 우 원단 이치재 상명 소환 사주

免豊海道麥稅. 漕運忠淸道蕎麥種三千石於豊海道. 豊海之民
면 풍해도 맥세 조운 충청도 교맥종 삼천 석 어 풍해도 풍해 지민

因旱失農 故給種以耕也.
인한 실농 고 급종 이경 야

議政府詣闕進藥酒 上不許 請至再至三 從之. 初 上憂旱甚
減膳轍樂 或日中一食 將二十餘日 至是雨足 故河崙 英武等
進酒.

日本 肥前州駿州太守源圓珪及肥前州山西敎寺住持源奇 各
使人獻禮物.

己未 雨. 上與近臣等小酌.

庚申 晴.

併貞海於瑞州 伊山於德豊. 從其道觀察使之請也.

辛酉 罷司憲監察崔士規 李士寬職. 初 大司憲李來 執義
柳斗明 掌令許遲 持平李孝仁坐本府 監察等 於祗迎時 作戲以
諷之. 來等送書吏於監察房 問譏諷之由 房主崔士規等答曰: "譏
有三意. 持平李洽 縛囚于獄 大司憲以下 與洽同事 固當避嫌
詣闕請免 而不爾 一也. 以風憲之司 見掌務縛囚 不卽辭職 至
十七日而後乃辭 二也. 上命巡禁司 杖伯溫于宗簿寺 憲府送書吏
所由 縛而送之 非其所當爲而爲之 自輕致辱 三也."
於是 來 斗明 遲 孝仁先出 獨掌令李之剛 曾以疾不與伯溫之
事 故劾士規 請欺陵長官之罪 上命罷之 召監察蘇好仁河澹等
出仕.

放壬午年被誅人屬公妻子.

壬戌 李來 柳斗明 許遲 李孝仁等辭職 以被欺⑥於監察也.

命議政府 令戶曹及各道監司 議中外可以減省之費以聞.
명 의정부 영 호조 급 각도 감사 의 중외 가이 감생 지비 이문

癸亥 對馬島萬戶藤陸等五人來 賜布有差.
계해 대마도 만호 등륙 등 오인 래 사포 유차

除上王大妃供上別進使 恭安府兼掌之.
제 상왕 대비 공상별진사 공안부 겸 장지

司諫院上疏請禁掌兵官私獵. 疏曰:
사간원 상소 청금 장병관 사렵 소왈

'府衛之兵 所以侍衛王室 居重御輕 番休遞上 以備不虞. 不宜
부위 지병 소이 시위 왕실 거중 어경 번휴 체상 이비 불우 불의

私率遊獵 以勞士馬. 矧今方農大旱 將兵者托以他辭 乃率番休之
사솔 유렵 이로 사마 신금 방농 대한 장병 자탁 이 타사 내솔 번휴 지

卒 不擇田圃 縱意馳騁 殘損禾穀 取怨於民 殊失殿下懼旱憂民
졸 불택 전포 종의 치빙 잔손 화곡 취원 어민 수실 전하 구한 우민

之意. 願殿下痛禁遊獵 以解民怨 以休府兵.'
지의 원 전하 통금 유렵 이해 민생 이휴 부병

不報.
불보

| 원문 읽기를 위한 도움말 |

① 周公之於管蔡. 여기서 之於는 직역하면 '주공이 관숙과 채숙을 대함에
　周公 　　　　之於
　주공 지어 관채 　　　지어
　있어서'라는 뜻이다.

② 見殺. 見은 수동형의 의미다.
　견살 견

③ 竊以. 竊謂와 마찬가지로 '가만히 ~라고 여긴다'라는 뜻이다.
　절이 절위

④ 以. 여기서 以는 '~때문이다'라는 뜻이다. 非以이니 '~때문이 아니다'라
　이 이 　　　　　　　　　　　　　　　비 이
　는 말이다.

⑤ 必有他人能言者. 여기서 他人은 '다른 사람들 중에서'라는 뜻이다. 즉
　필 유 타인 능언 자 　　　타인
　자신들을 제외한 다른 사람들 중에 언관으로서의 적임자가 반드시 있
　을 수 있다는 말이다.

⑥ 被欺. 被는 수동형을 만드는 조동사이고, 여기서 欺는 '기만하다'보다는
　피기 피 　　　　　　　　　　　　　　　기
　'업신여기다[凌=陵]'라는 뜻이다.
　능 릉

태종 5년 을유년
6월

六月

을축일(乙丑日-1일) 초하루에 비가 내렸다.

○ 풍해도 연풍현(連豊縣)에 있는 큰 돌이 저절로 51척(尺)이나 움직였다. 돌의 길이는 5척 3촌, 너비는 3척, 높이는 2척 8촌이다.

병인일(丙寅日-2일)에 안성군(安城君) 이숙번(李叔蕃)이 전(箋)을 올려 겸중군 도총제(中軍都摠制)를 사직했으나 윤허하지 않았다.

정묘일(丁卯日-3일)에 일본 지좌전(志佐殿)이 보낸 중 도군(道君) 등이 와서 토산물을 바쳤다. 바친 물건[所獻]은 말 2필과 대도(大刀), 약재(藥材), 기용(器用-그릇) 등이었다.

○ 중사(中使-내시)를 보내 이저(李佇)를 불렀다. 애초에 저가 이천(利川)에 있으면서 점쟁이[卜者]를 불러 길흉(吉凶)을 물었는데, 대사헌 이래(李來)가 이를 듣고 그 도(道) 감사(監司) 강사덕(姜思德)에게 문서를 보냈다. 사덕이 그의 종과 점쟁이를 잡아다 힐문했다. 궁주(宮主)가 이천에서 서울로 올라와 궁내로 들어가 저의 억울한 정상과 감사가 그들을 힐문한 까닭을 극력 진술하니 상이 크게 노해 밤중에 명령을 내려 본도(本道) 경력(經歷)[1]을 잡아오게 했다.

---

1 고려 공양왕 때 관찰사의 보좌관으로 1인씩, 도평의사사 부속 경력사(經歷司)의 속관으

○ 의정부 사인(舍人)²을 불러 명하여 말했다.

"지난번에[曩者] 여러 신하와 대간(臺諫)들이 이거이(李居易) 부자
낭자
를 죄줄 것을 청했을 때 그의 고향으로 내치는 데 그치게 하여 천

수[天年=天壽]를 마칠 수 있게 해주었는데, 이는 내가 훈구와 친족
천년   천수

[勳親]을 보전하겠다는 뜻에서였다. 지금 인아(姻婭)³의 연고로 인해
훈친

거이(居易)의 거처에 대한 일을 자세히 물어보았더니 그 고을 수령이

거이 등으로 하여금 시골 친족의 집에 가지 못하게 하고 그 친족들도

감히 와서 보지 못하게 하여 동정(動靜)의 작은 일까지도 자유(自由)⁴

를 얻지 못한다고 하니 심히 나의 보전하려는 계책을 구현하는 바가

아니다. 의정부(議政府)에서 시켜 그런 것이 아니냐?"

사인 최부복(崔府復)이 말했다.

"무릇 국가(國家)의 일이란 크고 작음에 상관없이 반드시 뜻을 잘

파악한[取旨] 뒤에 행하는 것입니다. 이 같은 일을 어찌 신 등이 스
취지

스로 마음대로 하겠습니까?"

○ 개국(開國) 정사(定社) 좌명공신(佐命功臣) 등 30여 명이 대궐

에 이르러 이저(李佇)가 도성에 들어오는 것의 가부(可否)를 토의했

로 1인을 설치했다. 조선 초기에도 도평의사사와 관찰사의 속관으로 두었으나, 전자는
1400년(정종 2년)에 폐지되고 후자는 1465년(세조 11년)에 폐지됨으로써 경력의 지방관
직은 없어졌다.

2 조선시대 의정부(議政府)에 소속되어 있던 관직으로 정원은 2인이었다. 임금과 의정부 대
신 사이에서 양자 간의 의견을 전달하고 중재하는 구실을 담당하던 관원이다.

3 사위 집 편의 사돈 및 동서 집 편의 사돈의 총칭이다. 사위의 아버지인 사돈을 인(姻)이
라 하고 여자 형제의 남편끼리, 즉 동서끼리를 아(婭)라 한다. 친척과 구분되는 점에서 인
척을 말한다.

4 원문에도 '自由'라고 돼 있다.

는데 단 한 사람도 괜찮다고 하는 사람이 없었다. 이에 아뢰어 말했다.

"거이가 이미 불궤(不軌)한 마음을 가졌고 그 모의가 다른 사람들에게 미쳤는데 어찌 그 아들과도 모의하지 않았겠습니까? 이런 까닭으로 당시에 대간(臺諫), 공신(功臣), 백관(百官) 등이 극형(極刑)에 처할 것을 청했던 것인데, 전하께서 (바른 법을) 굽혀 너그러운 은혜를 베푸시어 그를 폐하여 서인(庶人)으로 삼고 외방(外方)으로 내쫓아 본성과 목숨[性命]을 온전케 함으로써 이미 (형벌의 공정함 혹은 도리를) 잃었습니다. (그런데) 지금 또 이저를 불러올리시니 신 등은 실망하지 않을 수가 없습니다. 바라건대 전하께서는 불러올리지 마셔야 할 것입니다."

상이 말했다.

"저는 본래 죄가 없으니 저가 설사 올라온다 해도 어찌 사람 사람마다 해칠 수 있겠는가?"[5]

하륜(河崙) 등이 다시 말했다.

"신 등이 어찌 한 몸의 이해(利害)를 위해 이런 말을 하는 것이겠습니까? 단지 사직을 위한 만세(萬歲)의 계책을 위하는 것일 뿐입니다. 이런 식으로 용서를 하게 되면 난적(亂賊)의 무리를 어떤 근거로 징계하겠습니까?"

상이 말했다.

"내가 어찌 경들이 이렇게 말할 것이라는 것을 알지 못했겠으며,

---

5 이저가 자신을 배척한 사람들에 대해 보복을 하지는 않을 것이라는 뜻이다.

경들 또한 내가 들어주지 않는 뜻을 헤아리지 못했겠는가? 내 마음은 이미 정해졌으니 이 더운 때에 물러감이 마땅하다."

대언(代言)들에게 명해 말을 받아들이지[納言] 못하게 하니 마침내 물러갔다. 각사(各司)가 궐하(闕下)에 모였으나 말씀을 올릴 수 없었다. 대간(臺諫)과 형조(刑曹)에서 글을 올려 말했다.

'이저는 불러올려서는 안 됩니다.'

소(疏)를 궐내에 머물러두고 답을 내리지 않았고 순금사(巡禁司)에 명해 형구(刑具)를 갖춰 문밖에서 명을 기다리게[俟命=待命] 했다. 이는 대개 다시 말하려는 자에게 으름장을 놓기 위함[怖]이었다.

○ 삼성(三省)[6]이 대궐에 이르러 간언하여 말했다.

"이저(李佇)는 이미 역적(逆賊)의 아들이라 해 폐하여 서인(庶人)으로 삼아 먼 지방에 내쫓았으므로 중외(中外)의 신하와 백성들이 알지 못하는 이가 없건만 몇 달도 되지 않은 사이에 내신(內臣)[7]을 보내 그를 부르셨습니다. 또 삼공신(三功臣)이 회맹(會盟)할 때 그 이름을 삭제하고 황천(皇天)과 후토(后土)에 고했는데, 지금은 마침내 죄가 없다고 하여 그를 부르시면 천지신명(天地神明)이 뭐라고 하겠습니까?"

상이 말했다.

"거이(居易)는 죄가 있으나 저(佇)의 경우에는 (그 자신이) 말한 것[所言]이 없다. 내가 그 까닭으로 죄가 없다고 여겨 부른 것이다."

---

6 사헌부, 사간원, 그리고 형조를 함께 부르는 명칭이다.
7 내관 혹은 환관을 가리킨다.

또다시 아뢰어 말했다.

"만약 저(佇)에게 죄가 없다고 여기신다면 애초에 죄를 주지 않는 것이 옳았습니다. (그런데) 처음에 이미 죄가 있다고 하여 그를 폄출(貶黜)시켰다가 지금은 또 죄가 없다고 하면서 부르시는 것은 아니 되옵니다. 또 거이가 참람하고 어지러운[僭亂] 마음을 가졌던 것은
참란
저에게도 그런 마음이 있었기 때문입니다. (모든 일은) 반드시 평소에 모의한 뒤에 겉으로 드러나는 법입니다. 이는 일조일석(一朝一夕)의 일이 아닌데 어찌하여 알지 못했다고 하겠습니까? 그렇지 않아도[抑] 저(佇) 부자는 평소에도 오히려 분수에 맞지 않는 마음[非分之
억   비분지
心]이 있었습니다. 하물며 지금은 외방에 폄출되어 원한을 품고 있음
심
이 이미 깊었으니 어찌 심히 두려워하지 않을 수 있겠습니까?"

상이 말했다.

"아비의 죄를 아들이라고 하여 어찌 알겠는가? 내 뜻은 이미 결정 됐으니 비록 열 번 말할지라도 끝내 듣지 않겠다. 더운 때에 오래 서 있지 말라."

조서(趙敍) 등은 나가서 다시 소(疏)를 올렸으나 궐내(闕內)에 머물러두고 내려보내지 않았다. 공신 하륜 등 30여 명이 다시 들어와서 극진하게 말하니[極言] 상이 내신에게 명하여 말했다.
극언

"이저의 일은 (사람마다) 말은 비록 다르지만 그 뜻은 한가지다. 다시 말을 받아들이지 말라[納言]."
납언

륜 등이 물러갔다. 승녕부 판사 이귀령(李貴齡), 의정부 지사 전백영(全伯英) 등이 각사(各司)의 100여 명을 거느리고 대궐 뜰에 나아가 말씀을 올렸다.

"이저는 이미 죄가 있어 종친, 공신, 삼성(三省) 등이 모두 불러올려서는 안 된다고 했으나 상께서는 오히려 듣지 아니하시니 신 등은 모두[咸=皆] 실망입니다."
_{함 개}

상이 말했다.

"각사(各司)에서 어찌[烏=焉] 그것을 알겠는가? 이저는 죄가 없기 때문에 부른 것이다."
_{오 언}

귀령 등이 다시 말했다.

"전하께서는 무슨 까닭으로 처음에는 죄가 있다고 하시고 이제는 도리어 죄가 없다고 말씀하시어 저(佇) 한 사람의 일로 인해 일국(一國)의 인심을 잃으십니까?"

상이 말했다.

"애초에 내가 죄가 있다고 한 것이 아니라 나라 사람들이 모두 말하기를 '어찌 그 아비의 일을 알지 못했겠느냐?'고 한 까닭에 억지로[强] 좇은 것일 뿐이고 내 뜻은 아니었다."
_강

삼성(三省)에서 다시 들어와 청하여 말했다.

"전하께서 저를 죄가 없다고 하여 부르신 것에 대해 나라 사람들은 모두 안 된다고 하는데도 전하께서는 오히려 듣지 않으시니 사직의 계책에 있어서는 어떻게 하시렵니까? 신 등은 다행히 언관(言官)의 직책에 있으니 어찌 말하지 않을 수 있습니까? 사직의 대계(大計)를 들어 말씀을 올려도[進言] 윤허를 받지 못한다면 무슨 면목으로
_{진언}
조정에 서 있겠습니까?"

상이 말했다.

"내가 어찌 너희의 입신(立身)을 위해 죄 없는[無辜] 사람에게 죄를
_{무고}

줄 수 있겠느냐?"

서(敍) 등이 다시 말했다.

"설사 죄가 없다고 할지라도 이미 삭적(削籍)하고 죄명(罪名)을 붙여 하늘과 땅에 고했습니다. (그런데) 지금 이를 뒤집으면[反之] 하늘을 속이는 것이 아니겠습니까?"

상은 그래도 윤허하지 않았다.

기사일(己巳日-5일)에 달이 태미성(太微星) 우액(右掖-오른쪽 겨드랑이) 북문(北門)으로 들어갔다.

경오일(庚午日-6일) 밤에 (달이) 태미성 좌집법(左執法) 서북쪽에 있었다.

○ 도성에 머물러 있는 올적합(兀狄哈), 올량합(兀良哈), 오도리(吾都里) 등에게 의복(衣服)을 내려주었다.

○ 오도리(吾都里), 가응개(加應介), 반대야(般大也) 등이 자기네 땅[本土]으로 돌아갔다.

○ 왜인(倭人) 임온(林溫), 표시라(表時羅)가 자기네 땅으로 돌아갔다. 온(溫)은 처자와 형제를 보고 싶어 했고 시라(時羅)는 어미를 보고 싶어 했다.

신미일(辛未日-7일)에 하성절사(賀聖節使) 김한로(金漢老)가 경사(京師)에서 돌아왔다.

○ 이저(李佇)가 도성에 들어왔다. 삼성(三省)에서 다시 소를 올려

죄줄 것을 청했으나 윤허하지 않았다.

○ 의주통사(義州通事)[8] 홍언(洪彦)에게 저포(苧布)와 마포(麻布) 각각 2필씩을 내렸다. 본국 사람 김언(金彦) 등이 도망쳐 요동(遼東)으로 향했는데 능히 이를 잡아가지고 돌아왔기 때문이다.

계유일(癸酉日-9일)에 이양수(李陽修)를 순금사에 내렸다가 곧[尋]
심
풀어주었다. 양수가 저(佇)가 폄소(貶所-유배지)에 있을 때 근신(謹愼)하지 않는 상황을 말했기 때문에 가두어 국문했던 것이다.

갑술일(甲戌日-10일)에 이저가 진천(鎭川)으로 돌아갔다. 저가 아뢰어 말했다.

"비록[縱=雖] 전하께서 신을 불쌍히 여기시어 불러올리셨으나 공
종   수
신과 백관들이 모두 배척하려 하니[擯斥=排斥] 신은 외방(外方)에 물
빈척   배척
러가서 제가 편한 대로 살고자 합니다."

상은 가엾게 여겼지만 그대로 좇고 활과 화살을 내려주었다.

○ 권희달(權希達, ?~1434년)[9]에게 태(笞) 40대를 치고 직임을 다시
맡게 했다[還任]. 애초에 희달이 술에 취해 길에서 승녕부 판관(承寧
환임

----

8 조선시대에는 지역에도 통역관인 통사가 있었는데 의주통사의 경우 의주와 요동 사이만
오가는 관리들의 통역을 맡았다.

9 태종이 사저에 있을 때부터 모셨다. 성질이 포악해 성을 잘 내고 거칠어서 사람을 폭행한
죄로 옥에 갇혔다가 등용되기를 수차례 했다. 1400년(정종 2년) 2차 왕자의 난이 일어났
을 때 이방간을 쫓아가서 잡았을 때 방간이 두려워하자 안심시키고 방간을 부축해 작은
말에 태워 옹위해 문밖에 나가자 방간이 권희달에게 울며 자신이 남의 말을 잘못 들어
일이 이렇게 됐다 하고 한탄했다.

府判官) 한이(韓彝), 부승(府丞-승녕부승) 정환(鄭還) 등과 마주쳤는데 희달은 그들이 말을 범했다[犯馬]¹⁰ 하여 화를 내며 종을 시켜 이들을 매질했다. 승녕부 판사 이귀령(李貴齡)이 사헌부에 이문(移文)하니 사헌부에서 희달을 탄핵해 수직(守直)¹¹하고 죄줄 것을 청했다. 이에 상이 명해 순금사에 묶어 가두게 했다. 순금사에서 장(杖) 80대를 치겠다고 아뢰니 상이 착가(着枷)¹²를 명했다가 이때에 이르러 태(笞)를 치고 풀어주었다[釋].

정축일(丁丑日-13일)에 다른 사람의 노비를 유인한 자에게 추징(追徵)하는 법을 세웠다.

의정부에서 아뢰었다.

"남의 노비를 유인해 부리거나 도망치게 한 경우에 연수(年數)에 준하여 (본 주인에게 자신의) 노비를 임시로 빌려주게 하되[假給] (도망친 노비가) 나타날 때까지로 한정하고, 노비가 없는 자에게는 그 값을 징수해주며, (노비가) 죽은 경우에도 또한 똑같이 해야 할 것입니다."

그대로 따랐다.

○ (여진족의) 오도리(吾都里), 마다후(馬多厚), 동고라(童高羅)에게 여름옷을 내려주었다.

---

10 신분이 낮은 아래 관원은 높은 관원의 앞을 지날 때 말에서 내리거나 또 높은 관원이 지나간 뒤에 가야 하는데 이것을 어긴 행위를 가리킨다.

11 죄인이 도망하지 못하도록 그 집을 지키는 것을 말한다.

12 목에 칼을 씌우는 것을 가리킨다.

무인일(戊寅日-14일)에 사관(史官)에게 명해 조계(朝啓)[13]에 들어와 참여하도록 했다. 형조참의(刑曹參議) 최긍(崔兢)이 아뢰어 말했다.

"사관은 일을 기록하는[記事] 직책을 맡았는데, 지금은 오직 경연(經筵) 외에는 들어가지 못하니 신이 생각건대 유감스러움이 있습니다."

상이 사관 정주(鄭賙)를 불러 명하여 말했다.

"지금부터는 육조(六曹)에서 일을 아뢰거든[啓事] 내외를 가리지 말고 들어오도록 하라."

기묘일(己卯日-15일)에 풍해도에 기근이 들었다. 상이 물었다.

"군자곡(軍資穀)에서 진제(賑濟)하고 남은 것과 의창(義倉)에서 나눠 준 것 이외에 현재 남아 있는 수량이 얼마나 되느냐? 혹시라도[儻] 위급한 일이 있을 수 있으니 일시에 다 쓸 수가 없다."

우대언 김과(金科)를 시켜 그 수량을 조사해[知] 결과를 보고하게 했다.

임오일(壬午日-18일)에 가벼운 죄수를 사면했다. 사헌부, 형조, 순금사의 장무(掌務)를 불러 명했다.

---

13 매일 아침 문무백관이 상복(常服) 차림으로 임금을 조알하는 상참(常參)을 마친 후에 조신(朝臣)들이 임금에게 국사(國事)를 아뢰는 정규 회의다. 상참 의식이 끝나면 계사(啓事)할 관원들은 사관(史官)과 함께 전내(殿內)에 들어가 부복(俯伏)하고 차례로 용건을 계문(啓聞-보고)했다. 그런데 이 기사를 보면 사관이 그 전까지는 조계에 참여할 수 없었음을 알 수 있다.

"요즘 바야흐로 더위가 혹심하니 영어(圖圄-감옥)에 오래 머물러 있어 혹 요사(夭死)하게 되면 내가 심히 가슴 아프다. 그중에 가벼운 죄수들을 밝게 가려내 속히 풀어주도록 하라."

병술일(丙戌日-22일)에 의안대군(義安大君) 화(和), 완산군(完山君) 천우(天祐), 여성군(驪城君) 민무질(閔無疾) 등을 불러 작은 술자리를 베풀었다.

○ 일본 지좌전(志佐殿) 사승(使僧)[14]이 대궐에 이르러 예궐(詣闕)하여 하직을 고하니 명을 내려 음식을 대접하고 포(布)를 차등 있게 내려주었다.

정해일(丁亥日-23일)에 종부시 판사(宗簿寺判事) 김관도(金觀道), (종부시) 감정(監正) 김상려(金尙旅)를 보내 선온(宣醞-술)을 가지고 (조선 출신 명나라 환관) 정승(鄭昇)과 김각(金角)의 고향에 가서 그들을 위문하게 했다.

○ 여진 만호(女眞萬戶) 보야(甫也)에게 은대(銀帶) 한 개와 옷 한 벌을 내려주었다.

무자일(戊子日-24일)에 달이 필성(畢星)[15]을 범했다.

○ 사간원에서 소를 올려 진언(陳言)을 거행(擧行)할 것을 청했다.

---

14 사신의 임무를 갖고 온 승려를 말한다.

15 28수(二十八宿)의 열아홉째 별자리에 있는 별들을 가리킨다.

소는 대략 이러했다.

'무릇 말을 구하는 것[求言]은 장차 이를 시행하려 하는 것일 겁
니다. 전하께서는 "먹을 것을 풍족하게 하고 군대를 풍족하게 하고
백성들이 믿고 따르게 하는 도리[足食足兵民信之道]"로 백관(百官)들
에게 말씀을 구하시어[16] 백관들이 각각 그 소견대로 다 진술했으나
그 뒤에 거행(擧行)했다는 말은 듣지 못했습니다. 바라건대 그중에서
시행할 만한 것을 잘 골라서 시행하소서.'

상이 의정부 사인(舍人)을 불러 명하여 말했다.

"부에서 작성한 진언(陳言)의 사목(事目)은 내 뜻에 맞지 아니하니
[不稱] 일단 보류하라."

사간원에서 소를 올려 그중에서 시행할 만한 것을 잘 골라서 시행
할 것을 청하니 다시 의논해 보고하도록 명했다.

경인일(庚寅日-26일)에 이거이와 이저에게 쌀과 콩을 아울러 50석
을 내려주었다. 그들의 곤궁함을 진휼한 것이다.

○ 육조(六曹)와 삼군(三軍)이 의정부에서 모여 진언(陳言)에 대한
가부(可否)를 토의했다.

○ 사헌부에서 소를 올려 (사헌부) 감찰 유빈(柳濱) 등 9명의 죄명
을 청했으나 답하지 않았다. 소는 이러했다.

'감찰 이중만(李仲蔓) 등이 고하기를 "방주(房主) 최사규(崔士規)와

---

16 『논어(論語)』 「안연(顔淵)」편에서 공자가 제자 자공(子貢)과의 문답 중에 나오는 말인데
  태종은 같은 해 4월 1일에 이 말을 던지며 좋은 의견들을 구한 바 있다.

유사(有司) 이사관(李士寬) 등이 장관(長官-대사헌)을 업신여긴 죄로 파직됐습니다. (그런데) 유빈 등 아홉 사람은 함께 그 토의에 참여하고도 아무 일도 없었다는 듯[任然] 도로 출근하고 있으면서 담담하게[恬] 조금도 부끄럽게 여기지 않아 감찰방(監察房)의 풍기(風紀)를 더럽혔으니 이를 핵론(劾論)하여 다스려야 한다"라고 했습니다. 부(府-사헌부)에서 빈(濱) 등에게 물으니 빈 등은 이렇게 대답했습니다. "사규와 사관 등은 이미 파직됐고 대사헌(大司憲) 집의(執義), 장령(掌令), 지평(持平) 등은 한결같이 모두 면직을 청하여 상께서 허락하셨다. 의정부에서 또 대장(臺長)과 감찰(監察)을 모두 출근하게 하자고 청하여 상께서 감찰만 출근하기를 명하시어 출근한 것뿐이다"라고 했습니다. 전하께서 빈(濱) 등에게 출사하도록 명하신 까닭은 단지[特] 감찰의 수(數)가 적어 각사(各司)에서 사헌부를 상대하지 못해[請臺] 업무가 정체되기 때문입니다. 이런 때를 맞아 빈 등이 만약 청하여 말하기를 "신 등이 사규, 사관과 더불어 사실 그 토의를 같이 했으니 벼슬에 나아가고 물러감[去就=進退]과 죄를 받거나 받지 않는 것[得喪=得失]을 의리상 홀로 다르게 할 수는 없습니다. 비록 상의 은혜를 입는다 할지라도 뻔뻔스럽게[靦面] 도로 출근하면 풍헌(風憲)의 누(累)가 될까 두렵습니다"라고 했다면 전하께서 반드시 적절한 처치함이 있었을 것입니다. (그런데) 이러한 계책은 내지 아니하고 마음속으로 복직(復職)을 달게 여기고 있으니 진실로 마땅하지 못합니다. 또 대사헌 이래는 장무(掌務)인 지평(持平) 이흡(李洽)이 갇혔다는 이유로 모두 출근하지 못하고 있다가 흡(洽)이 석방되자 상께서 이래 등에게 비로소 출근하라는 명이 계셨습니다. 그런데 빈 등은 사규와 더불어 항상 이래 등이 사면(辭免)의 청(請)을 더디게 했다고 허물하여 기롱(譏弄)과 풍자(諷刺)를 절절하게 해놓고서 정작 이제 와서 자신을 꾸짖는 것은 어둡습니다. 말과 행동이 어긋나 조정 선비[朝士]의 마땅함을 크게 잃었으니 죄를 줄 것을 청합니다.'

궐내에 머물러두고 내려보내지 않았다. _{조사}

신묘일(辛卯日-27일)에 영의정부사(領議政府事) 평양부원군(平壤府院君) 조준(趙浚)이 죽었다[卒]. 준(浚)의 자(字)는 명중(明仲)이고 호(號)는 우재(吁齋)로 평양부(平壤府) 사람이다. 증조부 인규(仁規, 1237~1308년)[17]는 고려(高麗)(조정)에 공(功)이 있어 벼슬이 문하시중(門下侍中)[18]에 이르렀고, 시호는 정숙(貞肅)이며, 아버지 덕유(德裕, ?~?)[19]는

---

17 평양부(平壤府) 상원(祥原)의 미미한 가문 출생이었으나 몽골어 통역관으로 출세해 충선왕의 장인이 됐으며 권문세가의 반열에 올랐다. 그의 아들은 조서(趙瑞), 조련(趙璉), 조연수(趙延壽), 조위(趙瑋) 등인데 모두 재상의 지위에 올라 가문을 번성하게 했다. 그는 정치적으로도 지위가 높았지만 1292년에 그의 딸이 세자비(충선왕비)로 간택되면서 국구(國舅)가 되어 명실 공히 가장 유력한 존재가 됐다. 또한 1308년(고려 충렬왕 34년) 충선왕이 복위해 왕실과 혼인할 수 있는 가문인 '재상지종(宰相之宗)'을 정했을 때 그의 가문 또한 재상지종 15개 가문에 포함됐다. 조인규는 1298년 세자인 충선왕이 즉위하자 사도시중참지광정원사(司徒侍中參知光政院事)로서 왕의 개혁정책을 크게 뒷받침해주었다. 그러나 충선왕 비인 계국대장공주(薊國大長公主)의 조비(趙妃)에 대한 질투로 일어난 조비무고사건(趙妃誣告事件)으로 왕이 7개월 만에 퇴위하고 충렬왕이 복위하면서 그도 원나라에 끌려가 안서(安西)로 장류(杖流)됐다.

18 조선시대의 영의정에 해당한다.

19 아버지는 판도판서(版圖判書) 찬성사(贊成事) 조련(趙璉)이다. 어머니는 오씨(吳氏)다. 아들로 조후(趙煦), 조린(趙璘), 조정(趙靖), 조순(趙恂), 조준(趙浚), 조견(趙狷)이 있다. 성정(性情)이 청백하고 강압(强壓)을 두려워하지 않았으며 영화와 이익을 생각하지 않았다. 아버지 조련의 작위를 이어받아 왕부단사관(王府斷事官)이 됐다. 왕부(王府)의 중요한 사무를 처리하며 국왕을 보필했다. 벼슬은 판도판서에 이르렀다.

판도판서(版圖判書)[20]다. 준(浚)은 집안이 대대로 귀하고 현달했으나 조금도[略無] 귀공자[紈綺]의 습성이 없었고 어려서부터 큰 뜻이 있어 충효(忠孝)만은 자신이 넉넉히 할 수 있는 일이라고 여겼다[自許]. 어머니 오씨(吳氏)가 일찍이 새로 급제(及第)한 사람의 가갈(呵喝)[21]을 보고 탄식하여 말했다.

"내가 아들이 비록 많지만 단 한 사람도 과거에 급제한 자가 없으니 장차 어디에 쓸 것인가?"

준(浚)이 곧바로 눈물을 흘리며 스스로 맹세하고 분발해 배움에 힘썼다[力學]. 홍무(洪武) 신해년(辛亥年-1371년)에 고려 공민왕(恭愍王)이 수덕궁(壽德宮)에 있을 때 준이 책을 끼고 궁궐 앞을 지나가는데, 왕이 그를 보고서 기이하게 여겨 그 자리에서 보마배 행수(步馬陪行首)에 보임하고 매우 아꼈다. 갑인년(甲寅年-1374년) 과거(科擧)에 합격했다. 병진년(丙辰年-1376년)에 좌우위 호군(左右衛護軍) 겸 통례문 부사(通禮門副使)에 제배됐다가 뽑혀서 강릉도 안렴사(江陵道按廉使)가 됐는데 (그곳의) 관리와 백성들이 두려워하면서도 사모하여[畏愛] 사납고 간사한 무리들이 제대로 숨을 쉬지 못했다[屏息]. 순행하다가 정선군(旌善郡)에 머물면서 다음과 같은 시(詩)를 남겼는데 식자(識者)들이 맞는 말이라고 여겼다[韙=正].

동쪽 나라 바다를 깨끗이 씻을 날이 있을 것이니

---

20 조선시대의 호조판서(戶曹判書)에 해당한다.
21 귀인의 행차에 행인을 꾸짖어 물리치는 것을 뜻한다.

여기 사는 백성은 얼굴 씻고 깨끗이 맑아질 그때를 기다리게나.

여러 번 올라[遷=陞] 전법판서(典法判書)에 이르렀다. 이때 조정의
정치가 날로 어지럽고[紊=亂] 왜구(倭寇)가 곳곳에 출몰하여[充斥]
장수(將帥)들은 두려워서 위축돼 있었다. 임술년(壬戌年-1382년) 6월
에 병마도통사(兵馬都統使) 최영(崔瑩)이 준(浚)을 들어 경상도 감군
(慶尙道監軍)²²을 맡겼다. 준이 이르러 도순문사(都巡問使) 이거인(李
居仁, ?~1402년)²³을 불러 두류(逗遛)²⁴한 죄를 문책하고[數=譴責] 병
마사(兵馬使) 유익환(兪益桓)을 목 베어 장수들에게 조리를 돌리니
[徇] 장수와 부장들이 다리를 덜덜 떨며[股栗=股慄] 명령을 받들
었다. 계해년(癸亥年-1383년)에 (중앙으로 돌아와) 밀직제학(密直提
學)²⁵에 제배됐다. 무진년(戊辰年-1388년) 여름에 최영이 군사를 일
으켜 요동(遼東)을 공격하려 할 때 우리 태상왕(太上王)이 의로움을

---

22 고려시대에 군사적 요충지에 설치되어 각 지역의 방어 및 주둔 군대의 책임을 맡았던 기
관의 장이다.

23 고려 우왕 초기에 밀직부사를 지내고 이때인 1382년(우왕 8년) 경상도 도순문사로 왜
구를 소탕했다. 1388년에 지문하(知門下-문하부지사)로 상만호가 돼 임견미사건(林堅味
事件)을 맡았고, 1389년(공양왕 1년) 문하평리(門下評理)로 재직 시에는 김저(金佇)의 옥
사에 연루되어 유배됐다가 1391년 경상도 관찰사로 다시 등용됐다. 이듬해 조선이 건국
되자 삼사좌사(三司左使)로 진위사(陳慰使)가 되어 명나라에 다녀오고 뒤에 청천백(淸川
伯)에 봉해졌다. 1394년(태조 3년) 개성부 판사로 있을 때 예전에 사신으로 가서 밀무역
을 한 사실과 타인의 가기(家基)를 탈취한 일로 사간원의 탄핵을 받아 이듬해 파직됐다.
1399년(정종 1년) 조박(趙璞) 살해음모에 연루돼 청주에 유배됐고, 이듬해 삼사판사(三司
判事)로 있다가 물러났다.

24 전장(戰場)에서 나가지 않고 머무는 경우를 가리킨다.

25 밀직사는 왕명의 출납, 궁중의 숙위, 군기의 정사를 맡아보던 관서로 조선시대 승정원 기
능에다가 임금의 호위 책임까지 맡았던 기관이다.

들어[仗義] 군사를 돌려[回軍] 영을 잡아 내쫓고 그동안 쌓인 폐단[積弊]을 크게 개혁하여 제반 정사[庶政]를 일거에 새롭게 하려고 하셨다. 준이 중망(重望)이 있다는 말을 평소에[雅=素] 들으시고 불러서 함께 일을 의논하시고는 크게 기뻐하시어 밀직사 지사(密直司知事) 겸 사헌부 대사헌으로 발탁하시어 크고 작은 일을 가리지 않고 모두[悉=盡] 물어서 하니 준은 감격하여 분발(奮發)하기를 다짐하고[思奮] 아는 것이 있으면 말하지 않는 것이 없었고 정치의 제도와 기강[經紀]을 바로잡았으며 (백성들에게) 도움이 되는 것은 일으키고 해로운 것은 없애 이 나라 백성들로 하여금 탕화(湯火)[26] 가운데서 나와 즐겁게 살 수 있겠다는 마음을 품게 한 것은 준(浚)의 힘써준 바가 자못 많았다.

가짜 임금[僞主] 신우(辛禑)[27]가 강화(江華)로 물러나자[遜=退] 태상이 왕씨(王氏)를 세우자는 의견을 냈는데, 수상(首相-시중) 조민수(曹敏修, ?~1390년)[28]는 평소 이인임(李仁任, ?~1388년)[29]의 당(黨)이

---

26 펄펄 끓는 뜨거운 물을 말한다.

27 고려 우왕을 조선에서 폄하한 이름이다. 그의 왕비인 이근비(李謹妃)는 이림(李琳)의 딸이고, 최영비(崔寧妃)는 최영(崔瑩)의 딸이다.

28 1361년(공민왕 10년) 순주부사(順州府使)로 여러 장군과 함께 홍건적의 침입을 물리치고 2등공신에 올랐다. 우왕 초에 경상도 도순문사로 왜구를 물리쳤고 문하부 지사·서북면 도체찰사에 올랐다. 1383년 문하시중(門下侍中)을 역임하고 창성부원군(昌城府院君)에 봉해졌다. 1388년 요동정벌군의 좌군도통사(左軍都統使)로 출정했다가 이성계(李成桂)와 함께 위화도에서 회군해 우왕을 폐하고 창왕을 세우는 데 중요한 역할을 했다. 1389년(창왕 1년) 이성계 일파의 전제개혁을 반대하다가 조준(趙浚) 등의 탄핵으로 창녕에 유배됐다. 이해 창왕의 생일에 특사로 풀려나왔으나 다시 우왕의 혈통을 에워싼 논쟁에서 이성계 일파에 대항하다가 서인(庶人)으로 강등, 다음 해에 다시 창녕으로 유배돼 죽었다.

29 할아버지는 이조년(李兆年)이다. 공민왕이 피살되자 명덕태후(明德太后)와 시중 경복흥(慶復興)이 종친을 새로운 왕으로 세우려 하자 자신의 일파와 모의해 나이 10세의 어린

되어 우(禑)의 아들 창(昌)을 세웠다. 이에 준(浚)이 민수(敏修)의 간 사함을 가장 먼저 논하여[首論] 그를 내쫓고, 이어서 인임(仁任)의 죄를 논하여[繼論] 그 시호(諡號)와 뇌문(誄文)³⁰을 깎아 없앨 것을 청했으며, 또 사전(私田)을 폐지해 민생(民生)을 두텁게 할 것을 청하니 세가(世家)와 거실(巨室)에서 원망과 비방이 들끓었으나[沸騰], 준(浚)은 자신의 입장을 지키며[論執] 더욱 힘썼다. 태상의 뜻은 준(浚)과 맞아[叶=協] 끝내 여러 의견을 물리치며 시행했고 문하부 지사(門下府知事)에 올랐다. 기사년(己巳年-1389년) 겨울에 창(昌)이 친조(親朝)할 것을 청하니 (명나라) 예부(禮部)에서 성지(聖旨-황제의 뜻)를 받들어 도평의사사(都評議使司)에 그것을 보내 다른 성씨가 왕이

우왕을 즉위시켰다. 한편 당시 고려에 와 있던 명나라 사신 채빈(蔡斌)이 공민왕 피살사건을 본국에 보고해 책임이 재상인 자신에게 돌아올까 염려해 일을 마치고 돌아가는 채빈을 호송관 김의(金義)로 하여금 살해토록 하고 그동안 배척당했던 원나라와 가깝게 지내려고 했다. 이에 삼사좌윤(三司左尹) 김구용(金九容), 전리총랑(典理摠郞) 이숭인(李崇仁), 전의부령(典儀副令) 정도전(鄭道傳), 삼사판관(三司判官) 권근(權近)이 정부의 친원외교정책을 비판하고 우헌납 이첨(李詹)이 이인임과 찬성사 지윤(池奫)의 죄목을 열거하며 이들을 목 벨 것을 상소했다. 그러자 최영(崔瑩)·지윤 등과 합세해 이첨·전백영을 사기죄로 몰아 유배시키고, 김구용·이숭인·정몽주·임효선(林孝先)·정사도(鄭思道)·박형(朴形)·이성림(李成林) 역시 자신을 해치려 한다며 모두 유배시켰다. 반대세력을 제거한 후에 지윤·임견미(林堅味)·염흥방(廉興邦)과 함께 권력을 휘두르며 관직과 옥(獄)을 팔고, 전국에 걸쳐 토지와 노비를 축적하는 등 탐학을 일삼았다. 이어 영문하부사(領門下府事), 영삼사사(領三司事)를 거쳐 영중방사헌개성부사(領重房司憲開城府事)에 임명되었고, 1386년(우왕 12년)에는 다시 좌시중이 됐다가 이듬해 노병으로 사직했다. 1388년에 염흥방의 가노(家奴) 이광(李光)이 주인의 권세를 배경으로 전직 밀직부사 조반(趙胖)의 토지를 빼앗자 이에 격분한 조반이 이광을 죽였다. 이에 염흥방이 조반을 국가모반죄로 몰아 순군(巡軍)에 가두고 심하게 고문시킨 사건이 발생했다. 이를 계기로 그동안 기회를 엿보던 우왕·최영·이성계 등이 오히려 염흥방·임견미·왕복해(王福海) 등을 처단하고 그 일파를 유배시켰는데, 이때 이인임도 경산부로 옮겨졌다가 곧 죽었다.

30 조문(弔文)이다.

된 것을 꾸짖었는데 창(昌)의 외조부 이림(李琳, ?~1391년)[31]이 수상(首相)이 돼 비밀에 붙이고 발표하지 않았다. 준(浚)은 평소 왕씨(王氏)의 뒤가 끊긴 것[不祀]을 분하게 여기고 드디어 태상의 계책(計策)[32]에 찬성해 심덕부(沈德符), 정몽주(鄭夢周) 등 일곱 사람과 더불어 공양군(恭讓君)을 맞아들여 (왕으로) 세웠다. (이 일로 인해) 문하평리(門下評理)[33]에 올랐고 책훈(策勳)[34]하여 조선군 충의군(朝鮮郡忠義君)으로 봉해졌는데, 세상에서 이를 9공신(九功臣)[35]이라 이른다.

경오년(庚午年-1390년) 겨울에 찬성사(贊成事)가 되고 신미년(辛未年-1391년) 6월에 명나라에 들어가 성절(聖節)을 하례했는데 가던 길에 북평부(北平府-지금의 베이징)를 지나게 되었고, 이때 (훗날의)

---

31 1378년 판밀직(判密直)으로서 양광도, 전라도의 조전원수를 겸해 연산에 침입한 왜구를 격퇴했고 이듬해 개성부 판사로서 그의 딸이 우왕의 비(妃)로 책봉됨으로써 철성부원군(鐵城府院君)에 봉해졌다. 1389년(창왕 1년) 조준(趙浚)·이성계(李成桂) 등이 전제개혁(田制改革)을 주장하자 이를 반대했고, 이해 문하시중으로서 김저(金佇)의 옥사에 연루됐으나 창왕의 외할아버지라 하여 극형을 면하고 철원에 유배됐다. 1390년 윤이(尹彝)와 이초(李初)의 옥사가 일어나자 이성계 일파의 모함으로 충주에 유배돼 병사했다.

32 공양왕을 왕으로 세우자는 계책이다.

33 고려 말에 설치됐던 문하부(門下府)의 종2품 관직이다. 고려 전기의 참지정사(參知政事)의 후신이다. 1275년(충렬왕 원년) 참지정사가 참의참리(參議參里)로 바뀌었다가 충선왕에 의해 첨의평리로 고쳐졌고, 이것이 1330년(충숙왕 17년) 다시 첨의참리로 고쳐지고 1356년(공민왕 5년) 참지정사로, 뒤에 다시 첨의평리로 각각 바뀌었다가 1369년(공민왕 18년)에 도첨의부가 문하부로 개편되면서 참지문하부사(參知門下府事)를 거쳐 1372년(공민왕 21년) 문하평리가 됐다.

34 공훈이 있는 사람에게 그 공을 찬양하여 훈작(勳爵)을 주는 일이다.

35 1389년(창왕 1년)에 이성계(李成桂)가 주동이 돼 이른바 폐가입진(廢假立眞)이라 하여 우왕과 창왕을 왕족이 아닌 신돈(辛旽)의 자손이라 하여 이를 폐하고 신종의 7세손인 정창군(定昌君) 왕요(王瑤)를 공양왕으로 추대해 즉위하게 했다. 이로 인해 뒤에 공신이 되었는데, 9공신은 이성계·정몽주(鄭夢周)·심덕부(沈德符)·지용기(池湧奇)·설장수(偰長壽)·성석린(成石璘)·박위(朴葳)·조준(趙浚)·정도전(鄭道傳)이다.

태종 황제(太宗皇帝-영락제)가 연저(燕邸)에 있으면서 마음을 쏟아
[傾意] (준을) 대접했다. 준(浚)이 물러나와 사람들에게 말했다.
경의

"왕(王)은 큰 뜻을 갖고 있으니 아마도 거의 그냥 외번(外藩)에 있
지는 않을 것이다."

그때 정몽주가 우상(右相-우시중)으로 있으면서 태상왕의 심복
(心腹)과 우익(羽翼)을 없애려고 하여 비밀히 공양왕에게 고하여 말
했다.

"(창왕을 폐하고 공양군을 세우자고) 정책(定策)하던 날에 준(浚)은
다른 의견이었습니다."

공양은 이 말을 믿고서 드디어 준에게 앙심을 품었다[慊]. 임신년
겸
(壬申年-1392년) 3월에 몽주는 태상이 말에서 떨어져[墜馬=落馬] 병
추마   낙마
이 위독할 때를 틈타서[乘] 마침내 대간(臺諫)을 시켜 준(浚)과 남은
승
(南誾), 정도전(鄭道傳), 윤소종(尹紹宗, 1345~1393년),³⁶ 남재(南在),
오사충(吳思忠), 조박(趙璞) 등을 탄핵하면서 붕당(朋黨)을 만들어
정치를 어지럽게 한다고 지적하여 모두 외방으로 유배 보냈다[竄].
찬
얼마 안 가[尋] 수원부(水原府)로 잡아 올려 그들을 극형에 처하려
심
고 했다. 4월에 우리 주상(主上-태종)께서 조영규(趙英珪)를 시켜 몽

36 이색(李穡)의 문인으로 1365년 예부시에 을과 제1인으로 대책이 가장 뛰어나 춘추수찬
(春秋修撰)을 배수받았다. 1386년 성균사예로 기용되었으며, 1388년 이성계(李成桂)가
위화도에서 회군할 때 동문 밖에 나가 영접하고 곽광전(霍光傳)을 바쳤다. 그것은 우왕을
폐하고 다른 왕씨를 왕으로 추대할 것을 암시하기 위해서였다. 이성계가 조준(趙浚) 등과
함께 사전(私田)을 혁파하고자 했을 때 정도전(鄭道傳)과 함께 힘써 협력했다. 이때 정몽
주 일파의 간관에게 탄핵을 당해 유배됐다가 정몽주가 피살되자 비로소 유배에서 풀려
났다. 조선이 개창되자 병조전서(兵曹典書)로 부름을 받아 원종공신이 됐으며 수문관 대
제학(修文館大提學)을 지냈다. 경사(經史)를 두루 섭렵했고 성리학에 더욱 정밀했다.

주를 쳐서 죽이게 하여 준(浚)은 죽음을 면하고 찬성사(贊成事)에 복직됐다. 7월 신묘일에 준이 여러 장상(將相)들을 이끌고 태상을 추대했다. (태상이) 자리에 나아가던[卽位] 날 저녁에 준을 와내(臥內-침실)로 불러서 말했다.

"경은 한 문제(漢文帝)가 대저(代邸)에서 (장안으로) 들어와 밤에 송창(宋昌)[37]을 위장군(衛將軍-호위대장)으로 삼아 남북군(南北軍)을 진무(鎭撫)하게 한 뜻을 아는가?"

그 때문에 도통사(都統使) 은인(銀印)과 화각(畫角), 동궁(彤弓-붉은 활)을 내려주면서 말했다.

"5도 병마(五道兵馬)를 모두 경에게 맡겨 그들을 통솔하게 한다."

드디어 문하우시중(門下右侍中)을 제배해 평양백(平壤伯)에 봉했다. 제1등의 훈작(勳爵)을 봉해 동덕분의좌명개국공신(同德奮義佐命開國功臣)의 칭호를 내려주고 식읍 1,000호(戶), 식실봉(食實封)[38] 300호와 전지(田地), 노비(奴婢) 등을 내려주었다.

무안군(撫安君) 방번(芳蕃)은 차비(次妃-계비) 강씨(康氏)가 낳았다. 태상이 그를 특별히 아꼈고[絶愛] 강씨가 개국(開國)에 공(功)이 있다고 핑계를 대 그를 세워 세자(世子)로 삼고 싶어 해 준(浚)과 배

---

37 유방이 산둥[山東]에서 거병했을 때 이를 따랐고, 도위가 되어 형양(滎陽)을 지키고 식읍을 받았다. 유항(劉恆-문제)이 대왕(代王)에 책봉되었을 때 중위가 되어 함께 대나라로 갔다. 대왕이 황제로 즉위하니 공적을 인정받아 장무후(壯武侯)에 봉해졌다.

38 임금이 왕족이나 공신 등에게 직접 조세를 받아 쓰도록 떼어준 일정한 지역의 민호(民戶)를 가리킨다. 식읍은 상징적인 것이라면 식실봉은 실질적으로 그들의 조세를 받을 수 있는 민호를 가리킨다.

극렴(裵克廉, 1325~1392년),[39] 김사형(金士衡), 정도전(鄭道傳), 남은(南誾) 등을 불러 토의를 하니 극렴이 말했다.

"적자(嫡子)를 세워 우두머리로 삼는 것은 고금(古今)을 통한 의리입니다."

태상이 불쾌해했다[不悅]. 준(浚)에게 물었다.
불열

"경의 뜻은 어떠한가?"

준이 대답했다.

"세상이 태평하면 적장자를 먼저 하고 세상이 어지러우면 공(功)이 있는 이를 먼저 하오니 바라건대 다시 세 번 생각하소서."

강씨가 이를 엿들어[覘] 알고는 우는 소리가 (대전) 밖에까지 들
첨
렸다. 태상이 종이와 붓을 가져다 준에게 주며 방번의 이름을 쓰게 하니 준은 바닥에 엎드려 한사코 쓰지 않았다. 태상이 결국 강씨의 작은아들 방석(芳碩)을 세워 세자로 삼으니 준(浚) 등이 감히 더는 말하지 못했다.

12월에 문하좌시중(門下佐侍中)이 됐다. 준이 전(箋)을 올려 식읍과 실봉(實封)을 사양하니 특별히 전교(傳敎)하여 윤허하지 않았고

---

39 1388년의 요동 출병 때 우군의 조전원수(助戰元帥)로 우군도통수(右軍都統師)인 이성계(李成桂)의 휘하에 참여해 위화도회군(威化島回軍)을 도왔다. 1389년(창왕 1년) 10월 문하찬성사(門下贊成事)로 승진하고, 하정사(賀正使)로 명나라에 다녀왔다. 1390년(공양왕 2년)에는 평리(評理)로서 회군공신(回軍功臣)에 추록됐으며 같은 해에 양광도 찰리사(楊廣道察理使)가 돼 한양 궁궐의 조성을 감독했다. 이어 3군도총제부(三軍都摠制府)의 중군총제사(中軍摠制使)가 돼 도총제사(都摠制使) 이성계의 병권 장악에 일익을 담당했다. 1392년에 수문하시중(守門下侍中)에 올라 그해 7월 문하우시중(門下右侍中)으로 조준(趙浚), 정도전(鄭道傳)과 함께 공양왕을 폐하고 이성계를 추대해 조선 건국에 중요한 소임을 담당했다. 이어 1등 개국공신이 되고 성산백(星山伯)에 봉해졌으며 문하좌시중(門下左侍中)이 됐다. 1392년 11월 세상을 떠났으며 고려와 조선 두 왕조에 걸쳐 정승에 올랐다.

은총(恩寵)과 위임(委任)이 비할 데 없었다. 갑술년(甲戌年-1394년)에 또 5도도통사(五道都統使)가 되고 막료(幕僚)를 두었다. 태상이 명해 도성(都城) 사문(四門)의 열쇠를 주관하게 하고[管鑰] 그것을 준(浚)의 집에 간직해두고 (사문(四門)의) 열고 닫음[啓閉=開閉]을 맡게 했다.

관약

계폐　개폐

정축년(丁丑年-1397년)에 고황제(高皇帝)가 본국(本國)의 표사(表辭)[40] 안에 희모(戲侮)[41]하는 글자[字樣]가 들어 있다 하여 사신(使臣)을 보내 그 글을 지은 사람 정도전(鄭道傳)을 잡아서 경사(京師)로 보내게 하니[42] 태상이 준(浚)을 불러 비밀리에 의견을 물었는데, 대답하기를 보내지 않을 수 없다고 했다. 도전(道傳)은 그때 삼군부 판사

자양

---

40 외교문서인 표문(表文)의 글 내용을 뜻한다.

41 희롱하고 업신여긴다는 뜻이다.

42 이것을 중국사에서는 문자옥(文字獄)이라고 한다. 중국의 역대 왕조에서는 문서를 작성하는 데 한자를 사용했고, 표의문자인 한자로 구성된 한문에서 동음이의자 등을 써서 은밀한 뜻을 드러내는 문장을 작성하는 것이 가능했다. 그 때문에 위정자에게 불온분자를 적발하는 것에는 우선적으로 그가 쓴 문서를 거둬들여 그가 자신의 글 속에 무슨 뜻을 숨겨두었는지 찾는 것이 가장 먼저 수행됐다. 그러나 대부분의 경우는 필자가 의도하지 않는 뜻으로 임의로 짜맞춘 엉터리 증거들이었고, 이에 대한 우려와 비판을 담은 말이 문자옥이다. 문자의 옥이 중국 역사에서 가장 현저했던 사례는 명(明)왕조에 들어서부터였다. 1368년에 명왕조가 수립된 뒤 홍무제(洪武帝-주원장)는 개국공신을 숙청하기 시작했다. 스스로가 비천한 농부의 아들로 태어났다는 열등감에 사로잡혀 살았던 홍무제는 문인들에게 시기심을 품고 있었다. 그 때문에 많은 관료가 문서에 '황제를 비방하고 있다'며 처벌을 명했다. "하늘에 길이 있다[天道]"라는 말에서 도(道)를 도(盜)와 같은 발음으로 읽어 황제를 '도둑놈'이라고 비방한 것이라고 몰아세우는가 하면 "빛나는 하늘 아래 하늘이 성인을 내시어 세상을 위해 도리를 만드셨도다[光天之下, 天生聖人, 爲世作則]"라는 구절을 지어 황제를 칭송한 문인은 빛[光]이란 '승려'를 말하며 황제 자신이 한때 승려생활을 했던 것을 조롱하는 것으로 몰아 죽였다. 칙(則)도 적(賊)과 같은 발음이라고 해서 황제를 '도적'으로 비방한 것으로 몰았다. 조선에서 올린 표문에서도 이런 사례들이 발견되지 않을 수 없었을 것이다.

천도

광천지하　천생성인　위세작칙

(三軍府判事)로 있었는데, 병(病)을 핑계 대며 가지 않고서 마침내 몰래 모의하기를 국교(國交)를 끊으면 자기가 화(禍)를 면할 것이라 여기고서 드디어 건의했다[建言=建白].
건언　건백

"장병을 훈련하는 것은 군국(軍國)의 급무(急務)이니 진도훈도관(陣圖訓導官)을 더 두고 대소(大小) 중외(中外) 관리로서 무직(武職)을 맡은 자와 아래로 군졸(軍卒)에 이르기까지 모두 훈련하게 하여 이에 대한 감독을 엄중히 할 것입니다."

남은(南誾)과 깊이 결탁해 은(誾)으로 하여금 글을 올리게 했다.

'사졸(士卒)의 훈련이 끝났고 군량(軍糧)이 이미 갖춰졌으니 이때를 틈타[乘時] 동명왕(東明王)의 옛 강토를 회복할 수 있을 것입니다.'
승시

태상은 다만 그렇다고 여기지 않았다.

은(誾)이 여러 차례 말하니 태상이 도전에게 물었다. 도전은 옛날에 외이(外夷-오랑캐)가 중원(中原)에서 임금이 된 것을 차례대로 논하여 참으로 은의 말은 믿을 만하다고 말하고, 또 도참(圖讖)을 끌어들여 그 말에 붙여서 맞췄다[傅會=牽強附會]. 준은 (병으로) 휴가
부회　견강부회
중이라 집에 있은 지 한 달이 넘었는데 도전과 은이 명을 받들어 준의 집에 이르러 이를 알리고 거듭 말했다.

"상의 뜻은 이미 결정되었소."

준(浚)이 옳지 못하다 하여 이렇게 말했다.

"이는 다만 그대들의 오산일 뿐이다. 상의 뜻은 본래 이와 같지 않으시다. 아랫사람으로서 윗사람을 범하는 것[犯上]은 불의(不義) 중
범상
에서도 가장 큰 것이고 나라의 존망(存亡)이 이 한 가지 일에 달려 있다."

드디어 억지로 병(病)을 이기고 들어와서 뵙고 아뢰었다.

"전하께서 즉위하신 이래 백성들의 기뻐하고 우러러보는 것이 도리어 잠저(潛邸) 때에 미치지 못하고, 요즈음 양도(兩都)의 부역으로 인해 백성들의 피로함이 극에 이르고 있습니다. 하물며 지금 천자(天子)는 밝고 빼어나[明聖] 당당(堂堂)한 천조(天朝-명나라 조정)를 틈탈 곳이 전혀 없는데, 극도로 지친 백성들을 갖고서 불의(不義)의 일을 일으키면 반드시 패하리라는 것을 어찌 의심하겠습니까?"

마침내 목메어 울며 눈물을 흘렸다. 은(誾)이 말했다.

"정승(政丞-조준)은 다만 두승(斗升)의 출납(出納)만을 알 뿐이오. 어찌 기이한 모의[奇謀]와 훌륭한 계책[良策]을 능히 낼 수 있겠소?"

태상왕이 준의 말을 따르면서 이와 관련된 토의는 마침내 그쳤다.

도전은 또 준을 대신해 정승[相]이 되려고 하여 은과 함께 늘 태상에게 준의 단점을 말했으나 태상이 준을 대우하는 것은 더욱 두터워졌다. 일찍이 화공(畫工)에게 명해 준의 화상(畫像-초상화)을 그려서 내려준 것이 두 차례였고, (심지어) 도전으로 하여금 그 화상에 찬(讚-찬사의 글)을 짓게 했다.

상(上-태종)이 잠저(潛邸)에 있을 때 일찍이 준의 집을 들렀는데 준이 중당(中堂)에 맞이하여 술자리를 베풀고 매우 삼갔다. 그러고는 『대학연의(大學衍義)』[43]를 바치며 말했다.

---

43 중국 송대(宋代)의 거유(巨儒) 진덕수(眞德秀)가 편찬했다. 그 내용은 「제왕위학차서(帝王爲學次序)」, 「제왕위학본(帝王爲學本)」, 「격물치지지요(格物致知之要)」, 「성의정심지요(誠意正心之要)」, 「수신지요(修身之要)」, 「제가지요(齊家之要)」의 6편으로 나눠 편마다 고현(古賢)의 언행을 들고, 이에 고증(考證)을 첨가해 논설했다. 1234년 이것을 황제에게 바치고,

"이것을 읽으면 가히 나라를 다스릴 수 있을 것입니다."

상은 그 뜻을 알고서 받았다. 무인년(戊寅年-1398년) 가을에 갑자기 변(變)이 일어나 상이 밤에 박포(朴苞, ?~1400년)[44]를 보내 준을 부르고 또 스스로 길에 나와서 그를 맞았다[逆=迎]. 준이 이르러 백관을 거느리고 전(箋)을 올려 적장자(嫡長子)를 세워 세자로 삼을 것을 청하니 태상이 그리하라고 했다. 9월에 상왕(上王-정종)이 내선(內禪)을 받았고 이에 (준에게) 공(功) 1등(等)을 기록하고 이로 인해 좌정승에 제배하고 정난정사공신(靖難定社功臣)의 이름을 더하고 다시 전지와 노비를 내려주었다.

기묘년(己卯年-1399년) 8월 상왕의 꿈에 준이 벼슬과 지위가 분수에 넘친다며 스스로 진술하여 물러가기를 청했는데, 날이 밝자 준이

1264년 마정란(馬廷鸞)이 황제 앞에서 진강(進講)한 후부터 제왕의 보전(寶典)으로 존숭(尊崇)됐다.

44 조선의 건국에 대장군으로서 공을 세워 개국공신 2등에 책봉됐다. 1398년(태조 7년) 1차 왕자의 난에 공을 세워 중추원지사가 됐다. 이무(李茂)가 정사공신(定社功臣) 1등에 책봉된 것을 비방했다가 도리어 죽주(竹州)에 유배됐으나 얼마 뒤에 소환됐다. 그 뒤 2차 왕자의 난에 간여했다. 마침 회안군(懷安君) 방간(芳幹)의 집에 가서 장기를 두던 중 우박이 내리며 하늘에 붉은 빛이 나타나는 걸 목격했다. 그는 겨울에 비가 오고 하늘에 요사한 기운이 있음을 들어 근신할 것을 방간에게 청했다. 그리고 군사를 맡지 말며 출입을 삼가고 의관을 정제해 행동을 신중히 하기를 고려조 자손인 여러 왕씨의 예와 같이 하라고 했다. 이에 방간은 그러한 방책을 못마땅하게 여기면서 또 다른 방책을 요구했다. 그러자 그는 "주(周)나라 태왕에게 아들 셋이 있었는데, 그중 막내아들인 왕계(王季)에게 왕위를 전할 뜻이 있으므로 왕계의 두 형인 태백(泰伯)과 중옹(仲雍)이 형만(荊蠻)으로 도망하던 것과 같이 하는 것이 옳다"는 말을 전했다. 그러나 방간이 또 다른 방책을 요구하자 "정안군(靖安君)은 군사가 강해 많은 무리가 붙어 있고, 방간의 군사는 약하며 위태함이 마치 아침 이슬과 같으므로 먼저 선수를 써서 쳐부수는 것이 낫다"고 했다. 방간이 이 말을 좇아 군사를 일으켰는데, 공신 중 박포와 장사길(張思吉)만이 따르고, 그 나머지는 모두 방원(芳遠)을 좇았다. 방간은 패하자 토산(兎山)으로 유배를 가고, 박포는 방간을 꾀어 난을 일으킨 죄목으로 죽임을 당했다.

과연 전(箋)을 올려 물러나기를 청하니 상왕이 한참 동안이나 감탄하다가 위로하고 타일러 허락하지 않았다. 12월에 다시 사직하니 문하부 판사로 집에 가 쉬게 했다.

준(浚)이 수상(首相-좌의정)으로 있은 것은 8년이다. 나라를 처음 창건하던 초기라 정사가 번거롭고 사무가 바빴는데, 우상(右相) 김사형(金士衡)은 순박하고 조심하며[醇謹] 스스로를 지킬 줄 알아[自守] 일은 모두 준이 결단했다. 준은 굳세고 밝으며 바르고 컸으며[剛明正大] 과감(果敢)하여 의심하지 않았고, 비록 대내(大內-임금)에서 지휘(指揮)를 내릴지라도 옳지 못함이 있으면 문득 이를 가지고 있으면서 아래로 내리지 아니해도 동렬(同列)들이 숙연하여 감히 한마디 말도 하지 못했다. 이에 체통이 엄격하고 기강이 떨쳤다. 그러나 임금의 사랑을 독점하고 권세를 오래 잡고 있었기 때문에 원망하는 사람들이 많았다. 준은 이미 정승을 사면하고 문을 닫고 들어앉아 손님을 사절하며 시사(時事)를 말하지 않았다. 애초에 정비(靜妃-민씨)의 동생 무구(無咎)와 무질(無疾)이 좋은 벼슬을 여러 차례 청했으나 준이 눌러서 쓰지 않았다[不用]. 경진년(庚辰年-1400년) 7월에 이들 두 사람이 몰래[陰] 대간을 사주해 유언(流言)과 몇 가지 일을 가지고 준을 논해 국문할 것을 청하니 드디어 순위부 옥에 내려졌다. 상이 동궁(東宮)에 있으면서 일이 민씨(閔氏)들에게서 나온 줄 알고 노하여 말했다.

"대간은 마땅히 이른 아침부터 저녁 늦게까지 직사(職事)에 이바지해야 될 것인데, 세도가(勢道家)에 분주히 다니면서 그들의 뜻에 맞춰[希旨] 일을 만들어내[生事] 충량(忠良)한 사람을 무고(誣告)하여 해치니 이는 실로 전조(前朝-고려) 말기의 폐풍(弊風)이다."

일을 조사하는 위관(委官) 이서(李舒)에게 말했다.

"재신(宰臣-조준)은 바른 사람[正人]이고 군자(君子)이니 옥사(獄辭)를 꾸며서[羅織] 사람을 사지(死地)에 빠뜨릴 수는 없다."

곧바로 상왕에게 아뢰어 준을 풀려나오게 했다. 11월에 상이 왕위에 나아가자 그대로 문하부 판사로 제배했고 갑신년(甲申年-1404년) 6월에 다시 좌정승(左政丞)이 됐다. 준이 다시 정승이 되어 일을 시행하고자 했으나 번번이 자신과 뜻이 다른 자에게 견제를 받아[掣肘] 어찌할 수가 없었다. 얼마 안 되어 다시 물러나 의정부 영사(議政府領事)가 되었다. 졸한 나이[卒年]는 60세다.

임금이 매우 슬퍼하여 통곡하고 소선(素膳)을 들었으며, 3일 동안 조회를 정지했고[輟朝] 상과 세자(世子)가 직접 가서 조문했으며, 시호(諡號)를 내려 문충(文忠)이라 했다. 그의 죽음을 들은 자는 애석해하지 않는 자가 없었다. 장사할 때 이르러서는 삼도감(三都監) 녹사(錄事)와 각사(各司) 이전(吏典)의 무리들이 모두 노제(路祭)를 베풀고 곡했다.

준은 만년(晚年)에 비방을 자주 들었으므로 스스로 물러나 피하려고 힘썼다. 그러나 상의 친애와 대우는 조금도 쇠하지 않았다. 상이 일찍이 공신들과 함께 잔치를 베풀었는데 술이 준에게 이르자 상이 수(壽)를 빌고 그를 위해 자리에서 일어섰다. 그가 죽은 뒤에 뛰어난 정승[賢相]을 논할 때에는 풍도(風度)와 기개(氣槪)에서는 반드시 준을 으뜸으로 삼고 항상 조정승(趙政丞)이라 칭했지, 이름을 부르지 않았다. 처음부터 끝까지 이를 공경하고 중히 여김이 이와 같았다.

준(浚)은 국량(局量)[宇量]이 너그럽고 컸으며[寬弘] 풍채가 늠름했
고, 선(善)을 좋아하고 악(惡)을 미워함은 그의 천성(天性)에서 나온
것이고, 사람을 정성으로 대접하고 차별을 두지 아니하며 뛰어난 인
재[賢才]를 장려하여 이끌었고, 엄체(淹滯)[45]를 올려 뽑으면서도 오직
제대로 다 못 할까 두려워하며 조그만 장점이라도 반드시 취하고 작
은 허물은 묻어두었다. 예위(禮闈-예조)를 세 번이나 맡았는데 사람
을 잘 썼다는 평판을 들었다. 이미 귀하게 되어서도 같은 나이의 친
구를 만나면 문(門)에서 영접하여 곡진하게 대하고 조용히 손을 잡
으며 친절히 대하되 포의(布衣) 때와 다름이 없이 했다. 사학(史學)
에 능하고 시문(詩文)이 호탕(豪宕)하여 그 사람됨과 같았다. 문집(文
集) 약간 권(卷)이 있다. 일찍이 검상조례사(檢詳條例司)로 하여금 국
조 헌장조례(國朝憲章條例)를 모아서 이를 교정해 책을 만들게 하고,
이름을 『경제육전(經濟六典)』[46]이라 하여 중외(中外)에 간행했다. 아들
이 하나 있으니 조대림(趙大臨 ,1387~1430년)[47]이다. 임금의 딸 경정

---

45 현재(賢才)가 있고도 낮은 지위에 머물러 있는 사람을 가리킨다.

46 1397년(태조 6년) 12월 26일 영의정 조준(趙浚)의 책임 하에 편찬·반포된 법전으로
  1388년부터 1397년까지 10년간 시행된 법령과 장차 시행할 법령을 수집하여 편집했다.
  오늘날 원문이 전해지지 않아 자세한 내용을 알 수는 없으나 『조선왕조실록』에 간헐적으
  로 기록된 바에 따라 유추하면 「이전」, 「호전」, 「예전」, 「병전」, 「형전」, 「공전」의 『육전(六
  典)』과 각 전마다 강목을 나눠 편찬했던 것으로 생각된다.

47 1403년 호군이 돼 태종의 둘째 딸 경정공주(慶貞公主)와 혼인해 11월에 평녕군(平寧君)에
  봉해졌다가 1406년 평양군(平壤君)으로 개봉됐다. 1408년 11월 겸 좌군도총제(兼左軍都
  摠制)가 되고 12월 반란자 목인해(睦仁海)의 꾐에 빠져 도성에서 군사를 일으키다가 순군
  사(巡軍司)에 감금됐으나 왕의 부마로서 혐의가 없어 석방됐다. 1416년 숭록대부(崇祿大
  夫)에 오르고, 이듬해 4월 경복궁 북동(北洞)에서 있은 삼공신회맹제(三功臣會盟祭)에서
  개국(開國)·정사(靖社)·좌명(佐命) 3공신의 적장(嫡長)을 대표했다. 세종 즉위와 함께 총
  제가 되고 유후사(留後司)로서 여러 차례에 걸쳐 사신을 접반했다. 1419년(세종 1년) 사

궁주(慶貞宮主)에게 장가들어[尙]⁴⁸ 평녕군(平寧君)에 봉해졌다.
_상

계사일(癸巳日-29일)에 사간원에서 소를 올려 세자를 보익(輔翊)하는 도리를 말하니 그대로 따랐다. 소는 대략 이러했다.

'세자[儲副]는 국가의 근본입니다. 다스려짐과 어지러워짐[治亂]의
_{저부}   _{치란}
기틀이 세자에게 달려 있고, 세자가 훌륭하게 되는 것은 일찍 일깨워 가르치는 것과 좌우(左右)의 사람을 잘 고르는 데 있으므로 그 때문에 예전에는 태자(太子)가 강보(襁褓-포대기)에 싸여 있을 때부터 삼공(三公)⁴⁹과 삼소(三少)⁵⁰가 효인예의(孝仁禮義)에 진실로 밝아 도리로써 익히게 하고 간사한 사람을 쫓아내어 나쁜 행실을 보지 못하게 했습니다. 이에 단정한 선비[端士]로서 효제(孝悌) 박문(博聞)
_{단사}
하고 경술(經述-유학의 학문)이 있는 자를 잘 골라서 보좌하게 하여
[衛翊] 태자와 더불어 거처하고 출입하게 한 까닭에 태자가 올바른
_{위익}
일을 보고 올바른 말을 듣고 올바른 도리를 행해 그 익히는 바가 지혜와 더불어 자라고, 교화(敎化)가 마음과 더불어 이뤄지니 이것이 삼대(三代)⁵¹의 국가(國家)가 오래오래 이어진 까닭입니다.

(그런데) 지금 우리 세자께서는 타고난 자질[天資]이 밝고 순수하
_{천자}
여[明粹] 학문(學問)이 날로 성취되오나 사빈(師賓)과 시학(侍學)의
_{명수}

은사(謝恩使)가 되어 권홍(權弘)·서선(徐選)과 함께 명나라에 다녀오고, 1422년 보국숭록 평양부원군(輔國崇祿平壤府院君)에 진봉(進封)됐다.

48 공주에게 장가드는 것을 상(尙)이라 한다.

49 태사(太師), 태부(太傅), 태보(太保)를 가리킨다.

50 소사(少師), 소부(少傅), 소보(少保)를 가리킨다.

51 하·은·주 세 나라를 가리킨다.

진강(進講)이 정해진 때가 있고, (세자와) 더불어 거처하고 출입할 수 없기 때문에 (세자가) 한가하게 있을 때면 내수(內豎-어린 내시)와 더불어 장난하며 학문에 부지런하지 아니합니다. 또 보덕(輔德) 이하가 본사(本司)의 벼슬로 인해 시강(侍講)을 전적으로 맡아서 하지 못합니다. 신 등은 그윽이 두렵건대 (이렇게 하면) 훈도(薰陶)하고 함양(涵養)하여 덕화(德化)가 빛나는[緝熙] 데 이르지 못할까 하옵니다.
집희
바라건대 전하께서는 시학(侍學)을 더 두고 보덕(輔德) 이하는 본사(本司)에 근무하지 말고 내전(內殿)에 들어와 모시게 하여 비록 한가할 때일지라도 항상 좌우(左右)에서 모시게 하고, 늘 두 사람으로 하여금 내침(內寢)에 숙직하면서 일에 따라 경계하고, 서로 학문을 갈고닦게 하며, 시위(侍衛)하는 환관(宦官)은 순수하고 조심하는 자 열 사람을 골라서 번(番)을 나눠 입시하게 하며, 간사한 소인의 무리는 모두 내쫓아 나라의 근본을 바르게 잡아야 할 것입니다.'

○ 이달에 일본 국왕(日本國王) 원도의(源道義)가 사자를 보내 도적을 사로잡은 것을 보고하고 인하여[仍=因] 예물(禮物)을 바쳤다.
잉 인

乙丑朔 雨.
을축삭 우

豊海道連豊縣 大石自移五十一尺. 石長五尺三寸 廣三尺 高
풍해도 연풍현 대석 자이 오십 일척 석장 오척 삼촌 광 삼척 고

二尺八寸.
이척 팔촌

丙寅 安城君李叔蕃 上箋辭兼中軍都摠制 不允.
병인 안성군 이숙번 상전 사 겸중군도총제 불윤

丁卯 日本 志佐殿遣僧道君等 來獻土物. 所獻馬二匹 大刀
정묘 일본 지좌전 견승 도군 등 내헌 토물 소헌 마 이필 대도

藥材器用也.
약재 기용 야

遣中使召李佇. 初 佇在利川 召卜者問吉凶 大司憲李來聞之
견 중사 소 이저 초 저재 이천 소 복자 문 길흉 대사헌 이래 문지

移文其道監司姜思德 思德執其奴與卜者而詰之. 宮主自利川至京
이문 기도 감사 강사덕 사덕 집 기노 여 복자 이 힐지 궁주 자 이천 지경

入內 極陳佇鬱抑之狀及監司詰之之故 上大怒 中夜發命 執本道
입내 극진 저 울억 지상 급 감사 힐지 지고 상 대노 중야 발명 집 본도

經歷以來.
경력 이래

召議政府舍人命曰:"曩者 群臣臺諫請居易父子之罪 止令放
소 의정부 사인 명왈 낭자 군신 대간 청 거이 부자 지죄 지령 방

于其鄕 使終天年 此予保全勳親之志也. 今因姻婭之故 細聞居易
우 기향 사종 천년 차여 보전 훈친 지지야 금인 인아 지고 세문 거이

居處之事 其郡守使居易等 不得適鄕族之家 其族亦不敢來見 以
거처 지사 기 군수 사 거이 등 부득 적 향족 지가 기족 역 불감 내견 이

至動靜之微 不得自由 甚非所以體予保全之計.① 無乃議政府
지 동정 지미 부득 자유 심비 소이 체여 보전 지계 무내 의정부

使之然歟?"
사지 연여

舍人崔府復曰:"凡國家之事 無大小 必取旨而後行之. 如此之
사인 최부복 왈 범 국가 지사 무 대소 필 취지 이후 행지 여차 지

事 豈臣等自擅爲之?"
_{사 기 신등 자천 위지}

開國 定社 佐命功臣等三十餘人詣闕 議李佇入京可否 無一
_{개국 정사 좌명 공신 등 삼십 여인 예궐 의 이저 입경 가부 무일}

可者. 於是啓曰:"居易旣有不軌之心 謀及他人 豈不謀於其子
_{가자 어시 계왈 거이 기유 불궤 지심 모급 타인 기 불모 어 기자}

乎? 是故當時臺諫功臣百官 請置極刑 殿下曲加寬恩 廢爲庶人
_{호 시고 당시 대간 공신 백관 청치 극형 전하 곡가 관은 폐위 서인}

竄于外方 俾全②性命 旣爲失刑 今又召還李佇 臣等罔不失望.
_{찬우 외방 비전 성명 기위실형 금우 소환 이저 신등 망불 실망}

願殿下勿令召還."上曰:"佇本無罪 佇雖來 焉得人人而害之?"
_{원 전하 물령 소환 상왈 저본 무죄 저수 래 언득 인인 이 해지}

河崙等復曰:"臣等豈爲一身利害而言之? 但爲社稷萬歲之計耳.
_{하륜 등부왈 신등 기위 일신 이해 이 언지 단위 사직 만세 지계이}

此而宥之 亂賊之黨 何由懲乎?"上曰:"予豈不知卿等之言如此
_{차 이 유지 난적 지당 하유 징호 상왈 여기 부지 경등 지언 여차}

卿等亦豈不計予不聽之意乎? 予心已定 熱時宜退."命代言等
_{경등 역기 불계 여 불청 지의 호 여심 이정 열시 의퇴 명 대언 등}

勿納言 乃退. 各司會于闕下 不得上言. 臺諫刑曹上書言:'李佇
_{물 납언 내퇴 각사 회우 궐하 부득 상언 대간 형조 상서 언 이저}

不可召還.' 疏留中不下 命巡禁司 具刑物在門外俟命. 蓋意復
_{불가 소환 소 유중 불하 명 순금사 구 형물 재 문외 사명 개 의부}

有言者 欲怖之也.
_{유언 자 욕 포지 야}

三省詣闕諫曰:"李佇旣以逆賊之子 廢爲庶人 流于遠方 中外
_{삼성 예궐 간왈 이저 기이 역적 지자 폐위 서인 유우 원방 중외}

臣民 罔不知之 不數月間 遣內臣召之. 且三功臣會盟 削其名而
_{신민 망불 지지 불수월 간 견 내신 소지 차 삼공신 회맹 삭 기명 이}

告于皇天后土 今乃以爲無罪而召之 天地神祇以爲何如?"上曰:
_{고우 황천 후토 금내 이위 무죄 이 소지 천지 신기 이위 하여 상왈}

"居易則有罪矣 佇則非其所言也. 予故以爲無罪而召之."更復曰:
_{거이 즉 유죄 의 저즉 비기 소언 야 여고 이위 무죄 이 소지 갱 부왈}

"若以佇爲無罪 當初不以爲罪可矣. 初旣以爲有罪而貶黜之 今又
_{약 이저 위 무죄 당초 불이위 죄 가의 초 기 이위 유죄 이 폄출 지 금우}

以爲無罪而召之 不可也. 且居易有僭亂之心 以③有佇也. 必平日
_{이위 무죄 이 소지 불가 야 차 거이 유 참란 지심 이 유저야 필 평일}

謀之 而後發也. 此非一朝一夕之故 何以爲不之知也? 抑佇父子
_{모지 이후 발야 차 비 일조일석 지고 하 이위 부지지 야 억 저 부자}

當平日尙有非分之心 況今貶黜於外 含怨旣深 豈不深可畏也?"
_{당 평일 상유 비분 지심 황금 폄출 어외 함원 기심 기불 심 가외 야}

上曰: "父之罪 子何知之? 予意已定 雖十言之 終不聽也. 熱時
母久立." 趙敍等出 更上疏 留中不下. 功臣河崙等三十餘人 復入
極言 上命內臣曰: "李佇之事 言雖異 義則一也. 更勿納言." 崙等
退. 判承寧府事李貴齡 知議政府事全伯英等 率各司百餘人 進
闕庭上言: "李佇旣有罪 宗親功臣三省 皆以爲不可召 上猶不聽
臣等咸失望焉." 上曰: "各司烏知之? 李佇無罪 故召之." 貴齡等
復曰: "殿下何故 初以爲有罪 今反曰無罪 以一佇之故 失一國之
人心乎?" 上曰: "初非予以爲有罪 國人皆曰豈不知其父之事 故
强從之耳 非予意也." 三省復入請曰: "殿下以佇爲無罪而召之
國人皆以爲不可 殿下猶不聽 其於社稷之計何? 臣等幸在言官
其可不言乎? 以社稷大計 進言而未蒙允 何面目立於朝乎?" 上
曰: "吾何爲④汝等之立身 加罪於無辜之人乎?" 敍等復曰: "雖曰
無罪 旣以削籍名罪 而告于天地 今日反之 則無乃慢天乎?" 上
亦不允.

己巳 月入太微右掖北門.

庚午 夜在太微左執法西北.

賜留京兀狄哈 兀良哈 吾都里等衣服.

吾都里 加應介 般大也等還于本土.

倭人 林溫 表時羅歸本土. 溫欲見妻子兄弟 時羅欲見母也.

辛未 賀聖節使金漢老 回自京師.

李佇入京 三省復上疏請罪 不允.

賜義州通事洪彦苧布麻布各二匹. 以本國人金彦等逃向遼東
能捕而還之也.

癸酉 下李陽修于巡禁司 尋放之. 陽修言佇在貶所不謹慎之狀
故囚而鞫之也.

甲戌 李佇歸鎭川. 佇啓曰: "縱殿下憐臣召還 功臣百官 皆欲
擯斥 臣願退去外方 自便居之." 上憐而從之 賜弓矢.

笞權希達四十 還任. 初 希達醉 路逢承寧府判官韓霖 府丞
鄭還等 怒其犯馬 使僕隷鞭之. 判承寧府事李貴齡 移文憲司
憲司劾希達 守直請罪 上命縛囚于巡禁司. 巡禁司以杖八十聞 上
命着枷 至是笞而釋之.

丁丑 立引誘他人奴婢者追徵之法. 議政府啓: "他人奴婢 引誘
役使逃亡者 以年歲相準奴婢假給 限以現出; 無奴婢者 徵價給之
死者亦同." 從之.

賜吾都里 馬多厚 童高羅夏衣.

戊寅 命史官入參朝啓. 刑曹參議崔兢啓曰: "史官職掌記事 而
今唯經筵外不得入 臣竊有憾." 上召史官鄭賙命曰: "今後若六曹
啓事 則勿限內外而入."

己卯 豊海道饑. 上問: "軍資賑濟 義倉分給外 遺在數幾何? 儻
有緩急 不可一時盡用." 令右代言金科 知其數以聞.

壬午 宥輕罪. 召司憲府刑曹巡禁司掌務 命: "時方酷熱 囹圄
임오 유 경죄 소 사헌부 형조 순금사 장무 명 시방 혹열 영어

久滯 或致夭札 予甚閔焉. 其輕囚 明揀速放."
구체 혹 치 요찰 여 심민 언 기 경수 명간 속방

丙戌 召義安大君和 完山君天祐 驪城君閔無疾 設小酌.
병술 소 의안대군 화 완산군 천우 여성군 민무질 설 소작

日本 志佐殿 使僧 詣闕辭 命饋之 賜布有差.
일본 지좌전 사승 예궐사 명 궤지 사포 유차

丁亥 遣判宗簿寺事金觀道 監正金尙旅 齎宣醞慰鄭昇 金角于
정해 견 판 종부시 사 김관도 감정 김상려 재 선온 위 정승 김각 우

其鄕.
기향

賜女眞萬戶甫也銀帶一腰 衣一稱.
사 여진 만호 보야 은대 일요 의 일칭

戊子 月犯畢星.
무자 월 범 필성

司諫院上疏請擧行陳言. 疏略曰:
사간원 상소 청 거행 진언 소 약왈

'夫求言 將以行之也. 殿下以足食足兵民信之道 求言於百官
부 구언 장 이 행지 야 전하 이 족식 족병 민신 지도 구언 어 백관

百官各以所見畢陳之 其後未聞有擧行. 願擇其可行者而行之.'
백관 각 이 소견 필 진지 기후 미문 유 거행 원 택 기 가행자 이 행지

上召議政府舍人命曰: "府所撰陳言事目 不稱予意 姑留之."
상 소 의정부 사인 명왈 부 소찬 진언 사목 불칭 여의 고 유지

司諫院上疏請擇其可行者而行之 命更議以聞.
사간원 상소 청 택 기 가행자 이 행지 명 갱의 이문

庚寅 賜李居易 李佇米豆幷五十石. 賑其窮也.
경인 사 이거이 이저 미두 병 오십 석 진 기궁 야

六曹三軍 會政府 議陳言可否.
육조 삼군 회 정부 의 진언 가부

司憲府上疏請監察柳濱等九人罪名 不報. 疏曰:
사헌부 상소 청 감찰 유빈 등 구인 죄명 불보 소왈

'監察李仲蔓等告曰: "房主崔士規 有司李士寬等 以陵長之罪
감찰 이중만 등 고왈 방주 최사규 유사 이사관 등 이 릉장 지죄

罷職. 柳濱等九人 俱與其議 而任然還任 恬不爲愧 汚染房風 請
파직 유빈 등 구인 구여 기의 이 임연 환임 념 불 위피 오염 방풍 청

劾治之." 府以問於濱等 濱等答曰: "士規 士寬等旣罷職 大司憲
핵 치지 부 이문 어 빈등 빈등 답왈 사규 사관 등 기 파직 대사헌

執義掌令持平 例皆請免 上許之. 議政府又請臺長監察 皆令出仕
집의 장령 지평 예 개 청면 상 허지 의정부 우 청 대장 감찰 개 령 출사

上止命監察等出仕 是以仕耳."殿下所以命濱等出仕 特以監察數
상 지 명 감찰 등 출사 시 이 사 이 　　전하 소이 명 빈 등 출사 특 이 감찰 수

小 各司不得請臺而事務停滯也. 當是之時 濱等苟請曰:"臣等與
소 각사 부득 청대 이 사무 정체 야 　당 시지시 빈 등 구 왈 신등 여

士規 士寬 實同其議 去就得喪 義無獨殊 雖有上恩 靦面還仕
사규 사관 실 동 기의 거취 득상 의 무 독수 수 유 상은 전면 환사

恐爲風憲之累."則殿下必有以處之矣. 計不出此 甘心復職 誠爲
공 위 풍헌 지루 　즉 전하 필 유이 처지 의 계 불출 차 감심 복직 성위

不當. 且大司憲李來 以掌務持平李洽被囚之故 皆不得仕 洽旣釋
부당 차 대사헌 이래 이 장무 지평 이흡 피수 지고 개 부득 사 흡기 석

上有命 來等始仕焉. 濱等與士規 常咎來等遲於請免 譏諷切至
상 유명 래등 시사 언 빈 등 여 사규 상 구 래등 지어 청면 기풍 절지

今乃責己則昏. 言與行違 大失朝士之義 請罪之.'
금 내 책기 즉 혼 언 여 행위 대실 조사 지의 청 죄지

留中不下.
유중 불하

辛卯 領議政府事平壤府院君趙浚卒. 浚字明仲 號吁齋 平壤府
신묘 영 의정부 사 평양 부원군 조준 졸 준 자 명중 호 우재 　평양부

人. 曾祖仁規有功高麗 官至門下侍中 諡貞肅. 父德裕版圖判書.
인 증조 인규 유공 고려 관지 문하시중 시 정숙 부 덕유 판도 판서

浚家世貴顯 略無紈綺習 幼有大志 以忠孝自許 母吳氏嘗見新
준 가 세 귀현 약무 환기 습 유 유 대지 이 충효 자허 모 오씨 상 견 신

及第呵喝 嘆曰:"吾子雖多 無一人登第者 將焉用哉!"浚卽涕泣
급제 가갈 탄 왈 오자 수다 무 일인 등제 자 장 언 용 재 　준 즉 체읍

自誓 發奮力學. 洪武辛亥 恭愍王在壽德宮 浚挾冊過宮前 王見
자서 발분 역학 홍무 신해 공민왕 재 수덕궁 준 협책 과 궁전 왕 견

而奇之 卽補步馬陪行首 甚愛之. 登甲寅科. 丙辰 拜左右衛護軍
이 기지 즉 보 보마배 행수 심 애지 등 갑인 과 병진 배 좌우 위 호군

兼通禮門副使 選爲江陵道按廉使 吏民畏愛 豪猾屛息. 行部至
겸 통례문 부사 선 위 강릉도 안렴사 이민 외애 호활 병식 행부 지

旌善郡留詩: 有滌蕩東溟當有日 居民洗眼待澄淸之句 識者韙之.
정선군 유시 유 척탕 동명 당 유일 거민 세안 대 징청 지구 식자 위지

累遷至典法判書. 時朝廷日紊 倭寇充斥 將帥畏縮. 壬戌六月
누천 지 전법 판서 시 조정 일문 왜구 충척 장수 외축 임술 육월

兵馬都統使崔瑩擧浚監慶尙道軍. 浚至 召都巡問使李居仁 數
병마 도통사 최영 거 준 감 경상도 군 준 지 소 도순문사 이거인 수

其逗遛之罪 斬兵馬使兪益桓以徇. 將佐股栗用命. 癸亥 拜
기 두류 지죄 참 병마사 유익환 이 순 장좌 고율 용명 계해 배

密直提學. 戊辰夏 崔瑩擧兵攻遼 我太上王仗義回軍 執退瑩 欲
밀직제학 무진 하 최영 거병 공료 아 태상왕 장의 회군 집퇴영 욕

大革積弊 一新庶政. 雅聞浚有重望 召與論事大悅 擢知密直事兼
대혁 적폐 일신 서정 아문 준유 중망 소여 논사 대열 탁지 밀직 사겸

司憲府大司憲 事無大小 悉以咨之 浚感激思奮 知無不言 立經
사헌부 대사헌 사무 대소 실이 자지 준 감격 사분 지무 불언 입경

陳紀 興利除害 使斯民出於湯火之中 而懷樂生之心 浚之力居
진기 흥리 제해 사 사민 출어 탕화 지중 이 회 낙생 지심 준지 역거

多焉.
다언

　僞主辛禑遜于江華 太上議立王氏 首相曹敏修素黨李仁任 立
　위주 신우 손우 강화 태상 의립 왕씨 수상 조민수 소당 이인임 입

禑子昌. 浚首論敏修之奸而逐之 繼論仁任之罪 請削諡謙. 又
우 자창 준수 논 민수 지간 이 축지 계론 인임 지죄 청삭 시겸 우

請革私田 以厚民生 世家巨室 怨謗沸騰 浚論執益力. 太上意與
청혁 사전 이후 민생 세가 거실 원방 비능 준 논집 익력 태상 의여

浚叶 竟排群議而行之 陞知門下府事. 己巳冬 昌請親朝 禮部奉
준협 경배 군의 이 행지 승 지문하부사 기사 동 창청 친조 예부 봉

聖旨 付都評議使司 責異姓爲王 昌外祖李琳爲首相 秘不發. 浚
성지 부 도평의사사 책 이성 위왕 창 외조 이림 위 수상 비불발 준

素憤王氏不祀 遂贊太上定策 乃與沈德符 鄭夢周等七人 迎立
소분 왕씨 불사 수찬 태상 정책 내여 심덕부 정몽주 등 칠인 영립

恭讓王. 遷門下評理 策勳封朝鮮郡忠義君 世謂之九功臣. 庚午
공양왕 천 문하평리 책훈 봉 조선군 충의군 세 위지 구공신 경오

冬 進贊成事. 辛未六月 入賀聖節 道經北平府 太宗皇帝在
동 진 찬성사 신미 육월 입하 성절 도경 북평부 태종 황제 재

燕邸 傾意待之. 浚退語人曰: "王有大志 其殆⑤不在外藩乎!" 時
연저 경의 대지 준퇴 어인 왈 왕유 대지 기태 부재 외번 호 시

鄭夢周爲右相 欲剪太上腹心羽翼 密告於恭讓曰: "定策之日 浚
정몽주 위 우상 욕전 태상 복심 우익 밀고 어 공양 왈 정책 지일 준

有異議." 恭讓信之 遂慊浚.
유 이의 공양 신지 수겸 준

　壬申三月 夢周乘太上墜馬病篤 乃使臺諫 劾浚及南誾 鄭道傳
　임신 삼월 몽주 승 태상 추마 병독 내사 대간 핵준 급 남은 정도전

尹紹宗 南在 吳思忠 趙璞等 指爲朋黨亂政 悉竄于外. 尋逮
윤소종 남재 오사충 조박 등 지위 붕당 난정 실찬 우외 심체

水原府 欲置之極刑. 四月 我主上使趙英珪 擊死夢周 浚得免
수원부 욕치지 극형 사월 아 주상 사 조영규 격사 몽주 준 득면

復贊成事. 七月辛卯 浚率諸將相 推戴太上. 卽位之夕 召浚入
복 찬성사 칠월 신묘 준솔 제 장상 추대 태상 즉위 지석 소준 입

臥內曰: "卿知漢文帝入自代邸 夜拜宋昌爲衛將軍 鎭撫南北軍
와내 왈 경지 한문제 입자 대저 야배 송창 위 위장군 진무 남북 군

204

之意乎?"

因賜都統使銀印畫角彤弓曰:"五道兵馬 皆委卿摠之." 遂拜

門下右侍中 平壤伯. 策勳第一賜功臣號曰同德奮義佐命開國 賜

食邑一千戶 食實封三百戶 田地奴婢.

撫安君芳蕃 次妃康氏出也. 太上絶愛之 托以康氏有功於開國

欲立爲世子 召浚及裵克廉 金士衡 鄭道傳 南誾議之. 克廉曰:

"立嫡以長 古今通義." 太上不悅. 問浚曰:"卿意如何?" 浚對曰:

"時平則先嫡長 世亂則先有功 願更三思." 康氏覘知之 哭聲聞

于外. 太上取紙筆授浚 使書芳蕃名 浚伏地不肯書. 太上竟立

康氏幼子芳碩爲世子 浚等不敢復言. 十二月 進門下左侍中. 浚

上箋辭食邑實封 優敎不允 寵眷委任 無與爲比. 甲戌 又爲五道

都統使置幕僚. 太上命以都城四門管鑰 藏于浚私第 掌其啓閉.

丁丑 高皇帝以本國表辭有戲侮字樣 遣使催取撰文人鄭道傳赴

京師 太上召浚密議 對以不可不遣. 道傳時爲判三軍府事 托疾

不行 乃陰謀以爲擧國而絶 則已可免禍 遂建言訓練將士 軍國

急務 增置陣圖訓導官 大小中外官帶武職者 下至軍卒 並令肄習

考察嚴峻. 深結南誾 使誾上書曰:'士卒已鍊 糧餉已備 可以乘時

復東明之舊壤.' 太上殊不以爲然. 誾屢言之 太上問道傳. 道傳

歷論往古外夷得王中原者 深以誾言爲可信⑥ 且援引圖讖 傅會

其說. 浚在告月餘 道傳與誾 承命至浚第告之 且曰:"上意已定."

浚不可曰："此特君等之謬算耳. 上意本不如是. 以下犯上 不義之
준 불가 왈　차 특 군등 지 유산 이　상의 본불 여시　이하 범상 불의 지

大 國之存亡 在此一舉."遂力疾入見啓曰："殿下卽位以來 民庶
대　국지존망　재차일거　수 역질 입현 계왈　전하 즉위 이래　민서

欣仰 反 不及潛邸時. 近因兩都之役 民之疲瘵至矣. 況今天子
흔앙　반　불급 잠저 시　근인 양도 지역　민지 피채 지의　황금 천자

明聖 堂堂天朝 無釁可乘 以疲極之民 興不義之舉 不敗何疑！"
명성　당당 천조　무흔 가승　이 피극 지민　흥불의 지거　불패 하의

遂嗚咽流涕. 闇曰："政丞但知斗升出納耳. 豈能畫奇謀良策乎？"
수 오열 유체　은왈　정승 단지 두승 출납 이　기능획 기모 양책 호

太上從浚言 議遂寢.
태상 종준언 의수침

　道傳又欲代浚爲相 與闇每短浚於太上 太上待之愈厚. 嘗命工
　도전 우 욕대 준 위상　여은 매단 준어 태상　태상 대지 유후　상명 공

圖浚形 賜之者再 令道傳卽圖而讚之.
도준형　사지자재　영도전 즉도 이 찬지

　上在潛邸 嘗過浚家 浚迎之中堂 置酒甚謹. 因獻大學衍義
　상재 잠저　상 과준가　준영지 중당　치주 심근　인헌 대학연의

曰："讀此 可以爲國."上解其意受之. 及戊寅秋 變起倉卒 上夜
왈　독차 가이 위국　상해 기의 수지　급 무인 추　변기 창졸　상 야

遣朴苞召浚 又自逆於路. 浚至 率百官上箋 請立嫡長爲嗣 太上
견 박포 소준　우자 역어로　준지　솔 백관 상전　청립 적장 위사　태상

可之. 九月 上王受內禪 錄功一等 仍拜左政丞 加功臣號曰定難
가지　구월　상왕 수 내선　녹공 일등　잉배 좌정승　가 공신 호왈 정난

定社 復賜田地奴婢. 己卯八月 上王夢 浚自陳盛滿乞退 比明
정사　부사 전지 노비　기묘 팔월　상왕 몽　준 자진 성만 걸퇴　비명

浚果上箋辭免. 上王感歎良久 慰諭不許. 十二月 復辭 乃以判
준 과 상전 사면　상왕 감탄 양구　위유 불허　십이 월　부사　내 이 판

門下府事就第.
문하부 사 취제

　浚爲首相八年. 草創之初 政煩務劇 右相金士衡 醇謹自守 事
　준 위 수상 팔년　초창 지초　정번 무극　우상 김사형　순근 자수　사

皆決於浚. 浚剛明正大 果敢不疑 雖內降指揮 有不可 輒持之
개 결어 준　준 강명 정대　과감 불의　수 내강 지휘　유 불가　첩 지지

不下 同列肅然 無敢發一語. 體統尊嚴 紀綱振擧 然得君專而
불하　동렬 숙연　무 감발 일어　체통 존엄　기강 진거　연 득군 전이

秉權久 人多怨者. 浚旣罷相 杜門謝客 口不言時事. 初 靜妃之
병권 구　인다 원자　준 기 파상　두문 사객　구 불언 시사　초　정비 지

弟無咎 無疾 屢求美官 浚抑不用. 庚辰七月 二人陰嗾臺諫 論浚
제 무구　무질　누구 미관　준 억 불용　경진 칠월　이인 음주 대간 논준

流言數事 請加鞫問 遂下巡衛府獄. 上在東宮 知事出閔氏 怒曰:
유언 수사 청가 국문 수하 순위부 옥 상재 동궁 지사출 민씨 노왈

"臺諫當早暮供職 不宜奔走勢家 希旨生事 誣害忠良. 此最前朝
대간 당 조모 공직 불의 분주 세가 희지 생사 무해 충량 차 최 전조

衰世弊風也." 謂問事委官李舒曰: "宰臣 正人君子也 不可羅織
쇠세 폐풍 야 위 문사 위관 이서 왈 재신 정인 군자 야 불가 나직

獄辭 陷人於死地."
옥사 함인 어 사지

乃啓于上王 釋浚出. 十一月 上卽位 仍拜判門下府事 甲申六月
내 계우 상왕 석준출 십일월 상 즉위 잉배 판 문하부 사 갑신 육월

復左政丞. 浚再相欲有施爲 輒爲異己者掣肘 無如之何. 未幾復
복 좌정승 준 재상 욕유 시위 첩위 이기 자 제주 무 여지하 미기 부

罷 爲領議政府事. 卒年六十. 上震悼慟哭 素膳 輟朝三日 上及
파 위 영의정부사 졸년 육십 상 진도 통곡 소선 철조 삼일 상급

世子 親臨弔祭 諡曰文忠. 聞其亡者 莫不惜之. 比葬 三都監錄事
세자 친림 조제 시왈 문충 문기 망자 막불 석지 비장 삼 도감 녹사

與各司吏典之屬 皆設路祭而哭之. 浚晩年頻遭詆訕 務自退避 上
여 각사 이전 지속 개설 노제 이 곡지 준 만년 빈조 저산 무자 퇴피 상

眷遇不小衰. 嘗宴功臣 至浚上壽 爲之起立. 及其沒也 尙論賢相
권우 불소쇠 상연 공신 지준 상수 위지 기립 급 기몰 야 상논 현상

風度氣槪 必以浚爲首 常稱趙政丞而不名. 其終始敬重如此.
풍도 기개 필이 준 위수 상칭 조정승 이 불명 기 종시 경중 여차

浚宇量寬弘 風采凜然 好善嫉惡 出於天性 待人以誠 不設
준 우량 관홍 풍채 늠연 호선 질악 출어 천성 대인 이성 불설

封畛 獎引賢才 振拔淹滯 唯恐不及 寸長必取 而略其小過. 三掌
봉진 장인 현재 진발 엄체 유공 불급 촌장 필취 이략 기 소과 삼장

禮闈 號爲得人. 旣貴 遇同年故舊 迎門款曲 握手從容 無異布衣
예위 호위 득인 기귀 우 동년 고구 영문 관곡 악수 종용 무이 포의

時 長於史學 爲詩文豪宕如其人. 有集若干卷. 嘗使檢詳條例司
시 장어 사학 위 시문 호탕 여 기인 유집 약간 권 상사 검상조례사

哀集國朝憲章條例 纂栝成書 名曰經濟六典 刊行中外. 一子
부집 국조 헌장 조례 은괄 성서 명왈 경제육전 간행 중외 일자

大臨 尙上女慶貞宮主 封平寧君.
대림 상 상녀 경정궁주 봉 평녕군

癸巳 司諫院上疏言輔翊世子之道 從之. 疏略曰:
계사 사간원 상소 언 보익 세자 지도 종지 소 약왈

'儲副 國家之本也. 治亂之機 係於儲副 儲副之善 在於早諭教
저부 국가 지본 야 치란 지기 계어 저부 저부 지선 재어 조유교

與選左右 故古者 太子自在襁褓 三公三少 固明孝仁禮義以道
여선 좌우 고 고자 태자 자재 강보 삼공 삼소 고명 효인 예의 이도

習之 逐去邪人 不使見惡行. 於是 妙選端士孝悌博聞有經術者
습지 축거 사인 불사 견 악행 어시 묘선 단사 효제 박문 유 경술 자

以衛翊之 使與太子居處出入 故太子見正事聞正言行正道 習與
이 위익 지 사여 태자 거처 출입 고 태자 견 정사 문 정언 행 정도 습 여

智長 化與心成 此三代之所以長久者也.
지장 화여 심성 차 삼대 지 소이 장구 자야

今我世子 天資明粹 學問日就 然師賓侍學 進講有時 而不得
금 아 세자 천자 명수 학문 일취 연 사빈 시학 진강 유시 이 부득

與居處出入 故當燕居之時 與內豎遊戲 不勤學問; 輔德以下 亦
여 거처 출입 고 당 연거 지시 여 내수 유희 불근 학문 보덕 이하 역

因本司之仕 不專侍講. 臣等竊恐無以薰陶涵養 以至緝熙也. 願
인 본사 지사 부전 시강 신등 절공 무이 훈도 함양 이지 집희야 원

殿下加置侍學 令輔德以下 除本司之仕 入侍于內 雖當燕閑 常在
전하 가치 시학 영 보덕 이하 제 본사 지사 입시 우내 수당 연한 상재

左右 每令二員 直宿內寢 隨事箴警 以相琢磨. 其侍衛宦官 擇其
좌우 매 령 이원 직숙 내침 수사 잠경 이상 탁마 기 시위 환관 택기

醇謹者十人 分番入侍; 其憸小之徒 悉令罷黜 以端國本.'
순근 자 십인 분번 입시 기 섬소 지도 실영 파출 이단 국본

是月 日本國王源道義 遣使來報擒賊 仍獻禮物.
시월 일본 국왕 원도의 견사 내보 금적 잉 헌 예물

원문 읽기를 위한 도움말

① 甚非所以體予保全之計. 이런 경우에는 옮기는 순서에 유의해야 한다.
심비 소이 체여 보전 지 계
'심히[甚] 나의[予] 보전하려는[保全之] 계책을[計] 구현하는[體] 바가
심 여 보전 지 계 체
[所以] 아니다[非].'
소이 비

② 俾全. 俾는 '~하게 하다'라는 일종의 조동사로, 使와 같은 뜻이다.
비전 비 사

③ 以有忤也. 이 문장의 앞뒤에는 '以爲'나 '以~爲'의 표현이 많은데 대부
이 유저야 이위 이 위
분 '~라고 여기다'라는 뜻이다. 그러나 여기서의 以는 '왜냐하면'이라는
이
뜻이다. 짧지만 '以~也'의 구문이다.
이 야

④ 吾何爲汝等之立身. 여기서 爲는 '~를 위해'라는 뜻이다.
오 하 위 여등 지 입신 위

⑤ 其殆. 其나 殆만으로도 '아마도', '거의'라는 뜻인데 둘을 합쳐 좀 더 강
기태 기 태

한 뉘앙스를 갖게 된다.

⑥ 深以聞言爲可信. '以~爲~'의 구문에 이를 강조하는 深이 덧붙여졌다.
　심 이 은 언 위 가신　 이　 위　　　　　　　　　 심
남은의 말이 믿을 만하다고 심히 강조한 것이다.

태종 5년 을유년
7월

七月

갑오일(甲午日-1일) 초하루에 송악(松嶽)에서 비를 빌었다.

○ 경상도에 큰비가 내려서 물이 넘쳐[漲] 벼농사를 해쳤다.
<small>창</small>

○ (황해도) 신주(信州)와 안악(安岳)에 서리가 내려 콩이 죽었고 문화현(文化縣)에는 바람이 불어 벼와 곡식들이 손상을 입었다. 하륜(河崙)과 조영무(趙英茂), 그리고 육조판서를 불러 가뭄이 든 까닭을 물었다.

"형벌(刑罰)이 마땅함을 잃었는가[失宜=不中]? 간사한 자들이 (높은) 자리에 있는가? 상벌(賞罰)이 밝지 못한가? 사납고 교활한 자들이 백성을 해치는가? 내가 몹시 민망스럽다."

병신일(丙申日-3일)에 성석린(成石璘)을 의정부 영사로 삼고 유량(柳亮)과 이승상(李升商)을 의정부 지사, 전백영(全伯英)을 예조판서(禮曹判書), 이문화(李文和)를 형조판서(刑曹判書), 한상경(韓尙敬)을 공조판서(工曹判書), 최이(崔迤)를 중군도총제, 이귀령(李貴齡)을 좌군도총제, 이행(李行)을 승녕부 판사, 이옥(李沃, ?~1409년)[1]을 한성부

---

1 공민왕 때 문과에 급제했다. 용맹이 있고 군사에 능해 강릉도 절제사로 있을 때 침입한 왜구를 격퇴하여 큰 공을 세웠다. 1371년(공민왕 20년) 아버지 이춘부가 신돈(辛旽)의 일당으로 처형되자 노비가 돼 강릉으로 추방됐다. 우왕 때 복권돼 1387년(우왕 13년) 좌상시(左常侍)에 올랐다. 뒤에 조민수(曺敏修)의 일파로 창왕을 세우는 데 가담했다 하

판사, 김첨(金瞻)을 사헌부 대사헌으로 삼았다.

정유일(丁酉日-4일)에 중추(仲秋-가을이 한창인 때라는 뜻으로 음력 8월을 일컫는다)처럼 날씨가 서늘했다.

○ 여진 만호(女眞萬戶) 유보야(劉甫也)에게 의대(衣帶)와 신발을 내려주었다.

기해일(己亥日-6일)에 의정부 찬성사 곽추(郭樞, 1338~1405년)[2]가 졸했다. 추(樞)는 (충청도) 청주(淸州) 사람이다. 부음(訃音)을 보고받고 3일 동안 조회를 정지하고[停朝=輟朝] 제사를 내려주었다. 정비(靜妃)도 사람을 보내 치제(致祭)했다. 시호(諡號)를 내려 문량(文良)이라 했다. 추는 성품이 순후(淳厚)하여 부귀(富貴)했지만 족함을 알고[知足] 교만하거나 사치하지 않았다. 일찍이 사마시(司馬試)를 관장하여 선비를 잘 뽑았다는 소리를 들었다. 아들 둘이 있으니 순(恂)과 운(惲)이다.[3]

여 이성계(李成桂) 일파의 공격을 받아 파출됐다. 조선 건국 이후 은거생활을 하다가 1398년(태조 7년) 중추원사(中樞院使), 1400년(정종 2년) 조전절제사(助戰節制使), 이때인 1405년(태종 5년) 한성부 판사, 이듬해 의정부 검교 참찬사(議政府檢校參贊事)를 지냈고 1409년 개성유후사유후(開城留後司留後)로 있을 때 죽었다.

2 여흥부원군(驪興府院君) 민제(閔霽)의 매부다. 1360년(고려 공민왕 9년) 정몽주와 같이 문과에 합격했다. 밀직사(密直司)로 상당군(上黨君)에 봉해졌는데 이것으로 고려조에서 관직을 그만두었다. 조선조에 출사해서 1399년(정종 1년) 정당문학(政堂文學)을 지냈고 1401년(태종 1년) 1월 예문관 태학사(藝文館太學士)를 지냈고 찬성사에 올랐다가 이때 죽었다.

3 곽추의 성품이 도탑다[淳]고 했는데, 아들의 이름 순(恂)이나 운(惲)도 다 도탑다[厚]는 뜻이다.

경자일(庚子日-7일)에 명하여 두 번째로 원단(圓壇)에서 비를 빌었다. 의정부에서 아뢰어 말했다.

"적전(籍田)⁴과 원구단(圓丘壇)⁵은 곧 전조(前朝-고려)의 옛것이오니 청컨대 신경(新京-한양)의 단(壇)에서 이를 행하소서."

상이 말했다.

"경내(境內-나라 안)의 땅이 이 하늘 아래 아닌 것이 없는데 어찌 여기에 편안히 앉아 신경(新京)에 요제(遙祭)할 수 있겠는가? 옛 원구단은 버려두고 신단(新壇)을 축조하여 이를 행하라."

좌정승 하륜에게 명해 일을 거행하도록 했다.

○ 간관(諫官)을 불러 명하여 말했다.

"금년 봄과 여름은 가뭄[旱氣]이 몹시 심했기에 내가 이른 아침부
_{한기}
터 밤늦게까지 경계하고 두려워하여[兢惕] 내 허물을 들어 자책하고
_{긍척}
있다. 몸을 닦고 마음을 바르게 하는 도리에 지극하지 아니함이 있는가? 정령(政令)이 고르지 못함이 있는가? 대신과 백료가 그 직책을 다하지 못함이 있는가? 환관과 궁첩이 간알(干謁)⁶을 행함이 있는

---

4 고려시대 및 조선시대에 왕이 친경(親耕)하여 그 수확으로 신농(神農), 후직(后稷)에게 제사하기 위해 국가 공유지에 설정한 토지다. 고려 말 권신 임견미(林堅味)·염흥방(廉興邦) 등의 토지를 몰수해 개성 보정문(保定門) 밖에서 서적전(西籍田) 약 300결을 설치했고, 한성에는 흥인문 밖에 동적전(東籍田) 약 100결을 설정했다고 한다.

5 원구단의 제사는 세조 10년의 것을 마지막으로 했고, 그 후 광해군 8년에 한 차례 시행하려 했으나 이뤄지지 않았다. 조선 후기의 원구단은 조선 초기 공주의 집터였고, 후일 남별궁이 있었던 곳에 있다. 고종 34년(1897년)에 왕을 황제라 칭하고, 국호를 '대한(大韓)'으로, 연호를 '광무(光武)'로 고치고 제천의식을 행하기 위해 쌓은 것이다. 즉 1897년(고종 34년) 9월 17일 원구에 천(天), 지(地)를 합사(合祀)하고 황제로 즉위한 것이다.

6 사사로이 다른 사람의 말을 방해하거나 청탁하는 것을 말한다.

가? 너희들[爾等]은 직임이 언책(言責)에 있으니 마땅히 숨기지 말고
극언(極言)하라. 내 마땅히 품어서 받아들일 것이다."

좌사간대부 이은(李垠) 등이 말했다.

"재이(災異)를 그치게 하는[弭災] 도리는 마땅히 마음을 바르게 하
고 상제(上帝)께 대월(對越)⁷해야만 감응(感應)하는 바가 반드시 빠
를 것입니다. 지금 전하께서는 가뭄을 근심하시어 봄부터 감선(減膳)
하셨으니 근심하고 두려워하시는 뜻이 지극하옵니다. 대신과 백료들
또한 모두 조심하여 직무에 감히 태만하고 방종하지 아니하니 어찌
(따로) 말씀드릴 만한 일이 있겠습니까? 그러나 신 등은 마땅히 다시
남김없이 말씀드리도록 하겠습니다[盡言]."

상이 말했다.

"그리하라."

대언(代言) 윤사수(尹思修)에게 명했다.

"성랑(省郎)⁸이 금령(禁令)으로 인해 술을 마시지 못했을 테니 마
땅히 술을 대접하도록 하라."

○ 내사(內史-조선 출신 명나라 환관) 정승(鄭昇)이 그의 고향에서
돌아오니 의정부가 숭인문(崇仁門) 밖에서 맞이했다. 예천부원군(醴
泉府院君) 권중화(權仲和)에게 명하여 북교(北郊)에서 비를 빌었다.

---

7 천지신명(天地神明)께 대하는 것을 뜻한다. 월(越)은 뜻이 없는 조사(助辭)다.
8 고려시대 문하성(門下省), 첨의부(僉議府), 도첨의사사(都僉議使司), 도첨의부(都僉議府),
   문하부(門下府)의 낭사(郎舍)에 딸린 관원을 일컫는 말이었다. 조선시대 초기에도 문하부
   (門下府)의 낭사(郎舍)에 딸린 관원을 가리키는 말이었는데, 낭사가 독립해 사간원(司諫
   院)이 됐기 때문에 사간원의 관원을 일컫는 말로 사용됐다. 또 태종은 아직 조선 초기라
   고려 때의 관직명을 자주 사용했는데 이 또한 그중 하나다.

○ 형조(刑曹), 사헌부(司憲府) 및 도관(都官)에 명해 (노비) 변정도감(辨定都監)의 송사(訟事)를 결단하게 했다. 사헌집의(司憲執義) 윤향(尹向), 형조정랑(刑曹正郎) 문경(文褧), 도관정랑(都官正郎) 이척(李陟) 등을 불러 명했다.

"변정도감은 이미 혁파했으나 그 미결(未決)된 노비의 일을 일거에 모두 들어서 결단하라[聽決]."[9]
_{청결}

신축일(辛丑日-8일)에 유관(柳觀)을 전라도 도관찰사로 삼고, 성석인(成石因)을 충청도 도관찰사, 함부림(咸傅霖)을 경기도 도관찰사, 김이음(金爾音)을 강원도 도관찰사, 유습(柳濕)으로 충청도 병마도절제사 겸 수군도절제사, 강사덕(姜思德)을 전라도 병마도절제사 겸 수군도절제사로 삼았다.

임인일(壬寅日-9일)에 왕자가 태어났다.[10]

계묘일(癸卯日-10일)에 비가 내렸다.

갑진일(甲辰日-11일)에 (경상도) 상주(尙州), 선주(善州), 영주(永州),

---

9 이 또한 가뭄에 대응하는 조치다.

10 시기로 보아 성녕대군(誠寧大君)인 듯 보인다. 처음에는 성녕군(誠寧君)에 봉해졌다가 1414년(태종 14년)에 대군(大君)으로 진봉(進封)됐다. 어려서부터 총명하고 용모가 단정하여 부왕의 특별한 총애를 받아 1417년 대광보국숭록대부(大匡輔國崇祿大夫)의 위계에 올랐으나 이듬해 14세의 어린 나이에 홍역으로 죽었다. 충녕대군의 동생이다.

대구(大丘), 성주(星州)의 임내(任內)¹¹인 화원(花園)에 벌레가 생겨 곡식을 해쳤다.

병오일(丙午日-13일)에 정승(鄭昇)에게 청화정(清和亭)에서 잔치를 베풀었다. 이튿날 승(昇)이 대궐에 이르러 사례했다.

정미일(丁未日-14일)에 비가 내렸다.

○ 종친과 더불어 내루(內樓)에서 술자리를 가졌다.

○ 강원도의 여러 고을에 황충이 생겨났다.

기유일(己酉日-16일)에 사헌부에서 소(疏)를 올려 감찰(監察)을 잘 뽑아 쓸 것[選用]을 청했다. 소는 대략 이러했다.
_{선용}

'이제부터 감찰을 잘 뽑아 쓰려면 정부(의정부)와 대간(臺諫)에 맡겨 좌랑(佐郎) 이하 중에서 일찍이 중외(中外)의 벼슬을 거치고 청망(清望-맑다는 평판)이 있는 자를 천거하게 하여 감찰로 삼아야 합니다. 만일 장관(長官-대사헌)이 잘못이 있으면 조배(朝拜)¹²할 때 밝게 말하여 그것을 규정대로 바로잡아야 하고[規正], 지영(祗迎)¹³
_{규정}
할 때 희롱을 하여 모욕하고 무시하지 말아야 하며, 만일 큰 허물

---

11 고려와 조선 초 때 일종의 특수 행정구역으로 일체의 부역, 과세, 공납 등을 위임 집행하는 곳이다. 이 구역은 호장(戶長)이 다스리고 중앙의 행정관(行政官)이 파견되지 못한 지역이다. 조선 초에 혁파했으나 1443년(세종 25년)까지 간혹 존속했다.

12 아침에 배알(拜謁)하는 것을 말한다.

13 감찰(監察)이 아침에 사헌부 대사헌을 맞이하는 것이나, 백관이 임금의 환행(還行)을 공경하여 맞이함을 뜻한다.

이 있으면 구례(舊例)에 의해 지영하지 않으면 됩니다. 새로 된 감찰이 집안 형편과 자기 몸에 결점이 있으면 마땅히 허참(許參)[14]하지 말고, 진퇴(進退)하는 지엽말단의 규정을 들어 허물을 삼지 말아야 합니다. 사외(司外)의 모임에서 장관의 잘못을 논해 본부(本府)에 고하는 것은 예전에 그런 예(例)가 없었습니다. 바라건대 (이상의 것들을) 일절 금단(禁斷)하고 만일 어기는 자가 있으면 본사(本司)에서 규찰하여 다스리게 해야 합니다[糾理].'

의정부에 내려 잘 헤아려 토의하여 보고하게 했다. 정부에서 토의하여 결론을 얻었다.

"헌부에서 아뢴 것은 진실로 마땅합니다[允當]. 감찰의 인원수가 많은 것은 오로지 각사(各司)의 분대(分臺)[15] 때문이니 각사에서 청대(請臺)[16]하는 것을 하루 전 다시(茶時)[17]에 본부(本府)에 통보하게 하고 본부에서는 즉일(卽日)로 그날 직좌(直坐-당직 근무)할 사람을 나눠 정해야 합니다. 그 나머지 감찰은 본부에 출근하게 하며 출입할 때에는 동료와 함께 다니지 말고, 일반 사람과 함께 다니지 말게 하

---

14 새로 급제한 사람으로서 삼관에 들어가는 자를 먼저 급제한 사람이 괴롭혔는데, 이것은 선후의 차례를 보이기 위함이요, 한편으로는 교만한 기를 꺾고자 함이었다. 그중에서도 예문관이 더욱 심했다. 새로 들어와서 처음으로 배직(拜職)하여 연석을 베푸는 것을 허참이라 하고 50일이 지나 연석을 베푸는 것을 면신(免新)이라 하며, 그 중간에 연석을 베푸는 것을 중일연(中日宴)이라 했다.

15 지방관리(地方官吏)의 치적(治績)·근만(勤慢)·청탁(淸濁) 및 백성의 빈부고락(貧富苦樂)을 조사하고, 또 각 관청의 감독(監督)과 검열(檢閱)을 위해 사헌부 감찰(司憲府監察)을 파견했는데, 이를 행대감찰(行臺監察), 분대감찰(分臺監察)이라 한다.

16 각 관청에서 사헌부 감찰의 검사를 청하는 일을 말한다.

17 사헌부(司憲府)의 벼슬아치가 날마다 한 번씩 사진(仕進)하여 회좌(會座)하는 일을 가리킨다.

며, 첨시(瞻視)를 존엄하게 해야 합니다. 새 감찰은 신구(新舊) 대장(臺長-대사헌)의 예(例)에 의거해 공경과 겸양으로 서로 대하고, 혹 동관(同官)이 될 수 없는 사람이 있거든 그 사실을 밝게 대장(臺長)에게 고하게 하고 난침(亂侵), 간방(看訪), 허참(許參), 복지(伏地)[18] 등 각종의 희학(戲謔)하는 일들은 일절 모두 금단하여 낡은 폐단을 고쳐야 할 것입니다."

그것을 따랐다.

경술일(庚戌日-17일)에 동북면(東北面)이 굶주리니 경상(慶尙)·전라(全羅) 두 도의 곡식을 그리로 옮길 것을 토의했다. 의정부 지사 박신(朴信)에게 명하여 말했다.

"동북면은 군자(軍資-군량미)가 많지 않은 데다 마침 주린 백성들을 진제(賑濟)하느라 남은 것이 없다[無遺]. 다행히 경상·전라도는 군자가 많고, 백성들 또한 주리지 않으니 때에 늦지 않게 동북면에 조운(漕運)하여 불우(不虞)의 사태에 대비하는 것이 좋겠다. 경(卿)은 정부에 의견을 내도록 하라."

상이 대신들에게 말했다.

"오는 봄에는 반드시 크게 굶주릴 것이니 모름지기 올가을에 미리 굶주림을 구제할 물자들을 비축해야 할 것이다."

○ 이조정랑(吏曹正郞) 하연(河演, 1376~1453년)[19] 등을 불러 출근

---

18 이것들은 모두 고참들이 신참들에게 가하는 신고식의 구습들이다.

19 1396년(태조 5년) 문과에 급제해 봉상시녹사를 거쳐 사헌집의, 동부대언 등을 역임했다.

하게 했다. 애초에 이조에서 정비(政批)²⁰를 내렸는데 착오가 있었다. 간원(諫院)에서 출사(出謝)²¹를 당해 상고하려고 이조의 아전을 부르니 이조에서 보내지 않았다. 간원에서 장무(掌務)인 정랑 하연을 탄핵하니 이조의 여러 낭관이 모두 출근하지 않았다. 상이 그 까닭을 물으니 좌대언 이응(李膺)이 그대로 아뢰었다. 상이 말했다.

"대정(大政)²²에는 반드시 착오가 있기 때문에 대정 뒤에는 소정(小政)²³이 있는 것이다. 지금 간원에서 어찌 이것으로 탄핵했겠는가? 반드시 까닭이 있을 것이다. 만일 이것으로 탄핵했다면 그 탄핵은 그르다. 탄핵이 정당하다면 출사할 수 없고, 탄핵이 정당치 못하다면 모두 출사하게 하는 것은 이미 정해진 법이 있는데 이 법은 어찌 된 것인가? 만일 부당한 것이 있으면 여러 신하들이 말을 하라. 나는 화를 내지 않겠다."

태종은 그가 간관(諫官)으로서 의연한 자세로 일을 말하는 것을 보고 손을 잡고 치하했다 한다. 세종이 즉위하자 지신사(知申事)가 되어 조심스럽게 일을 처리해 신임을 받아 예조참판, 대사헌을 역임했다. 1425년에 경상도 관찰사가 됐고 예조참판을 거쳐 평안도 관찰사가 됐다가 한때 천안에 유배됐다. 그러나 곧 유배에서 풀려 형조·병조의 참판을 거쳐 1431년에 대제학이 되고, 그 뒤 대사헌·형조판서·좌참찬 등 고위관직을 역임했다. 1445년에 좌찬성이 되어 70세로 궤장(几杖)을 받았다. 이어 우의정과 좌의정을 거쳐 1449년에 영의정이 됐다. 영의정으로 있던 1451년(문종 1년) 문종이 대자암(大慈庵)을 중수하려고 하자 이에 반대하고 치사(致仕)했다. 의정부에 들어간 지 20여 년간 문안에 사알(私謁)을 들이지 않았고 법을 잘 지켜 승평수문(昇平守文)의 재상으로 일컬어졌다.

20 벼슬아치의 임면(任免), 출척(黜陟)에 관한 정사(政事)의 비목(批目)이나 그 명부(名簿)를 가리킨다.
21 고신(告身)을 내어주는 것을 가리킨다.
22 해마다 음력 12월에 행하는 도목정사(都目政事)다. 도목정사는 6월과 12월에 두 차례 행하는데 12월 것이 규모가 커서 대대적으로 행하므로 이런 이름이 생긴 것이다.
23 음력 6월에 행하는 도목정사(都目政事)다. 12월의 도목정사보다 그 규모가 작아서 이런 이름이 생긴 것이다.

일을 아뢰던[啓事] 여러 신하가 모두 말했다.

"그렇습니다."

오직 좌부대언(左副代言) 황희(黃喜)만이 이렇게 말했다.

"전하의 눈 밝으심[明]이면 그 탄핵이 정당하고 정당치 않은지를 훤히[灼] 아실 것입니다. (그런데) 만일 후세(後世-후세의 임금)가 영명(英明)함이 전하에게 미치지 못해 부당한 것을 정당하다 하고, 정당한 것을 부당하다 하면 어찌 폐단이 없겠습니까?"

상이 말했다.

"다시 말하지 말라. 내 뜻은 정해졌다."

이응이 말했다.

"이는 오로지 아전을 보내지 않았다 하여 탄핵한 것입니다."

상의 뜻이 조금 풀려서 말했다.

"아전을 보내도 해로울 것이 없는데 보내지 않은 것은 정당하지 않았다. 그러나 조만간 정사가 있을 것이니[有政] 마땅히 조처하겠다."

이때에 이르러서야 하연 등을 부른 것이다.

○ 사헌부에서 풍문(風聞)만으로도 미뤄 헤아려 탄핵하는[推劾] 법을 다시 시행할 것을 청했으나 회답하지 않았다. 소는 대략 이러했다.

'당(唐)나라 「백관지(百官志)」²⁴를 삼가 살펴보건대 어사대(御史臺)는 소송(訴訟)을 받지 않고, 소송한 것 중에 들어서 다스릴[聽理] 만한 것이 있으면 그 성명(姓名)은 생략하고 풍문(風聞)을 칭탁해 잘

---

24 『당서(唐書)』의 지(志) 중의 하나다.

살펴서 다스렸습니다[糾理]. 전조(前朝) 때에 있어서는[其在＝其於] 헌사(憲司)에서 이미 소장(訴狀)을 받아 송사를 다스렸고, 또 풍문만으로도 탄핵하는 제도가 있었습니다. 그러므로 권귀(權貴), 토호(土豪)가 법을 두려워해 감히 그른 짓을 하지 못했습니다. 가만히 생각건대 아조(我朝)에서는 한결같이 선왕(先王)의 제도를 따르면서도 오직 본부(本府)에서만 풍문 탄핵을 없앴으니, 이는 풍기(風紀)의 임무를 훼손하고 간사한 자의 욕심을 마구 풀어놓게 만들어 간사하고 숨겨져 있는 일을 적발해 난(亂)을 미연에 없앨 수가 없습니다. 관리가 탐오하고 사악하며, 장수가 교만하고 방자하며, 여리(閭里-향리)가 근심하고 원망하며, 온 가문이 더럽혀지는 등의 일에 이르러서는 비록 눈 밝고 사리에 밝은[明智] 자가 있더라도, 혹은 세력이 궁하고 후원이 적거나, 혹은 자신에게 관계되지 않는 일이면 다만 입을 다물고 이를 갈 뿐 누가 감히 고하겠습니까? 그러므로 악한 짓을 하는 자가 날로 더욱 늘어나고 풍속이 날로 더욱 무너지니 심히 작은 일이 아닙니다. 바라건대 이제부터 풍문(에 의한 탄핵)의 법을 예전 제도대로 회복해야 할 것입니다.'

임자일(壬子日-19일)에 정인언(鄭仁彦)을 사재감(司宰監)으로 (삼았다가) 치사(致仕-퇴직)하게 했다. 승(昇)의 아비였기 때문이다.

계축일(癸丑日-20일)에 (조선인 출신 명나라 환관) 김각(金角)이 그의 고향에서 돌아오니 우부대언 윤사수(尹思修)와 의정부에 명해 숭인문(崇仁門) 밖에 나가서 잔치를 베풀어 맞이하게 했다.

○환자(宦者-환관) 김희정(金希定)에게 장(杖) 60대를 쳤다. 희정(希定)은 본래 천구(賤口-천민)인데 김각(金角)에게 붙어 명나라 조정에 들어가려고 꾀했다. 사헌부에서 소를 올려 막고 그를 순금사에 내려 장(杖)을 치고 그의 고향으로 돌려보냈다.

갑인일(甲寅日-21일)에 청화정에서 정승과 김각에게 잔치를 베풀었다.

○사간원에서 소를 올려 조회를 보고[視朝] 정사를 들을 것을 청했다. 소는 대략 이러했다.

'임금다운 임금[王者]의 다움[德] 중에서 부지런함[勤=無逸]보다 더 성대한 것은 없습니다. 옛날의 빼어난 왕들[聖王]은 몸을 다잡고[側身] 행실을 닦아 조회를 보고 정사를 들었으니 임금과 신하 사이의 예(禮)가 밝아지고 위아래의 마음이 다 통했습니다. 아조(我朝)에서는 5일에 한 번 정사를 듣는 법이 이미 성규(成規)로 되어 있는데, 지금 전하께서는 가뭄을 근심하심으로 인해 여름부터 가을까지 한 번도 조회를 보지 않으시는 바람에 임금과 신하가 서로 접촉하는 예(禮)가 거의 폐지될 지경입니다. 바라건대 이제부터 아일(衙日-5일에 한 번)마다 정전(正殿)에 납시어 조회를 보고 정사를 들으시어 하늘을 공경하고 백성들에게 부지런한[敬天勤民] 뜻을 보이셔야 합니다.'

상이 말했다.

"내가 한재(旱災)로 인해 나의 허물을 끌어당겨 스스로 책망하느라[引咎自責] 감히 외전(外殿-정전)에 나가지 못하는 것뿐이다. 어찌 조회 보기를 꺼려서이겠는가?"

을묘일(乙卯日-22일)에 비가 내렸다.

○ 박자안(朴子安)을 중군도총제(中軍都摠制), 박덕공(朴德公)을 경성(鏡城) 등처 도병마사(都兵馬使), 박령(朴齡)을 경원(慶源) 등처 병마사(兵馬使)로 삼았다. 또 정승(鄭昇)과 김각(金角)의 청(請)으로 제수(除授)[25]한 자가 10여 인이었다.

병진일(丙辰日-23일)에 비가 내렸다.

○ 대호군(大護軍) 이유(李愉, 1365~1423년)[26]를 오음회(吾音會)에 보냈다. 이때 (명나라) 조정(朝廷)에서 동맹가첩목아(童猛哥帖木兒)를 불러서 일깨웠는데[招諭] 우리나라에서는 그를 (계속 조선 편으로) 잡아두려고 했기 때문에 유(愉)를 보내 그 뜻을 일깨워주게 한 것이다.

초유

정사일(丁巳日-24일)에 비가 흡족하게 내렸다.

○ 정승과 김각에게 옷 한 벌, 갓·저마포(苧麻布) 10필씩을 주고, 명나라 조정에 들어가는[入朝] 화자(火者) 8인에게 각각 옷 한 벌, 갓·신·베 2필씩을 내려주었다.

입조

---

25 원래 있던 자리에서 떼어내[除] 새로운 자리를 준다[授]는 뜻이다.

제   수

26 1382년(우왕 8년) 문과에 급제했으나 조선왕조가 들어서자 시골에 은거하며 지내다가 하륜(河崙)의 간청으로 벼슬길에 나아가 사헌부 지평, 직제학 등을 역임했다. 이때인 1405년(태종 5년) 대호군(大護軍)으로 여진족을 초무(招撫)했고 이후 형조참의, 상주목사 등을 지냈다. 1418년(태종 18년) 사은사(謝恩使)로 명나라를 다녀오면서 옷감을 들여와 옷 색깔만으로도 직위를 구분할 수 있도록 조정 중신들의 관복을 만들었다.

무오일(戊午日-25일)에 정승과 김각이 돌아가면서 새로 뽑은 화자
(火者) 윤가산(尹可山) 등 8인과 소나무 묘목 20분(盆)을 챙겨서 돌
아갔다. 승(昇) 등이 대궐에 나아와 하직을 고하니 상이 서교(西郊)
에서 전별했다. 승 등이 떠나려 하면서 청하여 말했다.

"본국 전하께 사사로운 예[私禮]를 행하고자 합니다."
                             사례

상이 말했다.

"황제의 사신은 과인(寡人)에게 예를 행할 수 없소."

승 등이 곧바로 뜰에 내려가 사배(四拜)[27]를 행하니 임금이 상(床)
을 북쪽으로 옮기고 남면(南面)하여[28] 그 예를 받았다.

○ 청성군(淸城君) 정탁(鄭擢, 1363~1423년)[29]을 영해부(寧海府-지금
의 경상도 영덕 일대)로 유배 보냈다. 사람을 죽인 죄 때문이었다. 사
헌부에서 소를 올려 말했다.

'탁(擢)은 상의 은덕을 지나치게 입어 두 번이나 공신이 되고 작
록(爵祿)은 높고 중하니 마땅히 조심하여[小心] 보좌함으로써 나라
                                                  소심

---

27 주로 임금이나 문묘(文廟)의 공자(孔子)를 대상으로 행했다.

28 임금의 입장에서 정승 등의 사례를 받았다는 말이다.

29 1382년(우왕 8년) 문과에 급제했고 이성계의 추대를 제일 먼저 발의한 공로로 개국공신
1등에 책록됐다. 1396년 중추원 우승지로 있을 때 전년부터 조선과 명나라의 현안 문제
로 대두된 표전문제(表箋問題)의 찬표인(撰表人)으로 명나라에 압송됐다가 귀환해 좌승
지에 서용됐으며 다음 해 중추원 부사로 승진하면서 청성군(淸城君)에 봉해졌다. 1398년
(정종 1년) 10월 방간(芳幹)의 난 평정에 대한 공로로 정사공신(定社功臣) 2등에 책록,
곧 첨서중추원사(簽書中樞院事)가 됐다. 1403년(태종 3년) 한성부 판사가 됐으며 이때인
1405년 살인죄로 직첩을 몰수당하고 영해로 유배됐으나 공신이라 하여 곧 사면됐다. 개
성유후사유후를 거쳐 1408년 태조가 죽자 고부청시사(告訃請諡使)가 돼 명나라에 다녀
왔다. 1415년 청성부원군(淸城府院君)에 진봉됐고, 1421년 진하사(進賀使)로 명나라에 다
녀온 뒤 이듬해 우의정에 올랐다.

와 아름다움을 함께해야 할 것인데, 오히려 마침내 간사하고 탐욕스러우며 교만하고 방종하여 불법을 자행했음에도 전하께서는 공신(功臣)이라는 이유로 법을 굽혀[屈法] 그를 죄주지 않으셨습니다. (그런데) 지금 또 죄 없는 사람을 죽였으니 청컨대 직첩(職牒)을 거두고 율(律)에 따라 처벌을 시행해야 합니다.'

명하여 직첩을 거두고 먼 지방에 유배 보냈다.

○ 중군도총제 최이(崔迤)의 모친상에 쌀과 콩 30석과 종이 100권(卷)을 부의로 내려주었다.

○ 밤에 호랑이가 한경(漢京)에 있는 근정전(勤政殿) 뜰에 들어왔다.

기미일(己未日-26일)에 (상이) 조준의 빈소에 갔다.

○ 사헌부에서 다시 풍문(風聞)의 법을 시행할 것을 청했으나 윤허하지 않았다. 소(疏)는 대략 이러했다.

'임금은 한 사람의 지존으로 깊이 구중(九重-궁궐)에서 팔짱만 끼고 있으니[拱] 백관(百官)과 만민(萬民)의 일을 어찌 두루 다 살필 수 있겠습니까? 이 때문에 헌사(憲司)를 설치해 풍문(風聞)을 가지고 일을 말하여[言事] 다스릴 수 있게 했던 것입니다. 근래에[比者] 숨겨진 일을 규찰(糾察)하는 법이 시행되지 않아 악한 짓을 하는 무리가 그치지 않습니다. 또 정탁(鄭擢)이 사람을 죽인 것 같은 것도 부(府-사헌부)에서 비록 풍문(風聞)으로 듣기는 했으나, 반드시 죽은 자의 형(兄)이 호소하기를 기다린 연후에 조사를 시작할 수 있었습니다. 만일 그 형이 없었다면 그 원통함을 풀지 못했을 것입니다. 지난해 봄에 어떤 사람이 부인(婦人)을 죽여 시체를 거리에 내팽개쳤는데 온 성안을 수색했으나 끝내 잡지 못했습니다. 어찌 그에게만 친속(親屬-친족)이 없겠습니까? 생각건대 힘이 약하고 세력이 없어서 감히 호소하지 못한 것입니다. 이웃[隣保]에서 어찌 밝히 아는 자가 없겠습니까? 이 또한 세력을 두려워하여 고하지 못한 것이니 이리하여 죄 없는 사람이 하늘에 부르짖고[籲天] 원망하는 기운이 화기(和氣)를 상하게 됩니다. 이 때문에 신 등이 말씀을 올려 다시 예전의 제도를 시행할 것을 청했으나 아직 그리하라는 윤허를 받지 못했습니다. 엎드려 바라옵건대 전하께서는 속히 시행(施行)할 것을 명하셔야 합니다.'

상이 말했다.

"만일 풍문을 가지고 탄핵한다면 저 아래에 온전한 사람이 없을 것이니 시행할 수 없다."

경신일(庚申日-27일)에 큰 바람이 불고 우박이 떨어져 벼가 상했다.

신유일(辛酉日-28일)에 성균관에 술을 내려주었다.

○ 전 개성유후사유후 이원굉(李元紘, ?~1405년)[30]이 졸했다. 원굉(元紘)은 인주(仁州-인천) 사람이다. 부음이 보고되자 조회를 3일 동

---

30 고려 말 우왕 초에 대언을 지내고 뒤에 연산군(蓮山君)에 봉해졌다. 1384년(우왕 10년) 사신으로 명나라에 가서 세공을 바치고 돌아온 뒤 문하평리(門下評理)를 거쳐 정당문학(政堂文學)이 됐으며 1391년 다시 경원군(慶源君)에 봉해졌다. 이듬해 딸이 공양왕의 세자 왕석(王奭)의 비(妃)가 되고 같은 해 삼사좌사(三司左使)를 거쳐 다시 정당문학에 올라 과거를 관장했다. 조선 개국 뒤에는 개성유후사유후를 지냈다.

안 정지하고 종이 100권과 쌀·콩 30석을 부의로 보내주었다[致賻].
치부

임술일(壬戌日-29일)에 크게 바람이 불고 비가 내렸다. 전라도의 고부(古阜), 모평(牟平),[31] 광주(光州), 인의(仁義),[32] 마령(馬令-진안), 영광(靈光), 장흥(長興), 남평(南平), 순천(順天), 금구(金溝), 익주(益州)의 황충(蝗蟲)이 바람과 비를 만나 모조리 죽었다. 제주에서 큰 나무가 뽑히고 밭 곡식과 나무 열매가 손실됐으며 물에 떠내려간 민호(民戶)가 18호요, 우마(牛馬)가 떠내려가 많이 죽었고, 동서 포구의 병선 20여 척이 파괴됐다. 경상도의 계림(鷄林-경주), 울주(蔚州), 양주(梁州-양산), 김해(金海), 의창(義昌), 회원(會原),[33] 함안(咸安), 진주(晉州), 진성(珍城-거제도), 합주(陝州-합천), 초계(草溪),[34] 성주(星州), 창녕(昌寧), 영산(靈山), 대구(大邱), 경산(慶山), 영주(永州), 인동(仁同), 선주(善州), 상주(尙州), 보주(甫州-예천), 안동(安東), 영해(寧海)에 물이 범람해 화곡(禾穀)이 상하고 큰 나무가 뽑혔다. 충청도 충주(忠州)에

---

31 백제의 다지현(多只縣)이었는데 신라 경덕왕 때 다기현(多岐縣)으로 고쳐 무안군(務安郡)의 영현으로 삼았다. 940년(태조 23년) 모평현(牟平縣)으로 고쳤고 현종 때 소속을 영광군(靈光郡)으로 바꿨다. 1403년(태종 3년) 함풍현(咸豊縣)과 합쳐 함평현(咸平縣)이 되었고 치소(治所)를 함풍현에 두었다.

32 백제의 빈굴현(賓屈縣)이었는데 신라 경덕왕 때 빈성(斌城)으로 고쳐 태산군(太山郡-지금의 정읍시 태인면)의 영현으로 되었고 현종 때 고부(古阜)에 귀속시켰다. 그 뒤 다시 태산에 감무를 설치할 때 인의를 함께 다스리게 했다가 인의를 분리해 감무를 두었다. 조선 태종 때 태산(泰山)과 인의를 합쳐 태인현으로 해 현의 치소를 태산에 두었다.

33 의창과 회원을 합쳐 창원이라고 했다.

34 신라의 초팔혜현(草八兮縣)이었는데 경덕왕 때 팔계(八溪)로 고쳐 강양군(江陽郡-지금의 합천)의 영현으로 삼았다. 940년(태조 23년) 초계로 고쳤고 현종 때 합주(陝州)의 임내로 했다가 명종 때 감무를 설치했다. 충숙왕 때 지군사(知郡事)로 승격시킨 뒤 조선 말기까지 군으로 존속했다가 1914년 행정구역 개편 때 합천군에 합쳐져 초계면이 됐다.

바람이 세게 불고, 우박이 떨어져 곡식이 손상됐다.

○ 상이 액막이[避厄]³⁵를 위해 연정(硯井) 본궁(本宮)으로 이어(移御)하려고 했다. 이에 의정부에서 아뢰어 말했다.

"본궁은 좁아서 임금[人主]께서 마땅히 거처할 곳이 못 됩니다."

윤허하지 않았다.

---

35 도액(度厄) 혹은 제액(除厄)이라고도 한다. 액막이는 대개 정월에 하는데 액이 닥쳐오리라고 생각될 때 비정기적으로 행하기도 한다.

甲午朔 禱雨于松嶽.
갑오 삭 도우 우 송악

慶尙道大雨 水漲傷禾.
경상도 대우 수 창 상화

隕霜于信州 安岳殺菽 文化縣風損禾穀. 召河崙 趙英茂 六曹
운상 우 신주 안악 살 숙 문화현 풍 손 화곡 소 하륜 조영무 육조

判書 問致旱之由曰: "刑罰失宜歟? 姦邪在位歟? 賞罰不明歟?
판서 문 치한 지 유 왈 형벌 실의 여 간사 재위 여 상벌 불명 여

豪猾毒民歟? 予甚閔焉."
호활 독민 여 여 심민 언

丙申 以成石璘爲領議政府事 柳亮李升商知議政府事 全伯英
병신 이 성석린 위 영 의정부 사 유량 이승상 지 의정부 사 전백영

禮曹判書 李文和刑曹判書 韓尙敬工曹判書 崔迤中軍都摠制
예조 판서 이문화 형조 판서 한상경 공조 판서 최이 중군 도총제

李貴齡左軍都摠制 李行判承寧府事 李沃判漢城府事 金瞻
이귀령 좌군 도총제 이행 판 승녕부 사 이옥 판 한성부 사 김첨

司憲府大司憲.
사헌부 대사헌

丁酉 涼如仲秋.
정유 양 여 중추

賜女眞萬戶劉甫也衣帶 靴.
사 여진 만호 유보야 의대 화

己亥 議政府贊成事郭樞卒. 樞 淸州人. 訃聞 停朝三日 賜祭;
기해 의정부 찬성사 곽추 졸 추 청주 인 부문 정조 삼일 사제

靜妃亦遣人致祭; 贈謚文良. 樞性淳厚 富貴知足 無驕侈. 嘗掌
정비 역 견인 치제 증시 문량 추 성 순후 부귀 지족 무 교치 상장

司馬試 稱得士. 二子 恂 惲.
사마시 칭 득사 이자 순 운

庚子 命再禱雨于圓壇. 議政府啓曰: "籍田 圓丘 乃前朝之舊
경자 명 재 도우 우 원단 의정부 계왈 적전 원구 내 전조 지구

請行之於新京之壇." 上曰: "境內之地 莫非此天之下 豈可安處
청 행지 어 신경 지 단 상왈 경내 지지 막비 차천 지하 기 가 안처

於斯 而遙祭於新京乎? 舍舊丘築新壇行之." 因命左政丞河崙
어사 이 요제 어 신경 호 사 구구 축 신단 행지 인명 좌정승 하륜

行事.
행사

召諫官命曰: "今年春夏 旱氣太甚 故予夙夜兢惕 引咎自責.
소 간관 명왈 금년 춘하 한기 태심 고 여 숙야 긍척 인구 자책

飭躬正心之道 有未至歟? 政令有未平歟? 大臣百執事有未稱職
칙궁 정심 지도 유 미지 여 정령 유 미평 여 대신 백 집사 유 미칭직

歟? 臣官宮妾干謁行歟? 爾等職在言責 當極言不諱 予當容受."
여 환관 궁첩 간알 행여 이등 직재 언책 당 극언 불휘 여당 용수

左司諫大夫李垠等曰: "弭災之道 當正心對越上帝 所感必速. 今
좌사간대부 이은 등왈 미재 지도 당 정심 대월 상제 소감 필속 금

殿下憂旱 自春減膳憂勤惕慮之意至矣 大臣百執事 亦皆小心
전하 우한 자춘 감선 우근 척려 지의 지의 대신 백 집사 역개 소심

供職 無敢怠縱 豈有可言之事哉? 然臣等當更盡言." 上曰: "然."
공직 무감 태종 기유 가언 지사재 연 신등 당갱 진언 상왈 연

命代言尹思修曰: "省郎因禁令不飲酒 宜饋之以酒."
명 대언 윤사수 왈 성랑 인 금령 불 음주 의 궤지 이주

內史鄭昇回自其鄕 議政府迎于崇仁門外. 命醴泉府院君
내사 정승 회자 기향 의정부 영우 숭인문 외 명 예천 부원군

權仲和 禱雨于北郊.
권중화 도우 우 북교

命刑曹司憲府及都官 決辨定都監之訟. 召司憲執義尹向 刑曹
명 형조 사헌부 급 도관 결 변정도감 지송 소 사헌 집의 윤향 형조

正郎文楔 都官正郎李陟等命曰: "辨定都監已罷 其未決奴婢事
정랑 문경 도관 정랑 이척 등 명왈 변정도감 이파 기 미결 노비사

一皆聽決."
일개 청결

辛丑 以柳觀爲全羅道都觀察使 成石因忠淸道都觀察使
신축 이 유관 위 전라도 도관찰사 성석인 충청도 도관찰사

咸傳霖京畿都觀察使 金爾音江原道都觀察使 柳濕忠淸道
함부림 경기 도관찰사 김이음 강원도 도관찰사 유습 충청도

兵馬都節制使兼水軍都節制使 姜思德全羅道兵馬都節制使兼
병마도절제사 겸 수군도절제사 강사덕 전라도 병마도절제사 겸

水軍都節制使.
수군도절제사

壬寅 王子生.
임인 왕자 생

癸卯 雨.
계묘 우

甲辰 尙州 善州 永州 大丘 星州任內 花園蟲害穀.

丙午 宴鄭昇于淸和亭. 翼日 昇詣闕以①謝.

丁未 雨.

與宗親設酌于內樓.

江原道諸郡蝗.

己酉 司憲府上疏請選用監察. 疏略曰:

'自今選用監察 委政府及臺諫 薦佐郎以下曾經歷中外 有淸望者爲之. 若長官有失 則朝拜旣明言以規正之 毋得於祗迎之際 作戲欺侮 如有大過 依舊例不祗迎. 其新監察家世及己身有咎 則當不許參 毋以進退末節爲咎. 其司外聚會 論長官之失 以告本府 古無其例. 願一切禁斷 如有違者 本司糾理.'

下議政府擬議以聞. 政府議得:

"憲府所申允當. 監察員數多者 專以各司分臺 其各司請臺 令前一日茶時 報于本府 卽日分定 其日直坐. 其餘監察 仕于本府 出入不得與同僚竝行 不得與常員偕行 以尊瞻視. 新監察 依新舊臺長例 敬讓相接 或有不堪同官者 以其實明告臺長 其亂侵看訪 許參伏地 諸般戲謔等事 一皆禁斷 以革舊弊."

從之.

庚戌 東北面飢 議移慶尙 全羅兩道之粟. 命知議政府事朴信曰: "東北面軍資不多 乃以民飢 賑濟無遺. 幸慶尙 全羅道軍資

多而民又不飢 及時漕運于東北面 以備不虞可矣. 卿其議於政府."

上與大臣等言: "來春必大饑 須當今秋 預畜救飢之物."

召吏曹正郎河演等出仕. 初 吏曹下政批有錯誤 諫院當出謝

欲考之 呼吏曹吏 吏曹不送. 諫院劾掌務正郎河演 吏曹諸郎皆

不仕. 上問其故 左代言李膺以啓 上曰: "大政必有失錯 故大政

後須有小政. 今諫院豈以是劾之! 必有以也. 若以是劾之 則其劾

非矣. 劾之當則不可出矣 劾之不當 則皆令出仕 已有定法 此法

何如? 如有不當 則諸臣言之. 予無怒也." 啓事諸臣皆曰然 獨

左副代言黃喜曰: "以殿下之明 劾之當不當 灼知之矣. 若後世

英明不及殿下 而以不當爲當 以當爲不當 則豈無弊乎?" 上曰:

"勿復言 予意定矣." 李膺曰: "此專以②不送吏而劾之也." 上意

稍解曰: "送吏無害 不送非當也. 然近有政 當以處之." 至是召之.

司憲府請復行風聞推劾之法 不報. 疏略曰:

'謹按唐百官志 御史臺不受訟 有訴可聽理者 略其姓名 托以

風聞而糾理之. 其在前朝 憲司旣受狀理訟 又有風聞彈劾之制.

是以權豪畏法而不敢爲非. 洪惟我朝 一遵先王之法 獨於本府 除

風聞之劾 是虧風紀之任 而縱憸邪之欲 無以發奸摘伏 而除亂於

未然也. 至若官吏貪殘 將帥驕蹇 閭里愁怨 閤門汚穢等事 雖有

明智者 或勢窮援寡 或不干於己 則但緘口切齒而已 誰敢以告!

所以爲惡者日益張 而風俗日益壞 甚非細故. 願自今風聞之法 復

其舊制.
기 구제

壬子 以鄭仁彦司宰監致仕. 昇之父也.
임자 이 정인언 사재감 치사 승지부야

癸丑 金角回自其鄉 命右副代言尹思修及議政府 出崇仁門外
계축 김각 회자 기향 명 우부대언 윤사수 급 의정부 출 숭인문 외

設宴以迎.
설연 이영

杖宦者金希定六十. 希定本賤口 托金角謀欲入朝. 司憲府上疏
장 환자 김희정 육십 희정 본 천구 탁 김각 모욕 입조 사헌부 상소

止之 下巡禁司杖之 還其鄉.
지지 하 순금사 장지 환 기향

甲寅 宴鄭昇 金角于淸和亭.
갑인 연 정승 김각 우 청화정

司諫院上疏請視朝聽政. 疏略曰:
사간원 상소 청 시조 청정 소 약왈

'王者之德 莫盛於勤. 古之聖王 側身修行 視朝聽政 君臣之
왕자 지 덕 막성 어근 고지 성왕 측신 수행 시조 청정 군신 지

禮明 而上下之情通矣. 我朝五日一聽政之法 已有成規 今殿下
례명 이 상하 지 정통의 아조 오일 일 청정 지법 이유 성규 금 전하

因憂旱 自夏至秋 一不視朝 君臣相接之禮 幾至廢弛. 願自今每
인 우한 자하지추 일불 시조 군신 상접 지례 기지 폐이 원 자금 매

衙日 出御正殿 視朝聽政 以示敬天勤民之意.'
아일 출어 정전 시조 청정 이시 경천 근민 지의

上曰:"予以旱災 引咎自責 不敢出御外殿耳. 豈憚於視朝乎?"
상왈 여이 한재 인구 자책 불감 출어 외전 이 기 탄 어 시조 호

乙卯 雨.
을묘 우

以朴子安爲中軍都摠制 以朴德公爲鏡城等處都兵馬使 朴齡
이 박자안 위 중군 도총제 이 박덕공 위 경성 등처 도병마사 박령

慶源等處兵馬使. 又以鄭昇 金角之請 除授者十餘人.
경원 등처 병마사 우 이 정승 김각 지청 제수 자 십여 인

丙辰 雨.
병진 우

遣大護軍李愉于吾音會. 時朝廷招諭童猛哥帖木兒 我欲留之
견 대호군 이유 우 오음회 시 조정 초유 동맹가첩목아 아 욕 유지

故遣愉諭其意.
고 견 유 유 기의

丁巳 雨洽.
정사 우흡

贈鄭昇 金角 衣一襲 笠 苧麻布十匹 賜入朝火者八人衣一襲
笠 靴 布二匹.

戊午 鄭昇 金角還 率新揀到火者尹可山等八人及松子苗二十
盆而還. 昇等詣闕告辭 上餞于西郊. 昇等臨行 請曰："欲行私禮
于本國殿下"上曰："皇帝之使 不可行禮於寡人也."昇等便下階
四拜 上移床於北 南面而受之.

流淸城君鄭擢于寧海府. 坐殺人也.③ 司憲府上疏以爲:

'擢過蒙上德 再爲功臣 爵祿崇重 宜小心輔翼 與國咸休 而乃
奸貪驕縱 恣行不法 殿下以功臣之故 屈法而不之罪.④ 今又殺
無辜之人 請收職牒 依律施行.'

命收職牒 謫于遐方.

賜賻中軍都摠制崔迤母喪米豆三十石 紙百卷.

夜 虎入漢京 勤政殿庭.

己未 臨趙浚殯.

司憲府請復行風聞之法 不允. 疏略曰.

'人主以一人之尊 深拱九重 百官萬民之事 焉得而徧察？ 是設
憲司 得以風聞言事而治之也. 比者 糾匿之法不行 而爲惡之徒
不息. 且如鄭擢之殺人 府雖風聞 必待其死者之兄之訴 然後發之.
若無其兄 則其冤不得而伸矣. 去年春 有人殺婦人 暴屍于街 擧
城搜訪 而終不能得. 豈獨無其親屬哉？ 顧力微勢薄 不敢訴焉.

隣保豈無明知者？ 亦畏勢而莫之告 致使無辜籲天 怨氣傷和.
인보 기무 명지 자　역 외세 이 막지 고　치사 무고 유천　원기 상화

是以臣等上言 復請古制 而未蒙兪允. 伏望殿下早賜施行.'
시이 신등 상언　부청 고제　이 미몽 유윤　복망 전하 조사 시행

上曰: 若以風聞彈擧 則下無全人 不可行也.
상 왈　약 이 풍문 탄거　즉 하 무 전인　불가 행야

庚申 大風雨雹傷禾.
경신　대풍 우박 상화

辛酉 賜酒于成均館.
신유　사주 우 성균관

前開城留後司留後李元紘卒. 元紘 仁州人. 訃聞 停朝三日
전 개성 유후사 유후 이원굉 졸　원굉 인주 인　부문　정조 삼일

致賻紙百卷 米豆三十石.
치부 지 백권 미두 삼십 석

壬戌 大風以雨. 全羅道 古阜 牟平 光州 仁義 馬令 靈光 長興
임술 대풍 이 우　전라도 고부 모평 광주 인의 마령 영광 장흥

南平 順天 金溝 益州 蝗蟲遇風雨盡死. 濟州大木拔 早穀木實
남평 순천 금구 익주 황충 우 풍우 진사　제주 대목 발 조곡 목실

損傷 漂民戶十八 漂牛馬多死 東西浦兵船二十餘艘傷破. 慶尙道
손상　표 민호 십팔 표 우마 다사　동서 포 병선 이십 여 소 상파　경상도

雞林 蔚州 梁州 金海 義昌 會原 咸安 晋州 珍城 陝州 草溪
계림 울주 양주 김해 의창 회원 함안 진주 진성 합주 초계

星州 昌寧 靈山 大丘 慶山 永州 仁同 善州 尙州 甫州 安東
성주 창녕 영산 대구 경산 영주 인동 선주 상주 보주 안동

寧海 水漲傷禾 大木拔. 忠淸道 忠州 大風雨雹損穀.
영해 수창 상화 대목 발　충청도 충주 대풍 우박 손곡

上爲避厄 欲移御硯井本宮. 議政府啓曰: "本宮狹隘 非人主
상 위 피액 욕 이어 연정 본궁　의정부 계왈　본궁 협애 비 인주

所宜居" 不允.
소의거　불윤

| 원문 읽기를 위한 도움말 |

① 昇詣闕以謝. 以는 잔치를 베풀어준 일을 가리킨다. 그에 대해 감사했다
　승 예궐 이 사
는 뜻이다.

② 此專以不送吏而劾之也. 여기서 以는 '~때문에'라는 뜻인데 不送吏까지
　차 전 이 불송 리 이 핵지 야　　　　　　　　　　이　　　　　　　불송 리

만 걸린다. 즉 그 때문에 탄핵을 했다는 말이다.

③ 坐殺人也. 이 문장은 '왜냐하면 ~때문이다'이므로 원래는 앞에 以가 있
    좌 살인 야   이

어야 하는데 생략됐다.

④ 不之罪. 원래는 不罪之인데 부분 도치됐다.
    부 지 죄   부죄 지

태종 5년 을유년
8월

八月

갑자일(甲子日-1일) 초하루에 상이 태상전에 조알했다.

○ 순금사 사직(司直) 원순(元恂), 부사직(副司直) 송저(宋儲)를 가 뒀다[囚=繫]. 순금사에서 풍반교(楓反橋)를 맡아 수리했는데, 이날 거가(車駕)가 돌아오다 방금[纔] 다리를 지나자마자 다리가 무너져[頹=壞] 사람과 말이 많이 다쳤기 때문에 그들을 가뒀다. 형조(刑曹)에 명해 그들을 조사하고 수일 뒤에 풀어주었다.

병인일(丙寅日-3일)에 의정부에 명해 한경에 천도(遷都)하는 것의 가부(可否)를 토의하게 하니 의정부에서 답하기를, 흉년이 들었기 때문에 불가하다고 했다. 상이 말했다.

"음양서(陰陽書)에 이르기를 '왕씨(王氏) 500년 뒤에 이씨(李氏)가 일어나 남경(南京-한양)으로 옮긴다'고 했는데 지금 이씨가 일어난 것이 과연 그대로 맞았으니 남경으로 옮긴다는 설도 믿지 않을 수 없다. 또 지난번에 궁궐 터를 살펴볼 때[相地]에도 말하는 자가 의견이 분분하여[紛紜] 결정되지 않아 내가 마침내 몸소 종묘(宗廟)에 나아가 점을 쳐서 이미 길(吉)한 것을 얻었고 이궁(離宮)도 이미 이뤄졌으니 천도할 계책은 정해진 것이다. 장차 10월에 한경(漢京)으로 옮기겠으니 마땅히 본궁(本宮)에는 가지 않겠다."

좌우(左右)에 일러 말했다.

"한경은 부왕(父王)께서 개창(開創)하신 땅이다. (그런데) 기묘년(己卯年-1399년)에 조박(趙璞,1356~1408년)[1]이 상왕(上王)께 청해 갑자기 송도(松都)에 와서는 지금까지 돌아가지 못하고 있으니 죄는 박(璞)에게 있다."

정묘일(丁卯日-4일)에 금주령(禁酒令)을 계속했다[申]. 의정부에 명해 말했다.

"형조(刑曹)에서 아뢴 것[所啓]을 보니 금주령은 단지[止=只] 서인(庶人)에게만 행해지고 귀인(貴人)이나 근신(近臣)에게는 행해지지 않아 혹 원망을 부르는 일이 있다고 한다. 이제부터 금주령을 해제하고, 다만 공사(公私)의 연음(宴飮-잔치의 음주)만을 금하는 것이 어떠한가? 깊이 헤아려 토의해 보고하라."

의정부에서 아뢰었다.

"금주령은 마땅히 예전대로 계속해야 합니다."

---

1 문하시중 조인규(趙仁規)의 4세손이다. 이방원(李芳遠)과 동서 간이어서 이성계(李成桂)를 따르고 복종했다. 이 때문에 정적인 정몽주(鄭夢周)에 의해 청주목사로 좌천돼 수원부에 이르렀을 때 사주를 받은 수원부장에게 살해될 뻔했으나 도망쳤다. 조선이 개국되자 예조전서로서 개국공신 1등이 되어 전(田) 170결(結)과 노비 20구를 받았으며 평원군(平原君)에 봉해졌다. 1398년 겸 대사헌(兼大司憲)으로서 지경연사정당문학(知經筵事政堂文學) 하륜(河崙)과 함께 사서(四書)의 구절에 방점(傍點)하여 왕이 볼 수 있도록 했다. 1차 왕자의 난에 이방원을 도와 정사공신(定社功臣) 1등에 올랐다. 1400년 8월 조준을 무고한 혐의로 이천에 유배됐다가 11월에 문하부 참찬사가 되었다. 1401년(태종 1년) 태종을 옹립한 공로로 좌명공신(佐命功臣) 3등에 봉해지고 다음 해 10월 하정사(賀正使)가 돼 명나라에 갔다가 다음 해 4월에 돌아와 의정부 참찬사를 제수받았다. 1404년 3월 예문관 대제학, 10월 개성유후사유후(開城留後司留後)가 됐다. 1406년 정월 서북면 도순문사가 되어 토관(土官)의 제도를 개혁하자고 건의했다.

○ 무관(武官)의 시위령(侍衛令)을 엄격하게 했다. 병조(兵曹)에서 청했다.

"상호군(上護軍), 대호군(大護軍), 호군(護軍)[2] 등이 매양 입직(入直)하는 때를 당하면 거짓으로 병을 칭탁해 시위를 삼가 받들지 않고 있습니다[不敬]. 바라건대 이제부터 병이 있다고 고하는 자가 있으면 의원(醫員)을 보내 증세를 진찰해 거짓으로 칭탁한 자는 초범(初犯)은 그 종을 가두고, 재범(再犯)은 그 자신을 가두고, 삼범(三犯)은 사헌부에 관문(關文)[3]을 보내 율(律)에 따라 죄를 줌으로써 시위에 부지런하지 못한 것을 징계해야 할 것입니다."

그것을 따랐다.

무진일(戊辰日-5일)에 충청도의 이산(尼山),[4] 연산(連山)과 공주(公州)에 황충(蝗蟲)이 일었다.

---

2 상호군은 정3품, 대호군은 종3품, 호군은 정4품이고, 그 아래로 부호군, 사직, 부사직 등이 있다.

3 관(關)이나 관자(關子)라고도 한다. 주로 동등 이하의 관서에 보낼 때 사용하며, 하급관청에서 상급관청으로 올리는 문서는 첩정(牒呈)을 썼다. 두 관청 간에 필요한 사무를 상고(相考)하여 시행하기 위한 문서가 주종이며, 오늘날의 공문서와 비슷하다. 동등한 관청에 올리는 관문은 평관(平關), 예조에 보내는 관문은 예관(禮關)으로 칭했다.

4 충청남도 논산 지역의 옛 이름이다. 본래 백제의 열야산현(熱也山縣)이었는데, 신라 경덕왕 때 이산현(尼山縣)으로 고쳐 웅주(熊州-지금의 공주)의 속현으로 삼았다. 1018년(현종 9년) 공주에 예속시켰다가 뒤에 감무를 두었고 1414년(태종 14년) 석성(石城)과 합쳐 이성(尼城)이라 불렀다. 1416년 다시 나눠 현감을 두고 1646년(인조 24년) 연산(連山), 은진(恩津)과 합쳐 은산현(恩山縣)이라 했고 1656년(효종 7년) 각각 복구됐다. 1776년(영조 52년) 다시 이성으로 부르다가 정조 초에 노성(魯城)이라 고쳤다.

기사일(己巳日-6일)에 상이 제릉(齊陵)에 참배하고 연정(硯井) 본궁(本宮)으로 돌아갔다. 처음에 상이 제릉에 참배하려고 하니 사간(司諫) 이은(李垠) 등이 아뢰어 말했다.

"신 등이 듣건대 승여(乘輿)가 장차 궐 밖으로 나간다 하는데 의장과 호위[儀衛]도 갖추지 않고 백관도 거느리지 않으시어 가시는 곳을 알 수가 없습니다. 감히 (가시는 곳을 알기를) 청합니다."

상이 말했다.

"장차 제릉(齊陵), 재궁(齋宮)의 역사(役事)를 돌아보려고 한다."

은(垠) 등이 간언했다.

"청컨대 이제부터는 백관을 거느리고 의장과 호위를 갖추셔야 합니다."

상이 말했다.

"그건 어렵지 않다."

제릉에 참배를 마치고서 드디어 들판을 살펴보니 벼와 곡식들이 제대로 익지 않았다[不熟]. 상의 얼굴에 근심하는 빛이 있으니 조영무(趙英茂)가 앞으로 나아와 말했다.

"신 등은 공신이기에 앉아서 부귀(富貴)를 누리고 있는데 이토록 흉년[年歉]이 들었으니 백성들은 어찌합니까?"

그러고는 눈물을 흘리니 상이 말했다.

"예로부터 비록 재이(災異)가 있기는 했으나 지금 같은 때는 없었다. 실로 내가 임금답지 못하여[否德] 천심(天心)에 부합하지 못해 이렇게 된 것이다."

신미일(辛未日-8일)에 크게 바람이 불고 비가 내렸다.

○ 공안부윤(恭安府尹) 허응(許應)이 (명나라) 경사(京師)에서 돌아왔다. 통사(通事) 이자영(李子瑛, ?~1412년)[5]이 아뢰어 말했다.

"(명나라) 예부(禮部)에서 신 등을 앞으로 나오게 하여 말하기를 '무릇 표문(表文)[6]에는 "황제폐하(皇帝陛下)" 네 글자 아래에 다른 글자를 바로 붙여 쓰지 않는 것이 예(禮)다. (그런데) 지금 너희 나라[爾國] 표문에는 네 글자 아래에 "예철(睿哲)" 두 글자를 바로 붙여 썼으니 예(禮)가 아니다. 또 너희 나라[汝國] 산천(山川)의 제사(祭祀)는 누가 주관하는가?'라고 했습니다. 이에 대답하기를 "국왕(國王)께서 주관합니다"라고 하니 말하기를 "그렇다면 신(神)에게 제사하는 악기(樂器)는 폐하께서 맡으시는 것인데 지금 자문(咨文)에 말하기를 '만일 의윤(依允-허락)을 받으면 무역(貿易)하겠다'라고 했으니 악기가 어찌 민간(民間)에 있는 물건인가? 너희 나라가 고황제(高皇帝-주원장) 때부터 잘못한 것[所失]이 한 가지가 아닌데 폐하께서 특별히 자애로움을 내려주시어[垂慈] 묻지 않으신 것이다. 이 말을 자세히 기록해 너희 국왕에게 말하라"고 했습니다."

---

5 벼슬이 사역원 판사(司譯院判事)에 이르렀다. 1393년(태조 2년)에 예빈소경(禮賓少卿) 배후(裴厚)와 함께 섬라곡국(暹羅斛國-태국)에 회례사(回禮使)로 다녀오다가 왜구에게 붙잡혀 다른 사람들은 모두 죽고 이자영만이 1396년에 돌아왔다. 1408년(태종 8년)과 1409년에는 통사(通事)로 요동에 다녀왔으며 1412년에 성절사(聖節使) 여천군(驪川君) 민여익(閔汝翼)과 함께 명나라에 다녀오다가 동평부(東平府)의 요성현(聊城縣)에서 병으로 죽었다.

6 표(表)란 문체의 하나로 아래에서 위로 올리는 글을 말하며 자신의 마음속에 있는 생각을 밖으로 발표한다는 뜻이다. 조선에서 명나라에 올리는 외교문서를 표문이라 했다.

상이 이에 문서응봉사(文書應奉司)[7] 제조(提調) 당성(唐誠, 1337~
1413년)[8]과 낭청(郎廳) 한상덕(韓尙德, ?~1434년),[9] 권훈(權壎), 윤규
(尹珪), 조정(曹正), 양중관(梁仲寬)을 순금사에 가두고 국문했다. 그
런데 일이 글을 주관하는[主文] 대신에 관계되고, 또 고금(古今)의
기록을 상고해보니 폐하 아래에 바로 붙여 쓴 것이 많아 수일 뒤에
풀어주었다.

○ 각사(各司)에 명해 한경(漢京-한양)에 분사(分司)를 두어 20일

---

7 고려시대부터 조선 초기까지 사대교린(事大交隣)의 외교문서를 작성하던 기관이다. 고
   려 때 처음 문서감진색(文書監進色)이라는 비상설기구를 설치하고 별감(別監)을 두어
   외교문서를 담당하게 했다가 뒤에 문서응봉사로 개칭하고, 사(使)·부사·판관 등의 관
   원을 두었으나 모두 다른 부서 관직자들로 겸직시켰다. 이 제도는 조선 건국 뒤에도 그
   대로 존치돼오다가 1409년(태종 9년) 기구를 확장해 지사(知事), 첨지사(僉知事), 검토
   관(檢討官), 교리(校理), 수찬관(修撰官), 서기(書記) 및 수습관원인 권지(權知) 등을 두어
   외교문서 작성에 만전을 기하도록 했다. 그러나 이때까지도 관원들은 모두 전임직이 아
   닌 타 관원들의 겸직이었다. 업무의 성격 때문에 현직관원과 퇴직관원을 불문하고 외교
   문서에 능숙한 자들을 골라 임명했다. 1411년 문서응봉사를 승문원으로 개칭하고 그
   관원들도 정규직화해 판사, 지사, 첨지사, 교리, 부교리, 정자(正字), 부정자(副正字)의 체
   제로 정비했다.
8 원나라 말기에 전란을 피해 고려에 귀화해 정동행성연사(征東行省掾史)가 됐고, 그 뒤 중
   랑장 겸 사평순위부평사와 판전농시사 등을 역임했다. 1392년(태조 1년) 개국원종공신
   (開國原從功臣)에 책록됐으며, 예조·형조·공조의 전서(典書)를 역임했다. 1398년 호조전
   서로 재직 중 노비소송에 패하자 노비변정도감을 비방하다가 파직됐으나, 곧 검교 판한
   성부사에 제수되어 문서응봉사제조(文書應奉司提調)를 겸했다. 1401년(태종 1년) 태종에
   게 실직(實職)에 보임해줄 것을 청해 개성부부유후(開城府副留後)에 제수되었고, 1409년
   공안부윤 등을 역임했다.
9 한명회(韓明澮)는 그의 종손뻘이 되나 아들이 없던 그가 명회를 길렀다. 우대언으로 있
   던 당시 우리나라는 많은 부분 중국 농서를 이용해왔다. 이에 불편을 느낀 태종은 유신
   (儒臣)들에게 명하여 중국의 고서에서 우리 실정에 간절히 필요한 말을 초록하되 우리말
   로 주를 달아 널리 보급하도록 지시한 바 있다. 이때 왕명의 출납을 맡았던 그가 왕의 뜻
   에 따라 1273년(원종 14년) 원나라 사농사(司農司)가 엮은 『농상집요(農桑輯要)』제4권에
   서 양잠에 관한 내용의 약 30%를 초록했는데, 이에 이두문으로 주를 달아 1415년(태종
   15년) 우리나라 최초의 양잠에 관한 책인 『양잠경험촬요(養蠶經驗撮要)』를 초록했다.

마다 서로 교대하게 하고 공해(公廨-관청)와 관리들이 거처할 곳을 손질하게 했다.

임신일(壬申日-9일)에 도로[還] 경덕궁(敬德宮)[10]으로 이어(移御)했다. 본궁(本宮)이 좁아 위사(衛士)들이 밖에서 자야 했기[露宿] 때문이다. 병조판서 남재(南在), 형조판서 이문화, 호조판서 이지(李至), 의정부 찬성사 윤저(尹柢), 공조판서 한상경(韓尙敬)과 더불어 한경(漢京)으로 천도할 것을 토의했다. 상이 말했다.

"우리 태상왕께서 새 도읍[新邑]을 처음 세우셨으니[肇建=創建] 이는 이씨(李氏)의 바꿀 수 없는 확고한 도읍[定都]이다. 우리 상왕께서 송도(松都)로 옮겨오신 뒤로 돌아가지 않은 것이 지금 7년이나 됐다. 아버지가 일으키고 아들이 이어받는[父作子述][11] 도리에 어긋났으니 이는 과인(寡人)의 죄다. 지난가을[去秋]에 송도에 음려(陰沴-음산한 기운)의 재앙(災殃)이 있기 때문에 신도(新都)에 가서 종묘(宗廟)에

---

10 원래는 태조 이성계(李成桂)가 왕위에 오르기 전에 살던 개성의 사저(私邸)다. 태종도 이곳에서 살았는데 이성계가 왕위에 오르고 나서 경덕궁이라 했다. 태종은 중신들과 상의하여 궁을 증설했으며 1418년(태종 18년) 4월에 새 누각을 준공했고 같은 해 7월에 또 북량정(北涼亭)을 신축했다. 정종이 1차 왕자의 난으로 다시 도읍을 개성으로 옮긴 뒤 태종이 즉위하자 본궁이 협소해서 위사(衛士)들이 노숙을 하는 형편이라 경덕궁으로 거처를 옮겼다. 바로 이때의 일이다. 태종이 다시 한양으로 환도한 뒤에도 후대 왕들이 구도(舊都)를 순행하거나 제릉(齊陵)과 후릉(厚陵-정종과 그의 비 정안왕후(定安王后) 김씨(金氏)의 능이다)을 참배할 때면 이곳에서 묵었다. 임진왜란 때 불타 없어지고 지금은 그 옛 터만 남아 있다.

11 『중용(中庸)』에 실려 있는 공자의 말에서 따온 것이다. "근심 없는 이는 아마도 문왕뿐일 것이다. 왕계(王季)를 아버지로 삼았고 무왕을 아들로 했으니 아버지는 대업을 일으켰고 아들은 그것을 계승했다[父作之 子述之]."

점쳐서 이미 길(吉)한 것을 얻었고 금년 봄[今春]에 또 가서 수즙(修
葺-수리)하는 것을 보았더니 공사가 이미 거의 끝났으니 거기로 옮
겨 갈 계책은 정해진 것이다. 소민(小民-일반 백성)과 거실(巨室)이·모
두 불가하다고 말하는데 이는 현재 살고 있는 땅을 편안하게 여기고
딴 곳으로 옮기기를 싫어한다는 뜻이다."

상경(尙敬)이 대답했다.

"반경(盤庚)이 도읍을 옮긴 것은 그에 따른 이해(利害)가 심히 밝았
음에도 소민(小民)과 거실(巨室)은 오히려 살고 있는 땅을 편안하게
여기고 옮기기를 싫어했습니다."

상이 말했다.

"만일 금년에 옮기지 않고 명년에도 옮기지 않다가 이래저래 머뭇
거리다[因循] 옮기지 못하게 되면 송도(松都)의 인가(人家)는 날로 더
욱 조밀해지고, 한읍(漢邑)은 날로 더욱 조잔(凋殘)하고 황폐해질 것
이니 장차 어찌할 것인가? 하물며 음양가(陰陽家-술객)가 말하기를
'송도는 임금과 신하의 분별이 없어지는 땅이다'라고 한다. 사람들은
모두 '흉년이 들어 옮길 수 없다'라고 말하는데 이는 흉악한 마음을
가진 사람들이다. 풍해(豊海)와 경기(京畿)는 비록 한재(旱災)가 있으
나 그 나머지 각 도(各道)는 흉년이 아니다. 그런데 명분상으로 흉년
이라고 말해 천도하려는 뜻을 배격하는 자는 사직(社稷)을 사랑하지
않는 신하다."

남재(南在)가 말했다.

"어찌 흉악한 마음을 가지고 배격하는 자가 있겠습니까?"

상이 말했다.

"지난번에 천도(遷都)에 대해 토의가 있었는데, 신도(新都)와 무악(毋岳)은 모두 나쁘고 이 도읍(都邑)이라야 마침내 좋다고 했으니 이 것이야말로 흉악한 마음을 품은 자의 말이다."

갑술일(甲戌日-11일)에 상이 태상전에 조알했다. 상이 태상께 장차 한경(漢京)으로 환도하겠다고 아뢰고 또 헌수(獻壽)하니 태상이 말했다.

"음양(陰陽)의 설(說)이 비록 충분히 믿을 것은 못 되나 '왕씨(王氏) 500년 뒤에 이씨(李氏)가 나라를 얻어 한경(漢京)에 도읍한다'라고 했는데, 우리 집안이 과연 그 설(說)에 부합했으니 어찌 허황한 말이 냐? 또 우리 집안이 혹시라도 미리부터 나라를 얻을 마음이 있었겠느냐? 왕이 (지금) 한경으로 환도하고자 하는 것은 사실상 왕의 마음이 아니라 하늘이 시켜서 그러한 것이다."

○ 권근(權近)이 소를 올려 말했다.

'흉년으로 인해 천도할 수가 없습니다.'

윤허하지 않았다. 근(近)이 다시 글을 올려 말했다.

'천도하는 일은 경사(卿士)들과 토의하고, 서민(庶民)들과 토의해서 모두 괜찮다고 한 연후에 정해야 합니다.'

상이 말했다.

"종묘(宗廟)에 고하고 태상께 고해 큰 계책이 이미 정해졌으니 어찌 고칠 수 있겠는가?"

좌우(左右) 신하들에게 말했다.

"이제 글을 올려 천도를 말리는 사람이 있다면 이는 다른 사람의 지휘(指揮)를 들어서 하는 것이다. 한경(漢京)은 국초(國初)에 창건한 것이니 (이씨의) 자손(子孫)이 마땅히 유지하고 지켜야 한다. 어리석은 백성들은 다만 옮겨 가는 괴로움만 알고 구차스럽게 안주하려 하는 것일 뿐이다. 사대부(士大夫) 중에 사리(事理)를 아는 자는 진정 무슨 마음으로 저지하겠는가?"

을해일(乙亥日-12일)에 이래(李來)를 예문관 대제학(藝文館大提學)으로 삼았다.

○ 통진(通津), 포주(抱州), 풍양(豊壤), 양주(楊州)에 황충(蝗蟲)이 일었다.

정축일(丁丑日-14일)에 세자(世子)에게 명해 인소전(仁昭殿)[12]에 제사를 지내게 했다.

○ 금주령을 완화했다[弛]. 사헌부 장무(掌務)를 불러 명하여 말
이
했다.

"부(府)에서 상신(上申)한 바를 살펴보니 술을 마셔 영(令)을 범한 자는 모두 미천(微賤)한 사람들이다. 조정의 선비들[朝士]은 과연 모
조사
두 술을 마시지 않는가? 이제부터는 여러 사람이 모여 연음(宴飮)하는 것이 아닐 경우에는 금하지 말도록 하라."

○ 사헌부와 형조를 불러 박상문(朴尙文) 등이 소량(訴良)[13]한 일을

---

12 태조의 원비(元妃)인 신의왕후(神懿王后) 한씨(韓氏)의 혼전이다.

13 억울하게 천인(賤人)이 된 자가 양인(良人)이라고 호소하는 것을 가리킨다.

변정(辨定)하도록 명했다. 애초에 상문(尙文) 등이 대가(大駕) 앞에서 신소(申訴)했는데 상이 소첩(訴牒)을 보니 양민(良民)을 눌러서 (자신을) 천인(賤人)으로 만들었다고 호소한 것인데, 그 말이 두 사람의 국구(國舅)에 관련됐다[干=干犯]. 상이 말했다.

"국구 한 사람은 누구를 말하는 것인가?"[14]

대언 황희(黃喜)가 말했다.

"분명 권홍(權弘, 1360~1446년)[15]일 것입니다."

상이 탄식하며 말했다.

"지난번에 오래 가물었을 때 그 까닭을 알지 못했는데 원망을 부르고 화기(和氣)를 상하게 하는 것 중에 이만한 것이 없다. 옛사람이 말하기를 '대신(大臣)은 세세한 일을 직접 챙기지 않는다[大臣不親細事]'[16]라고 했는데 하물며 임금의 경우에야 어떻겠는가? 『서경(書經)』에 이르기를 '원수(元首-임금)가 총좌(叢脞)[17]하면 고굉(股肱-신하)이 게을러진다'[18]라고 했으니 이것은 임금이 크게 경계해야 할 바

---

14 민제(閔霽) 이외에 또 한 사람이 누구인지를 물은 것이다.

15 1388년 우정언(右正言)에 오르고 이조·병조의 좌랑을 지낸 뒤 1391년(공양왕 3년)에 우헌납(右獻納)으로 옮겼으나 김진양(金震陽) 등과 함께 조준(趙浚), 정도전(鄭道傳) 등을 탄핵하다가 면직당했다. 그 때문에 조선 태조가 즉위한 직후 장류(杖流)에 처해졌다. 1400년(정종 2년)에 좌보궐(左補闕)에 임명되고 사헌시사(司憲侍史)로 승진됐다가 성균악정(成均樂正)으로 옮겨진 뒤 1402년(태종 2년) 딸이 태종의 빈이 되자 영가군(永嘉君)에 봉해졌다.

16 이 말은 『중용(中庸)』에 있는 천하를 다스리는 9가지 원칙[九經] 중 하나인 대신을 높이라[敬大臣]는 구절을 주희가 쉽게 풀이한 것인데, 태종이 이미 숙지하고 있던 진덕수의 『대학연의(大學衍義)』에 그 내용이 실려 있다.

17 시시콜콜하게 잔일까지 다 챙기는 것을 말한다.

18 『우서(虞書)』 「익직(益稷)」편에 나오는 말이다.

[大戒]이다. 그러나 권세가(權勢家)의 일은 내가 아니면 누가 능히 변
정(辨定)하겠는가? 대언사(代言司)는 그 문권(文券-문서)을 상고하여
보고하라."

상이 이미 다 보았는데 이때에 이르러 사헌부와 형조를 불러 명
했다.

"내가 이미 시비(是非)를 분명히 알았으니 교좌(交坐)하여 실정(實
情)을 알아내[得情] 보고하라."

이에 박상문 등을 사재감(司宰監)[19]에 소속시켰다. 왜냐하면 양(良)
에도, 천(賤)에도 문계(文契-문서)가 분명치 않았기 때문이다.

임오일(壬午日-19일)에 사헌부 대사헌 김첨(金瞻, 1354~1418년)[20]을

---

19 종4품 아문(從四品衙門)으로 궁중의 어류, 육류, 소금, 땔나무, 횃불 등의 일을 관장했다.
   사재감의 분장(分掌)으로 첨정과 주부의 관장 하에 소목색(燒木色)과 염장색(鹽醬色)이
   있었으며 직장과 봉사의 관장 하에 어물색(魚物色)이 있었다.

20 1376년(우왕 2년) 문과에 급제한 뒤 친종호군(親從護軍), 우사간(右司諫), 예조전서(禮曹典
   書), 예문관 제학(藝文館提學), 대사헌, 경연관(經筵官) 등의 관직을 거쳤다. 1390년(공양
   왕 2년)에 개성의 5부와 각 도의 목(牧)·부(府)에 있는 유학교수관(儒學敎授館)에 원자와
   종실의 자제들이 입학하도록 상소했고, 1392년(태조 1년)에는 정몽주와 내란을 음모했다
   는 혐의로 관직을 박탈당하고 유배됐다가 복직됐다. 1404년(태종 4년)에 태종이 성수초례
   (星宿醮禮)를 상정(詳定)하게 하자 도관(道觀-도교 사원)인 태청관(太淸觀)의 보수와 천황
   대제(天皇大帝)의 재초(齋醮-도교의식의 하나인 하늘, 땅, 별에 지내는 초제(醮祭))도 함께 진
   언했다. 이에 대해 권근(權近), 하륜(河崙) 등이 반대하자 고려시대의 사례를 들어 도교신
   앙의 중요성을 역설했으며 또 같은 해 계품사(計稟使)가 되어 명나라에 가 여진족과 영
   토 문제를 해결했다. 이 공로로 태종은 밭 50결을 하사했다. 이어 1407년에도 옥사(獄事)
   에 걸려 구금됐다. 그러나 도교를 깊이 신봉한 태종은 그를 아주 버리지는 않고 소격전
   (昭格殿)의 제조(提調)로 삼아 도교에 관한 자문을 구했다. 1411년에 태종이 다시 도교의
   신인 삼성(三聖)과 주작(朱雀)·대국(大國)에 관해 하문하자 고려의 전례를 들어 주작은
   시좌궁(時坐宮) 남쪽에 단을 설치하도록 건의하고, 삼성과 대국도 폐지함이 불가함을 주
   장했다. 1415년에 『성수경(星宿經)』을 태종에게 올렸다. 같은 해에 하륜이 그의 박학함을

여흥(驪興)에, 전 계림부윤(雞林府尹) 한리(韓理, ?~1417년)[21]를 안성(安城)에, 전 철원부사(鐵原府使) 한임(韓任)을 춘주(春州-춘천)에 유배 보냈다. 사헌부와 형조에서 박상문 등의 양천(良賤)을 분별하고 분석해보니[辨析] 과연 부당하게 노비로 만든 것[從賤]이었다. 이에 첨(瞻)과 리(理), 임(任)을 탄핵하고 수직(守直-죄인을 도망하지 못하도록 그 집을 지키는 것)했다. 상이 첨 등을 순금사에 내려보내 국문하고 율(律)을 상고하니 장(杖) 100대에 도(徒-징역) 3년에 해당했다. 이에 명하여 유배 보냈다. 첨은 예조의랑(禮曹議郎)으로 있을 때 상문(尚文) 등을 종천(從賤)할 것을 결절(決折-판결)했고, 리와 임은 민제(閔霽) 및 권홍(權弘)과 동종(同宗-친인척)이기 때문에 상문의 일족(一族)을 천(賤)에 붙여서 역사(役使)를 시킨 자다.

○ 남교(南郊)에 행차해 곡식들의 흉풍[荒熟=凶豊]을 살펴보았다.

○ 세자가 술자리를 베풀었다. 사(師-스승) 성석린(成石璘, 1338~1423년)[22]이 진강(進講)을 하고 나서 세자에게 아뢰었다.

높이 평가해 육조판서에 임명하도록 상소했으나 태종은 과거 민무구(閔無咎)·민무질(閔無疾) 형제와 무리지어 불충한 죄를 지었다는 이유로 거절했다. 민씨 집안과 가까운 인물이었다.

21 1362년(공민왕 11년) 감문위녹사(監門衛錄事)로서 문과에 응시하여 동진사(同進士) 제17인으로 급제했다. 예의판서(禮儀判書)를 지냈으며 계림부원군(雞林府院君)에 봉해졌다. 조선이 건국된 뒤에는 태조의 명으로 고려 왕실인 왕씨의 제사를 관장했다.

22 이성계의 역성혁명에 참여해 단성보절찬화공신(端誠保節贊化功臣)의 녹권(錄券)이 내려지고 창성군 충의군(昌成郡忠義君)에 봉해졌다. 태조가 즉위하자 문하시랑찬성사(門下侍郎贊成事)가 되었고, 1393년(태조 2년) 개성부 판사(開城府判事)를 거쳤다. 1398년 문하시랑찬성사·판호조사 등을 역임했다. 정종이 즉위하자 외직으로 서북면 도순찰사(西北面都巡察使)·도절제사(都節制使)·평양부윤을 지내고, 내직으로 문하시랑찬성사가 됐다. 익대공신(翊戴功臣)의 녹권이 내려지고, 문하우정승(門下右政丞)에 올랐다가 곧 좌정승이 됐다. 태종이 즉위한 후 좌명공신(佐命功臣)이 되고 창녕부원군(昌寧府院君)에 봉해졌다.

"군왕의 배움은 옛 장구를 찾아서 따라 외는 데[尋章摘句] 있지 않고 고금(古今)의 치란(治亂)과 인물의 현부(賢否)의 요체를 알아내고 덕성(德性)을 함양(涵養)하는 것뿐입니다. 어리석고 늙은 사람[癡老]이 스승이 되었으니 심히 부끄럽습니다. 비록 다움과 재예[德藝]는 없으나 이미 이 자리에 있으니 감히 말씀드리지 않을 수 없습니다. 임금의 마음[君心]은 만 가지 변화가 나오는 원천이니 비록 한가하고 편안한 때를 맞이해서도 마땅히 시서(詩書-유학)와 문묵(文墨)의 일로써 놀이를 삼아야 합니다. 만일 간사한 말과 바르지 못한 행실이 마음에 들어오면 심히 불가합니다. 예(禮)라는 것은 사람의 살과 피부[肌膚]를 단단하게 해주는 것입니다. 예(禮)가 없으면 게으르고 나태한 마음이 생겨나 학업(學業)이 이뤄지지 않습니다."[23]

세자가 자신이 쓴 큰 글자 40여 자를 내어 보이니 석린(石璘)이 말했다.

"대단히 좋습니다."

세자가 말했다.

"예전의 제왕(帝王)들 중에는 누가 글씨를 잘 썼습니까?"

답하여 말했다.

1402년(태종 2년) 영의정부사를 거쳐 이듬해 우의정이 됐다. 그 뒤 1407년에 좌의정을 지냈고, 1411년 사직을 원했으나 허락되지 않아 1414년 부원군으로 휴직했다. 1415년 영의정이 됐으나 다시 부원군으로 물러나서 쉬니 궤장(几杖)이 하사됐다. 1차 왕자의 난이 있은 뒤 태조가 함흥으로 행차하여 머물렀는데 태종이 여러 사자를 보냈으나 감히 문안을 전달하지 못했다. 이에 성석린이 태조의 옛 친구로서 조용히 인륜의 변고를 처리하는 도리를 진술해 비로소 태조와 태종이 화합하게 됐다.

23 성석린의 말은 원론적인 이야기가 아니라 이미 세자에게 이 같은 문제점들이 보이고 있었다는 뜻이다.

"당 태종(唐太宗)과 송휘종(宋徽宗)²⁴이 그런 분입니다. 그러나 태종은 참덕(慙德)²⁵이 있었고²⁶ 휘종은 천하(天下)를 잃었으니 서찰(書札-글씨)은 군왕이 중하게 여길 바가 못 됩니다."

세자가 술자리를 베푸니 석린이 사뢰어[白] 말했다.

"우리들이[某等] 저하(邸下)께 술을 권하고 싶으나, 술은 마시지 않는 것이 좋습니다. 우리들은 젊었을 때 술 마시는 것을 배웠기 때문에 지금까지 끊지 못합니다. 젊었을 때 배우지 않았으면 이런 병통이 없었을 것입니다."

세자가 말했다.

"젊었을 때에는 모름지기 경서(經書)를 배우고 술 마시는 것은 배

---

24 북송의 제8대 황제로 신종(神宗)의 아들이다. 소성(紹聖) 3년(1096년) 단왕(端王)에 봉해졌다. 원부(元符) 3년(1100년) 형인 제7대 황제 철종(哲宗)이 병사하자 즉위했다. 정치는 채경(蔡京) 등 총신(寵臣)들에게 떠맡기고 자신은 태평시대를 맞아 궁정과 정원 등을 조영(造營)하여 호사스러운 생활을 했다. 한편으로 문화재를 수집·보호하고 서화원(書畵院)을 설치해서 궁정서화가를 양성하여 문화사상 선화시대(宣和時代)라는 한 시기를 연출했다. 시문(詩文)과 서화에 뛰어났고, 특히 그림은 전문가의 경지에 달하여 풍류천자(風流天子)라는 칭호를 얻었다. 정화(政和) 5년(1115년) 북만주(北滿洲)에서 여진족(女眞族)이 요(遼)나라의 지배에서 벗어나 금나라를 세웠을 때 동관(童貫)의 진언을 받아들여 금나라와 동맹하여 요나라를 협공하고 국초(國初) 이래의 염원이던 연운16주(燕雲十六州)를 수복하려고 꾀했지만, 선화(宣和) 7년(1125년) 금나라 군사의 진입(進入)을 초래했다. 흠종(欽宗)에게 양위(讓位)하고 스스로 도군황제(道君皇帝)가 되어 책임을 모면하려고 했지만, 재차 침공한 금나라 군사에 의해 국도 개봉(開封)이 함락되고, 흠종 기타의 황족, 후비(后妃) 등과 함께 금나라 군대에 잡힘으로써 북송의 멸망을 가져왔다. 이것이 정강(靖康)의 변(變)이다. 북만주의 오국성(五國城-흑룡강성 의난현)의 배소(配所)에서 병사했다.

25 임금의 허물을 뜻한다. 원래는 덕(德)이 미치지 못함을 부끄러워한다는 뜻이다.

26 조선시대 선비들의 당 태종에 대한 일반적 인식은 다음과 같았다. 실록에 자주 등장하는 표현이다. "당 태종(唐太宗)은 삼대(三代) 이래의 탁월한 임금으로서 정관지치(貞觀之治)를 칭찬하는 이가 많았으나 규문(閨門)에는 참덕(慙德)이 많았습니다."

우지 않는 것이 좋겠습니다."

○ 상이 일찍이 세자에게 걸(桀)[27]과 주(紂)[28]가 독부(獨夫)[29]가 된 뜻을 물으니 세자가 대답했다.

"사람들의 마음을 잃은 때문입니다."

상이 말했다.

"걸과 주는 천하의 군주가 되어서도 사람들의 마음을 잃어 하루아침에 독부(獨夫)가 되기에 이르렀다. 하물며 (천자가 아닌 제후에 불과한) 나와 네가 만일 사람들의 마음을 잃게 되면 반드시 하루아침도 이 자리에 있지 못할 것이다. 혹시라도[其] 소홀히 할 수 있겠느냐?"

○ 이숙번(李叔蕃)을 의정부 참찬사, 박신(朴信)을 사헌부 대사헌,

---

27 하(夏)나라의 마지막 군주(君主)로 제발(帝發)의 아들이다. 재위기간은 약 BC 1652년부터 BC 1600년까지였다. 역사상 유명한 폭군(暴君)으로, 문무를 겸비했지만 황음무도(荒淫無道)하여 제후들과 백성들의 원성이 자자했다. 이에 말희(妹喜)와 상(商)나라의 대신인 이윤(伊尹)이 은밀히 계책을 짜서 하나라를 멸망시켰다.

28 중국 고대 상(商)왕조의 마지막 왕이다. 악덕천자(惡德天子)의 대표적인 존재다. 궁전과 정원을 호화롭게 장식하고 간사한 무리들을 가까이하며 조세와 형벌을 가혹하게 하여 민심과 제후들의 마음은 선정을 베풀어 융성하던 주(周)의 문왕(文王)에게로 쏠렸다. 문왕의 아들 무왕(武王)이 제후들과 군사를 일으켜 상왕조를 멸망시켰다.

29 조선 초의 문신 변계량은 이렇게 말했다. "순임금과 우임금은 필부이고 걸과 주는 천자였지만 어질면 필부이면서도 천하를 소유할 수 있고 어질지 못하면 천자라도 도리어 독부가 됩니다." 이를 통해 볼 때 독부라는 말은 권력을 다 잃은 평범한 일개 남자라는 뜻이 강함을 알 수 있다. 맹자(孟子)는 같은 맥락에서 일부(一夫)라는 말을 썼다. 「양혜왕장구」에 이런 내용이 나온다. 제(齊)나라 선왕(宣王)이 물었다. "탕왕이 걸왕을 내쫓고 무왕이 주왕을 정벌했다고 하는데 실제로 그런 일이 있었는가?" 맹자가 대답했다. "옛 서적에 그런 내용이 있습니다." 왕이 물었다. "신하가 자신의 임금을 시해하는 일이 있을 수 있는가?" 맹자가 답했다. "인(仁)을 해치는 자를 일러 적(賊)이라 하고, 의(義)를 해치는 자를 일러 잔(殘)이라 하며, 또 이 둘을 함께 행한 잔적(殘賊)을 일러 일부(一夫)라 하니 일부에 지나지 않는 주(紂)를 베었다는 말은 들었어도 임금을 시해했다는 말은 듣지 못했습니다."

허응(許應)을 의정부 참지사, 박경(朴經)을 개성유후사부유후, 고거정(高居正)을 공안부윤(恭安府尹)으로 삼았다.

계미일(癸未日-21일)에 울진과 삼척의 백성들이 굶주리는 것을 진휼했다.

을유일(乙酉日-22일)에 예조에서 상제(喪祭)의 예(禮)를 정할 것을 청하니 그것을 따랐다. 소하여 말했다.

'신 등이 삼가 살펴보건대 공자(孔子)가 말하기를 "상사(喪事)는 집안의 넉넉하고 넉넉지 못한 것에 맞게 하라"라고 했고, 맹자(孟子)는 말하기를 "법제(法制)에 맞지 못하면 기쁨이 될 수 없다"라고 했습니다. 그렇다면 재물이 있는 자도 분수를 넘을 수 없고 재물이 없는 자 또한 억지로 할 수 없으니 오직 그 슬퍼하는[哀戚=哀悼] 정을 다
애척   애도
하는 데 있을 뿐입니다. 어찌 분수를 범하고 망령되게 해서 한갓 보기에만 아름답게 하겠습니까? 지금 대부(大夫)나 서인(庶人)이 추천(追薦)할 때 재물이 있는 자는 사치(奢侈)를 극진히 하여 보기에 아름다운 것을 구(求)하고, 재물이 없는 자도 세속(世俗)을 따라서 빌리고 꾸기까지 하니 심히 빼어나고 뛰어난 이[聖賢]가 가르침을 남긴
성현
뜻이 아니고 또 불씨(佛氏-불교)의 맑고 깨끗한 도리도 아닙니다. 이제부터는 부모에게 추천(追薦)하는 제도를 유복지친(有服之親) 이외에는 절에 가서 불배(佛排-불공을 드리기 위해 부처 앞에 음식을 진설하는 일)하는 것을 허락하지 말되, 전에 내린 판지(判旨-교지)에 의해 감히 어기지 못하게 하고, 노제(路祭)를 베푸는 것은 신구(神柩-영구)

를 쉬게 하는 것인데 망령되게 불배(佛排)를 베푸니 또한 신명(神明)에게 제사하는 뜻이 아닙니다. 이제부터는 다만 백병(白餠)과 과상(菓床)만 베풀어 신(神)에게 올려드리게 하고 이를 어기는 자는 헌부(憲府)에서 고찰(考察)하게 하소서.'

의정부에 내려 토의하게 하니 의정부에서 토의한 결과를 말했다.

"예조에서 아뢴 것이 진실로 마땅합니다[允當]."
윤당

병술일(丙戌日-23일)에 의정부에 명해 노비를 잘못 판결한[誤決] 자
오결
는 율(律)에 따라 죄를 정하게 했다. 상이 말했다.

"노비를 잘못 판결한 관원을 곧바로 징계하지 않아 해당 관원이 마음을 쓰지 아니하니 잘못 판결하는 것이 자못 많아서 원통하고 억울하여 화기(和氣)를 상하게 한다. 이제부터 서로 소송하는 노비와 양천(良賤)을 잘못 판결한 자, 양민(良民)을 억눌러 천인(賤人)으로 만든 자는 갖춰 기록해 신문(申聞)해서 죄를 논하고 이를 항식(恒式)으로 삼아야 할 것이다."

○ 사헌집의 윤향(尹向)이 신극례(辛克禮)와 신씨(辛氏), 김씨(金氏) 등의 죄를 청했으나 답하지 않았다. 정희계(鄭熙啓, ?~1396년)[30]의 처

---

30 부인 신씨는 태조의 계비 신덕왕후 강씨(神德王后康氏)의 질녀다. 우왕 때 최영(崔瑩)의 막하에 들어가서 서북면 도순문사를 거쳐 밀직사에 이르렀다. 최영이 패한 뒤 이성계(李成桂)가 실권을 잡자 그의 인친(姻親)임을 고려해 판자혜부사(判慈惠府事)에 등용했다. 그러나 1390년(공양왕 2년) 이성계를 해치려는, 이른바 이초(李初)의 옥(獄)에 연루돼 안변에 유배됐다가 이듬해 풀려났다. 1392년 이성계의 도움으로 판개성부사에 이어 문하평리로서 응양위상호군(鷹揚衛上護軍)을 겸임했다. 이해 이성계를 추대하는 데 참여하여 개국공신 1등으로 참찬문하부사(參贊門下府事), 팔위상장군(八衛上將軍)에 올라 계림군(鷄林君)에 봉해졌다. 이어 판팔위사(判八衛事), 좌참찬 등을 거쳐 판한성부사로 죽었다.

신씨(辛氏)와 희천군(熙川君) 김우(金宇, ?~1418년)[31]의 처 김씨(金氏)가 밤이면 조화(趙禾)의 처 김씨(金氏)의 집에 모였는데 신씨(辛氏)의 아우인 취산군(鷲山君) 극례(克禮)가 늘 이에 참여해 추한 소문이 밖에까지 흘러나왔다. 향(向)이 소를 올려 극례와 신씨, 김씨 등의 죄를 청하니 상이 극례는 공신이고, 화(禾)는 준(浚-조준)의 형의 아들이라 하여 내버려두고 묻지 않았다.

○ 윤향(尹向, 1374~1418년)[32]이 유기(柳沂)의 집을 방문했는데 극례(克禮)가 마침 찾아왔다가 향(向)을 보고서 말했다.

"평생의 원수 중에 너 같은 놈은 없다. 어두운 밤에 혹시 만나게 되면 반드시 네 정수리를 박살 내겠다. 만일 병사(兵事)가 있다면 가장 먼저 네 머리를 베겠다. 내가 비록 너를 벤다 하더라도 죄는 외방(外方)에 부처(付處)하는 데에 지나지 않는다."

―――――――

개국 당시 세 정씨(鄭氏)가 삼한(三韓)을 멸한다는 도참설이 널리 퍼졌는데 사람들은 그들이 정도전(鄭道傳), 정총(鄭摠), 정희계(鄭熙啓)를 가리킨다고 믿었다.

31 무재가 뛰어나 이방원(李芳遠)이 왕위에 오르기 전에는 시종으로 총애를 받았다. 1400년(정종 2년) 대장군으로 있을 때 이방원을 도와 2차 왕자의 난을 평정하는 데 공을 세웠다. 1401년(태종 1년)에 익대좌명공신(翊戴佐命功臣) 4등에 책록되고 희천군(熙川君)에 봉해졌다. 1407년에는 좌군총제, 1409년에는 평양도 첨절제사에 이어 안주도 병마도절제사를 거쳐 1415년에 우군도총제가 됐다가 1417년에 좌군도총제와 병조판서를 역임했다.

32 고려 우왕 때 생원으로서 박초(朴礎) 등과 같이 불교 망국론을 역설하고 유학을 권장하라고 주장했다. 1404년(태종 4년) 지사간원사(知司諫院事)로 복직됐으나 남재(南在)의 부정 사실을 탄핵하려다 오히려 공주로 유배 갔다. 1405년 사헌부 집의를 거쳐 1406년 왜적이 침입하자 경차관(敬差官) 판군자감사(判軍資監事)로 충청도에 파견됐다. 1407년 이조참의로 승진되었다가 곧 대사헌이 됐다. 다시 한성부윤으로 옮겼다가 곧 전라도 관찰사로 임명되었고, 1409년 상평보(常平寶)의 설치를 건의해 시행하게 했다. 참지의정사(參知議政事)를 거쳐 1410년 경상좌도 병마도절제사 겸 계림부윤으로 임명됐다. 한때 윤향의 조카가 윤목(尹穆)의 죄에 연좌된 탓에 중요 관직에 임용될 수 없다는 탄핵을 받았으나 윤향이 먼저 윤목의 죄를 고발했기 때문에 태종이 중요 관직에 임명시켰다.

향(向)은 작별인사를 하고 그 자리를 피해 나왔다.

○ 사헌부에서 소를 올려 말했다.

'회령군(會寧君) 마천목(馬天牧, 1358~1431년)[33]의 처 김씨(金氏)는 일찍이 은천군(銀川君) 조기(趙琦, ?~1395년)[34]에게로 시집가서[適] 봉하여 택주(宅主)로 삼았습니다. 기(琦)가 죽고[沒] 수년이 못 되어 검교 중추원 부사(檢校中樞院副使) 홍인신(洪仁愼)에게 다시 시집가니 유사(攸司)가 죄줄 것을 청해 이혼[離異]시키고 도성 밖으로 폄출(貶出)했습니다. 김씨가 그 행실을 고치지 않고[不悛=不改] 종편(從便-편한 곳에 가서 사는 것)되자마자 또 천목(天牧)에게 시집갔으니 그 추한 행실이 심합니다. 지금 다스려 바로잡지 않으면 장차 풍기(風氣)가 점점 무너져서 제어할 수 없게 될 것입니다. 저 먼 변방[荒遠]에 추방하여 풍속을 더럽히지 못하게 해야 합니다.'

소(疏)를 궐내(闕內)에 머물러두고 (유사에) 내려보내지 않았다.

---

33 1398년(태조 7년) 1차 왕자의 난 때 정안군(靖安君)을 도와 공훈을 세웠고 1399년(정종 1년) 상장군(上將軍)에 승진했다. 이듬해 2차 왕자의 난이 발생하자 다시 정안군의 선봉이 돼 크게 기여했다. 1401년(태종 1년) 익대좌명공신(翊戴佐命功臣) 3등에 녹훈되면서 전(田) 80결(結), 노비 8구, 은품대(銀品帶) 1요(腰), 표리(表裏) 1감, 말 1필을 하사받았다. 그리고 회령군(會寧君)에 책봉되어 동지총제(同知摠制)로 승진했다. 마천목에게 내려진 공신녹권과 교서가 현재까지 전해지고 있다.

34 고려 말 군졸로 출발해 최영(崔瑩)의 휘하에서 판도판서(版圖判書)에 이르렀다. 이성계(李成桂)의 위화도회군으로 최영이 실각하자 이성계의 휘하로 들어가 군무(軍務)를 담당했다. 1392년(태조 1년) 이성계를 추대해 개국공신 2등에 올라 그해 8월 보조공신(補祚功臣)의 호를 받고 동지중추원사·의흥친군위동지절제사(義興親軍衛同知節制使)가 됐으며, 은천군(銀川君)에 봉해졌다. 같은 해 11월 의흥친군위 상진무(上鎭撫)가 되어 궁궐을 출입하면서 위엄을 떨쳤다. 그러나 무식하고 요령이 없어 조사(朝士)들을 업신여겨 평판이 좋지 않았다.

기축일(己丑日-26일)에 천둥이 치고 비가 내렸다.

○ 사간원에서 충청도와 강원도의 백성을 징발하여 부역(赴役)시키지 말 것을 청했다. 소(疏)는 대략 이러했다.

'금년 봄과 여름에 한재(旱災)가 너무 심해 전하께서 백성들[黎元=여원元元]을 불쌍하게 생각하시어 창고(倉庫)를 풀어 진휼구제(賑恤救濟)하시고, 승여(乘輿)가 들에 나가서 곡식 농사[禾稼]를 친히 살펴보시고 가슴이 아파 눈물을 흘리셨으니 하늘을 두려워하고 백성에게 부지런하신[畏天勤民] 정성이 어찌 이보다 더할 수 있겠습니까? (그런데)지금 신도(新都)를 수즙(修葺-수리)하는 역사(役事)로 인하여 충청과 강원 두 도(道)의 백성을 징발하셨습니다. 두 도의 곡식이 비록 경기(京畿)보다는 조금 낫게 되었다고 하겠으나 어떻게 그것을 풍년[豊稔]이라고 할 수 있겠습니까? 마땅히 그 힘을 풀어주어 추종(秋鍾-가을 씨뿌리기)과 수확(收穫-가을걷이)의 일을 폐지하지 않게 하여 다가오는 해의 계획을 할 수 있게 해야 합니다. 신도(新都)의 수즙하는 역사는 가까운 도(道)의 승도(僧徒)를 징발하여 돕게 하고 두 도(道)의 백성은 징발하지 말아서 나라의 근본[邦本]³⁵을 튼튼하게 해야 합니다.'

의정부(議政府)에 내려 토의하게 하니[議之] 정부에서 인부(人夫)가 다른 데서 나올 곳이 없다 하여 시행하지 못했다. 정부에서 경기의 백성들이 천도(遷都)로 인해 역사가 번잡하고 많아서 이궁(離宮)

---

35 흔히 나라의 근본[國本]은 세자를 가리킨다. 그러나 여기서는 농민을 나라의 근본[邦本]이라고 부르고 있다.

의 역사에는 참여시키지 말 것을 청하니 윤허했다.

신묘일(辛卯日-28일)에 개국(開國)·정사(定社)·좌명공신(佐命功臣)의 맹족(盟簇-맹세문)에 친히 서압(署押)했다.

○ 이유(李愉)가 동북면(東北面) 오음회(吾音會)에서 돌아왔다. 동맹가첩목아(童猛哥帖木兒) 등이 유(愉)를 속여[紿=欺] 말했다.

"우리는 (명나라) 조정(朝廷)의 초안(招安)을 따르려 하지 않는데 왕교화적(王教化的) 등이 도로 조정으로 향하려고 한다."

애초에 왕교화적 등이 왔을 때 맹가첩목아 등은 본국(本國)의 경내(境內)에 살고 있었고, 또 후한 은혜를 받았으므로 겉으로는[陽] 조정의 초유(招諭)에 순종하지 않는 것처럼 하여 곽경의(郭敬儀)에게 보이고, 안으로는 실지로 성심(誠心)을 다해 복종하여 두 마음이 없는 정성을 왕교화적에게 바치고 가만히 행장을 꾸려가지고 교화적을 따라 경사(京師)로 가고자 했는데 우리나라에서는 이를 알지 못했다. 이미 이행(李行)을 보내 주문(奏聞)하고 또 유(愉)를 오음회에 보낸 것이었다.[36]

임진일(壬辰日-29일)에 개국·정사·좌명공신이 모두 의정부에 모여서 맹족(盟簇)에 서명하니[簽名=署名] 술을 내려주었다.

○ 동북면 도순문사 여칭(呂稱, 1351~1423년)[37]이 밭에 소와 말을

---

36 이 무렵부터 여진 부족들이 대거 명나라에 투항하기 시작했다.

37 고려 말기에 문과에 급제해 사헌부규정·전라도 안렴사·전법총랑(典法摠郞)·전리총랑

풀어놓은 자는 (그 소와 말을) 관가(官家)에서 몰수할 것을 청했다. 아뢰어 말했다.

"황충(蝗蟲)이 벼와 곡식을 해치므로 이미 잡아서 묻었으나 벼와 곡식이 손실되어 결실(結實)이 되지 못해 백성들의 먹을 것이 부족할까 염려되는데 무식한 무리들이 소와 말을 많이 풀어놓아 방목하고 있습니다. 바라건대 이제부터 소와 말을 밭에 풀어놓는 자는 그 소와 말을 관가에서 몰입(沒入)해야 할 것입니다."

상이 말했다.

"동북면은 5월부터 8월까지 황충이 곡식을 해쳐 함주(咸州), 정주(定州), 청주(靑州) 세 고을이 더욱 심했다. 칭(稱)이 지금 방목(放牧)을 금하자는 것을 통해 자기가 능히 황충을 잡은 것을 자랑하고 있으나, 황충이 곡식을 해치는 것을 일찍이 보고하지 않았으니 이는 사실대로 보고하지 않은 것이다. 또 방목을 금하는 것은 순문사가 독자적으로 처리할[專制] 수 있는 것이니 청(請)하는 것을 기다릴
전제
필요가 없다. 그 소와 말을 몰수하면 동북(東北)의 백성들이 어떻게

(典理摠郞) 등을 역임한 뒤 공주와 나주의 목사 등을 지냈다. 1392년 조선이 개국되자 양광·경상·전라도의 조전부사(漕轉副使)가 됐다. 이어 판합문사(判閤門事), 승추부우군동지총제(承樞府右軍同知摠制) 등을 역임했을 때에는 근면하고 치밀한 사람으로 정평이 있었다. 그 뒤 강원도 관찰사로 나갔다가 돌아와서 참지의정부사가 됐다. 1400년(정종 2년) 병조 전서(典書)가 되고, 1402년(태종 2년) 태상왕이 된 태조가 북쪽 지방을 순행할 때 동북면의 도순문찰리사(都巡問察理使)로 배종됐다. 1404년에 사은사가 돼 명나라에 들어가서 왕실의 계통이 잘못 전해진 것을 바로잡는 데 힘쓰는 한편, 그때 명나라에 억류되어 있던 우리 동포들을 본국으로 송환하는 데 노력했다. 명나라에서 돌아와 곧 서북면의 도순문찰리사로 병마도절제사를 겸했다. 1407년에 개성유후사유후(開城留後司留後)를 거쳐 1413년 좌군도총제(左軍都摠制)가 되었고 그해에 형조판서가 됐다. 1414년 지의정부사(知議政府事)가 됐으며 그해에 흠문기거부사(欽問起居副使)가 돼 명나라에 다녀온 후 곧 사직, 은거했다.

살겠는가?"

정부에 내려 깊이 토의하여[擬議] 시행하게 했다.
　　　　　　　　　　　　　　의의

○ 폐지된 사사(寺社-절)의 논밭과 백성을 모두 속공(屬公)시켰다.
충청도 관찰사가 보고했다.

'국가에서 사사(寺社)를 두고 논밭과 백성을 예속(隸屬)시킨 것은
다만 산수(山水)를 지키고 방가(邦家)를 보호하기 위함입니다. 도내
(道內)에 안파사(安波寺)[38]라는 절이 있는데 왜적으로 인해 폐지됐습
니다. 지금 본 기지(基址)에서 60리나 떨어진 곳에 초가 암자(草家菴
子)를 짓고 사는 중은 두세 명에 불과할 뿐입니다. (그런데 이들이) 노
비를 사역시키고 전조(田租)를 거두니 나라에 도움될 것이 없습니다.
본 기지(基址)로 돌아가지 않는 기간에는 논밭과 백성을 일절 속공
(屬公)시켜 나라의 재용에 보충하고, 각 도(各道)의 폐지한 사사(寺
社)의 논밭과 백성도 이 예(例)에 의거하게 해야 합니다.'

그것을 따랐다.

---

38 태안에 있던 절로 절의 이름은 '파도를 잔잔하게 한다'라는 뜻이다.

甲子朔 上朝太上殿.
갑자 삭 상조 태상전

囚巡禁司司直元恂 副司直宋儲. 巡禁司掌修楓反橋 是日駕還
수 순금사 사직 원순 부사직 송저 순금사 장수 풍반교 시일 가환

纔①過而橋頹 人馬多傷 故囚之. 命刑曹推之 數日而放.
재 과이교퇴 인마 다상 고수지 명형조 추지 수일 이방

丙寅 命議政府 議遷都漢京可否 議政府對以年飢不可. 上曰:
병인 명의정부 의 천도 한경 가부 의정부 대이 연기 불가 상왈

"陰陽書曰:‘王氏五百年後李氏興 遷南京.’今李氏之興果然 遷
음양 서왈 왕씨 오백 년후 이씨흥 천 남경 금 이씨 지흥 과연 천

南京之說 不可不信也. 且向者相地之時 說者紛紜未定 予乃躬
남경 지설 불가 불신 야 차 향자 상지 지시 설자 분운 미정 여내궁

詣宗廟 卜旣得吉 離宮已成 遷都之計定矣. 將以十月移于漢京
예 종묘 복 기 득길 이궁 이성 천도 지계 정의 장 이 십월 이우 한경

本宮則當不御也."謂左右曰: "漢京是父王開創之地. 歲己卯
본궁 즉당 불어 야 위 좌우 왈 한경 시 부왕 개창 지지 세 기묘

趙璞請于上王 遽來松都 至今未還 罪在璞矣."
조박 청우 상왕 거래 송도 지금 미환 죄재 박의

丁卯 申禁酒令. 命議政府曰: "觀刑曹所啓 禁酒之令 止行
정묘 신 금주령 명 의정부 왈 관 형조 소계 금주 지령 지행

於庶人 不行於貴近 或有致怨. 自今除禁酒之令 止禁公私宴飮
어 서인 불행 어 귀근 혹유 치원 자금 제 금주 지령 지금 공사 연음

如何? 擬議以聞."議政府啓: "禁酒之令 宜仍舊."
여하 의의 이문 의정부 계 금주 지령 의 잉구

嚴武官侍衛之令. 兵曹請: "上大護軍 護軍等 每當入直 妄稱
엄 무관 시위 지령 병조 청 상 대호군 호군 등 매당 입직 망칭

疾病 不敬侍衛. 願自今有告病者 遣醫診候 其妄稱者 初犯囚
질병 불경 시위 원 자금 유 고병 자 견 의 진후 기 망칭 자 초범 수

其奴 再犯囚其身 三犯移關司憲府 按律定罪 以懲不恪."從之.
기노 재범 수 기신 삼범 이관 사헌부 안율 정죄 이징 불각 종지

戊辰 忠淸道 尼山 連山 公州蝗.
무진 충청도 이산 연산 공주 황

己巳 上拜齊陵 還御硯井本宮. 初 上欲謁齊陵 司諫李垠等啓曰:"臣等聞乘輿將出 不備儀衛 不率百官 未知所之 敢請." 上曰:"將以觀齊陵齋宮之役." 垠等諫曰:"請自今率百官而備儀衛." 上曰:"此不難." 謁齊陵 遂觀郊野 禾穀不熟 上有憂色. 趙英茂進曰:"臣等以功臣故② 坐享富貴 而年歉如此 百姓乃何?" 因泣涕 上曰:"自古雖有災異 莫如今時. 實予否德不合天心之所致也."

辛未 大風雨.

恭安府尹許應 回自京師. 通事李子瑛啓曰:

"禮部進臣等言曰:'凡表文皇帝陛下四字之下 不連寫他字 禮也. 今爾國表文 四字之下 連書睿哲二字 非也. 且汝國山川之祀孰主之乎?' 對曰:'國王主之.' 曰:'然則祭神樂器 陛下之所司也. 今咨文曰:"儻蒙依允 貿易樂器." 豈民間所有之物乎? 汝國自高皇帝時 所失非一 陛下特垂慈不問. 詳記此言 言于汝國王.'"

上乃下文書應奉司提調唐誠及郎廳韓尚德 權塤 尹珪 曹正梁仲寬于巡禁司鞫之. 以事干主文大臣 且考古今錄 陛下之下連書者頗多 故數日而放.

命各司分司于漢京 二十日相遞 修公廨及其居處.

壬申 還移御于敬德宮. 以本宮狹隘 衛士露宿故也. 與兵曹判書南在 刑曹判書李文和 戶曹判書李至 議政府贊成事尹抵

266

工曹判書韓尙敬 議遷漢京. 上曰:"我太上王肇建新邑 此乃李氏
공조 판서 한상경 의천 한경 상왈 아 태상왕 조건 신읍 차내 이씨

不易之定都也. 自我上王移幸松都之後 因仍不還 于今七年. 違
불역 지 정도 야 자아 상왕 이행 송도 지후 인잉 불환 우금 칠년 위

於父作子述之道 寡人之罪也. 去秋 松都有陰沴之災 故往新都
어 부작 자술 지도 과인 지죄 야 거추 송도 유 음려 지재 고왕 신도

卜于宗廟 旣得吉. 今春又往觀其修葺 工已幾畢 往遷之計定矣.
복우 종묘 기 득길 금춘 우 왕관 기 수즙 공이 기필 왕천 지계 정의

小民巨室皆曰不可 此安土重遷之意也." 尙敬對曰:"盤庚遷都
소민 거실 개왈 불가 차 안토 중천 지의 야 상경 대왈 반경 천도

利害甚明 然小民巨室 猶安土重遷." 上曰:"若今年不遷 明年又
이해 심명 연 소민 거실 유 안토 중천 상왈 약 금년 불천 명년 우

不遷 因循不遷 則松都人家 日益稠密 漢邑日益凋廢 將如之何?
불천 인순 불천 즉 송도 인가 일익 조밀 한읍 일익 조폐 장 여지하

況陰陽家曰:'松都奈廢君臣之地.' 人皆曰:'歲凶不可遷' 此包藏
황 음양가 왈 송도 내폐 군신 지지 인개왈 세흉 불가천 차 포장

凶惡之人也. 豐海 京畿 雖有旱災 其餘各道則不爲歉矣. 名言
흉악 지인 야 풍해 경기 수유 한재 기여 각도 즉 불위 겸의 명언

歲凶 而排擊遷都之意者 不愛社稷之臣也." 南在曰:"安有包藏
세흉 이 배격 천도 지의 자 불애 사직 지신 야 남재왈 안유 포장

凶惡排擊者乎?"上曰:"頃有遷都之議 而曰新都與毋岳皆非 而
흉악 배격 자호 상왈 경유 천도 지의 이왈 신도 여 무악 개비 이

此都乃可. 此包藏者之言也."
차도 내가 차 포장 자지 언야

　甲戌 上朝太上殿. 上告太上以將還漢京 且獻壽 太上曰:"陰陽
갑술 상조 태상전 상고 태상 이장환 한경 차 헌수 태상왈 음양

之說 雖不足信 王氏五百年後 李氏得國而都漢京 我家果應其說
지설 수 부족신 왕씨 오백 년후 이씨 득국 이도 한경 아가 과응 기설

夫豈虛哉? 且我家其預有得國之心乎? 王之欲遷漢京 實非王心
부기 허재 차 아가 기예유 득국 지심 호 왕지 욕천 한경 실비 왕심

天使之然也."
천 사지 연야

　權近上疏以爲:'年凶不可遷都'. 不允. 近復上書曰:'遷都之擧
권근 상소 이위 연흉 불가 천도 불윤 근부 상서 왈 천도 지거

謀及卿士 謀及庶民 皆曰可 然後定焉.'上曰:"告于宗廟 告于
모급 경사 모급 서민 개왈가 연후 정언 상왈 고우 종묘 고우

太上 大計已定 何可改也?"謂左右曰:"今有上書止遷都者 是聽
태상 대계 이정 하 가개 야 위 좌우왈 금유 상서 지천도 자 시청

人指揮而爲之也. 漢京乃國初所創 子孫所當持守. 愚民但知移徙
인 지휘 이위지 야 한경 내 국초 소창 자손 소당 지수 우민 단지 이사

之勞 而苟安耳. 士大夫識理者 亦何心沮之歟?"
지 로 이 구안 이 사대부 식리 자 역 하심 저지 여

乙亥 以李來爲藝文館大提學.
을해 이 이래 위 예문관 대제학

通津 抱州 豊壞 楊州蝗
통진 포주 풍양 양주 황

丁丑 命世子祭仁昭殿.
정축 명 세자 제 인소전

弛禁酒令. 召司憲府掌務命曰: "府所申飮酒犯令者 皆微賤之
이 금주령 소 사헌부 장무 명왈 부 소신 음주 범령 자 개 미천 지

人. 朝士果皆不飮乎? 自今非群聚宴飮 勿禁."
인 조사 과개 불음 호 자금 비 군취 연음 물금

召司憲府刑曹 命辨朴尙文等訴良事. 初 尙文等申訴駕前 上
소 사헌부 형조 명변 박상문 등 소량 사 초 상문 등 신소 가전 상

覽訴牒 乃訴壓良爲賤 言干兩國舅. 上曰: "國舅一謂誰?" 代言
람 소첩 내소 압량 위천 언간 양 국구 상왈 국구 일 위수 대언

黃喜曰: "必權弘也." 上嘆曰: "向者久旱 未知其故 致怨傷和 莫
황희 왈 필 권홍 야 상 탄왈 향자 구한 미지 기고 치원 상화 막

此若也. 古人曰: '大臣不親細事.' 況人君乎? 書曰: '元首叢脞
차약 야 고인 왈 대신 불친 세사 황 인군 호 서왈 원수 총좌

股肱惰哉.' 是人君之大戒也. 然權勢之事 非予誰能辨之! 代言司
고굉 타재 시 인군 지 대계 야 연 권세 지사 비여 수능 변지 대언사

其考文券以聞." 上旣覽之 至是 召司憲府刑曹命曰: "予已灼知
기 고 문권 이문 상 기 람지 지시 소 사헌부 형조 명왈 여 이 작지

是非 交坐得情以聞." 乃屬朴尙文等於司宰監. 以於良於賤 文契
시비 교좌 득정 이문 내 속 박상문 등 어 사재감 이 어량 어천 문계

不明也.
불명 야

壬午 流司憲府大司憲金瞻于驪興 前雞林府尹韓理于安城 前
임오 유 사헌부 대사헌 김첨 우 여흥 전 계림부 윤 한리 우 안성 전

鐵原府使韓任于春州. 司憲府刑曹辨尙文等良賤 果不當從賤
철원 부사 한임 우 춘주 사헌부 형조 변 상문 등 양천 과 부당 종천

也. 乃劾瞻及理 任而守直. 上下瞻等于巡禁司鞫之 按律當杖百徒
야 내 핵 첨 급 리 임 이 수직 상 하 첨 등 우 순금사 국지 안율 당장 백도

三年 乃命流之. 瞻之爲禮曹議郎也 將尙文等 從賤決折; 理與任
삼년 내 명 유지 첨지 위 예조 의랑 야 장 상문 등 종천 결절 리여 임

則與閔霽 權弘等同宗 將尙文一族 屬賤而役使者也.
즉 여 민제 권홍 등 동종 장 상문 일족 속천 이 역사 자 야

幸南郊 觀禾穀荒熟.
행 남교 관 화곡 황숙

世子設酌. 師成石璘進講 告世子曰: "君王之學 不在尋章摘句

要識古今治亂 人物賢否 涵養德性耳. 癡老爲師 甚慙. 雖無德藝

既在其位 不敢不言. 君心乃萬化所出 雖當閑燕之時 當以詩書

文墨之事爲戲. 若邪說曲行 入於心 則甚爲不可. 禮者 所以固人

之肌膚也. 無禮則惰慢之心生 而學業不成" 世子出所書大字四十

餘示之 石璘曰: "甚善." 世子曰: "古之帝王 孰爲能書?" 對曰:

"唐太宗 宋徽宗是也. 然太宗有慙德 徽宗失天下 書札非君王之

所重也." 世子設酌 石璘白曰: "某等欲勸邸下酒 然酒不飮可也.

某等 少時學飮酒 故至今未已也. 少時不學則無此病矣." 世子曰:

"少時須學經書 不學飮酒可也."

上嘗問世子以桀 紂爲獨夫之義 世子對曰: "以失人心." 上曰:

"桀 紂爲天下主 而失人心 一朝至爲獨夫. 況予與爾若失人心 則

必不能一朝居是位也. 其③可忽哉!"

以李叔蕃爲參贊議政府事 朴信司憲府大司憲 許應參知

議政府事 朴經開城留後司副留後 高居正恭安府尹.

癸未 賑蔚珍 三陟民飢.

乙酉 禮曹請定喪祭之禮 從之. 疏曰:

'臣等謹按 孔子曰: "喪事 稱家之有無." 孟子曰: "不得 不可

以爲悅." 然則有財者 不得踰分 無財者亦不可强爲 惟在盡其

哀戚之情耳. 豈可犯分妄作 而徒爲觀美乎? 今大夫庶人追薦之

時 有財者窮奢極侈 以要觀美 無財者順俗 以至稱貸 甚非聖賢
垂訓之意 又非佛氏淸淨之道也. 自今父母追薦之制 有服之親
外 不許詣寺佛排 依前降判旨 毋敢違越. 路祭之設 所以歇神柩
妄設佛排 亦非祭神之意. 自今只設白餠菓床 以奠其神 違者憲府
考察.'

下議政府擬議. 議政府議: "禮曹所申允當."

丙戌 命議政府 將奴婢誤決者 按律定罪. 上曰: "奴婢誤決官員
不卽懲戒 故當該官員不爲用心 誤決頗多 冤抑傷和. 自今相訟
奴婢及良賤誤決者 壓良爲賤者 開寫申聞論罪 以爲恒式."

司憲執義尹向 請辛克禮 辛氏 金氏等之罪 不報. 鄭熙啓妻
辛氏 熙川君金宇妻金氏 夜聚趙禾妻金氏家 辛氏之弟鷲山君
克禮每與焉 醜聲流聞于外. 向上疏請克禮及辛氏 金氏等罪 上以
克禮功臣; 禾 浚之兄子 置而勿問.

尹向訪柳沂家 克禮適至 見向謂曰: "平生所讎 莫如汝. 昏夜
若遇 必擊碎汝頂玉; 如有兵事 先斬汝頭. 我雖斬汝 罪不過外方
付處."向辭避而出.

司憲府上疏:

'會寧君馬天牧妻金氏 曾適銀川君趙琦 封爲宅主. 琦沒不數年
再適檢校中樞院副使洪仁愼 攸司請罪 離異貶外. 金氏不悛其行
纔及從便 又適天牧 其醜行甚矣. 今不治正 將使其風漸漬而不可

制矣. 屛諸荒遠 毋令汚染風俗.'
제 의 병제 황원 무령 오염 풍속

疏留中不下.
소 유중 불하

己丑 雷雨.
기축 뇌우

司諫院請勿徵忠淸 江原之民赴役. 疏略曰:
사간원 청 물징 충청 강원 지민 부역 소 약왈

'今年春夏 旱災太甚 殿下悶念黎元 發倉賑救 乘輿出郊 親省
금년 춘하 한재 태심 전하 민념 여원 발창 진구 승여 출교 친성

禾稼 惻然涕下 畏天勤民之誠 何以加之! 今以新都修葺之役
화가 측연 체하 외천 근민 지성 하이 가지 금이 신도 수즙 지역

徵發忠淸 江原兩道之民. 兩道禾穀 雖差實於京畿 豈可謂之豊稔
징발 충청 강원 양도 지민 양도 화곡 수 차실 어 경기 기가 위지 풍임

也哉? 當弛其力 不廢秋種收穫之事 以爲來歲之計. 新都修葺之
야재 당이 기력 불폐 추종 수확 지사 이위 내세 지계 신도 수즙 지

役 請發近道僧徒以助之 無發兩道之民 以固邦本.'
역 청발 근도 승도 이 조지 무발 양도 지민 이고 방본

下議政府議之 政府以人夫無他出處 不得施行. 政府乃請京畿
하 의정부 의지 정부 이 인부 무타 출처 부득 시행 정부 내청 경기

之民 因遷都役煩 毋令與離宮之役 允之.
지민 인 천도 역번 무령 여 이궁 지역 윤지

辛卯 親押開國定社佐命功臣盟簇.
신묘 친압 개국 정사 좌명 공신 맹족

李愉還自東北面吾音會. 童猛哥帖木兒等紿愉云: "我等
이유 환자 동북면 오음회 동맹가첩목아 등 태유 운 아등

不從朝廷招安 王敎化的等欲還向朝廷." 初 王敎化的之來
부종 조정 초안 왕교화적 등 욕환 향 조정 초 왕교화적 지래

猛哥帖木兒等 以寓居本國境內 且受厚恩 故陽爲不順朝廷招諭
맹가첩목아 등 이 우거 본국 경내 차 수 후은 고 양위 불순 조정 초유

者 以示郭敬儀 內實輸寫納款無貳之誠於王敎化的 潛理粧欲隨
자 이시 곽경의 내실 수사 납관 무이 지성 어 왕교화적 잠 이장 욕수

敎化的赴京師 我國未之知也. 旣遣李行奏聞 又使愉于吾音會.
교화적 부 경사 아국 부 지야 기견 이행 주문 우사 유우 오음회

壬辰 開國 定社 佐命功臣 咸會議政府 簽名于盟簇 賜酒.
임진 개국 정사 좌명 공신 함회 의정부 첨명 우 맹족 사주

東北面都巡問使呂稱 請放牛馬于田者沒官. 啓曰: "蝗害稼 已
동북면 도순문사 여칭 청방 우마 우 전자 몰관 계왈 황해가 이

捕而瘞之 穀損而未稔 恐民食之不足 無識之徒 多放牛馬. 願
포이 예지 곡손 이 미임 공 민식 지 부족 무식 지도 다방 우마 원

自今放牛馬于田者 沒入于官." 上曰: "東北面 自五月至八月蝗
자금 방 우마 우 전 자 몰입 우 관   상왈   동북면   자 오월 지 팔월 황

害穀咸 定 靑 三州尤甚. 稱今因禁牧 誇己之能捕蝗 而不曾報蝗
해곡 함 정 청 삼주 우심   칭 금 인 금목 과 기 지 능 포황 이 부증 보황

之害穀 此不以實聞也. 且禁牧 巡問使可以專制 不待請也. 沒其
지 해곡 차 불 이실 문 야   차 금목 순문사 가이 전제   부대 청 야   몰 기

牛馬 則東北之民 將何以生!" 下政府擬議施行.
우마 즉 동북 지 민 장 하이 생   하 정부 의의 시행

以廢寺田口 皆屬公. 忠淸道觀察使報:
이 폐사 전구 개 속공   충청도   관찰사 보

'國家所以置寺社 而屬田民者 但爲鎭山水保邦家而已. 道內有
국가 소이 치 사사 이 속 전민 자 단 위 진 산수 보 방가 이이   도내 유

安波寺 因倭而廢. 今去本基六十里 結草菴 居僧不過二三耳. 役
안파사 인 왜 이 폐   금 거 본기 육십 리 결 초암 거승 불과 이삼 이   역

奴婢收田租 無補於國. 其未還本基之間 田民一皆屬公 以補國用
노비 수 전조 무보 어국   기 미환 본기 지간 전민 일개 속공 이보 국용

各道廢寺社田民 亦依此例.'
각도 폐 사사 전민   역 의 차례

從之.
종지

| 원문 읽기를 위한 도움말 |

① 纔. 부사로 '겨우[僅]'의 뜻도 있지만 이보다는 문장을 이끌어 '~하자마
   재 근
   자'라는 뜻으로 쓰이는 경우가 더 많고 번역도 자연스럽다.

② 臣等以功臣故. '以~故'는 '~때문에'라는 뜻인데 이런 경우는 그 사이에
   신등 이 공신 고 이 고
   단어가 들어간다. 반면 '以~也' 혹은 '以~故也'는 '~때문이다'인데 그
                    이 야   이 고야
   사이에 주로 문장이 들어간다.

③ 其可忽哉! 其는 추측을 나타내는 歟와 함께 쓰여 일반적으로도 '아마
   기 가 홀 재 기   여
   도'라는 뜻인데 이처럼 의문문이나 감탄문에서는 그 뜻이 조금 강화돼
   '혹시라도'로 옮겨야 한다.

태종 5년 을유년
9월

九月

계사일(癸巳日-1일) 초하루에 사헌부에 명해 감찰(監察)을 나눠 보내서 교외와 경기[郊畿]에 소와 말을 풀어놓아 전곡(田穀)을 짓밟아 손상시키는 것[踏損]을 금하게 했다.

을미일(乙未日-3일)에 일을 아뢰는[啓事] 여러 신하와 함께 동북면 일의 마땅함[事宜]을 토의했다[議]. 여칭(呂稱)이 보고했다.

"동맹가첩목아(童猛哥帖木兒) 등이 순종하지 않기에 왕교화적(王敎化的)이 8월까지 머물렀는데 (명나라) 조정(朝廷)에서 다시 사람을 시켜 독촉했습니다. 오도리(吾都里)의 파아손(把兒遜), 착화(着和) 등이 서원기(徐元奇)의 달래는 말을 듣고 대답하기를 '만일 맹가첩목아가 중국으로 귀환(歸還)하지 않으면 우리도 또한 그리하겠다'라고 했다고 합니다."

상이 말했다.

"맹가첩목아가 우리에게 복종한 지가 오래지 않았는데 어떻게 억지로 입조(入朝)하게 할 수 있는가? 그러나 머물러두고자 하는 (우리의) 청(請)을 제(帝)가 만일 윤허하지 않는다면 들여보내는 것 또한 괜찮다."[1]

---

1 태종의 이 말은 지난 2년여간 명나라와 벌여온 여진 지배권을 둘러싼 신경전을 포기하

일을 아뢰는 여러 신하도 모두 말했다.

"그렇습니다. 만일 제가 윤허하지 않는다면 어찌 감히 보내지 않겠습니까?"

상이 말했다.

"나는 처음부터 이행(李行)을 시켜 계품(啓稟)하고 싶지가 않았다. 제는 이미 동북면(東北面)의 10처 인민(十處人民)을 (우리에게) 허락했는데 무슨 낯으로 이 일을 다시 청하겠는가?"

정유일(丁酉日-5일)에 충청·경상·전라도의 전지(田地)를 다시 양전할 것[改量]을 명하고 경차관(敬差官)[2] 45인을 나눠 보내 측량하게

겠다는 뜻이다. 실은 태종은 여진을 묶어두기 위해 태종 5년 한 해에만도 여진족들에게 대대적인 선물 공세를 펴부어왔다.

2 조선시대 중앙정부의 필요에 따라 특수 임무를 띠고 지방에 파견된 관직이다. 경차관이 파견된 것은 1396년(태조 8년) 8월 신유정(辛有定)을 전라·경상·충청 지방의 왜구 소탕을 목적으로 파견한 것이 처음이다. 그 뒤 오용권(吳用權)을 하삼도(下三道)에, 홍유룡(洪有龍)·구성량(具成亮)을 강원도와 충청도에 파견했는데 이들의 임무는 왜구와의 전투 상황을 점검하고 병선의 허실을 조사하는 것이었다. 경차관은 태종 때부터 그 임무가 대폭 늘어났다. 국방·외교상의 업무, 재정·산업상의 업무, 진제(賑濟)·구황의 업무, 옥사·추쇄(推刷-불법으로 도망간 노비를 찾아내 원주인 또는 본고장으로 돌려보냄)의 업무 등이었다. 국방·외교 업무를 띤 경차관으로는 군기점고경차관(軍器點考敬差官), 군용경차관(軍容敬差官), 염초경차관(焰硝敬差官), 대마도경차관, 여진경차관 등이 있었다. 이들은 비방왜(備防倭), 군기점검, 제장선위(諸將宣慰), 군진순행(軍鎭巡行) 및 연변연대축조(沿邊烟臺築造)의 검핵(檢覈) 등을 주 임무로 했다. 재정·산업의 업무는 가장 중요시됐다. 그중에서도 손실(損實)과 재상(災傷)이 더욱 중요시돼 거의 매년 파견됐다. 이들의 임무는 화곡손실심검(禾穀損實審檢)과 지방관의 검핵, 전토의 재해상황 검사, 도이인 추쇄(逃移人推刷) 등의 임무를 맡았다. 그 밖에 토지 측량을 주 임무로 하는 양전경차관(量田敬差官)과 조전경차관(漕轉敬差官)·채은채금경차관(採銀採金敬差官) 등이 있었다. 진제·구황에 관한 업무로 파견된 진제경차관의 임무는 기민진제(飢民賑濟)와 수령의 검핵이었으며, 때로는 손실과 문민질고(問民疾苦)의 임무도 겸했다.

했다. 사간원에서 소를 올려 말했다.

'경계(經界)를 바로잡고 조세(租稅)를 고르게 하는 것은 정치에 있어 가장 먼저 해야 할 일[所先]이니 이는 실로 나라를 소유하는 [有國] 큰 계책입니다. 전조(前朝-고려)의 말년에 전제(田制)가 크게 무너져서 호강(豪强)한 사람들이 겸병(兼幷)하여 화란(禍亂)이 극도에 이르렀습니다. 태상왕께서 이 폐단을 완전히 없애시고자[痛革] 위관(委官)³을 각 도에 나눠 보내 경계를 다시 정했으나 위관들이 대부분 적합한 사람[其人=適任]이 아니고, 또 기간을 정해 각박하게 성과를 따졌기 때문에 비옥한 것과 척박한 것이 구분되지 못하고 넓고 좁은 것이 고르지 못했으며, 바닷가에 있는 땅은 모두 눈대중으로 측량하여 그 조세(租稅)를 정했습니다. 마땅히 원리(員吏-관리)를 엄밀하게 골라 나눠 보내 다시 측량함으로써 그 제도를 바로잡아 공사(公私)의 필요에 대비해야 합니다. 그래서 지난번에 소를 올려 거칠게나마[粗] 그 폐단을 진달했던 것입니다만, 천도(遷都)와 양전(量田)은 모두 큰일[大事]입니다. 전하께서 (태상왕이 일으키신 것을) 계술(繼述)하시는 뜻으로 신도(新都)로 옮기고 지금 또 밭을 다시 측량하시면 1년 안에 큰일을 동시에 겸하여 행하는 것이니 중외(中外)의 신민들이 수고롭게 움직이지 않는 사람이 없을 것입니다. 하물며[矧=況] 지금 충청도는 한재(旱災)로 인해 벼와 곡식이 열매를 맺지 못하고[不實] 신도의 수리(修理)하는 역사로 그 폐단이 더욱 심합니다.

---

3   일반적으로 죄인을 추국(推鞫)할 때 의정대신(議政大臣) 가운데서 임시로 뽑아 임명하는 재판장을 가리키는데, 여기서는 경차관을 뜻한다.

바라건대 경상·충청·전라 세 도(道) 중에서 일단은 풍년이 든 한 도만을 골라서 측량하고, 그 나머지 각 도는 후일을 기다려 고쳐서 바로잡는다면 백성이 소요(搔擾)하는 폐단이 없고 경계는 바르게 될 것입니다.'

상이 말했다.

"전지를 측량[量田]하는 것은 나와 대신의 뜻이 아니라 그 도의 관찰사와 수령들이 모두 측량할 수 있다고 아뢰었기 때문에 하는 것이다. 신도로 옮기는 것은 곧 부왕(父王)께서 남기신 계획[貽謀]을 이모 따르는 것일 뿐이다. 어찌 그것을 일러 백성을 수고롭게 한다고 말할 수 있는가?"

사헌부에서 소를 올려 말했다.

'국가에서 기사년(己巳年-1389년)에 양전(量田)한 것이 고르지 못한 폐단을 염려해 공정하고 재간이 있는[公幹] 자를 골라 충청·전 공간 라·경상 세 도에 나눠 보내 논밭을 다시 측량하여 경계를 바르게 하는 것은 참으로 아름다운 뜻입니다. (그러나) 금년에는 한재(旱災)와 풍해(風害)가 서로 겹쳐 경기(京畿)·풍해(豊海)와 서북 양계(西北兩界)가 모두 그 재앙을 입어 벼와 곡식들이 잘되지 못했고[不登], 부등 또 신도(新都)에 옮김으로 인해 역사가 바야흐로 왕성하니 반드시 마땅히 요역(徭役)을 가볍게 하고 부세(賦稅)를 적게 하여 구황(救荒)의 정책을 닦아야 할 터인데 경차관을 보내 세 도(道)를 측량하게 되면[打量] 세 도의 백성들이 함께 그 폐해를 받을 것입니다. 엎타량 드려 바라옵건대 일단은[姑] 이 일을 정지하여 내년을 기다리고 만고 일 고르지 못한 밭을 측량하지 않을 수 없다 하여 반드시 다시 측량하고자 한다면 지금 한 사람의 경차관이 측량하는 밭이 1만여 결(結)을 밑돌지 않으니 그 고을 수령과 더불어 일동(一同)으로 측량한다 하더라도 어떻게 농무(農務-농번기) 전에 그 공정(功程)을 다 끝낼 수 있겠습니까? 만일 농무 전에 측량을 끝내도록 독촉한다면 간사한 백성과 교활한 아전이 틈을 타서 속여 또한 전일(前日)의 고르지 못한 것과 같이 될 것입니다. 바라건대 세 도의 경차관을 풍년이 든 한 도(道)로 옮겨서 각각 1,000여 결씩을 받아서 측량하게 하면 측량이 정확하여 사람이 속이지 못하고 사공(事功)이 빨라 농사를 폐하지 않을 것입니다. 전조(前朝) 때 연우(延祐)⁴ 갑인년(甲寅年-1314년)에 밭을 측량했는데 역시 6년 만에 끝났습니다. 금년에 한 도를 측량하고 명년에 또 한 도를 측량해도 진실로 늦지 않을 것입니다.'

윤허하지 않았다.

무술일(戊戌日-6일)에 상이 (대궐을) 나가서 금교(金郊)에 머물렀다. 장차 다음 날 태상왕이 온정(溫井)에 가는 것을 전송하려고 함이었다. 사간원에서 대성(臺省)과 형조가 거가(車駕)를 따를 수 있게 해줄 것을 청했으나 윤허하지 않았다.

○ 의정부에서 해마다[各年=每年=遞年] (상의) 판지를 받은 것[受判] 중에서 영구히 준수해야 할 노비 판결의 조목을 만들어 올리니 그대로 윤허했다. 모두 20조(條)였다.

---

4 원나라 인종(仁宗)의 연호다.

'하나, 무릇 양(良)과 천(賤)으로 서로 소송하는 자는 양적(良籍)이 명백하면 양(良)을 따르고, 천적(賤籍)이 명백하면 천(賤)을 따르고, 양적과 천적이 모두 명백하지 못하면 사재감(司宰監)이나 수군(水軍)에 채워 넣는다[充].

하나, 조(祖)·부(父)의 비첩(婢妾) 소생(所生)은 본래 동기(同氣)의 골육(骨肉)이므로 마땅히 오로지 천한 노비(奴婢)의 예(例)로 사역(使役)시킬 것이 아니니 재주(財主)가 문서를 만들어서 사역을 풀어주고, 자기 비첩 소생은 영구히 풀어주어 양민(良民)으로 삼아 사재감이나 수군에 채워 넣는다.

하나, 노비가 한때의 공로(功勞)로 인해 사역을 방면했거나 몸을 속량(贖良)[5]했을 경우에 사역을 방면한 자는 마땅히 그 자손을 영구히 풀어주어 양인(良人)과 섞이게 할 것이 아니라 방역 노비가 된 후의 소생은 본주(本主)의 자손이 도로 차지하여 사용(使用)하는 것을 허락하고, 속신(贖身)[6] 노비가 된 뒤의 소생은 속공(屬公)시키고 한역(閑役)[7]을 계획적으로 피하려는 자는 본손(本孫-본주 자손)이 진고(陳告-신고)하는 것을 허락하여 반을 나눠 준다.

하나, 서로 소송하는 노비에 대해 양쪽 모두가 사손(使孫)[8]이 전래(傳來)한 것이 다 분명하지 못한 것은 나눠 판결하고 사손(使孫)의

---

5 종을 풀어주어서 양민이 되게 하는 것을 가리킨다.

6 속량과 같은 말이다.

7 힘들지 않아 하기 쉬운 신역(身役)을 이르는 말이다.

8 자녀가 없이 죽은 사람의 유산(遺産)을 이어받은 조카나 증손, 삼촌, 사촌 등을 가리킨다.

종파(宗派)가 또한 분명하지 못한 것은 아울러 속공(屬公)시킨다.

하나, 조상(祖上)이 서로 다투던 노비와 족친(族親)이 서로 다투던 노비를, 동종(同宗)의 사손(使孫)이 함께 소송하지 않고 판결을 받은 뒤에 다투고 바라는 자는 일절 모두 금지하되 부모의 노비는 이 한계 범위에 포함하지 않는다. 그중에 동복(同腹), 일족(一族) 및 같은 편이 사용하던 노비를 다른 사람과 다투게 되었을 때 혼자 소송하여 판결받은 것이라 핑계 대고 모두 차지하는 자도 금지한다.

하나, 부모가 나눠 주지 않은 노비를 나눠 갖는 경우에 먼저 죽은 동복(同腹)의 자식이 불효(不孝)했다고 핑계하여 감(減)해준 자는 똑같이 골고루 나눠 준다.

하나, 서로 다투는 노비를 판결받음에 있어 족친이 사용하는 노비를 그 이름[花名]을 늘려서 속여 입안(立案)을 받은 자는 바른 원칙에 따라 논죄(論罪)하여 뒷사람을 경계해야 한다.

하나, 적실(嫡室)에 자식이 없는 자는 양첩(良妾) 자식에게 노비를 전부 주고, 양첩 또한 자식이 없는 자는 천첩(賤妾) 자식에게 7분의 1을 주고, 양첩이 자식이 있는 자는 천첩 자식에게 10분의 1을 주고, 다만 천첩 자손만이 있어 계산해준 이외의 노비 및 전혀 자식이 없는 자의 노비는 동복(同腹) 중에 살고 죽은 것을 물론하고 나눠 주고, 동복이 없으면 사손(使孫)·사촌(四寸)에 한하여 나눠 주되, 그중에서 생전(生前)·사후(死後)에 은의(恩義)가 현저한 자는 더 준다. 적실(嫡室)에 자식이 있는 자는 양첩(良妾) 자식에게게 7분의 1을 주고, 천첩 자식에게 10분의 1을 준다. 적실에게는 다만 딸만 있고 양첩에게는 아들이 있는 자는 3분의 1을 주고, 양첩의 아들이 승중(承

重)[9]한 자는 반을 나눠 준다.

하나, 자식이 없는 사람이 오로지 후사(後嗣)를 잇기 위해 3세 전에 입양했거나[節付], 내버린 어린아이를 거두어 기른 자는 노비를 전부 주고, 시양(侍養)[10]한 자는 동성(同姓)은 3분의 1을 주고, 이성(異姓)은 4분의 1을 주며, 그 나머지 노비는 상항(上項)의 예(例)대로 사손(使孫)·사촌(四寸)에 한해 나눠 주고, 사촌이 없는 자는 속공(屬公)시키되 전계(傳係)[11]가 있는 자는 이 한계에 들지 않으며, 자식이 없는 자의 노비는 자신이 죽은 뒤에 만일 사역하는 노비가 있으면 본주(本主)가 차지하는 것을 허락한다.

하나, 노비를 산 자가 자식이 없고, 또한 전계(傳係)가 없으면 산 자 일족(一族)에게 상항(上項)의 예(例)에 의해 사손(使孫)·사촌(四寸)에 한해 나눠 주고, 사촌이 없으면 속공(屬公)시키며, 이를 판 자의 자손이 다투고 바라는 것은 금지한다. 노비를 방매(放賣)한 뒤에 소생(所生)이 자라면, 이를 판 자가 도로 빼앗을 꾀를 내어 동종(同宗) 사람을 시켜서 소장을 올려 말을 꾸며 서로 응하는 것은 금지한다. 나누지 않은 노비를 방매(放賣)한 것이 분명한 자는 사용하는 노비로써 인구(人口)를 계산하여 채워주고, 노비가 없는 자는 인구를 계산하여 받은 값에 준해서 채워준다.

---

9 종통(宗統)을 이어 제사를 받드는 것으로, 적자가 없을 경우 서자(庶子)나 첩자(妾子)가 잇기도 하고 대종(大宗)에 후계자가 없을 경우 소종(小宗)의 지자(支子)가 대종을 잇기도 하고 아버지가 사망하면 손자가 조부를 잇기도 하는 등 여러 경우가 있었다.

10 양사자(養嗣子)로 할 목적이 아니고 동성(同姓)이나 이성(異姓)을 가릴 것 없이 3세 넘어서 거두어 기르는 것을 말한다.

11 재산을 상속해준다는 뜻을 기록한 문권(文券)을 가리킨다.

하나, 공처(公處-관공서)의 노비는 혹은 병화(兵火)로 인해, 혹은 도적질로 인해 적실(的實)한 옛 문서[舊籍]가 없더라도 마땅히 사천(私賤)의 일례(一例)로 논결(論決)해서는 안 된다. 공처의 노비가 양(良)이라고 호소하는 자는 양적(良籍)이 명백하면 양(良)으로 따르고, 천적(賤籍)이 명백하지 않으면 비록 옛 문서가 없더라도 오랫동안 사역한 자는 판결을 바꾸지 않는다.

하나, 창고(倉庫)와 궁사(宮司)의 노비는 지난 신사년(辛巳年-1401년)에 형지안(形止案)[12]이 이미 이뤄졌으나, 그 문안(文案)에 연고가 있어 시행한 노비 및 그해 이후에 투속(投屬)한 자는 명문(明文)을 상고해 바른 원칙에 따라 판결한다.

하나, 대소 양반(大小兩班)이 하사(下賜)를 받은 명문(明文)이 없이 각각 그 본향(本鄕)의 관노비(官奴婢)를 선상(選上)[13]이라는 이름을 붙여 사역시키는 것은 일절 모두 추고(推考)하여 원래대로 돌려놓는다.

하나, 무인년(戊寅年-1398년)에 이미 신청한 소지(所志) 내에, 신축년(辛丑年-1361년) 이전에 나누지 않은 노비와 다른 사람의 것을 함께 차지한 노비는 함부로 차지한 본인 자신이 현재 살아 있는 것 및 신축년 뒤에 자신은 죽고 자식이 현재 생존하여 여러 해 동안 서로 다투어 명문(明文)이 적실(的實)한 것은 바른 원칙에 따라 판결하고, 신축년 전에 도망한 노비는 영구히 양(良)으로 할 것이 아니고, 현재

---

12 노비 명부(奴婢名簿)를 가리킨다.
13 지방의 노비(奴婢)를 뽑아서 서울 관아로 올리는 것 또는 그 노비를 가리킨다.

집류(執留)하고 있는 노비 중에 동복(同腹) 삼사촌(三四寸)이 현재 있는 것과 신축년 전후에 추고(推考)하여 명문(明文)이 있는 것은 진고(陳告)하는 것을 허락하여 판결한다.

하나, 자식이 없는 부부의 노비는 비록 문계(文契-문서)가 없더라도 자신이 사용(使用)하고, 남편이 다른 아내를 얻거나 여자가 다른 남편에게로 간 것은 사손(使孫)·사촌(四寸)에 한해 나눠 주고, 사촌이 없으면 속공(屬公)하며, 남편이 허여(許與)한 노비는 허여한 것으로 전계(傳系)하고, 아내가 허여한 노비는 인신(印信)이나 수촌(手寸)[14]으로 취신(取信)해도 분변(分辨)하기가 어려우니 증인(證人)과 필집(筆執)[15]으로 하되 서울 안에서는 관직(官職)이 있는 인원(人員)으로 하고, 외방(外方)에서는 근처에 만일 관직이 있는 인원이 없으면 마을 안의 색장(色掌)이나 믿을 만한 사람 등에게 서명(署名)하게 하여 명문(明文)으로 전계(傳系)하고, 그 아내가 수신(守信)하지 않는 자는 비록 전계(傳系)가 있더라도 환취(還取)하여 상항(上項)의 예(例)에 따라 사손(使孫)·사촌(四寸)에 한해 나눠 주고, 사촌이 없는 경우에는 속공(屬公)한다.

하나, 한미(寒微)하고 용렬(庸劣)한 사람의 노비를 빼앗아 점유한 자, 양인(良人)을 눌러 천인(賤人)을 만든 자, 문자(文字)를 위조(僞造)한 자, 판결한 뒤에도 노비를 그대로 잡아두고[執留] 있는 자, 나누지 않은 노비와 누락된 노비를 숨기고 모두 가지고 있는 자, 분집

---

14 수결과 같은 뜻이다.
15 문서의 집필자를 말한다.

(分執)한 노비를 억지로 가지고 있는[據執] 자, 물건 등을 꿔주고 일시적으로 맡은[典當] 노비를 영구히 차지하고 있는 자, 오결(誤決)이라고 망령되게 칭하여 소송하는 자 등은 만일 말을 꾸며서 억지로 변명하여 법을 어지럽히고 관가를 속이는 바가 있으면 소사(所司)에 관문(關文)을 보내 직첩(職牒)을 거두어 장(杖) 80대를 때리고 자신은 수군(水軍)에 채워 넣되, 잘못한 것을 알고 화해하는 자는 죄로 논(論)하지 않는다.

하나, 승인(僧人-승려)은 부모를 하직하고 출가한 뒤에는 속례(俗例)에 따라 조업노비(祖業奴婢)를 다투고 바랄 수 없다. 부모에게서 전하여 받은 것 이외에 다투고 바라는 것은 금지하고 죽은 뒤에는 다른 사람에게 주지 못하게 한다. 상항의 예(例)에 따라 사촌에 한해 나눠 주고, 사촌이 없으면 속공(屬公)한다.

하나, 패망한 사사(寺社)의 노비를 무식(無識)한 승인(僧人)들이 사장(私庄)으로 옮겨두고 사역시키는 것과 혁파하여 없앤 사사의 노비가 누락된 것을 보고하지 않은 것은 다른 사람이 진고(陳告)하는 것을 허락하여 추고(推考)해서 속공(屬公)하고, 3분의 1을 상(賞)으로 준다.

하나, 외방(外方-지방)의 결송(決訟)은 도관찰사(都觀察使)가 수령 중에서 송사(訟事)를 결단하는 것이 기한을 지키고 마땅하게 하는 자를 뽑아서 고장(告狀)하여 나눠 보내고, 매월 결단한 수의 많고 적은 것을 추고(推考)하여 포폄(褒貶)하고, 도수(度數)를 아울러 기록하여 출척(黜陟)에 빙거(憑據)로 삼게 한다. 오결(誤決)한 자는 경중(京中)의 예(例)에 의해 논죄(論罪)하고 도관찰사가 추고(推考)하여 판결한다.

하나, 수판(受判)한 뒤에 결사관(決事官)[16]이 만일 판지(判旨)를 따르지 않거나, 편벽되게 꾸며대는 말을 들어서 진정과 허위[情僞=眞僞]를 살피지 못하고 혼미(昏迷)하게 오결하는 자는 과명(過名-잘못의 명칭)을 표부(標付)하여 영구히 서용(敍用)하지 말고, 인정(人情)의 좋아하고 미워하는 것에 따르거나, 뇌물을 받고 오결하여 그 정상(情狀)이 현저한 자는 직첩(職牒)을 회수하여 장(杖) 100대를 때리고 자신은 수군에 채워 넣고 영구히 서용하지 않는다.'

기해일(己亥日-7일)에 태상왕이 평주(平州) 온정(溫井)에 행차하니 상이 금교역(金郊驛)에 장전(帳殿-장막)을 설치하고 전별했다. 상이 궁으로 돌아오니 백관이 선의문(宣義門) 밖에서 맞이했다. 상이 각사(各司)의 장막(帳幕)을 멀리서 바라보며 그 번잡스러움을 싫어해 말했다.

"이번 행차는 구전(口傳)도 없이 가만히 갔었는데, 무얼 번거롭게 나와서 맞이할[出迎] 것이 있는가? 정승(政丞)은 왔느냐, 오지 않았느냐?"

좌우(左右)가 말했다.

"우정승 조영무(趙英茂)가 좌정승 하륜(河崙)이 한경(漢京)에 가는 것을 전송하느라 미처 이르지 못했습니다."

---

16 송사를 결단하는 관원을 말한다.

상이 사금(司禁)[17]에 명해 서둘러[亟] 장막을 걷어치웠다.
극

임인일(壬寅日-10일)에 의정부에서 전지를 측량할 사목(事目)을 올리니 그대로 따랐다. 아뢰어 말했다.

"어진 정사[仁政]는 반드시 경계(經界)로부터 비롯됩니다. 지난날에
인정
각 도(各道)에서 전지를 측량한 바가 가볍고 무거운 것이 고르지 못해 혹 원망하기에 이르렀습니다. 바닷가에 있는 땅에 이르러서는 곧 제대로 측량도 하지 않았고, 또 그 결실(結實)되고 결실되지 못한 것을 공평하게 답험(踏驗)치 못해 결실된 것은 조세(租稅)를 면(免)하고 결실되지 않은 것은 도리어 조세를 바치니 그 폐단이 작지 않습니다. 바라건대 각 도(各道)에 도장(道掌-도의 관장 범위)을 세분하여 경차관(敬差官)을 나눠 보내서 그 결실되고 결실되지 못한 것을 조사하고, 그중에 답험을 공정하게 하지 않은 자는 『육전(六典)』에 의해 3품(品) 이상은 보고하여 논죄(論罪)하고, 4품(品) 이하는 직접 결단(決斷)하게 해야 합니다. 각 도의 전지(田地)를 모두 다 측량하여 [繩量] 묵은 땅과 개간된 땅을 물론하고 문부(文簿)를 만들어 비로
승량
소 조세(租稅)를 거두게 해야 합니다. 만일 전지는 많고 사람은 적어서 쉽게 측량할 수 없거든 감사(監司)에게 통보해 각 관(各官)의 수령(守令) 및 산관(散官) 중에서 공정하고 청렴한 자를 시켜 도(道)를 나눠 측량하여 마침으로써 민생(民生)을 편안케 하고, 그중에 공평하

---

17 임금의 어가(御駕)를 수종하면서 일반 잡인의 범접을 막던 군사다. 1394년(태조 3년)에 종래의 차사올(車沙兀)을 고친 이름인데 1418년(태종 18년)에 다시 사엄(司嚴)으로 고쳤다.

게 측량하지 않아서 후일(後日)의 이익(利益)을 도모하는 자는 경차
관이 『육전(六典)』에 의해 논죄(論罪)하고, 경차관 중에 고찰(考察)을
공평하게 하지 못하는 자는 감사(監司)가 고찰하여 출척(黜陟)을 보
고하게 해야 합니다."[18]

---

18 이 문제는 태종 시대 내내 큰 과제였다는 점에서 손실답험에 대해 살펴볼 필요가 있다.
1391년(공양왕 3년)의 전제개혁 때부터 1444년(세종 26년) 공법(貢法) 시행 때까지 존속
했다. '수손급손법(隨損給損法)', '손실답험법'이라고도 한다.
한 해의 농업 작황을 현지에 나가 조사해 등급을 정하는 '답험법'과 조사한 작황 등급에
따라 적당한 비율로 소세를 삼면해주는 '손실법'을 합칭한 것이다. 과전법(科田法)의 시행
과 함께 마련된 고려 말의 답험손실법 규정은 조선시대 답험손실법의 전형을 이루고 있
는데, 크게 손실 규정과 답험 규정으로 나뉘진다. 손실 규정은 공전(公田)과 사전(私田)
모두 손실의 정도를 10등분하고, 명년에 비해 수확이 1할 감소할 때마다 조(租)도 1할씩
감면해주도록 했다. 그리고 수확이 8할 이상 감소하면 조는 전액 면제시켜 준다는 내용
으로 이뤄져 있다.
답험 규정은 공전과 사전의 경우가 다르게 규정됐다. 공전은 1차로 해당 고을 수령이 답험
해 관찰사에게 보고하면, 관찰사는 여러 명의 다른 고을 출신 유향품관인 임시 관원과 위
관(委官)을 보내 재심하게 했다. 그 뒤 다시 감사의 보좌관인 감사수령관(監司首領官)을 파
견해 삼심하게 한다는 내용이다. 반면 사전의 답험은 전주에게 일임하는 전주답험제(田主
踏驗制)를 채택한다고 돼 있다. 한 해의 농업 작황을 파악하기 위해 실시하는 이러한 답험
의 관행은 이미 고려 문종 때도 마련됐다. 그때의 답험 규정은 1차 답험자가 수령이 아니
라 촌주(村主) 층인 촌전(村典)이었다는 데서 고려 말의 그것과 큰 차이를 보인다.
고려 말에 마련된 답험손실법 중 손실 규정은 조선 개국 후인 1393년(태조 2년) 1차로
개정됐다. 이때의 개정 내용은 대체로 과전법의 그것과 비슷하나 2할 이하의 수확 감소
는 조의 감면을 인정하지 않았다는 데 그 특징이 있다. 이후 태종 때 이르러 이 법은 크
게 수정되었다. 즉 손실 규정은 2할 이하의 수확 감소도 조 감면의 혜택을 다시 부여하
되, 1할의 수확이 증대되면 조도 1할 더해서 징수하게 한다는 내용으로 고쳐졌다. 또 답
험 규정은 다른 도의 품관 중에서 선발된 위관이 1차 답험을 하고, 이 위관의 답험 결과
를 수령이 검사하도록 했다. 중앙에서는 특별히 경차관(敬差官)을 수시로 파견해 검사하
게 한다는 내용으로 바뀌었다.
원래 이 수세법은 흉작으로 인한 농민의 고충을 덜어줄 목적에서 시행되었다. 그러나 법
자체의 불합리성으로 실제로는 별다른 효과를 거두지 못하고 오히려 농민의 부담만 가
중시켰다. 즉 관내의 모든 농지를 수령이 1차 답험하게 했다. 그러나 이는 사실상 불가능
한 것이었고, 대부분의 경우 토착향리에 의해 답험이 실시됐는데, 그 과정에서 여러 가지
농간과 협잡이 자행되었던 것이다. 그뿐만 아니라 수령들은 답험 실시에 필요한 경비를
농민에게 전가시켰다. 재심하는 위관과 중앙에서 파견되는 경차관들도 수령·향리들과

계묘일(癸卯日-11일)에 사간원에서 조회를 볼 것과 또 출입할 때 백관을 거느리고 의장과 호위[儀衛]를 갖출 것을 청했다. 소(疏)는 이러했다.

'지난번에 아일(衙日)마다 조회를 보자는 일로써 소(疏)를 갖춰 아뢰어 곧 그리하라는 윤허를 입었사온데[蒙] 지금 이미 두어 달이 되어도 또 조회를 보지[視朝] 아니하여 군신(君臣)이 서로 만나는 예(禮)가 거의 없어지고 해이하게 되었습니다. 바라건대 이제부터 아일마다 정전(正殿)에 납시어 조회를 보고 정사를 들으시어 군신(君臣)의 예(禮)를 밝히고 상하(上下)의 정(情)을 통하게 하소서. 신 등이 또 생각건대 임금이 나가면 신하가 따르는 것이 예(禮)입니다. 이달 초6일 금교(金郊)에 나가실 때 대간과 형조가 모두 수행하지 못하고, 의장과 호위가 갖춰지지 못했습니다. 또 초7일에 백관들이 문밖에 나가서 지영(祇迎)할 적에 백관으로 하여금 먼저 들어가도록 독촉하

농간을 부려 사욕을 채우는 데 급급했다.

답험 과정에서의 폐단은 전주답험이 실시되는 사전의 경우 더욱 심하게 나타났다. 답험에 나선 대부분의 전주들은 손실을 거의 인정하려 하지 않았으며, 추수가 끝난 한참 뒤에 답험함으로써 늘 손실이 전혀 발생하지 않았을 때 징수하는 조액인 실수(實數)대로 징수하기도 했다.

사전의 답험 과정에서 야기되는 이러한 폐단을 시정하기 위해 한때 사전도 관에서 답험하는 관답험(官踏驗)이 실시되었으나 더 큰 부작용만 가져왔다. 즉 농민은 전주뿐 아니라 답험 관원까지 응대해야 하는 부담을 져야 했고, 답험한 결과에 대해 전주들은 항시 불만을 표시했다.

이 때문에 1415년(태종 15년) 전주답험으로 복귀하도록 조처했다. 1417년 다시 관답험제로, 이듬해에는 또다시 전주답험제로 바뀌었다가 1419년(세종 1년) 다시 관답험제로 전환되어 정착했다. 답험 과정에서 나타나는 폐단은 전주답험이든 관답험이든 쉽게 근절될 수 있는 것이 아니었다. 이러한 답험손실법이 지니고 있는 근본적인 문제점을 해결하기 위해 새로운 수세법으로 나온 것이 1444년에 마련된 공법으로, 이 법의 출현과 동시에 답험손실법은 폐지됐다.

시는 바람에 백관들이 내달리느라 위의(威儀)를 잃고 길에서 엎어져 넘어져서 대소 신료들 중에 실망하지 않은 이가 없었으니 이는 (임금의) 존엄(尊嚴)을 보이는 바가 아닙니다.'

○ 사간원에서 의정부 사인(舍人) 최부(崔府, 1370~1452년)[19]를 탄핵했다. 의정부가 미처 대가(大駕)를 맞지 못했기 때문이다. 이에 조영무(趙英茂)가 일을 보지 않았고 상이 좌사간 대부(左司諫大夫) 이은(李垠)과 우정언(右正言) 정촌(鄭村) 등을 불러 말했다.

"내가 조회를 보지 않은 것은 유고(有故)한 때문이고, 조회에 나가기를 싫어해서가 아니다. 비록 조회를 보지 않더라도 날마다 정부(政府), 삼군(三軍), 육조(六曹), 사관(史官) 등을 접견하고 일을 들으니[聽事] 어찌 대간을 거느리고 조회 보는 것을 싫어하는 것인가? 또 임금이 나가면 신하가 따르는 것이 예(禮)이기는 하지만, 전일에 교외(郊外)에 나갈 때 대간과 형조를 거느리지 않은 것은 하룻밤만 자고 곧바로 돌아오기 때문이었고, 태상전에 문안할 때 각사(各司)의 시위를 없앤 것은 태상왕께서 번잡한 것을 싫어하시기 때문이었다. 은밀

---

19 고려 말 생원·진사시에 합격하고 성균관학유가 됐다. 조선 개국 후 예문춘추관의 수찬관이 되었으며, 이어 광주목사(光州牧使)로 외직에 나갔으나 고과(考課) 때마다 가장 높은 등급을 받아 임기를 다 채우지 않은 채 이때인 1405년(태종 5년) 의정부 사인이 됐다. 근검하고 염직(廉直)하여 태종의 총애를 받아 동부대언에 제수됐으며 세종에게 탁용(擢用)할 것을 명함으로 인해 1421년(세종 3년) 경기도 도관찰사, 인수부윤(仁壽府尹)이 됐다. 1423년 좌군동지총제(左軍同知摠制)로서 천추사(千秋使)가 돼 명나라에 다녀와 예조참판이 됐다. 1428년 대사헌·경창부윤(慶昌府尹)·강원감사를 역임하고, 이듬해 경창부윤으로서 선위사가 되어 의주에 파견됐다. 이해 한성부윤·황해도 관찰사, 2년 뒤 개성부유후(開城府留後)가 됐으나 병으로 사직했다. 1434년 판광주목사(判廣州牧事)가 되고, 1439년 공조판서를 제수 받아 이듬해 연로함을 이유로 치사(致仕)를 청했으나 윤허받지 못하고 곧 이조판서가 됐다.

하고 큰일이라면 이치상으로 마땅히 봉장(封章)해야겠지만 이런 일은 대궐에 나와서 직접 아뢰는 것이 마땅하다."

또 말했다.

"초7일에 환가(還駕)할 때 조정승(趙政丞)이 미처 지영(祗迎)하지 못했는데 이는 좌정승(左政丞)이 신도(新都)에 가는 것을 전송하느라고 그러한 것이고 다른 일 때문은 아니었다. 천도(遷都)를 앞두고 공무(公務)가 한창 바쁜데 사인을 탄핵해 정부가 사진(仕進-출근)하지 않아서 공무가 폐기되고 풀리게 하는 것은 어째서인가?"

○ 제주(濟州)의 공선(貢船) 1척이 돌풍[飄風]으로 침몰했는데 물에 빠져 죽은 사람이 44명이었다.
표풍

갑진일(甲辰日-12일)에 우정승 조영무에게 일을 보도록 명했다.

을사일(乙巳日-13일)에 상왕이 한경(漢京)으로 옮겨 가니[移御] 대비(大妃)가 따랐다. 상이 보현원(普賢院)[20]에서 전송했다.
이어

○ 사헌부에서 신극례(辛克禮)를 탄핵했다. 그가 윤향(尹向)에게 욕한 까닭을 물은 것이다. 상이 장령(掌令) 서선(徐選)을 불러 명했다.

"극례(克禮)는 신도(新都)의 이궁(離宮)을 수즙(修葺)하는 역사를 감독하고 있는데 지금 들으니 탄핵을 당해 일을 못 하고 있다 한다.

---

20 경기도 장단에서 남쪽으로 25리 떨어진 곳에 있는 원으로, 고려 의종이 여기에 못을 만들고 놀이하는 곳으로 삼아 자주 거둥했다. 1170년(의종 24년) 8월에도 임금이 신하들을 거느리고 연복정과 흥왕사를 거쳐 이곳에 행차했는데 호위하던 대장군 정중부, 이의방, 이고 등이 문신들을 살해해 무인의 난의 발단이 된 곳이기도 하다.

(내가) 옮겨 간 뒤를 기다려서 다시 탄핵하고 일단은 미뤄두라."

헌부(憲府)에서 소를 올려 다시 청했으나 역시 회답이 없었다.

○ 동맹가첩목아(童猛哥帖木兒)가 왕교화적(王敎化的)과 함께 (명나라) 경사(京師)에 들어가 조회했다. 여칭(呂稱)이 보고했다.

"맹가첩목아가 말하기를 '이행(李行)이 계품(啓稟)한 일을 황제가 비록 유윤(兪允)한다 해도, 내가 만일 이때에 들어가 조회하지 않으면 어허출(於虛出)이 반드시 내 백성을 차지할 것이다. 그러므로 부득이하여 들어가 조회한'라고 하고 이미 9월 초3일에 떠났습니다. 그리고 그 인신(印信)은 아우인 어허리(於虛里)를 임시로[權] 만호(萬戶)를 삼아주었으며, 오동참(吾東站)에 머물며 국가(國家-명나라)의 행하(行下)[21]를 기다리고 있습니다."

○ 김첨(金瞻), 한리(韓理), 한임(韓任)을 경외(京外-서울 밖)에 편한 데로 가서[從便] 살도록 명했다.

○ 의정부, 육조(六曹) 및 6대언에게 명해 3도(道)의 양전(量田)에 대한 일을 토의하게 했다. 상이 말했다.

"대간(臺諫)이 소를 올려 정지할 것을 청하니 경들은 다시 토의하여 보고하라."

의정부 지사 유량(柳亮) 등이 대답했다.

"천도(遷都)와 양전(量田)은 모두 큰일이니 겸하여 행할 수 없습니다. 만일 부득이하다면 충청도(忠淸道)는 경기(京畿)에 가까우니

---

21 새로 관직에 임명될 때 인사(人事), 부임과 관계있는 중앙의 여러 관부의 서리(書吏), 하례(下隷) 등에게 음식을 내려주는 것도 행하라고 한다.

역도(役徒)를 징발하고, 경상도(慶尙道)는 풍수(風水)의 재앙이 더욱 심하니 마땅히 전라(全羅) 한 도(道)에만 원리(員吏)를 더 보내 측량하고 나머지 두 도(道)는 풍년을 기다리소서."

이에 의정부에 내려서 다시 토의하게 하니 병조판서 남재(南在)와 호조판서 이지(李至) 등이 아뢰어 말했다.

"금년에 경기는 흉년이 들고, 경상도는 절반이 수재로 인해 곡식의 손상을 입었습니다. 천도하는 것이 큰일인데 어찌 급급하게 전지를 측량하여 백성을 소요시킬 것이 있겠습니까?"

상이 말했다.

"정부와 육조의 조계(朝啓) 때에 재상들이 이런 일을 말하는 것이 그 직책인데, 어째서 미리 말하지 않고 양전관(量田官)이 이미 출발한 뒤에야 말하는가?"

재(在) 등이 다시 아뢰었다.

"양전 경차관(量田敬差官)은 그때는 아직 출발하지 않았습니다."

병오일(丙午日-14일)에 형조정랑 김질(金晊)을 경상도에 보냈다. 곡식의 풍흉(豐凶)을 조사하기 위함이었다.

○ 성등암(聖燈菴)의 속전(屬田) 100결(結)을 화장사(華藏寺)로 이속(移屬)시켰다. 화장사는 곧 상왕(上王)의 원당(願堂)으로, 상왕의 뜻을 따른 것이다.

○ 경차관(敬差官) 조흡(曹恰)을 동북면에 보내 동맹가첩목아(童猛哥帖木兒)를 일깨워주게 했다. (그래서 동맹가첩목아를) 왕교화적(王敎化的)과 함께 입조(入朝)하게 하기 위함이었다.

○ 명하여 세자전(世子殿)의 환관 두어 사람에게 종아리를 때리게 했다. 상이 세자에게 글을 외우도록 명했는데 세자가 제대로 외우지 못하자 상이 환관에게 종아리를 때리게 하고 가르쳐 말했다.

"만일 후일에도 이와 같으면 마땅히 서연관(書筵官)을 벌주겠다."

문학(文學) 허조(許稠)를 시켜 이 말로써 세자에게 경고했다. 세자가 밤에 참군(參軍) 심보(沈寶)와 더불어 글을 읽으려고 했다.

기유일(己酉日-17일)에 의정부에서 강원도 여러 고을의 조세를 감면해줄 것을 청하니 그대로 따랐다.

"회양(淮陽-동북부) 정선(旌善)은 풍재(風災)로 인해 벼와 곡식의 3분의 1이 손상되었으니 그 조세를 미(米-쌀)와 포(布-베) 반반으로 하고, 춘주(春州)·양주(襄州)·간성(杆城)·통주(通州)·우계(羽溪-삼척 지역)는 풍재(風災)·수재(水災)·충재(蟲災)로 인해 벼와 곡식의 2분의 1이 손상되었으니 그 조세를 포(布)로 바치게 하고, 삼척(三陟)·울진(蔚珍)·평해(平海)·고성(高城)은 풍재와 수재로 인해 5분의 4가 손상되었사오니 그 조세를 면제해야 합니다."

○ 사헌부에서 전답(田畓)의 손실(損實)을 답험(踏驗)하는 법을 아뢰었다.

"분수(分數)로 답험(踏驗)하는 것을 백성들이 모두 민망하게 여깁니다. 지금 이후로는 손(損)에 따라 손해 본 만큼을 지급해 공사(公私)를 편하게 하소서."

의정부에 내려 깊이 토의해 시행하게 했다.

○ 계품사(計稟使)의 통사(通事) 조사덕(曹士德)이 경사(京師)에서

돌아와 아뢰었다.

"동맹가첩목아의 일로 황제(皇帝)께서 선유(宣諭)한 내용 중에 '지난날에 동북면(東北面) 11처(處)의 인민(人民) 2,000여 구(口)를 이미 모두 청한 대로 허가해주었는데[准請=許請] 어째서 하나의 맹가첩목아를 아끼는가? 맹가첩목아는 황후(皇后)의 친족(親族)이다.[22] 사람을 보내 불러오게 하는 것도 황후께서 원하는 것이다. 골육(骨肉)이 서로 만나보는 것은 사람의 대륜(大倫)이다. 짐(朕)이 너의 땅을 빼앗았다면 (이렇게) 청하는 것이 그럴 수 있는 일이지만 황친(皇親) 첩목아(帖木兒)가 너에게 무슨 관계가 되는가?'라고 했습니다."

상이 좌우(左右)에게 말했다.

"지금 황제(皇帝)의 선유(宣諭)를 들으니 황송하고 부끄러움을 이기지 못하겠다. 지나간 일은 어떻게 할 수 없지만 앞으로 올 일은 도모할 수 있다. 첩목아를 이치상 마땅히 독촉하여 보내되 늦출 수 없고 배신(陪臣)을 보내서 진정(陳情)하는 것 또한 역시 늦출 수 없다."

참찬(參贊) 이숙번(李叔蕃)을 불러 이 문제를 토의했다.

경술일(庚戌日-18일)에 천추사(千秋使) 윤목(尹穆, ?~1410년),[23] 계품

---

22 올량합의 어허출은 일찍이 영락제가 연왕(燕王)으로 있을 때 딸을 바친 적이 있고 어허출과 동맹가첩목아는 서로 인척관계이기 때문에 이렇게 말한 것이다.

23 1400년(정종 2년) 전중군장군(前中軍將軍) 때 이방간(李芳幹)의 난을 평정하고 태종이 왕위에 오르는 데 기여한 공으로 1401년(태종 1년)에 익대좌명공신(翊戴佐命功臣) 4등에 책록됐다. 1403년 태종 즉위에 협력한 공으로 원평군(原平君)으로 봉작됐다. 1407년에 평양부윤이 됐다. 1409년 9월에 사은부사로 명나라에 갔다 왔다. 그해 10월에 민무구(閔無咎)·민무질(閔無疾) 옥사에 관련돼 사천으로 유배됐다가 다음 해 유배지에서 처형됐다.

사(計稟使) 이행(李行) 등이 경사(京師)에서 돌아왔다. 윤목이 와서 선유(宣諭)와 성지(聖旨)를 전했다.

"영락(永樂) 3년(1405년) 7월 초5일 이른 조회를 하고 봉천문(奉天門)에서 고두(叩頭)할 때 황제가 병부상서(兵部尙書)를 시켜 조선(朝鮮)에서 온 사신(使臣)에게 맹가첩목아(猛哥帖木兒)의 일을 묻기를 '조선 국왕(朝鮮國王)이 지극히 정성스러운데 어째서 (맹가첩목아를) 보내오지 않는가?'라고 했습니다. 병부상서가 성지(聖旨)를 받아 가지고 금수교(金水橋) 가에 이르러 묻기를 '맹가첩목아가 어째서 오지 않는가?'라고 하기에 대답하기를 '흠차 천호(欽差千戶) 왕교화적(王敎化的)이 3월 11일에 왕경(王京-개경)에 이르렀사온데, 전하께서 칙유(勅諭)를 받고 배신(陪臣) 곽경의(郭敬儀)를 시켜 그달 19일에 왕교화적과 함께 맹가첩목아가 사는 곳으로 가게 했습니다. 신 등은 4월 26일에 왕경(王京)을 떠났으므로 (그들이) 간 뒤의 일은 알지 못합니다'라고 했습니다. 또 묻기를 '맹가첩목아는 어디에 사는가?'라고 하기에 대답하기를 '조선(朝鮮) 경내(境內)인 두만강(豆滿江) 가에 삽니다'라고 했습니다. 또 묻기를 '거리가 얼마나 되는가?'라고 하기에 대답하기를 '왕경(王京)에서 25~26일의 노정(路程)이 됩니다'라고 했습니다. 다 듣고 나서 종붕(椶棚) 아래로 돌아갔습니다.

조반(朝飯)을 먹은 뒤에 예부상서(禮部尙書) 이지강(李至剛)과 조시랑(趙侍郎), 금의위(錦衣衛) 관원 등이 성지(聖旨)를 전하고 묻기를 '맹가첩목아가 어째서 오지 않는가? 태조 고황제(太祖高皇帝) 때에 운남(雲南)으로 유배 갔던 인물(人物)과 왜(倭)에게 잡혀갔던 인물들을 황제께서 모두 돌려보냈고, 그들이 돌아간 해에 성(姓)이 김씨(金氏)인 재상(宰相)이 지면(地面-동북면 지역)의 일로 인해 와서 아뢰기를 "국왕(國王) 조상(祖上)의 분묘(墳墓)가 있다"고 하므로 황제께서 2,000명의 인구와 지면(地面)을 모두 너희에게 주고 너희 조선을 사이(四夷)와 같이 여기지 않았으니 황제의 지성(至誠)을 전하(殿下)가 알 것이다. 아홉 번 효성(孝誠)하고 순종했더라도 한 번만 잘못하면 아홉 번 잘한 것까지 모두 없어진다. 한 사람의 첩목아를 어쩌려는가?'라고 했습니다. (이에) 대답하기를 '우리 전하께서 황제의 온마음을 다하시는[全心] 바를 어찌 모르시겠습니까? 맹가첩목아의 일은 신 등이 오던 날에 재상(宰相)들도 알지 못했습니다'라고 했습니다. 또 묻기를 '맹가첩목아의 과거 근본을 말하자면 맹가첩목아가 태조 고황제의 백성이냐, 너희의 백성이냐?' 하기에 대답하기를 '넓고 넓은 하늘 아래에 왕신(王臣) 아님이 없으니 누군들 태조 고황제의 백성이 아니겠습니까?'라고 했습니다. 또 묻기를 '왕교화적(王教化的)은 네 나라 땅에서 왔는데 어째서 그 사람은 돌려보냈는가?'라고 하기에 대답하기를 '신 등은 알지 못합니다'라고 했습니다. 이것으로 재차 묻기에 대답하기를 똑같이 했습니다.

초6일 4경(更)에 오문(午門) 밖에서 병부상서가 조방(朝房)에 있으면서 묻기를 '네 나라에서 또 한 사람의 재상이 왔는데 무슨 일로 왔는가?'라고 하기에 대답하기를 '온 일은 알지 못합니다'라고 했습니다. 또 묻기를 '맹가첩목아의 일로 왔다는데 맹가첩목아는 어째서 오지 않았는가? 황제께서 즉위하시던 처음에 고명(誥命)과 인장(印章)을 주셨으니 황제께서는 너희 조선을 지극히 중하게 여기신다. 한 사람의 맹가첩목아를 머물러두어서 무엇을 하려고 보내지 않는가?

보내는 것이 옳은가, 보내지 않는 것이 옳은가? 네 마음속으로는 어떻게 생각하는가?'라고 했습니다. 대답하기를 '성지(聖旨)가 있으므로 전하께서 지난해에 1만 필의 소를 두석 달 동안에 준비하여 보냈으니 모든 일에 있어 마음을 다해 황제께 향합니다. 이처럼 성지(聖旨)를 고분고분 따르는데 한 사람의 맹가첩목아를 어째서 보내지 않겠습니까? 맹가첩목아는 다만 자기 자신의 연유가 있어 오지 않는 것이니 신 등은 알지 못합니다'라고 했습니다."

○ 이행(李行, 1352~1432년)[24]이 와서 선유(宣諭)와 성지(聖旨)를 전했다.

"영락(永樂) 3년 7월 10일 이른 조회 뒤에 예부상서 이지강(李至剛)과 좌시랑(左侍郎) 양(楊), 우시랑(右侍郎) 조(趙), 급사중(給事中) 한 사람 등이 오문(午門) 밖 중도(中道) 위에 이르러 두 사신(使臣)과 종관(從官)을 앞으로 나오게 하여 성지(聖旨)를 전하기를 '너희는 무슨 일로 왔는가?'라고 하기에 대답하기를 '인구(人口)를 계품(計稟)하는 일로 왔습니다'라고 했습니다. 묻기를 '무슨 인구의 일인가?'라고 하기에 대답하기를 '3월 11일에 흠차 천호(欽差千戶) 왕교화적(王敎

---

24 1389년(창왕 1년) 좌사의대부(左司議大夫)로 전제(田制)의 폐단에 대해 상소했고 지신사(知申事)가 돼 1390년(공양왕 2년) 이초(彛初)의 옥에 연루되어 청주옥에 갇혔으나 수재(水災)로 석방됐다. 그 후 경연참찬관, 예문관 대제학을 거쳐 1392년 이조판서로서 정몽주(鄭夢周)를 살해한 판전객시사(判典客寺事) 조영규(趙英珪)를 탄핵했다. 같은 해 고려가 망하자 은거했다.
1393년(태조 2년) 이색(李穡), 정몽주(鄭夢周)에게 이성계(李成桂)를 무서(誣書)한 죄로 울진에 유배 가고 가산을 적몰당했다가 이듬해 풀려났다. 그 후 수차 벼슬을 사퇴하다가 1405년(태종 5년) 예문관 대제학으로 계품사(計稟使)가 되어 명나라에 다녀와서 승녕부 판사(承寧府判使), 한성부 판사(漢城府判使)를 거쳐 1407년 형조판서, 1415년 개성유후 사유후(開城留後司留後)가 됐다.

化的)이 싸 가지고 온 칙유(勅諭) 내에 "동개원(東開原) 모련 지면(毛憐地面) 만호(萬戶) 맹가첩목아(猛哥帖木兒)가 짐(朕)의 명령에 공경하고 공손하여 조정(朝廷)에 복종하므로 지금 천호 왕교화적을 보내 칙유(勅諭)를 싸 가지고 가서 위로하게 한다. 길이 왕(王)의 나라를 경유하니 한 사람의 사신(使臣)을 보내 동행(同行)하라"라고 했으므로 이에 배신(陪臣) 곽경의(郭敬儀)를 시켜 (왕교화적과) 함께 가게 하고, 맹가첩목아에 대한 일을 황제께 아뢰어 아시게 하려고 왔습니다' 라고 했습니다. 묻기를 '우리가 조선(朝鮮)을 외국(外國)으로 보지 않는데, 너희 나라 국왕이 점친(占親-친족)인 사람을 붙잡아두고 성지(聖旨)를 한편에 치워놓고 맹가첩목아에 대한 말로써 와서 아뢰기를 "이미 그는 절제(節制)를 받았다"라고 하니 맹가첩목아가 대단하냐, 왕자(王子)가 대단하냐?'라고 했습니다. 대답하기를 '국왕께서 점친(占親)의 일을 알지 못하고 흠차(欽差)하신 왕 천호(王千戶)도 일찍이 점친(占親)을 말하지 않았습니다. 게다가 맹가첩목아가 살고 있는 곳이 모련(毛憐)이 아닙니다. 만일 본인(本人)을 찾는다면 어찌 한 번도 명령을 내리신 일이 없었습니까? 저 사람은 절제(節制)를 받아 요긴(要緊)한 곳을 방어(防禦)하여 공(功)이 있는 사람인데, 왕교화적 천호가 굳이 가서 초유(招諭)했고, 또 그가 다른 아뢸 일이 있으므로 감히 아뢰지 않을 수 없었던 것입니다. 1년 동안에 배신(陪臣)이 자주 와서 조회하는데 만일 명령이 있었다면 국왕이 어찌 감히 그대로 하지 않았겠습니까?'라고 했습니다.

또 묻기를 '지난해에 십처 지면(十處地面)의 사람들을 주청(奏請)할 때 어째서 맹가첩목아의 이름은 없었는가?'라고 하기에 대답하기를

'지난해에 초유(招諭)하는 문서(文書)에 일찍이 본인(本人)의 이름이 없었으므로 다만 십처(十處)의 두목(頭目) 이름만 아뢰고 그 토지의 인구는 쓰지 않았습니다. 이 사람은 바로 허가를 받은 십처(十處) 안에 있는 경성(鏡城) 지역의 강가에 사는 사람입니다'라고 했습니다. 또 묻기를 '이미 황제의 점친(占親)이고, 또 저 사람을 중(重)하게 쓰려고 하는 것이다. 네가 와서 계품(計稟)할 때 그 사람과 함께 와서 지역에 대한 일을 자세히 말하면 어찌 허가하지 않겠는가? 누가 너희와 지역을 다투는 것인가? 너희가 본인(本人)을 붙잡아서 머물러 두는 것이 모두 간사하고 속이는 일이다. 황제께서는 하늘과 같은 도량(度量)이 있으므로 용서하지만 우리 예부(禮部)는 너희를 용서할 수 없다'라고 했습니다. 대답하기를 '신 등이 어리석고 미련하여 일찍이 국왕 전하께 아뢰지 못했으니 이것은 우리의 잘못입니다'라고 했습니다. 또 말하기를 '너희는 문서(文書)를 가지고 온 사람이니 어떻게 알겠느냐? 너희는 돌아가서 국왕께 말하여 곧 그 사람을 보내오게 하라'고 했습니다. 신시(申時)에 예부(禮部)의 세 관원(官員)이 회동관(會同館) 앞 청사(廳舍)에 이르러 두 사신(使臣)과 종관(從官) 등을 앞으로 나오게 하여 말하기를 '네가 아침에 말한 이야기를 우리가 황제께 모두 아뢰었더니 황제께서 이르기를 "맹가첩목아는 일찍이 문서(文書)가 있어 내게 이르렀는데, 저 사람들의 문서가 너희가 말한 이야기와는 같지 않은 것이 많다. 너희에 관한 일이 아니나 너희는 저 사람들을 간섭하지 말아라. 저 사람들이 스스로 와서 나를 볼 것이다"라고 했다. 당초에 너희 국왕에게 묻지도 않고 사람들을 시켜 너희 나라를 경유하여 가게 했는데 다만 너희에게 한 사람만을 시켜 반송(伴送)하여 가게 한 것이다. 천추절(千秋節)을 하례(賀禮)하러 온 사신은 여기 있다가 절일(節日)이 지난 뒤에 돌아가고 너희는 먼저 돌아가라'고 했습니다.

11일에 일찍 조회하고 하직한 뒤에 오문(午門) 종붕(椶棚) 밑에서 여러 오랑캐의 사신들과 함께 밥을 받을 때 예부의 세 관원이 와서 성지(聖旨)를 전하고 묻기를 '너희는 어찌하여 곧 하직하고 돌아가는가? 너희는 두려워하지 말라. 너희 국왕이 맹가첩목아에 대한 말을 아뢰고자 하여 온 것은 옳다'라고 했습니다. 대답하기를 '신 등은 별로 다른 일도 없고, 어제 먼저 돌아가라는 분부를 받았기 때문에 감히 머물러 지체하지 못하고 하직하고 돌아가는 것입니다'라고 했습니다. 또 전하기를 '날씨도 몹시 덥고 먼 길에 피로했으니 며칠 동안 쉬었다 가게 하든가, 천추절일(千秋節日)을 지나서 가게 하라 하시었으니 너희 생각은 어떠한가?'라고 했습니다. 대답하기를 '모두 황상(皇上)의 뜻에 달려 있습니다'라고 했습니다. 또 묻기를 '어제 너희에게 성지(聖旨)를 전해준 말을 모두 기억하고 있는가?'라고 하므로 먼 젓번의 말한 바를 하나하나 외어서 대답해 들려주었더니 기뻐하며 도로 들어갔습니다. 미시(未時)에 예부(禮部)에서 주객사(主客司) 원외랑(員外郎) 사비(寫臂)를 시켜 와서 말하기를 '나중에 온 사신도 가지 말고 머물러 있다가 경하(慶賀)가 지난 뒤에 먼저 온 사신과 함께 돌아가라'고 했습니다. 25일에 일찍 조회하고 하직한 뒤에 예부상서(禮部尙書), 좌우시랑(左右侍郎) 등이 황제에게 아뢰기를 '조선 국왕이 보내온 맹가첩목아의 일을 아뢴 사신이 오늘 하직하고 돌아가니 신(臣) 예부(禮部)에서 저들에게 문자(文字)를 주어 돌려보내야 합니다'라고 하니 황제가 말하기를 '주문(奏聞)하여 온 말이 같지 아니하고, 또 어떤 긴요(緊要)한 일도 없으니 다만 그렇게만 저들에게 말하여 돌아가게 하라'고 했습니다."

신해일(辛亥日-19일)에 전 판사(判事) 이덕시(李德時)를 강화(江華)로 유배 보냈다[放=流]. 사헌부에서 소(疏)를 올려 덕시(德時)가 양인(良人)을 눌러 천인(賤人)을 만든 죄를 논했기 때문이다. 그의 아들 호군(護軍) 이등(李登, 1379~1457년)[25]이 오결(誤決)이라 하여 신문고를 쳤다. 헌부에서 또 말했다.

"등(登)이 소사(所司)를 가볍게 여기고 업신여길 뿐만 아니라 주상의 귀 밝음[上聰]을 기망(欺罔)한 것이 심합니다. 등의 직첩을 회수하고 죄를 논하여 뒷사람을 경계시켜야 할 것입니다."

회답하지 않았다.

임자일(壬子日-20일)에 호조참의(戶曹參議) 이현(李玄, ?~1415년)[26]을

---

25 태조의 서녀 의령옹주(義寧翁主)를 맞이해 계천위(啓川尉)에 봉해졌다.

26 귀화인 후손으로 고려 대도로총관(大都路摠官) 백안(伯顏)의 증손(曾孫)이다. 한어(漢語)에 능통하여 주로 중국 사신으로 파견됐다. 1394년(태조 3년) 사역원부사(司譯院副使)로 명나라에 다녀왔고, 정종이 즉위하자 통사(通事)의 직함으로 중추원부사(中樞院副使) 김육(金陸)과 명나라 서울에 이르러 승습(承襲)을 허락받은 외교술로 내구마(內廐馬) 1필을 하사받았다. 판전중시사(判殿中寺事)로 근무 중 태종이 즉위하자 사은사(謝恩使) 서장관(書狀官) 안윤시(安允時)와 함께 태종 승습을 이자(移咨-중국과 왕복하는 외교문서를 보냄)한 공으로 안마(鞍馬)와 밭 50결, 노비 4구가 하사되었다. 1403년(태종 3년)에는 전 호조전서의 신분으로 대명 외교에서 수고한 공로로 내구마(內廐馬) 1필이 하사됐고, 이듬해 호조참의에 올랐다가 1406년 주문사(奏聞使)의 임무를 성공리에 마친 뒤 태종으로부터 임주(林州)를 사향(賜鄕)받았다. 1407년 세자와 황녀의 결혼을 의논한 죄로 구금됐으

보내 경사(京師)에 가서 아래와 같은 내용을 아뢰게 했다.

"영락(永樂) 3년 9월 16일에 배신(陪臣) 이행(李行) 등이 경사(京師)에서 돌아와 예부상서(禮部尙書) 이지강(李至剛) 등의 관원이 삼가 전한[欽傳] 선유(宣諭)와 성지(聖旨)를 전(傳)해 받았사온데 거기에 이르기를 '맹가첩목아는 어째서 보내지 않고 도리어 와서 계품하는가? 네가 와서 계품할 때 그 사람과 함께 와서 지역 사정을 자세히 말하면 어찌 허가하지 않겠는가? 누가 너희와 땅을 다투는 것인가? 네가 돌아가서 국왕에게 말하여 알려서 곧 그 사람을 보내도록 하라'고 했습니다. 신이 황공하여 몸 둘 곳이 없습니다. 가만히 살펴보건대 맹가첩목아는 소방(小邦-조선)의 지계(地界)인 공험진(公嶮鎭) 이남(以南)으로, 황제께서 허락하신 10처(處) 안의 경성(鏡城) 지역인 두만강 가에 사는 사람이고, 또 일찍이 신(臣)으로 하여금 출발시켜 보내라는 명령을 받지 못했기 때문에 사람을 보내 주달(奏達)했던 것입니다. 지금 의정부의 장계(狀啓)와 동북면 도순문사 여칭(呂稱)의 정보(呈報-보고)에 의거하면, 맹가첩목아가 흠차 천호(欽差千戶) 왕교화적 등과 더불어 본년(本年) 9월 초 3일에 발정(發程-출발)하여 경사(京師)로 갔다 하오나, 신(臣)이 오히려 명백한 것을 알지 못하여 지연(遲延)될까 염려해 당일로 즉시 상호군(上護軍) 조흡(曹恰)을 보내 밤을 도와 만호(萬戶) 맹가첩목아가 있는 곳에 달려가서 독촉하

나 곧 동지총제(同知摠制)에 올라 정조(正朝)를 하례(賀禮)하기 위해 파견된 세자의 시종관(侍從官)으로 입조(入朝)하여 쌀 60석과 상포(常布) 100필이 하사됐다. 그 뒤 중군총제(中軍摠制), 검교판한성부사(檢校判漢城府事)를 거쳐 1415년(태종 15년) 경승부윤(敬承府尹)으로 있다 죽었다.

여 (명나라) 조정(朝廷)으로 가게 했습니다."²⁷

○ 봉상령(奉常令) 설내(偰耐)를 보내 동녕위(東寧衛)의 도군(逃軍) 10명을 데리고 요동(遼東)으로 가게 했다.

○ 왕사(王師) 자초(自超)가 죽어 그의 뼈를 회암사(檜岩寺) 부도(浮屠)에 안치(安置)하도록 명했다. 태상왕(太上王)이 일찍이 자초를 위해 미리 부도를 세웠기 때문에 이런 명이 있었다.

○ 평원군(平原君) 조박(趙璞)이 자초(自超)를 위해 법호(法號)를 내려주고 비(碑)를 세울 것을 청했다. 대개 그 모니(母尼)²⁸의 청(請)으로 인한 것이었다. 사간원에서 소를 올렸다.

'전하께서 날마다 유아(儒雅-유자를 높여 부르는 말)를 접견하고 (유학의) 경사(經史)를 토론하여 사도(斯道-유학)를 숭중(崇重)하고 이단(異端)을 배척했으며, 사사(寺社)의 토지와 노비를 삭감했으니 이는 진실로 근고(近古) 이래에 없었던 일입니다. 가만히 살펴보건대 자초(自超)는 천례(賤隷)에서 나와 살아서도 취할 것이 없고 죽어서도 이상한 자취가 없었습니다. (그런데도) 전하께서 그가 일찍이 왕사(王師)가 되었다 하여 예조에 내려서 부도(浮屠), 안탑(安塔), 법호(法號), 조파(祖派), 비명(碑銘) 등의 일을 상정(詳定)하게 하시니 전하의 전일(前日)의 아름다운 뜻에 어긋나는가 합니다. 엎드려 바라옵건대 이미 내리신 명령을 중지하시어[追寢] 사람들에게 신뢰를 보이셔야 할 것
추침
입니다.'

---

27 이현을 시켜 명나라 조정에 가서 이런 내용으로 답변하도록 한 것이다.
28 아마도 불교신자인 조박의 어머니를 가리키는 표현으로 보인다.

상이 아름답게 여겨 받아들이고 말했다.

"이는 나의 뜻이 아니고, 다만 상왕의 명을 받든 것일 뿐이다."

간원(諫院)에서 또 말씀을 올렸다.

'중 자초가 왕사(王師)의 이름을 분수없이 받았으므로 식자들이 비방할 뿐만 아니라 그 무리들도 비웃습니다. 장차 죽을 때에 이르러서는 신음하고 통곡하여 일반 사람들[平人]과 다를 것이 없었고 다비(茶毗)[29]한 뒤에도 이상한 자취가 없었습니다. 본원(本院)에서 입탑(入塔), 시호(諡號), 탑명(塔名), 조파(祖派), 비명(碑銘) 등의 일을 없애자고 청하여 윤허를 받았사온데 지금 그의 문도(門徒) 선사(禪師) 신총(信聰)·신당(信幢)·입선(入選)·신우(信祐) 등이 임의로 해골을 안치하고, 방자하게 광탄(誑誕)한 일을 행하여 밝은 시대를 더럽히니 그 죄를 징계하지 않을 수 없습니다. 엎드려 바라옵건대 유사(攸司)에 영을 내려 그 직첩(職牒)을 거두고, 그 죄상을 국문하여 법률에 따라 논죄하고, 소재관(所在官)으로 하여금 그 탑묘(塔廟)를 헐어버리고 그 해골을 흩어버리게 하소서.'

소(疏)가 올라갔으나 궁중에 머물러두었다.

갑인일(甲寅日-22일)에 공사천인(公私賤人)이 양민의 딸[良女]에게 장가드는 것을 금지했다. 의정부에서 (상의) 판지를 받았다.

'공사천자(公私賤者-공사 노비)가 양녀(良女)와 서로 혼인하는 것을 (이듬해인) 병술년(丙戌年-1406년) 정월 초하루 이후로는 일절 모두

---

29 불교식 화장을 가리킨다.

금단(禁斷)하고 그중에 영(令)을 범하는 자는 다른 사람들의 진고(陳告)를 허락한다.[30] 남자·여자 및 주혼자(主婚者)와 본주(本主)로서 정상을 알고도 금하지 않은 자는 율(律)에 따라 논죄(論罪)하고, 포(布) 200필을 받아서 고(告)한 사람에게 상(賞)으로 주고, 강제로 이혼(離婚)시키며, 남자·여자 및 그 소생은 속공(屬公)한다. 본주(本主)가 정상을 알지 못한 자는 논(論)하지 않고, 그 노비(奴婢) 또한 속공(屬公)을 면제한다. (이 법을) 정한 달 이전에 서로 혼인한 자는 이 한계에 들지 아니한다.'

○ 길주도 도안무사(吉州道都安撫使)가 그 도(道)의 사의(事宜-일의 마땅함)를 보고했다.

'올량합 만호(兀良哈萬戶) 파아손(把兒遜)·보을오(甫乙吾)·아란(阿亂), 천호(千戶) 기라미(其羅美)·어적어산불화(於赤於山不花)·소흘라(所仡羅)·다시고(多時古)·가을비(加乙非) 등 20여 인이 인거참(因居站)에 모였습니다. (이 자리에서) 파아손이 말하기를 "이때에 강남(江南-명나라)으로 들어가지 않으면 맹가첩목아(猛哥帖木兒)가 반드시 성지(聖旨)를 받고 우리를 관하(管下) 백성으로 삼을 것이다. 그러므로 부득이하여 입조(入朝)하는 것인데 돌아오면 전과 같이 조선(朝鮮)을 섬기겠다"[31]라고 했습니다. 길주(吉州) 첩입은실(疊入殷實) 관하(管下) 천호(千戶) 자안(者安) 등 14호(戶)의 남녀 100여 인이 절기(節

---

30 이른바 친고죄가 아니라는 뜻이다.
31 이는 동맹가첩목아가 입조하겠다는 것과 같은 논리다. 실제로 파아손 등 64인은 같은 해 12월에 명나라에 입조해 모련위(毛憐衛)를 받게 된다.

氣)가 늦어 실농(失農)했으므로 매호(每戶)의 한두 사람씩이 예전에 살던 곳으로 가서 물고기를 잡아 생활하려고 했습니다. (그런데 이때) 이거양 천호(以巨陽千戶) 고시라고(高時羅古) 및 은실(殷實)의 일족(一族)과 건주위 천호(建州衛千戶) 시가(時家) 등이 자안(者安)과 구로(仇老) 보안(甫安) 골간 올적합(骨看兀狄哈)을 초안(招安)하고자 하여 건주위 천호 담파로(談波老)와 더불어 나와서 기다리고 있기 때문에 (그들이) 돌아가서 고기를 잡지 못하고, 천호 아을다불화(阿乙多不花), 백호 호시불화(好時不花) 등이 서울에 올라가서 양식을 빌고자 하므로 부득이하여 올려보냅니다. 호시불화는 활을 쏘고 말을 타는 데 능하고 또 영리하오니[穎悟] 마땅히 서울에 머물게 하여 시위(侍衛)하게 하고, 벼슬과 상을 주어 뒷사람을 권면해야 할 것입니다.'

○ 강사덕(姜思德)을 승녕부 판사, 이행(李行)을 한성부 판사로 삼았다.

무오일(戊午日-26일)에 달이 태미원(太微垣) 병성(屛星) 남쪽에 들어갔다.

○ 강사덕(姜思德), 고거정(高居正) 등을 보내 경사(京師)에 가게 했다. 정삭(正朔)을 하례하기 위함이었다.

기미일(己未日-27일)에 태상왕이 평주(平州)로부터 이르니 상이 금교(金郊)에 나가 잔치를 베풀어 맞이했다.

경신일(庚申日-28일)에 상이 제릉(齊陵)에 참배했다. 신도(新都)로 옮기는 것을 고하기 위함이었다. 해풍군지사(海豐郡知事) 남금(南琴)이 와서 알현(謁見)하니 말 한 필을 내려주었다.

신유일(辛酉日-29일)에 예조(禮曹)에 명해 사알(司謁) 사약(司鑰) 서방색(書房色) 무대(舞隊)의 관복을 상정(詳定)하게 했다. 사알 5, 6품(品)은 복두(幞頭)·청포(靑袍)·각대(角帶)·조화(皁靴)이고, 사약 5, 6품도 같다. 서방색 5, 6품도 같다. 참외(參外)는 녹삼(綠衫)이고, 무대는 채화복두(綵畫幞頭)·청포(靑袍)·각대(角帶)·조화(皁靴)인데 모두 홀(笏)은 없었다.

○ 국사(國史)를 한도(漢都)로 운반했다.

임술일(壬戌日-30일)에 사헌부에 명해 이백강(李伯剛)의 직첩을 주라고 명했으나 헌부에서 따르지 않았다.

○ 조정 사신(朝廷使臣-명나라 사신)과 건주위 천호(建州衛千戶) 시가(時家)가 여진(女眞) 지역에 이르렀다. 동북면 도순문사가 보고했다.

'명(明)나라 사신(使臣)이 건주위 천호(建州衛千戶) 시가(時家) 등과 더불어 여진 만호(女眞萬戶) 구로(仇老)·보야(甫也), 골간 올적합 만호(骨看兀狄哈萬戶) 두칭개(豆稱介) 등을 초안(招安)하는 일로 이달 22일에 보야가 사는 곳에 이르러서 유련(留連)하고 있습니다. 그 칙유(勅諭)의 영명(迎命)과 처변(處變)의 일을 보야에게 물으니 보야가 말하기를 "사신(使臣)이 무심중(無心中)에 왔으므로 부득이하여 명령을 받았다"라고 했습니다. 사신(使臣)이 말하기를 "오도리(吾都里) 올량합(兀良哈), 겸진 올적합(兼進兀狄哈) 등 개개인(個個人)은 모두 명령에 순종하나 오직 구로(仇老) 보야(甫也) 등이 순종하지 않으므로 이들을 초유(招諭)하고 돌아가는 일로써 성지(聖旨)를 받들고 왔다"라고 하니 구로 보야 등이 말하기를 "비록 명령에 순종한다 해도 처자와 백성들이 반드시 조선에 붙잡힐 것이며, 경원 병마사(慶源兵馬使)가 막으면 데리고 갈 수 없소"라고 했습니다. 위의 구로 보야 등은 왕가인(王可仁)이 초유(招諭)할 당시 10처(處) 밖의 인물이니 경원 병마사가 막고 들여보내지 않는 것이 어떠할까 합니다.'

○ 경상도 경차관 김질(金晊)이 복명(覆命)했다. 질이 아뢰어 말했다.

"영해(寧海)·영덕(盈德)·청하(淸河)·영일(迎日)·장기(長鬐)·계림(鷄林)·울주(蔚州)·기장(機張) 등 여덟 고을은 손(損)이 6~7분(分)에 이르고, 신령(新寧)·영주(永州)·하양(河陽)·경산(慶山)·순흥(順興)·영천(榮川)·대구(大丘)·의흥(義興)·의성(義城)·안동(安東) 등처는 손(損)이 3~4분(分)에 이르고, 좌우도(左右道) 각 고을의 화곡(禾穀)은 수전(水田)은 실(實)이고, 한전(旱田)은 부실(不實)입니다."

癸巳朔 命司憲府分遣監察 禁郊畿放牛馬踏損田穀者.
계사 삭 명 사헌부 분견 감찰 금 교기 방 우마 답손 전곡 자

乙未 與啓事諸臣 議東北面事宜. 呂稱報: "猛哥帖木兒等不順
을미 여 계사 제신 의 동북면 사의 여칭보 맹가첩목아 등 불순

故王敎化的留至仲秋 朝廷更使人督之. 吾都里 把兒遜 着和等
고 왕교화적 유지 중추 조정 갱 사인 독지 오도리 파아손 착화 등

聞徐元奇之誘 答云: '若猛哥帖木兒不歸中國 則吾等亦然.'" 上
문 서원기 지유 답운 약 맹가첩목아 불귀 중국 즉 오등 역연 상

曰: "猛哥帖木兒服我未久 何可强使入朝! 然欲留之請 帝若不允
왈 맹가첩목아 복아 미구 하가 강사 입조 연 욕류 지청 제 약 불윤

入送亦可." 啓事諸臣皆曰: "然. 若帝不允 何敢不送!" 上曰: "予
입송 역가 계사 제신 개왈 연 약 제 불윤 하감 불송 상왈 여

初不欲使李行計稟. 帝已許東北面十處人民矣 何顔更請此事?"
초 불욕 사 이행 제품 제 이허 동북면 십처 인민 의 하안 갱청 차사

丁酉 命改量忠淸 慶尙 全羅道田 分遣敬差官四十五人以
정유 명 개량 충청 경상 전라도 전 분견 경차관 사십 오인 이

量之. 司諫院上疏曰:
양지 사간원 상소 왈

'正經界均租稅 爲政所先 此實有國之大計也. 前朝之季 田制
정 경계 균 조세 위정 소선 차실 유국 지 대계 야 전조 지계 전제

大壞 豪强兼幷 禍亂極矣. 太上王痛革斯弊 分遣委官于諸道
대괴 호강 겸병 화란 극의 태상왕 통혁 사폐 분견 위관 우 제도

改正經界 然委官多非其人 而又刻期責成 故肥瘠不分 廣狹不均
개정 경계 연 위관 다 비기인 이우 각기 책성 고 비척 불분 광협 불균

濱海之地 皆以眼量定其租稅. 宜當精選員吏 分遣改量 以正其制
빈해 지지 개 이안 양정 기 조세 의당 정선 원리 분견 개량 이정 기제

以爲公私之備也. 故頃者上疏 粗陳其弊 然遷都量田 皆大事也.
이위 공사 지비야 고 경자 상소 조진 기폐 연 천도 양전 개 대사 야

殿下以繼述之意 移御新都 今又改量其田 則一年之內 大事兼擧
전하 이 계술 지의 이어 신도 금우 개량 기전 즉 일년 지내 대사 겸거

中外臣民 罔不勞動. 矧今忠淸道 因旱禾穀不實 加以新都修理
중외 신민 망불 노동 신금 충청도 인한 화곡 부실 가이 신도 수리

之役 其弊尤甚. 願將慶尙 忠淸 全羅三道 姑擇其豐稔一道量之
지역 기폐 우심 원장 경상 충청 전라 삼도 고택 기 풍임 일도 양지

其餘各道 待後改正 則民無搔擾之弊 經界正矣.'
기여 각도 대후 개정 즉민무 소요 지폐 경계 정의

上曰:"量田非予及大臣之志也. 其界觀察使 守令 皆啓可量 故
상왈 양전 비여급 대신 지지야 기계 관찰사 수령 개계 가량 고

爲之也. 移御新都 乃遵父王之貽謀耳. 豈可謂之勞民哉?"
위지 야 이어 신도 내준 부왕 지이모 이 기 가 위지 노민 재

司憲府上疏曰:
사헌부 상소 왈

'國家慮己巳年量田不均之弊 擇其公幹者 分遣忠淸 全羅
국가 려 기사년 양전 불균 지폐 택기 공간 자 분견 충청 전라

慶尙三道 改量其田 以正經界 誠爲美意. 然今年旱荒 風損相因
경상 삼도 개량 기전 이정 경계 성위 미의 연 금년 한황 풍손 상인

京畿 豐海 西北兩界 咸被其災 禾穀不登 又因移御新都 力役方
경기 풍해 서북 양계 함피 기재 화곡 부등 우인 이어 신도 역역 방

殷 正宜輕徭薄賦 以修救荒之政 乃遣敬差官 打量三道 則三道
은 정의 경요 박부 이수 구황 지정 내견 경차관 타량 삼도 즉 삼도

之民 俱受其弊. 伏望姑停此擧 以待來年. 如以爲不均之田 不可
지민 구수 기폐 복망 고정 차거 이대 내년 여 이위 불균 지전 불가

不量 必欲改量 則今一敬差官所量之田不下萬餘結 雖與其州
불량 필욕 개량 즉금 일 경차관 소량 지전 불하 만여 결 수여 기주

守令 一同打量 豈能於農務之前 畢其功乎? 若以①農前畢量督之
수령 일동 타량 기능어 농무 지전 필 기공 호 약이 농전 필량 독지

則奸民猾吏 乘間欺冒 亦如前日之不均矣. 願以三道敬差官 移
즉 간민 활리 승간 기모 역여 전일 지 불균 의 원이 삼도 경차관 이

於豐稔一道 各受千餘結 則打量正而人不能欺 事功速而農不廢.
어 풍임 일도 각수 천여 결 즉 타량 정이인 불능 기 사공 속이 농 불폐

前朝延祐甲寅年量田 亦六年而畢. 今年量一道 明年又量一道 亦
전조 연우 갑인년 양전 역 육년 이필 금년 양 일도 명년 우 양 일도 역

未晚也.'
미만 야

不允.
불윤

戊戌 上出次金郊. 將以明日餞太上王溫井之行也. 司諫院請
무술 상 출차 금교 장이 명일 전 태상왕 온정 지 행야 사간원 청

臺省刑曹隨駕 不允.
대성 형조 수가 불윤

議政府上各年受判 永爲遵守奴婢決折條目 允之. 凡二十條:
의정부 상 각년 수판 영위 준수 노비 결절 조목 윤지 범 이십 조

'一, 凡良賤相訟者 良籍明白從良 賤籍明白從賤; 良賤籍俱
일 범 양천 상송 자 양적 명백 종량 천적 명백 종천 양천 적구

不明 充司宰監水軍.
불명 충 사재감 수군

一, 祖父婢妾所産 本是同氣骨肉 不宜以專賤奴婢例役使 財主
일 조부 비첩 소산 본시 동기 골육 불의 이전천 노비 예 역사 재주

成文放役; 自己婢妾所生 永放爲良 充司宰監水軍.
성문 방역 자기 비첩 소생 영방 위량 충 사재감 수군

一, 奴婢以一時功勞 放役及贖身 放役者不宜子孫永放 混雜
일 노비 이 일시 공로 방역 급 속신 방역 자 불의 자손 영방 혼잡

良人 放役奴婢後所生 許本主子孫還執使用; 贖身奴婢後所生
양인 방역 노비 후 소생 허 본주 자손 환집 사용 속신 노비 후 소생

屬公; 謀避閑役者 許本孫陳告 爲半分給.
속공 모피 한역 사 허 본손 진고 위반 분급

一, 相訟奴婢 兩邊皆使孫傳來 俱未分析者 分決 使孫宗派亦
일 상송 노비 양변 개 사손 전래 구미 분석 자 분결 사손 종파 역

不分明者 竝屬公.
불분명 자 병 속공

一, 祖上相爭奴婢及族親相爭奴婢 同宗使孫不與同訟 得決後
일 조상 상쟁 노비 급 족친 상쟁 노비 동종 사손 불여 동송 득결 후

爭望者 一皆禁止 父母奴婢不在此限. 其中同腹一族及同邊使用
쟁망 자 일개 금지 부모 노비 부재 차한 기중 동복 일족 급 동변 사용

奴婢爲他人所爭 以獨訟得決爲辭 合執者 亦行禁止.
노비 위 타인 소쟁 이 독송 득결 위사 합집 자 역행 금지

一, 父母未分奴婢分執次 先亡同腹子息不孝稱名 減給者 平均
일 부모 미분 노비 분집 차 선망 동복 자식 불효 칭명 감급 자 평균

分給.
분급

一, 相爭奴婢得決次 族親使用奴婢汎濫花名 冒受立案者
일 상쟁 노비 득결 차 족친 사용 노비 범람 화명 모수 입안 자

從正論罪鑑後.
종정 논죄 감후

一, 嫡室無子息者 良妾子息 奴婢全給; 良妾亦無子息者 賤妾
일 적실 무 자식 자 양첩 자식 노비 전급 양첩 역 무 자식 자 천첩

子息 給七分之一; 良妾有子息者 賤妾子息 給十分之一; 只有
자식 급 칠 분지 일 양첩 유 자식 자 천첩 자식 급 십 분지 일 지유

賤妾子息 計給外奴婢及全無子息者奴婢 同腹中存沒勿論分給.
천첩 자식 계급 외 노비 급 전무 자식 자 노비 동복 중 존몰 물론 분급

無同腹則限使孫四寸分給 其中生前死後恩義現著者加給; 嫡室
무 동복 즉 한 사손 사촌 분급 기중 생전 사후 은의 현저 자 가급 적실

有子息者 良妾子息 給七分之一; 賤妾子息 給十分之一; 嫡室只

有女子 良妾有男子者 給三分之一; 良妾子承重者爲半分給.

一, 無子息人 專爲繼嗣 三歲前節付及遺棄小兒收養者 奴婢

全給: 侍養者 同姓給三分之一 異姓給四分之一. 其餘奴婢 以

上項例 限使孫四寸分給; 無四寸者屬公; 有傳係者 不在此限. 無

子息奴婢身死後 如有役使奴婢 許本主執持.

一, 奴婢買者 無子息 亦無傳係 買者一族 依上項例 限使孫

四寸分給; 無四寸屬公. 賣者子孫爭望者 禁止. 放賣奴婢後 所産

生長 賣者還奪生謀 令同宗人呈狀 飾辭相應者禁止. 未分奴婢

放賣丁寧者 使用奴婢 計口充給; 無奴婢者 計口準徵價充給.

一, 公處奴婢 或因兵火 或因盜竊 無的實舊籍 不宜以私賤

一例論決. 公處奴婢訴良者 良籍明白則從良 賤籍不明則雖無

舊籍 役使已久者 不動決折.

一, 倉庫宮司奴婢 去辛巳年 形止案已成. 然於其案 有故施行

奴婢及其年以後投屬者 明文相考 從正決折.

一, 大小兩班 無受賜明文 各其本鄉官奴婢選上稱名役使

一皆推考還本.

一, 戊寅年已呈所志內 辛丑年前未分奴婢 合執他人奴婢

濫執當身現存者及辛丑年後身死 子息現存 累年相爭 明文的實

者 從正決折. 辛丑年前逃亡奴婢 不宜永良; 時執奴婢中同腹

三四寸現存者 辛丑前後推考有明文者 許令陳告決折.
삼사 촌 현존 자 신축 전후 추고 유 명문 자 허령 진고 결절

一. 無子息夫妻奴婢 雖無文契 己身使用 夫取他妻 女適他夫
일 무 자식 부처 노비 수무 문계 기신 사용 부 취 타처 여 적 타부

者 限使孫四寸分給; 無四寸屬公. 夫之許與奴婢 以許與傳係;
자 한 사손 사촌 분급 무 사촌 속공 부지 허여 노비 이 허여 전계

妻之許與 以印信手寸 取信難辨 以證人筆執 京中則有職人員
처 지 허여 이 인신 수촌 취신 난변 이 증인 필집 경중 즉 유직 인원

外方則近處 若無有職人 以里內色掌可信人等 着名明文傳係.
외방 즉 근처 약무 유직 인 이 이내 색장 가신 인 등 착명 명문 전계

其妻不守信者 雖有傳係 還取 以上項例 限使孫四寸分給 無
기처 불 수신 자 수유 전계 환취 이상 항례 한 사손 사촌 분급 무

四寸者屬公.
사촌 자 속공

一. 微劣人奴婢奪占者, 壓良爲賤者, 文字僞造者, 決後奴婢
일 미열 인 노비 탈점 자 압량 위천 자 문자 위조 자 결후 노비

仍執者, 未分奴婢及漏落奴婢容隱合執者, 分執奴婢據執者,
잉집 자 미분 노비 급 누락 노비 용은 합집 자 분집 노비 거집 자

典當奴婢永執者. 妄稱誤決訴訟者等 如有飾辭强辨 亂法瞞官
전당 노비 영집 자 망칭 오결 소송 자 등 여유 식사 강변 난법 만관

則移關所司 職牒收取 決杖八十 身充水軍. 知非和論者勿論.
즉 이관 소사 직첩 수취 결장 팔십 신 충 수군 지비 화론 자 물론

一. 僧人辭親出家 不可以俗例 爭望祖業奴婢. 父母傳得外
일 승인 사친 출가 불가이 속례 쟁망 조업 노비 부모 전득 외

爭望者禁止 身後毋得與他. 以上項例 限四寸分給; 無四寸屬公.
쟁망 자 금지 신후 무득 여타 이상 항례 한 사촌 분급 무 사촌 속공

一. 敗亡寺社奴婢 多爲無識僧人移置私庄役使者及革去私社
일 패망 사사 노비 다위 무식 승인 이치 사장 역사 자 급 혁거 사사

奴婢漏落不報者 許人陳告 推考屬公 賞給三分之一.
노비 누락 불보 자 허인 진고 추고 속공 상급 삼 분지 일

一. 外方決訟 都觀察使以守令中決事限當者 揀擇告狀分遣
일 외방 결송 도관찰사 이 수령 중 결사 한당 자 간택 고장 분견

每月決數多少 推考褒貶次 度數幷錄 以憑黜陟. 誤決者 依京中
매월 결수 다소 추고 포폄 차 도수 병록 이빙 출척 오결 자 의 경중

例論罪 都觀察使推考決折.
례 논죄 도관찰사 추고 결절

一. 受判後 決事官 如有判旨不從 偏聽飾辭 不察情僞 昏迷
일 수판 후 결사관 여유 판지 부종 편청 식사 불찰 정위 혼미

誤決者 標付過名 永不敍用. 人情好惡 受贓誤決 情狀現著者
오결 자 표부 과명 영 불 서용 인정 호오 수장 오결 정상 현저 자

職牒收取 決杖一百 身充水軍永不敍用.
직첩 수취 결장 일백 신충 수군 영불 서용

　己亥 太上王幸平州溫井 上設帳殿于金郊驛以餞. 上還宮 百官
기해 태상왕 행평주 온정 상설 장전 우 금교역 이전 상환궁 백관

迎于宣義門外. 上望見各司帳幕 惡其煩 乃曰: "此行無口傳潛行
영우 선의문 외 상망견 각사 장막 오 기번 내왈 차행 무 구전 잠행

也 何煩出迎! 政丞來否?" 左右曰: "右政丞趙英茂 因餞左政丞
야 하번 출영 정승 래부 좌우 왈 우정승 조영무 인전 좌정승

河崙 漢京之行 未及到." 上命司禁 亟撤去帳幕.
하륜 한경 지행 미급 도 상명 사금 극 철거 장막

　壬寅 議政府上量田事目 從之. 啓曰:
임인 의정부 상 양전 사목 종지 계왈

"仁政必自經界始. 在前各道量田 輕重不均 或至怨咨. 至於
인정 필자 경계 시 재전 각도 양전 경중 불균 혹지 원자 지어

濱海之地 不卽打量 又其荒熟 不公踏驗 實者免租 荒者反輸
빈해 지지 부즉 타량 우기 황숙 불공 답험 실자 면조 황자 반수

其弊不小. 願於各道細分道掌 分遣敬差官 驗其荒熟 將其中
기폐 부소 원어 각도 세분 도장 분견 경차관 험기 황숙 장 기중

不公踏驗者 依六典三品已上 報使論罪 四品以下直斷; 各道田地
불공 답험 자 의 육전 삼품 이상 보사 논죄 사품 이하 직단 각도 전지

幷皆繩量 勿論荒闢 作丁成籍 始收租稅. 若田多人少 未易打量
병개 승량 물론 황벽 작정 성적 시수 조세 약전 다인 소 미이 타량

則報監司 以各官守令及散官公廉者 分道畢量 以便民生. 其中
즉보 감사 이 각관 수령급 산관 공렴 자 분도 필량 이편 민생 기중

不公打量 以圖後利者 敬差官依六典論罪; 敬差官考察不公者
불공 타량 이도 후리 자 경차관 의 육전 논죄 경차관 고찰 불공 자

監司考察 申聞黜陟."
감사 고찰 신문 출척

　癸卯 司諫院請視朝 且於出入 率百官備儀衛. 疏曰:
계묘 사간원 청 시조 차어 출입 솔 백관 비 의위 소왈

'頃者 以每衙日視朝事 具疏以聞 卽蒙兪允 今旣數月 又不
경자 이매 아일 시조 사 구소 이문 즉몽 유윤 금기 수월 우불

視朝 君臣相接之禮 幾至廢弛. 願自今每衙日 出御正殿 視朝
시조 군신 상접 지례 기지 폐이 원자금 매 아일 출어 정전 시조

聽政 以明君臣之禮 以通上下之情. 臣等又謂②君行臣從 禮也.
청정 이명 군신 지례 이통 상하 지정 신등 우위 군행 신종 예야

於今月初六日出幸金郊 臺諫刑曹皆不得從行 儀衛旣虧. 又於
어 금월 초 육일 출행 금교 대간 형조 개 부득 종행 의위 기휴 우어

初七日百官出門外祗迎之際 督令百官先入 百官奔走失儀 顚倒
초 칠일 백관 출 문외 지영 지제 독령 백관 선입 백관 분주 실의 전도

道路 大小臣僚罔不缺望 非所以示尊嚴也.
도로 대소 신료 망불 결망 비소이시 존엄 야

司諫院劾議政府舍人崔府. 以議政府不及迎駕也. 於是趙英茂
사간원 핵 의정부 사인 최부 이 의정부 불급 영가 야 어시 조영무

不視事 上召左司諫大夫李垠 右正言鄭村等曰: "予之不視朝 以
불 시사 상소 좌사간대부 이은 우정언 정촌 등왈 여지불시조 이

有故也 非惡臨朝也. 雖不視朝 日接政府三軍六曹史官等聽事 則
유고 야 비오 임조 야 수불 시조 일접 정부 삼군 육조 사관 등 청사 즉

豈惡率臺諫以視朝乎? 且君行臣從 禮也. 然前日出郊時 不率
기 오솔 대간 이 시조 호 차 군행신종 예야 연 전일 출교 시 불솔

臺諫刑曹 以一宿卽還也. 若太上殿問安時 除各司侍衛 爲太上王
대간 형조 이 일숙 즉환 야 약 태상전 문안 시 제 각사 시위 위 태상왕

厭煩也. 隱密大事 理宜封章 如此事宜詣闕直啓" 又曰: "初七日
염번 야 은밀 대사 이의 봉장 여차 사의 예궐 직계 우왈 초 칠일

還駕時 趙政丞不及祗迎 乃爲左相歸新都餞行 非以他也. 當遷都
환가 시 조 정승 불급 지영 내위 좌상 귀 신도 전행 비이타 야 당 천도

公務方劇而劾舍人 以致政府不仕 公務廢弛 何也?"
공무 방극 이핵 사인 이치 정부 불사 공무 폐이 하야

濟州貢船一隻飄風而沒 溺死者四十四人.
제주 공선 일척 표풍 이몰 익사자 사십 사인

甲辰 命右政丞趙英茂視事.
갑진 명 우정승 조영무 시사

乙巳 上王移御漢京 大妃從之. 上餞于普賢院.
을사 상왕 이어 한경 대비 종지 상 전우 보현원

司憲府劾辛克禮. 問其辱尹向之故也. 上召掌令徐選命曰:
사헌부 핵 신극례 문 기욕 윤향 지 고야 상소 장령 서선 명왈

"克禮督新都離宮修葺之役 今聞被劾廢事. 待移御後 當更劾 姑
극례 독 신도 이궁 수즙 지역 금문 피핵 폐사 대 이어 후 당 갱핵 고

徐之" 憲府上疏再請 又不報.
서지 헌부 상소 재청 우 불보

童猛哥帖木兒 同王敎化的 入朝京師. 呂稱報云: "猛哥帖木兒
동 맹가첩목아 동 왕교화적 입조 경사 여칭 보운 맹가첩목아

云: '李行計稟事 帝雖兪允 我若此時不入朝 則於虛出必專我
운 이행 계품 사 제수 유윤 아 약 차시 불입조 즉 어허출 필전 아

百姓 故不得已入朝' 已於九月初三日發行. 印信則以弟於虛里權
백성 고 부득이 입조 이어 구월 초 삼일 발행 인신 즉 이제 어허리 권

爲萬戶 授之 留吾東站 待國家行下"
위 만호 수지 유 오동참 대 국가 행하

命金瞻 韓理 韓任京外從便.
명 김첨 한리 한임 경외 종편

命議政府 六曹及六代言 議三道量田事. 上曰: "臺諫上疏請止
卿等更議以聞." 知議政府事柳亮等對曰: "遷都 量田 皆大事
不可兼舉. 如不得已 則忠淸道近於京畿 徵發役徒. 慶尙道風水
之災尤甚 宜於全羅一道 加遣員吏以量之 餘二道 待豐年." 乃下
議政府更議. 兵曹判書南在 戶曹判書李至等啓曰: "今年京畿飢
慶尙道爲半水損. 遷都大事也 何汲汲於量田以擾民乎?" 上曰:
"政府六曹朝啓 宰相言此等事 乃其職也. 何不預言 而量田官
已發而後言之乎?" 在等更啓曰: "量田敬差官 當時未發行."

丙午 遣刑曹正郎金晊于慶尙道. 驗年穀荒熟也.

以聖燈菴屬田一百結 移屬華藏寺. 華藏寺乃上王願堂 從上王
旨也.

遣敬差官曹恰于東北面 諭童猛哥帖木兒. 使同王敎化的入朝
也.

命撻世子殿宦官數人. 上命世子誦書 世子不能 上撻宦官
敎曰: "若後日亦如此 當罪書筵官." 令文學許稠以此警世子 世子
欲夜與參軍沈寶讀書.

己酉 議政府請免江原道諸州租稅 從之. 啓曰: "淮陽 旌善
風損禾穀三分之一 其租稅米布相半: 春州 襄州 杆城 通州 羽溪
風水蟲損禾穀二分之一 其租稅納布: 三陟 蔚珍 平海 高城風水
損五分之四 免其租稅."

司憲府啓田畓損實踏驗之法. 啓曰: "以分數踏驗 民皆悶望.

自今以後 隨損給損 以便公私."下議政府擬議施行.

計稟使通事曹士德 回自京師 啓曰: "童猛哥帖木兒事 皇帝

宣諭內: '昔日東北面十一處人民二千餘口 已皆准請 何惜一

猛哥帖木兒乎? 猛哥帖木兒 皇后之親也 遣人招來者 皇后之

願欲也. 骨肉相見 人之大倫也. 朕奪汝土地 則請之可也 皇親

帖木兒 何關於汝乎?'"上謂左右曰: "今聞皇帝之諭 不勝惶愧.

往者不可追 來者猶可圖. 帖木兒理宜督送 不可緩也; 遣陪臣

陳情 亦不可緩也."召參贊李叔蕃議之.

庚戌 千秋使尹穆 計稟使李行等 回自京師. 尹穆來傳宣諭

聖旨:

"永樂三年七月初五日早朝 於奉天門叩頭時 帝使兵部尙書

朝鮮來的使臣根底 問猛哥帖木兒句當: '朝鮮國王好生至誠

怎麼不送將來?'兵部尙書領聖旨 到金水橋邊問曰: '猛哥帖木兒

怎麼不來?'對曰: '欽差千戶王敎化的 三月十一日到王京 殿下

欽蒙勑諭 差陪臣郭敬儀 其月十九日 伴送猛哥帖木兒住處

去了. 臣等四月二十六日離王京 去的句當 不知道.'又問曰:

'猛哥帖木兒那裏住?'對曰: '在朝鮮境內豆萬江這邊住.'又問

道路多少 對曰: '距王京二十五六日路.'聽罷還櫻棚下.

朝飯後 禮部尙書李至剛及趙侍郞 錦衣衛官員等 傳聖旨問曰:

猛哥帖木兒怎麼不來? 太祖皇帝時 發去雲南的倭子擄掠的
人物 上位都送將去了; 去年 姓金的宰相爲地面句當來奏 有爾國
王祖墳的上頭 將二千人口 連地面都與了爾. 把爾朝鮮不同四夷
看 承上位至誠 殿下知道. 九變孝順 一變差了 連那九變都無了.
一箇帖木兒他做怎麼?' 對曰: '俺殿下怎麼不知道! 上位全心
猛哥帖木兒的句當 臣等來的日頭近的上頭 曾不知道.' 又問曰:
'猛哥帖木兒去的根源 有猛哥帖木兒是太祖高皇帝的百姓那? 爾
每的百姓那?' 對曰: '普天之下 莫非王臣 那箇不是太祖高皇帝
之百姓?' 又問曰: '王敎化的還從爾國土里來那? 把那一邊
回來?' 對曰: '臣等不知道.' 以此再問 對之如前.

初六日四更 於午門外 兵部尚書在朝房問曰: '恁那裏又有一箇
宰相來 怎麼句當來?' 對曰: '來的句當 不知道.' 又問曰: '爲
猛哥帖木兒的句當來 猛哥帖木兒怎麼不來? 上位即位之初 誥命
印章也與了 上位好生 重爾朝鮮 一箇猛哥帖木兒留下 做怎麼
不送將來? 與將來的是那? 不與將來的是那 爾心裏如何?' 對曰:
'有聖旨的上頭去年 一萬匹牛隻 兩三箇月內 準備送將來. 凡事
盡心向上 若要聖旨着落 要呵一箇猛哥帖木兒 怎麼不送將來?
猛哥帖木兒 只怕他自家有緣故不來 臣等不知道.'"

李行來傳宣諭聖旨:

"永樂三年七月十日早朝後 禮部尚書李至剛 左侍郎楊 右侍郎

趙 給事中一員等 到午門外中道上 進二使及從官 傳聖旨 曰:'爾
조 급사중 일원등 도 오문 외 중도 상 진 이사 급 종관 전 성지 왈 이

每爲甚麼來?'對曰:'計稟人口事來.'問曰:'那箇人口事?'對曰:
매 위 심마 래 대왈 계품 인구 사 래 문왈 나 개 인구 사 대왈

'三月十一日 欽差千戶王敎化的欽齎勅內:"東開原 毛憐地面
삼월 십일 일 흠차 천호 왕교화적 흠재 칙내 동개원 모련 지면

萬戶猛哥帖木兒敬恭朕命 歸心朝廷 今差千戶王敎化的 齎勅
만호 맹가첩목아 경공 짐명 귀심 조정 금 차 천호 왕교화적 재칙

勞之. 道經王之國中 可遣一使同行事."欽此 差 陪臣郭敬儀伴送
노지 도경 왕지 국중 가견 일사 동행 사 흠차 차 배신 곽경의 반송

前去. 所有猛哥帖木兒事 因來奏上位知道.'問曰:'我不把朝鮮做
전거 소유 맹가첩목아 사 인래주 상위 지도 문왈 아 불파 조선 주

外邦看 承爾國王上占親人 把聖旨撇在一邊倒 把猛哥帖木兒的
외방 간 승 이 국왕 상 점친 인 파 성지 별재 일변도 파 맹가첩목아 적

言語來奏 旣受爾節制 猛哥帖木兒是大 王子是大?'對曰:'國王
언어 내주 기수 이 절제 맹가첩목아 시 대 왕자 시 대 대왈 국왕

不知占親的事故 欽差王千戶也 不曾說道占親. 況猛哥帖木兒
부지 점친 적 사고 흠차 왕 천호 야 부증 설도 점친 황 맹가첩목아

住處 不是毛憐? 若是討本人 豈無明降一來! 他是受節制 要緊
주처 불시 모련 약시 토 본인 기무 명강 일래 타 시 수 절제 요긴

處防禦有功的人 王敎化的千戶硬去招諭 又有他啓來事 故不敢
처 방어 유공 적 인 왕교화적 천호 경거 초유 우유 타계래사 고 불감

不奏. 一年內 陪臣數來朝 若有明降 國王怎敢不欽依!'
부주 일년 내 배신 삭 내조 약유 명강 국왕 즘감 불 흠의

又問曰:'去年奏請十處地面人時 怎麼無猛哥帖木兒名字?'
우 문왈 거년 주청 십처 지면 인 시 즘마 무 맹가첩목아 명자

對曰:'去年招諭的文書上 不曾有本人的名字 止只奏那十處頭目
대왈 거년 초유 적 문서 상 부증 유 본인 적 명자 지지 주 나 십처 두목

的名字 不曾寫那土地人口 此人正是蒙準請十處內鏡城地面江
적 명자 부증 사 나 토지 인구 차인 정시 몽 준청 십처 내 경성 지면 강

裏頭住的人.'又問曰:'旣是上位占親 又要重用這箇人呵. 爾來
이두 주 적 인 우 문왈 기시 상위 점친 우요 중용 저 개인 가 이래

計稟時 便同他一處來就分說地面事故 怎麼不準爾! 誰和爾爭
계품 시 편동 타 일처 내취 분설 지면 사고 즘마 부준 이 수 화 이 쟁

地面來? 爾把本人延留 皆是奸詐. 上位是天量 便恕了呵 我每
지면 래 이 파 본인 연류 개시 간사 상위 시 천량 편서료가 아 매

禮部家也 饒爾不過. 對曰:'臣等愚蠢 不曾啓國王殿下 是我等
예부 가 야 요이 불과 대왈 신등 우준 부증 계 국왕 전하 시 아등

不是.'又曰:'爾送文書來的人 怎麼知道? 爾回去對國王說知 便
불시 우왈 이송 문서 내적 인 즘마 지도 이 회거 대 국왕 설지 편

320

送將他來.' 申時 禮部三官到會同館前廳 進二使及從官等曰: '爾
송 장 타 래　　신시　예부 삼관 도 회동관 전청　진 이사 급 종관 등왈　이

早間說的話 我每上位根前都奏過了. 上曰: "猛哥帖木兒曾有
조간 설 적화　아매 상위 근전 도주 과료　상왈　맹가첩목아 증유

文書到我 這里他的文書 幷爾說來的話多有不同. 不干爾事 爾休
문서 도아 저리 타적 문서 병이 설래 적화 다유 부동　불간 이사 이휴

管他 他自來見我." 當初不問爾國王 討人經由爾的國中過去 只
관타 타자 래현아　당초 불문 이 국왕　토인 경유 이적 국중 과거 지

敎爾差一人 伴送去來. 賀千秋的使臣在此 過了節日回 爾先回去.'
교이 차 일인　반송 거래　하 천추 적 사신 재차　과료 절일 회 이선 회거

　十一日早朝辭後 於午門欞棚下 與諸夷使臣受飯時 禮部三官
십일 일 조조 사후　어 오문 종봉 하　여 제이 사신 수반 시　예부 삼관

來傳聖旨問曰: '爾便怎麼回辭? 爾休荒怕. 爾國王 猛哥帖木兒
내전 성지 문왈　이편 즘마 회사　이휴 황파　이 국왕　맹가첩목아

的言語奏將來也是.' 對曰: '臣等別無他事 昨日蒙敎先回 不敢
적 언어 주 장래 야시　대왈　신등 별무 타사　작일 몽교 선회　불감

留滯 因此辭回.' 又傳曰: '天道暄熱勞路 敎爾歇幾日去就. 敎爾
유체　인차 사회　우 전왈　천도 훤열 노로　교이 헐 기일 거취　교이

過了千秋節日去 爾心裏如何?' 對曰: '皆在上意.' 又問: '昨日
과료 천추 절일 거 이 심리 여하　대왈　개 재 상의　우 문　작일

傳與爾每聖旨爾的話 都記得麼?' 將前話一一誦對 聽之欣然
전여 이매 성지 이적화 도 기득 마　장 전화 일일 송대　청지 흔연

還入. 未時 禮部使主客司員外郎寫臂來曰: '後來的使臣且休去
환입　미시　예부 사 주객사 원외랑 사비 래왈　후래 적 사신 차 휴거

留他過了慶賀 與先來的使臣一同回去.' 二十五日 早朝辭後 禮部
유타 과료 경하　여 선래 적 사신 일동 회거　이십 오일 조조 사후　예부

尙書左右侍郎等引奏: '朝鮮國王差來奏猛哥帖木兒使臣今日
상서 좌우 시랑 등 인주　조선 국왕 차래 주 맹가첩목아 사신 금일

辭回 臣禮部家合回與他文字去.' 上曰: '奏將來的話不同 又無
사회　신 예부 가합 회여 타 문자 거　상왈　주 장래 적화 부동　우무

甚麼緊要句當 只這般敎他回去.'"
심마 긴요 구당 지 저반 교타 회거

　辛亥 放前判事李德時于江華. 司憲府上疏論德時壓良爲賤之
신해　방 전 판사 이덕시 우 강화　사헌부 상소 논 덕시 압량 위천 지

罪故也. 其子護軍登以爲誤決 而擊鼓申聞 憲府又言: "登不唯
죄 고야　기자 호군 등 이위 오결　이 격고 신문　헌부 우언　등 불유

輕慢所司 其欺罔上聰甚矣. 收登職牒 論罪鑑後" 不報.
경만 소사 기 기망 상총 심의　수 등 직첩　논죄 감후　불보

　壬子 遣戶曹參議李玄如京師 奏曰:
임자　견 호조 참의 이현 여 경사　주왈

"永樂三年九月十六日 陪臣李行等回自京師 傳奉禮部尚書
영락 삼년 구월 십육 일 배신 이행 등 회자 경사 전봉 예부 상서

李至剛等官欽傳宣諭聖旨 節該：'猛哥帖木兒怎麼不送將來 却
이지강 등 관 흠전 선유 성지 절해 맹가첩목아 즘마 불송 장래 각

來計稟? 爾來計稟時 便同他一處來就 分說地面事情 怎麼不準
래 계품 이래 계품 시 편동 타 일처 내취 분설 지면 사정 즘마 부준

爾? 誰和爾爭地面? 爾回去對國王說知 便送他來.' 欽此 臣兢惶
이 수 화 이 쟁 지면 이 회거 대 국왕 설지 편송 타래 흠차 신 긍황

無措. 竊照猛哥帖木兒 係是小邦地界公嶮鎭逈南欽蒙準請十處
무조 절조 맹가첩목아 계시 소방 지계 공험진 이남 흠몽 준청 십처

內鏡城地面豆萬江裏頭住的人 又未嘗蒙令臣發遣明降 以此
내 경성 지면 두만강 이두 주적인 우 미상 몽령신 발견 명강 이차

差人奏達. 今據議政府狀啓備東北面都巡問使呂稱呈報：'有
차인 주달 금거 의정부 장계 비 동북면 도순문사 여칭 정보 유

猛哥帖木兒與欽差千戶王敎化的等 於本年九月初三日 起程
맹가첩목아 여 흠차 천호 왕교화적 등 어 본년 구월 초 삼일 기정

赴京.' 臣尙未委端的 慮恐遲延 當日則差上護軍曹恰 星夜馳赴
부경 신 상 미위 단적 려공 지연 당일 즉차 상호군 조흡 성야 치부

萬戶猛哥帖木兒在處 催督欽赴朝廷."
만호 맹가첩목아 재처 최독 흠부 조정

遣奉常令偰耐 押東寧衛逃軍十口赴遼東.
견 봉상 령 설내 압 동녕위 도군 십구부 요동

王師自超死 命安其骨于檜巖寺浮屠. 太上嘗爲自超預立浮屠
왕사 자초 사 명안 기골 우 회암사 부도 태상 상위 자초 예립 부도

故有是命.
고 유 시명

平原君趙璞 請爲自超贈法號建碑. 蓋因其母尼之請也. 司諫院
평원군 조박 청위 자초 증 법호 건비 개인 기모 니 지청 야 사간원

上疏曰：
상소 왈

'殿下日接儒雅 討論經史 崇重斯道 攘斥異端 減削寺社土田
전하 일접 유아 토론 경사 숭중 사도 양척 이단 감삭 사사 토전

奴婢 眞近古以來所未有也. 竊見自超 係出賤隷 生無可取 死
노비 진 근고 이래 소미유 야 절견 자초 계출 천예 생무 가취 사

無異跡. 殿下乃以曾爲王師 下禮曹詳定浮屠安塔法號祖派碑銘
무 이적 전하 내이 증위 왕사 하 예조 상정 부도 안탑 법호 조파 비명

等事 恐違殿下前日之美意. 伏望追寢成命 示信於人.'
등사 공위 전하 전일 지 미의 복망 추침 성명 시신 어인

上嘉納之 且曰："此非予意 但承上王之命耳."
상 가납지 차왈 차비여의 단승 상왕 지명 이

諫院又上言:

'僧自超冒得王師之號 非惟識者譏之 爲其徒者亦且非笑.③ 及

其將死 呻吟痛哭 無異平人; 茶毗之後 又無異跡. 本院將入塔

諡號塔名祖派碑銘等事 請罷蒙允 今其門徒禪師信聰 信幢 入選

信祐等擅安骸骨 恣行誑誕 以累明時 其罪不可不懲. 伏望下令

攸司 收其職牒 鞫問其狀 依律論罪; 令所在官 毀其塔廟 散其

骸骨.'

疏上留中.

甲寅 禁公私賤人娶良女. 議政府受判:

'公私賤者良女相婚 自丙戌年正月初一日以後 一皆禁斷 其中

犯令者 許人陳告. 男女及主婚者 本主知情不禁者 照律論罪

徵布二百匹 告人充賞 勒令離異; 男女及所生屬公. 本主不知情

者勿論 其奴婢亦免屬公 定朔以前相婚者 不在此限.'

吉州道都安撫使 報其道事宜. 報曰:

'兀良哈萬戶把兒遜 甫乙吾 阿亂 千戶其羅美 於赤於山不花

所仡羅 多時古 加乙非等 二十餘人 會于因居站. 把兒遜曰:

"此時不入江南 則猛哥帖木兒 必受聖旨 以予爲管下百姓 故

不得已入朝 還來則如前仰事朝鮮." 吉州 疊入殷實管下千戶

者安等十四戶男女幷一百餘人 節晚失農 每戶一二人 欲往

舊居處 捕魚資生. 以巨陽千戶高時羅古及殷實一族 建州衛

千戶時家等 欲招安者安及仇老 甫安 骨看兀狄哈 與建州衛
천호 시가 등 욕 초안 자안 급 구로 보안 골간 올적합 여 건주위

千戶談波老出來待候 故未得入歸捕魚. 千戶阿乙多不花 百戶
천호 담파로 출래 대후 고 미득 입귀 포어 천호 아을다불화 백호

好時不花等 欲上京乞糧 故不得已上送. 好時不花 能弓馬 且
호시불화 등 욕 상경 걸량 고 부득이 상송 호시불화 능 궁마 차

穎悟 宜留京侍衛 職賞勸後.'
영오 의 유경 시위 직상 권후

以姜思德判承寧府事 李行判漢城府事.
이 강사덕 판 승녕부 사 이행 판 한성부 사

戊午 月入太微屛星南
무오 월입 태미 병성 남

遣姜思德 高居正等如京師. 賀正也.
견 강사덕 고거정 등 여 경사 하정 야

己未 太上王至自平州 上出金郊 設宴以迎之.
기미 태상왕 지자 평주 상출 금교 설연 이 영지

庚申 上拜齊陵. 告遷新都也. 知海豐郡事南琴來見 賜馬一匹.
경신 상 배 제릉 고천 신도 야 지 해풍군 사 남금 내현 사마 일필

辛酉 命禮曹詳定司謁 司鑰 書房色 舞隊官服; 司謁五六品
신유 명 예조 상정 사알 사약 서방색 무대 관복 사알 오륙 품

幞頭 靑袍 角帶 皂靴; 司鑰五六品同; 書房色五六品同; 參外
복두 청포 각대 조화 사약 오륙 품동 서방색 오륙 품동 참외

綠衫; 舞隊綵畵幞頭 靑袍角帶皂靴 皆無笏.
녹삼 무대 채화 복두 청포 각대 조화 개 무홀

輸國史于漢都.
수 국사 우 한도

壬戌 命司憲府給李伯剛職牒 憲府不從.
임술 명 사헌부 급 이백강 직첩 헌부 부종

朝廷使臣及建州衛千戶時家 到女眞地面. 東北面都巡問使報:
조정 사신 급 건주위 천호 시가 도 여진 지면 동북면 도순문사 보

'大明使臣與建州衛千戶時家等 以女眞萬戶仇老 萬戶甫也
대명 사신 여 건주위 천호 시가 등 이 여진 만호 구로 만호 보야

骨看兀狄哈萬戶豆稱介等招安事 是月二十二日 到甫也住處而
골간 올적합 만호 두칭개 등 초안 사 시월 이십 이일 도 보야 주처 이

留連. 其勅諭迎命及處變事 問於甫也 甫也曰: "使臣無心中到來
유련 기 칙유 영명 급 처변 사 문어 보야 보야 왈 사신 무 심중 도래

不得已迎命." 使臣云: "吾都里 兀良哈 兼進兀狄哈等頭頭人 皆
부득이 영명 사신 운 오도리 올량합 겸진 올적합 등 두두인 개

順命 唯仇老 甫也等不順 以招諭以歸事 奉聖旨而來." 仇老 甫也
순명 유 구로 보야 등 불순 이 초유 이귀 사 봉 성지 이래 구로 보야

等云: "雖順命 妻子百姓等 必爲朝鮮所擄. 慶源兵馬使阻當 則
등 운　수 순명　처자 백성 등　필 위 조선 소로　경원 병마사 조당　즉

不得率行." 右仇老 甫也等 王可仁招諭時 十處外人物 慶源
부득 솔행　우 구로 보야 등　왕가인 초유 시 십처 외 인물　경원

兵馬使阻當不入送如何?'
병마사 조당 불 입송 여하

慶尙道敬差官金晊復命. 晊啓曰:
경상도 경차관 김질 복명　질 계왈

"寧海 盈德 淸河 迎日 長鬐 雞林 蔚州 機張 等八州 損至
영해 영덕 청하 영일 장기 계림 울주 기장 등 팔주 손 지

六七分; 新寧 永州 河陽 慶山 順興 榮川 大丘 義興 義城 安東
육칠 분 신령 영주 하양 경산 순흥 영천 대구 의흥 의성 안동

等處 損至三四分; 左右道各州禾穀 水田實 旱田皆不實."
등처　손 지 삼사 분　좌우도 각주 화곡 수전 실 한전 개 부실

| 원문 읽기를 위한 도움말 |

① 若以農前畢量督之. 여기서 以는 농사가 시작되기 전까지 양전을 마치게
　약 이 농전 필량 독지　　이
　'하려고 해서[以]'라는 뜻이다.
　　　　　　이

② 臣等又謂. 이때의 謂는 '말하다'가 아니라 以謂라고 할 때처럼 '~라고 여
　신등 우 위　　　　위　　　　　　　　　　　이위
기다'라는 뜻이다.

③ 非惟識者譏之 爲其徒者亦且非笑. '非惟~亦~'은 전형적으로 '~뿐만 아
　비유 식자 기지　위 기도자 역 차 비소　비유 역
니라 ~도 또한'이라는 구문이다.

태종 5년 을유년
10월

十月

계해일(癸亥日-1일) 초하루에 친히 인소전(仁昭殿)에 제사를 지냈다. 신도(新都)로 옮기는 것을 고하기 위함이었다.

○ 광명사(廣明寺)[1]에 쌀과 콩을 아울러 50석을 내려주고 그 노비(奴婢)를 원래대로 돌렸다.

갑자일(甲子日-2일)에 이백강(李伯剛)에게 직첩(職牒)을 주도록 명했다. 애초에 장령(掌令) 서선(徐選)이 아뢰어 말했다.

"청평군(淸平君)의 직첩(職牒)을 이미 신도(新都)로 실어 보냈습니다. 국론(國論)이 모두 가(可)하다고 하기를 기다린 연후에 그에게 주소서."

상이 말했다.

"공론(公論)이 합치하지 않으면 반드시 줄 필요는 없다."

우정승 조영무(趙英茂) 등이 아뢰어 말했다.

"애초에 백강(伯剛)의 직첩을 거둔 것은 이거이(李居易)의 자손을 금고(禁錮)하고 궁주(宮主)와 이혼(離婚)시키려 함이었는데, 지금 이미 그렇게 되지 않았으니 부마(駙馬)로 서인(庶人)을 만들 수는 없습

---

1 922년(고려 태조 5년) 태조가 대대로 내려오던 옛집을 바쳐 절을 짓게 했는데, 어수(御水)로 썼다는 이 절의 침실 바깥 우물에는 작제건(作帝建)과 용녀(龍女)의 전설이 얽혀 있다. 왕사(王師) 자초(自超)가 머물기도 했다.

니다. 신 등이 그 직첩을 돌려줄 것을 청하려고 했으나 마침 좌정승 (左政丞)이 신도(新都)로 분사(分司)했기 때문에 계문(啓聞)하지 못했습니다. 청컨대 이를 주소서."

이에 서선을 불러 (직첩을) 주라고 명했다.

○ 춘추관 지사(春秋館知事) 권근(權近)과 유량(柳亮)이 국사(國史)를 경복궁(景福宮) 근정전(勤政殿)의 서랑(西廊)에 보관했다[藏_장].

을축일(乙丑日-3일)에 지진이 있었다. 밤에 큰비가 내리고 천둥 번개가 쳤다.

○ 올량합(兀良哈) 고리(高里)와 이두란(李豆蘭)에게 각각 옷 한 벌과 갓, 신을 내려주었다.

○ 행주(幸州)의 능금나무[林檎_{임금}]에 다시 꽃이 피고 열매가 열렸다.

정묘일(丁卯日-5일)에 상이 태상전(太上殿)에 나아가 한경(漢京)으로 돌아간다 아뢰니 태상왕이 술자리를 베풀어 즐겼다.

○ 사간원에서 소를 올려 말했다.

'신들이 듣건대 이달 초8일에 한도(漢都)로 이어(移御)하시는데, 다만 내신(內臣), 군사(軍士), 대간(臺諫), 형조(刑曹) 각 한 사람씩만을 거느리신다 합니다. 이것은 백성을 번거롭게 하지 않으시려고 하심이겠지만 무식(無識)한 무리들이 매를 놓아 사냥함으로 인해 벼와 곡식을 밟아 손상시키고, 혹은 경기(京畿) 안의 수령이 지응(支應-임금 접대)으로 인해 백성에게 재물을 거두어 널리 뇌물을 행하게 되어 백성들이 그 폐해를 받게 되니 염려하지 않을 수 없습니다. 비옵건대 금령(禁令)을 내리시고 감검(監檢)을 나눠 정해 만일 금령을 범하는 자가 있으면 엄하게 다스려야 할 것입니다.'

그것을 따랐다.

경오일(庚午日-8일)에 거가(車駕)가 송경(松京-개경)을 출발했다. 사헌부와 사간원에서 소를 올려 말했다.

'신 등이 보건대 예로부터 임금은 한때의 즐거움을 오락(娛樂)으로 삼지 않고 만세(萬世)의 계책(計策)을 생각의 과제로 삼았습니다. 공손히 생각건대 전하께서 "한도(漢都)는 태상왕께서 창건하신 곳이니 돌아가지 않을 수 없다"라고 하시어 위로 신기(神祇-하늘과 땅의 귀신)에 고하고 아래로 신민(臣民)을 거느려 옮기시는데, 지금 나뭇잎이 떨어지지 않고 야화(野火)도 태우지 않았는데 전하께서 날마다 군사들과 더불어 말을 달려 언덕과 구렁 속으로 짐승을 쫓으십니다. 혹시라도[脫] 예측하지 못한 안 좋은 일[不測=不虞]이 생긴다면 장차 그것을 구제할 수 있겠습니까? 전하께서는 본인 마음대로 비록 스스로를 아끼지 않는다 하시더라도 마침내 사직(社稷) 만세(萬歲)의 계책에 있어 어찌하겠습니까? 또 세자가 비록 춘추(春秋-나이)는 얼마 되지 않으나 명철(明哲)하고 조숙한데[夙成] 전하께서 놀며 사냥하는 즐거움을 보게 되면 어찌 마음속으로 좋아서 본받으려 하지 않겠습니까? 바라건대 전하께서는 이제부터 법가(法駕)를 정돈하여 길²을 따라가셔야 합니다.'

---

2 길을 도리[道]로 보아 '도리를 따라서'라고 옮겨도 무방하다.

임신일(壬申日-10일)에 지신사 박석명(朴錫命)을 보내 태상전에 수폐(壽幣)³를 드렸다. 태상왕의 탄일(誕日)이기 때문이다.

계유일(癸酉日-11일)에 거가가 한경에 이르자 종묘(宗廟)에 배알하고 연화방(蓮花坊)⁴의 고(故) 영의정부사(領議政府事) 조준(趙浚)의 집에 나아갔다. 이궁(離宮)이 아직[尙] 공사를 마치지 않았기 때문이다.

갑술일(甲戌日-12일)에 이궁(離宮)에 가서 제조(提調) 이직(李稷) 등을 불러 술자리를 베풀고 군인들에게도 술을 내려주었다.

○ 대간(臺諫)이 작은 일[小事=細事]로 봉장(封章)을 올리는 것을 금했다. (사헌부) 장령(掌令) 현맹인(玄孟仁)과 (사간원) 정언(正言) 정촌(鄭村)을 불러 명했다.

"지난번에 가르침을 내리기를 '내가 과실(過失)이 있으면 반드시 소(疏)를 갖추지 말고 나아와서 (직접) 간언하라'고 했다. 전일(前日) 야차(野次-야외 장막)에서 교장(交章)하여 아뢰길래 큰일이 있는가 하여 그 소(疏)를 보았더니 말을 함부로 달리지 말고, 거가(車駕)를 정돈하여 길을 따르라는 것뿐이었다. 이와 같은 작은 일을 어찌하여 나와서 말하지 않고 소를 갖춰 아뢰는가?"

촌(村)이 대답했다.

<hr />

3   장수를 비는 선물이다.

4   조선시대 초기부터 있던 한성부 동부 12방 중의 하나로서 이곳에 도성의 동·서·남지 중 동지에 해당하는 큰 연못인 '연지'가 있던 데서 방 이름이 유래했다. 지금의 종로 4, 5가 와 명륜동 일대다.

"거가가 새벽에 움직여서 저녁에야 머물렀기 때문에 말씀드릴 시간이 없었습니다. 그래서 소(疏)를 갖춰 아뢴 것이었습니다."

상이 말했다.

"너희가 반드시 (문서로 된) 소(疏)를 올리는 것은 대체로 후세(後世)에 이름을 남기려고 하는 것이다. 지금부터는 작은 일로는 소를 올리지 말라."

○ 서울과 외방의 태죄(笞罪)에 해당하는 범죄를 저지른 죄수들을 풀어주었다.

○ 풍해도(豐海道)에 흉년이 들었기 때문에 명을 내려 수전(水田)은 곡식으로 거둬서 명년(明年)에 민간(民間)의 종자를 삼고, 한전(旱田)의 조(租)는 그 반을 남겨두어 구황(救荒)에 대비하게 했다.

을해일(乙亥日-13일)에 이궁에 가서 또 술자리를 베풀었다. 감독관(監督官)을 위로하기 위함이었다. 이궁에서 역사(役事)하는 공장(工匠)들에게 목면(木綿)과 정포(正布)를 아울러 12필씩 내려주었다.

무인일(戊寅日-16일)에 사헌부에 명해 어가를 따르는 신료(臣僚)들이 다른 사람의 집을 빼앗아 점거하는 것을 금지했다. 장령 서선(徐選)을 불러 말했다.

"지난날 의정부에서 아뢰기를 '새로 옮기는 초창기에 대소 신료들이 집이 없어 겨울을 지내기가 어려우니 과부(寡婦)와 한인(閑人)[5]의

---

5   고려시대의 한인은 6품 이하의 관인 자녀로 미사미가자(未仕未嫁者), 즉 아직 벼슬하지

집을 임시로[權] 시사자(時仕者-현직 관리)에게 빌려주어야 한다'라고
했다. 내가 마침내 들어주지 않았는데, 지금 들으니 남의 집을 빼앗
는 자가 간혹 있다고 하니 헌사는 핵문(劾問)하여 그 죄를 논하라."

기묘일(己卯日-17일)에 의정부에 명해 대소 신료들의 사사로운 행차
[私行]에는 역마(驛馬)를 내주지 말게 했다.
○ 길창군(吉昌君) 권근(權近)이 글을 올려 김반(金泮)[6]과 김종리(金
從理)[7]를 천거했다. 올린 글은 대략 이러했다.
'신(臣)이 찬차(撰次-편찬)한 『예기천견록(禮記淺見錄)』[8]은 본경정문

않고 시집가지 않은 자를 의미한다. 조선시대에는 문무(文武)를 가리지 않고 3품관 이
하의 퇴직자와 그 자손을 가리킨다. 여기서는 조선 초라 어느 쪽을 가리키는지 불분명
하다.

6 1399년(정종 1년) 식년문과에 을과로 급제하고 이때인 1405년(태종5년) 성균주부가 됐으
며 이어 성균직강으로 승진했다. 1423년(세종 5년) 예조의 추천에 의해 효자의 정문이 세
워지고 호세(戶稅)를 감면받았으며 우현납을 제수받았다. 이듬해에는 좌헌납에 올랐으나
1년 뒤에 뇌물을 받은 혐의로 면직됐다. 1428년 서장관으로 명나라에 들어가 시가 4편
을 지어 선종(宣宗)의 은혜에 사례했는데, 선종이 이를 한림원(翰林院)에 내려 후세에 전
하게 하자 이로써 그의 글이 중국에도 알려졌다. 1429년 사례에 제수되고, 1436년 사성
이 됐으며, 1441년 대사성이 됐다. 1443년에 첨지중추원사, 1446년에는 행대사성에 제
수됐다가 1448년에 겸사성 윤상(尹祥) 및 사성 김말(金末)과 더불어 경서에 대한 논쟁
을 벌이다기 피직됐다. 퇴직 후 기난히여 문희생들이 쌀과 술을 보내주었으나 끝내 끼니
를 잇지 못하다가 굶어 죽었다고 한다. 자손은 없다. 권근(權近)의 문인으로 경서에 통달
했으며 김구(金鉤)·김말과 함께 같은 때에 20여 년 동안 성균관에서 교수하여 많은 인재
를 길러냈으므로 사람들이 이들을 '삼김'(三金), '경학삼김(經學三金)' 혹은 '관중삼김(館中
三金)'이라고 일컬었다.

7 사례 김숙자(金叔滋)의 재종형이다. 벼슬은 예문관 직제학(藝文館直提學)에 이르렀다.

8 원래 저자의 스승인 이색(李穡)이 『예기』의 간편(簡編)을 다시 편찬하면서 글의 뜻을 변
론하려 했으나 노환으로 마치지 못한 것을 스승의 유지를 받들어 저술을 마쳤다. 그 뒤
저자는 성균관에서 몇 해 동안 『예기』를 강론하면서 얻은 견해를 첨삭(添削)해 이 책을
완성했다. 『예기』는 대성(戴聖)이 지은 「소대례기(小戴禮記)」 49편으로 본래 잘못 배열된
곳이 많아 권근은 이를 바로잡아 볼 계획이었다. 그러나 저서의 체제상 불편한 점이 많아

(本經正文)과 『진씨집설(陳氏集說)』이 16권(卷)이온데 무려(無慮) 수백만언(數百萬言)입니다. 신이 지금 참람(僭濫)하게 선후(先後)의 차서(次序)를 드러내고 아울러 억견(臆見-개인적 견해)의 말을 붙인 것이 또한 수만여언(數萬餘言)이나 되는데, 이를 정리해 26권(卷)을 만들었습니다. 신이 원고를 작성하기 시작한 지 이미 10년이 넘었사온데 정서(正書)를 못 해 깊이 한스럽게 여기다가 지금 주상 전하께서 선비를 높이고 학문을 존중하는[崇儒右文] 정치를 만나 특별히 선사(繕寫)[9]를 명하셨습니다.

전 교수관(敎授官) 신(臣) 김반(金泮)과 전 감무(監務) 신 김종리(金從理) 등이 금년 8월 초4일에 명령을 받은 이후로 매일같이 선사(繕寫)하여 잠시도 폐하지 않아 겨우 석 달이 지난 금월 17일에 모두 이미 끝냈습니다. 그들이 주상의 명을 받들어 부지런히 하고 조심하여 게을리하지 않은 것이 진실로 아름다워 상을 줄 만합니다. 또 반(泮)은 정민(精敏)하고, 종리(從理)는 독실(篤實)하여 모두 학문을 좋아하니 혹 문한(文翰)을 맡기거나, 혹 세무(世務)를 맡겨도 모두 능히 감당할 수 있을 것입니다. 바라건대 특별히 이조(吏曹)에 내려 마땅한 것을 헤아려 주의(注擬) 제수(除授)하여 그 부지런한 것을 기려서 뒷사람을 권면하게 하소서.'

상이 이조에 내려 반(泮)은 성균주부(成均注簿), 종리(從理)는 임실

원나라 학자 진호(陳澔)의 『예기집설』의 편찬 목차를 그대로 따르면서 한 단락이 끝날 때마다 자기의 생각[按語]을 달아놓았다.

9 부족한 점을 고치고 보충하여 정서하는 것을 말한다.

감무(任實監務)를 제수했다.

경진일(庚辰日-18일)에 동교(東郊)에 행차해 매사냥[放鷹]을 구경
했다.
_{방응}

신사일(辛巳日-19일)에 각 도(各道) 도관찰사의 수령관(首領官)[10]
과 차사원(差使員)[11] 등이 어가를 따르는[扈駕=隨駕] 대간(臺諫)들에
_{호가} _{수가}
게 알현하는 예(禮)를 없애라고 명했다. 애초에 사헌부에서 소를 올
렸다.

'관찰사의 수령관과 지응 차사원(支應差使員-접대를 맡은 관리) 등
은 어가를 따르는 대간에게 알현하는 것이 예(禮)인데 이달 초8일
거가(車駕)가 장단(長湍)에 머물렀을 때 수령관과 차사원 등이 이
예를 행하지 않았습니다. 초9일 거가가 소요기(逍遙岐)에 머물렀을
때 본부(本府)에서 서리(書吏)와 소유(所由)[12]를 내보내 범람(汎濫)
한 자를 살피는데, 차사원인 적성 감무(積城監務)가 막(幕) 가운데

---

10 고려시대에는 1308년(충렬왕 34년)에 충선왕이 복위해 도첨의사사(都僉議使司)의 속관으
로 경력(經歷) 1인과 도사(都事) 2인을 둔 적이 있으나 곧 폐지됐다. 그 뒤 조선시대에 들
어와 다시 설치됐는데 이때에는 각 도(道)의 경력·도사와 중앙관청에 두어진 5·6품의
남행(南行)을 수령관이라 지칭했다.

11 조선 초기에는 오직 관찰사(觀察使)만이 수령(守令)을 차사원(差使員)으로 정해 파견할
수 있었으나 차츰 병마절도사(兵馬節度使), 수군절도사(水軍節度使)도 임의로 차사원을
차정(差定)하는 경우가 있었다. 차사원에는 점마차사원(點馬差使員), 반사차사원(頒赦差
使員), 양전차사원(量田差使員), 약재차사원(藥材差使員), 조운차사원(漕運差使員), 전문차
사원(箋文差使員), 승호차사원(陞戶差使員) 등 여러 종류가 있었다.

12 사헌부의 이속(吏屬)이다.

에 술을 감춰두었습니다. (이에) 소유를 보내 수령관 곽존중(郭存中, ?~1428년)[13]의 아전을 불러 그 까닭을 말하려고 했더니 존중이 명문(明文)이 없다고 말했습니다. 그래서 관찰사에게 관문(關文)을 보냈더니 또한 보내지 않고 말하기를 "적성 감무가 술을 감춰둔 것은 장차 이튿날 공상(供上)하기 위함이다"라고 했습니다. 자세히 물어보니 이튿날의 지응차사원은 양주부사(楊州府使)이지 적성 감무가 아니었습니다. 관찰사 함부림(咸傅霖)이 "서리와 소유가 임의로 진상(進上)할 술그릇을 열었다"라고 의정부에 보고했습니다. 본부에서 존중(存中)이 아전을 보내지 않은 까닭을 캐물었더니 존중이 회피하여 받지 아니하고, 대가(大駕)가 입경(入京)하는 날에 마음대로[任然] 유후사(留後司)로 돌아갔습니다. 조정의 기강[朝綱]을 두려워하지 않고 소사(所司-담당 관서)를 업신여김[埋沒]이 이와 같으니 엎드려 바라옵건대 상께서 재가(裁可)하시어 시행하셔야 합니다.'

상이 말했다.

"부림(傅霖)은 죄가 없다."

(부림에게) 일을 보라고 명했다. (그런데) 이튿날 부림은 병을 핑계로 사양했다. 이때에 이르러 사헌부에게 가르쳐 말했다.

---

13 1396년에 문과에 급제했고 1416년 단자직조색별감(段子織造色別監), 이듬해 사인(舍人) 등을 역임했다. 1419년(세종 1년) 대마도정벌 때 삼도도통사가 된 영의정 유정현(柳廷顯)의 종사관으로 원정에 참가했으며, 이듬해 지병조사(知兵曹事)가 됐다. 1421년 동부대언(同副代言)이 되었고 1423년 대언을 거쳐 승정원지신사(承政院知申事)가 됐으며, 이듬해 진향(進香)·진위(陳慰)·하등극(賀登極) 삼사(三使)를 겸해 명나라에 다녀왔다. 1426년에 예조참판, 이듬해 중군동지총제(中軍同知摠制)를 거쳐 경창부윤(慶昌府尹), 이조판서 등을 역임했다.

"행재소에 있는 관찰사의 수령관과 지응차사원 등은 의정부 외에는 참현(參見-알현)하지 말도록 하고, 사헌부는 소유를 보내 관찰사와 차사원의 의막(依幕-막사)을 수색하지 말고 이를 항식(恒式)으로 삼으라."

○ 이궁(離宮)이 완성됐다고 보고했다. 정침청(正寢廳)이 3간(間), 동서 침전(東西寢殿)이 각각 2간, 동서 천랑(東西穿廊)이 각각 2간, 남천랑(南穿廊)이 6간이다. 동서 소횡랑(東西小橫廊)이 각각 5간인데 동서 행랑(東西行廊)에 접(接)했고, 북행랑(北行廊)이 11간인데 서별실(西別室) 3간과 나란히 마주 보았다. 동서 행랑(東西行廊)이 각각 15간, 동루(東樓)가 3간, 상고(廂庫)가 3간이다. 그 나머지 양전(兩殿)의 수라간(水剌間), 사옹방(司饔房) 및 탕자세수간(湯子洗手間) 등 잡간각(雜間閣)이 총 118간이다. 이상은 내전(內殿)이다.

편전(便殿)이 3간, 보평청(報平廳)[14]이 3간, 정전(正殿)이 3간이다. 월대(越臺)는 동서(東西)가 광(廣-너비)이 63척 9촌, 남북(南北)은 광(廣)이 33척이다. 상층(上層)은 계고(階高-계단 높이)가 3척 5촌, 중층(中層)은 광(廣)이 5척, 계고(階高)가 4척 1촌이다. 전정(殿庭)은 남북(南北)이 광(廣)이 117척 남짓하고, 동서(東西)가 광(廣)이 156척 남짓이다. 동변(東邊)은 상층(上層)이 3간, 중층(中層)이 5간, 행랑(行廊)이 9간이고, 서변(西邊)은 상층(上層)이 3간, 중층(中層)이 4간, 행랑(行廊)이 9간이다. 대문(大門)이 3간, 좌우 행랑(左右行廊)이 각각 9간

---

14 보는 상주(上奏) 상백(上白)의 뜻이요, 평은 평리(平理)의 뜻인바 보평청은 정사(政事)를 상주하며 임금의 재가(裁可)를 앙청(仰請)하는 조회청(朝會廳)이다.

이다. 승정원청(承政院廳)이 3간, 동행랑(東行廊)이 10간, 남행랑(南行廊)이 4간, 북행랑(北行廊)이 4간, 외행랑(外行廊)이 5간, 외루(外樓)가 3간이다.

임오일(壬午日-20일)에 이궁(離宮)에 나아가니 한경(漢京)의 부로(父老)들이 길옆에서 가요(歌謠)를 바쳤다. 세자(世子)가 백관을 거느리고 하례(賀禮)를 행하고 의정부(議政府)에서 헌수(獻壽)했는데, 종친(宗親)·공신(功臣)과 정부(政府)·육조(六曹)가 모두 참여했다. 의정부 찬성사 권근(權近)이 화악시(華嶽詩)를 지어 바쳤는데 그 서(序)는 이러했다.

'신(臣) 근(近)이 엎드려 바라보건대 주상 전하께서 대가(大駕)로 도성(都城)에 돌아와 신궁(新宮)에 임하시니[莅=臨] 위로는 (부왕의 뜻을) 계술(繼述)하시는 효성(孝誠)을 두텁게 하시고, 아래로는 내소(來蘇)[15]의 기대를 위로(慰勞)하시며 중앙(中央)에 거하시어 다스림을 도모하고[圖治] 영명(永命)을 맞이해[迓=迎] 계승할 것이니 종사(宗社)가 빛이 나고 국운[國步=國運]은 평안할 것이옵니다. 조야(朝野)의 신하와 백성들이 기뻐하여 경사로 여기지 않는 이가 없습니다. 하물며 신(臣) 근(近)이 정부(政府)의 한 관원으로 있으면서 친히 성대함과 아름다움[盛美]을 보게 되니 기쁘고 즐거운[抃躍] 마음은 보통 사람보다 만 배나 되옵니다.

엎드려 생각하옵건대 예전의 제왕(帝王)이 나라를 세우거나 도읍

---

15 임금이 백성에게 은혜를 베푸는 일을 뜻한다.

(都邑)을 옮기면 각각 영가(詠歌)의 사(詞)가 있어 그 공업을 찬미하고, 율려(律呂-음악)를 입혀서 무궁토록 드리워 보였습니다. 주(周)나라 시(詩)에서 상고해보면 공류(公劉)[16]가 빈(豳)으로 옮기고, 태왕(太王)[17]이 풍(豐)으로 옮기고, 무왕(武王)[18]이 호(鎬)로 옮겼을 때 (그것을 찬양하는) 시(詩)가 없었던 적이 없고 이를 엮어 아송(雅頌)을 만들어 마침내 수천 년이 지난 오늘날에 당시(當時) 군상(君上)의 성대한 다스림의 공로[治功]와 신자(臣子)가 임금을 사랑하여 그 아름다움을 임금 덕분으로 돌리는 정성을 생각하게 하여 모두 느끼는바 정성이 발(發)하여 흥기(興起)함이 있게 했으니 노래와 시의 효과가 얕다고 할 수 없을 것입니다. 지금 우리 주상 전하께서는 귀 밝고 눈 밝고 일에 밝고 사람에 밝으시고[聰明聖智=聰明睿知][19] 어질고 효심

---

16 상(商)나라 때 사람이다. 고대 주(周)나라 왕조의 건설자라 이르는 후직(后稷) 기(棄)의 후예이자 불줄(不窋)의 손자이고, 국도(鞠陶)의 아들이다. 주나라 종족은 대대로 우하(虞夏)에서 후직의 관직을 세습했다. 불줄에 이르러 관직을 잃고 융적(戎狄)의 땅으로 달아나 살았다. 그가 종족들을 이끌고 태(邰)에서 빈(豳)으로 옮겨왔다. 지형과 수리(水利)를 살펴 농기구를 정리하고 황무지를 개간해 농업을 발전시켰다. 집과 건물을 짓고 궁실을 세우면서 이곳에 정착하게 된다. 그리하여 빈곡(豳谷)은 주 부족의 발원지가 되었다.

17 주나라 문왕(文王)의 할아버지인 고공단보(古公亶父)의 존호(尊號)다. 공류(公劉)의 9세손(九世孫)인데, 고공(古公)은 태왕(大王)의 본호(本號)이고, 단보(亶父)는 태왕(大王)의 이름이다. 기산(岐山) 기슭에서 덕을 닦아 주나라의 기반을 이룬 사람이다.

18 문왕(文王)의 아들로 서백(西伯)의 직위를 이었다. 상(商)나라를 멸망시키라는 문왕의 유지를 받들어 제후(諸侯)들과 맹진(孟津)에서 회맹(會盟)하고 군대를 일으켜 주(紂)임금을 정벌했다. 목야(牧野) 전투에서 대승을 거두어 상나라를 멸망시키고 주왕조(周王朝)를 건설했다. 호(鎬)를 도읍으로 정하고 제후들에게 분봉(分封)했다. 상나라를 멸망시킨 지 2년 뒤에 죽었다. 19년 동안 재위했다.

19 『중용(中庸)』에 나오는 가장 이상적인 임금의 덕을 말한 것이다. "오직 천하제일의 성스러운 임금만이 능히 귀 밝고 눈 밝고 사리에 밝고 사람에 밝아[聰明睿知] 족히 '제대로 된 다스림[臨]'이 있을 수 있다."

이 깊으며 따스하고 매사에 열렬히 애쓰시어[仁孝溫文] 밤낮으로 오
직 삼가시고[寅=敬] 매사(每事)에 옛것을 본받으시어 폐단과 해독을
제거하고 뛰어나고 훌륭한 사람들[俊良]을 등용하여 높이시니 다스
림의 공적이 빛나게 나타나고, 중외(中外)가 평안하고 아름다워졌습
니다. 천자(天子)께서 명을 내려[錫命] 아름답게 여기시고, 도이(島夷-
섬 오랑캐)가 공물을 바쳐 내조(來朝)했으니 융성(隆盛)하고 위대(偉
大)한 공렬(功烈)이 옛날에 비겨 양보할 바가 없습니다.

돌아보건대 우리 한성(漢城)의 도읍(都邑)은 실로 도록(圖錄)에 응
하여 태상왕께서 정하신 곳이요, 종묘(宗廟)와 사직(社稷)이 있는 곳
입니다. 백성들이 옮기기를 어렵게 여겨 살 곳으로 가려 하지 않는
데, 전하께서 종묘(宗廟)의 중대함과 당구(堂構)²⁰의 의리로 옮기지
않을 수 없다고 여기시어 종묘에 고하여 길(吉)한 곳을 얻어 궁실(宮
室)을 영건(營建)하고 환도(還都)하셨으니 종묘사직을 높이고 백성의
뜻을 정하고 태상왕의 환심(懽心)을 받든 것입니다. 옛적의 천사(遷
徙-천도)한 일과 비교하면 그 의의가 더욱 중(重)하니 마땅히 마음껏
노래하고 손발로 춤을 추어 넓고도 큰 거리[康衢]에서 오래오래 노
래하고, 아름다운 음악[休聲]에 올리어 영원토록 후세에 들릴 것입
니다.

어찌 한마디의 시(詩)가 없어 전하지 않을 수 있겠습니까? 그러므
로 신(臣) 근(近)이 비졸(鄙拙)함을 헤아리지 않고 외람되게 시장(詩
章)을 올리어 성덕(聖德)의 만 분(萬分)의 1을 형용하고자 합니다. 비

---

20 부조(父祖)의 업(業)을 계승하는 것을 말한다.

록 그 말이 거칠고 성률(聲律)이 어그러져서 족히 성조(盛朝)의 공덕 (功德)의 아름다움을 다 펼칠 수는 없으나, 신자(臣子)의 간곡하게 아름다움을 돌리는 정성이 또한 (아래의 사장을 올리는 것을) 스스로 그치지 못하는 것입니다. 엎드려 바라옵건대 성자(聖慈)께서 받아들여 주소서.'

그 사(詞)는 이러했다.

높디 높은 화악(華嶽)이요 도도하게 흐르는 한강(漢江)이로다.

빙 둘러 싸기를 완전하고 견고하게 했으니 하늘이 지은 나라로다.

맑은 기운이 오래 쌓이어 우리에게 다움을 갖춘 이를 열어주었도다.

크게 정부(貞符-상서로운 징조)에 응했으니 구변(九變)[21]의 형세로다.

아! 신(神)이 기초를 닦으시고 성(聖-빼어남)이 돌아오시도다.[22]

신(神)과 성(聖)이 서로 이으시어 길이 백성의 표준을 보존하도다.

화산(華山)은 높디 높고 한강(漢江)은 도도하게 흐르는도다.

흐르는 섬들이 둘러 있으니 하늘이 지은 도읍(都邑)이로다.

용손(龍孫)은 천명(天命)이 다하고 선리(仙李)[23]는 부창(敷暢)하여

---

21 크게 잘될 것이라는 뜻이다.
22 신과 성은 각각 태조와 태종을 가리킨다.
23 용손은 고려의 왕씨이고 선리는 조선의 이씨다.

영화(榮華)하도다.

이미 천 년 전에 그 징조가 심히 밝았도다.

하늘이 열어주어 우리 임금이 점쳤도다.

아름답다! 천만 년의 태평을 열어놓았도다.

도도하게 흐르는 한강이요, 높디 높은 화악이로다.

배와 수레가 모이는 곳 하늘이 지은 나라로다.

도성(都城) 사람 황급하여 애타게 우리 임금 기다렸도다.

왕이 돌아오심이여! 당구(堂構)²⁴를 거듭했도다.

이에 새집을 짓고, 이에 치구(治具)를 베풀었도다.

쉬고 편안하니 복록(福祿)이 모이는도다.

한강은 도도하게 흐르고, 화악은 높디 높도다.

금성(金城) 탕지(湯池)²⁵와 같이 견고하니 하늘이 지은 궁(宮)이
로다.

하늘이 짓기를 어떻게 했는가? 우리 조선(朝鮮)을 열어주었도다.

도탑게 성철(聖哲)을 내어 대대로 다움을 서로 전(傳)하는도다.

밤낮으로 공경(恭敬)하고 삼가서 길이 하늘을 두려워하도다.

자손(子孫)이 잇고 이어[繩繩] 억만 년에 뻗치리라.
                      승승

---

24 궁전을 새로 짓는 것을 말한다.

25 '쇠로 만든 성과 끓는 물을 채운 못'이란 뜻으로 매우 견고한 성과 해자를 가리킨다.

술이 취하자 상이 여러 신하와 더불어 연구(聯句)를 지어 창화(唱和)했는데 (임금의 창화한 시구 중에) '상이 자리에 있으면서 어찌 얇은 얼음을 밟는 마음을 잊으랴?'라고 하는 글귀가 있었다.

○ 좌정승 하륜(河崙)이 한강시(漢江詩)를 올렸다. 그 서(序)는 이러했다.

'신(臣)이 주상 전하께서 한성(漢城)으로 환도(還都)하심을 당하여 [値=當] 신민(臣民)이 모두 기뻐하여 구름처럼 모이고 그림자처럼 따라서 오직 혹시라도 뒤질까 두려워하고 한성의 부로(父老)들이 눈물을 흘리며 서로 감격해하는 자까지 있었습니다. 진실로 깊은 어짊[深仁]과 두터운 은택[厚澤]이 백성들의 마음을 적시지 않았다면 어찌 능히 이에 이를 수 있겠습니까? 신이 듣건대 주(周)나라 태왕(太王)이 빈(邠)을 버리고 기(岐)에 살자 백성들 중에 그를 따르는 자가 마치 시장에 돌아가는 것 같았다고 하옵니다. 신이 다행히 성사(盛事)를 보게 되니 경사롭고 기쁜 마음을 이기지 못해 삼가 찬성사(贊成事) 권근(權近)이 올린 가시(歌詩)에 화답(和答)하여 한강시(漢江詩) 한 편(篇)을 지어 써서 올립니다.

신이 가만히 생각건대 선왕(宣王)[26]이 주실(周室-주나라 왕실)을 중흥(中興)하니 윤길보(尹吉甫)[27]가 강한시(江漢詩)를 지어 간책(簡

---

26 아버지 여왕의 실정을 선정을 베풀어 극복하고 국위를 회복했다. 그러나 만년에는 정치를 게을리하고 북서 만족(蠻族)의 침입을 막아내지 못했으며 군병을 뽑아 백성을 괴롭혀 제후들이 등을 돌렸다.

27 서주(西周) 때 사람으로 주 선왕(周宣王) 때 대신으로 있었다. 성은 혜(兮)씨이고, 이름은 갑(甲)이며, 자는 백길보(伯吉父)다. 윤(尹)은 벼슬 이름이다. 선왕 때 험윤(玁狁)이 침략하여 괴롭히자 그에게 명해 군사를 이끌고 반격하게 했는데, 험윤을 태원(太原)까지 추격

冊)에 엮고 금석(金石)에 입혀서 지금까지 전(傳)하는 것을 볼 때 한 때의 군신(君臣)의 아름다움이 오래면 오랠수록 더욱 드러납니다. 신은 재주가 없어 어찌 감히 옛날의 뛰어난 작자(作者)에 비할 수 있겠습니까? 진실로 전하의 아름다움이 무궁토록 전하기를 바라서 성덕(盛德)의 광휘(光輝)를 노래해 읊은 것이니 혹시라도[儻] 한가 하신 겨를에 한번 예람(睿覽)해주신다면 신의 영총(榮寵)이 지극하 겠습니다.'

그 시(詩)는 이러했다.

아! 한강(漢江)의 물은 예전부터 깊고 넓었고

화악(華嶽)의 산은 하늘에 의지하여 푸르고 푸르도다.

성왕(聖王)이 발흥(勃興)해 동방(東方)을 차지하여

이에 국도(國都)를 정하니 한수(漢水)의 북쪽[陽]이로다.

종사(宗社)가 마침내 편안하니

천운(天運)이 영원하도다.

아! 한강(漢江)은 흘러 흘러 바다로 들어가고

화산(華山)은 빽빽하여 푸르고 성(盛)하도다.

성군(聖君)이 잇달아 일어나서

신궁(新宮)을 비로소 경영(經營)하도다.

백성을 보기를 자식같이 하니

했다가 돌아왔다. 나중에 다시 군사를 일으켜 남쪽으로 향해 남회이(南淮夷)의 공물(貢物)을 징수했다. 훌륭한 재상의 전형으로 손꼽힌다.

백성들이 즐겁게 역사(役事)에 찾아왔도다.

몇 날이 못 되어서 완성을 보니

만복(萬福)을 함께하는도다.

우리 임금 오시니

노거(路車)가 아름답고 성(盛)하도다.

위장(衛仗)이 정제(整齊)하니

덕(德)의 빛이로다.

앞뒤에서 몹시 분주(奔走)하니 많고 많은[濟濟] 영준(英俊)과 현
_{제제}
량(賢良)이로다.

민심(民心)이 즐거워서 넓고

큰 거리에서 노래하고 읊는도다.

우리 임금 이르시니 당(堂)과 뜰이 높고 크도다.

위의(威儀)가 엄숙하고 화(和)하니

덕(德)의 빛남이로다.

읍양(揖讓)하고 주선(周旋)하니

많고 많은 현재(賢才)로다.

아름다운 말씀을 날마다 드리니

공도(公道)가 하늘처럼 열리는도다.

근면하신 우리 임금이여!

효도(孝道)와 우애(友愛)가 순수하고 지극하도다.

(부왕의) 일을 준수(遵守)할 뿐 아니라

(부왕의) 뜻을 잇는도다.

종친(宗親)이 화목(和睦)하니

내조(內助)가 진실로 아름답도다.

이미 그 집을 가지런히 하니

나라가 따라서 다스려지도다.

밝으신 우리 임금이여!

능히 강상(綱常)을 두텁게 했도다.

하늘이 그 덕(德)을 조림(照臨)하시어

번성하고 창성(昌盛)하게 했도다.

빛나고 편안하여

수고(壽考)하고 강녕(康寧)하도다.

자손 만세에 복(福)을 내리어

길이 무궁(無窮)하리라.

계미일(癸未日-21일)에 천둥과 번개가 쳤다.

○ 세자궁의 환자(宦者) 노분(盧犇)에게 볼기를 때렸다. 상이 세자가 공부를 게을리한다 하여 (임금의 환관인) 노희봉(盧希鳳)을 시켜 (세자의) 좌우(左右)에서 시중드는 자인 노분에게 볼기를 때리니 분이 세자에게 말했다.

"이것이 어찌 소인[奴]의 죄입니까?"
                 노

세자가 기분 나빠했다[不悅].
              불열

○ 세자사(世子師) 성석린(成石璘)과 빈객(賓客) 권근(權近), 유창(劉敞), 이래(李來), 조용(趙庸) 등이 노분이 볼기를 맞았다는 말을 듣고서 서연관(書筵官)들을 모이게 해 세자에게 경계하여 말했다.

"세자께서 마땅히 알지 않으면 안 되는 것은 효도(孝道)이고 마땅히 힘쓰지 않으면 안 되는 것은 공부인데, 지금 만일 부지런히 배우지 아니하여 주상(主上)의 생각을 동요케 한다면 불효(不孝)가 막대(莫大)한 것입니다. 세자께서는 마땅히 주상의 뜻을 기쁘게 해드리도록 항상 마음을 갖는 것이 좋을 것입니다."

근(近)이 말했다.

"어떤 사람은 말하기를 '보통 사람은 반드시 배워야 입신(立身) 성명(成名)하지만 세자(世子)라면 어찌 꼭 배운 연후에야 입신하겠습니까? 또 과거(科擧)에 급제하고자 하는 것도 아니다'라고 하는데 이는 매우 옳지 않은 것입니다. 보통 사람은 비록 한 가지 재주만 능해도 입신할 수 있지만 상위(上位)에 있으려면 배우지 않고는 정치를 할 수 없고 정치를 하지 못하면 나라가 망하는 것은 시간문제입니다[無日]."
무일

세자는 아무 말이 없었다. 그 뒤에 상이 세자로 하여금 읽은 글을 외게 할 것이라고 하니 세자가 이를 듣고서 밤을 새워[徹夜] 글을 읽었다.
철야

○ 세자가 상(上)을 모시고 식사를 하는데[侍食] 예(禮)에 맞지 않는 것[不中]이 많으니 상께서 이를 보고 말했다.
시식
부중

"내가 어릴 때 편안히 놀기만 하고 배우지 아니하여 거동(擧動)에 절도가 없었다. (그래서인지) 지금 백성의 임금이 되어서도 백성들의 바람[民望]에 부합하지 못하니 마음속에 스스로 부끄럽다. 네가 비록 나이는 적으나 그래도 원자(元子)다. 언어와 거동이 어찌하여 절도가 없느냐? 서연관이 일찍이 가르치지 않더냐?"
민망

세자가 부끄러워하고 두려워했다.

갑신일(甲申日-22일)에 천둥과 번개가 쳤다.

○ (이궁 공사를 맡았던) 이직(李稷), 신극례(辛克禮)와 더불어 술자리를 베풀었는데 여섯 대언(代言)이 입직(入直)했고 총제(摠制)가 참여했다.

○ 예문관 제학(藝文館提學) 김한로(金漢老, 1358~미상)[28]를 파직시켰다. 사헌부에서 글을 올려 죄줄 것을 청했는데 대략 이러했다.

'한로(漢老)가 (명나라에 사신으로) 갈 때 거상(巨商) 백구(白龜)를 데리고 가려 하므로 종사관(從事官)들이 백구는 항상 금은(金銀)을 가지고 상국(上國)에 가서 장사를 하니 데리고 가지 말자고 청했습니다. (그런데) 한로가 재리(財利)를 탐하여 듣지 않고, 정부(政府)의 차차(差箚)[29]에다 백구의 이름을 용(龍)이라 고쳐 썼다가 평양부(平

---

28 1383년(우왕 9년) 문과에서 장원급제해 예의좌랑(禮儀佐郎)을 지냈다. 조선 개국 후 태종과 동방(同榜-과거 동기)이라는 인연으로 태종의 우대를 받았다. 1404년(태종 4년) 이조전서(吏曹典書)가 되었고, 이듬해 성절사(聖節使)로 명나라에 다녀왔다. 그러나 명나라 체재 중 상업 행위를 한 사건이 탄로나 대간의 탄핵을 받고 파직됐다. 이때의 일이다. 1407년(태종 7년) 세자 양녕대군을 사위로 맞이하면서 좌군동지총제(左軍同知摠制)에 오르고, 이듬해 판한성부사(判漢城府事)로 사은사가 돼 명나라에 다녀왔다. 1409년(태종 9년) 예조판서가 되고 광산군(光山君)에 봉해졌으며, 이어 대사헌·참찬의정부사(參贊議政府事)·예문관 대제학 겸 판의용순금사사(藝文館大提學兼判義勇巡禁司事)·의정부 찬성(議政府贊成) 등을 지냈다. 1418년(태종 18년) 세자궁에 여자를 출입시킨 문제로 대간의 탄핵을 받아 의금부에 하옥된 후 직첩을 몰수당하면서 죽산으로 부처됨과 동시에 세자와의 인연이 끊겼다. 곧이어 아들 김경재(金敬哉)와 함께 나주로 이배되었고, 이후 대간의 집요한 추가 처벌 요청이 있었으나 청주·연기 등지로 안치됨에 그쳤다. 1425년(세종 7년) 5월 『태종실록(太宗實錄)』 편찬을 위한 사초 수집 때 화재로 인한 소실로 사초를 제출하지 못해 백은(白銀) 20냥과 자손금고(子孫禁錮)의 처분을 받았다. 양녕대군이 특별히 세종에게 용서를 청했지만 징은(徵銀)만 면제받았다. 뒤에 신원돼 좌의정에 추증되고, 광산군의 군호도 회복됐다.

29 관리를 나랏일로 인해 국내외(國內外)로 파견할 때 발급(發給)해주는 차부(箚付)로, 곧 증명서(證明書)를 가리킨다.

壤府)에 이르러 의정부에서 추고(推考)한다는 말을 듣고는 백구를 돌려보내고, 백구의 처남[妻弟] 이원(李元)을 시켜 대신 그 재물을 받아 가지고 가게 했습니다. 이는 비단 재상(宰相)의 의리를 잃었을 뿐 아니라 국가를 속인 것 또한 심합니다. 청컨대 직첩(職牒)을 거두고 먼 지방으로 내쳐야 합니다.'

다만[止=只] 파직만 시켰다.

○사헌부에서 신극례가 윤향(尹向)에게 모욕을 주고 욕한 죄를 청했으나 윤허하지 않았다.

병술일(丙戌日-24일)에 사헌부에 명해 서북면 행대감찰(西北面行臺監察) 허척(許倜)의 죄를 힐문(詰問)했다. 척(倜)이 서북면 검찰별감(檢察別監)이 되어 의주(義州)에 이르러서 저쪽 땅에서 장사하는 사람[興利人]인 오종길(吳從吉)과 와주(窩主)[30] 최영기(崔永奇)를 잡아 처형하고 아뢰었다[典刑以聞]. 임금이 베고 난 뒤에 아뢴 것을 노하여 헌부에 내려 힐문하니 장령 서선(徐選)이 아뢰어 말했다.

"허척이 마음대로 장사하는 사람을 죽였으니 잘못입니다."

상이 말했다.

"마음대로 죽인 것이 잘못이라면 그 죄(罪)가 사형에 해당하는가? 다시 의논하여 보고하라."

서선이 아뢰어 말했다.

"척(倜)이 와주(窩主) 최영기(崔永奇)를 죽인 것은 잘못입니다."

---

30 도적(盜賊)이나 노름꾼 따위를 거느리는 주인격이 되는 우두머리다.

명하여 척(倜)으로 하여금 개인 말을 타고 서울로 올라오게 했다.

○ 의정부 사인(舍人) 허지(許遲)를 불러 말했다.

"허척이 장사하는 사람을 죽인 죄를 토의하여 (형량을) 정해서 [議定] 보고하라."
_{의정}

지(遲)가 아뢰어 말했다.

"『육전(六典)』으로 상고하면 거의[似] 죄가 없는 것 같습니다."
_사

이에 명하여 개인 말을 타고 서울로 올라오라는 통첩(通牒)을 거 뒀다.

○ 사헌 장령 서선(徐選)을 불러 물었다.

"허척이 죽인 두 사람 중 한 사람은 죽을죄에 해당하지만[當死] 또 한 사람 역시 꼭 죽을죄[應死=當死]에 해당하느냐?"
_{당사}
_{응사   당사}

선(選)이 대답하기를 "한 사람은 죽을죄에 해당하지 않습니다"라고 했다.

상이 말했다.

"(그런데) 전에 올린 글에는 어찌하여 마땅히 죽을죄에 해당한다고 말했는가? 다시 조사해 보고하라."

○ 사헌부에서 허척이 (사람을) 마음대로 죽인 죄[濫殺=擅殺]를 청 하니 상이 말했다.
_{남살   천살}

"척(倜)이 아뢰지 않은 것이 아니라 의정부에서 그 보고를 받고도 아뢰지 않은 것이지만 척(倜)에게도 죄가 있다. 종길(從吉)은 흥리인 (興利人)이므로 죽여야 되지만 와주(窩主)는 어째서 죽였는가? 『육전 (六典)』에는 이런 법이 없다. 헌부에서는 어찌하여 함부로 죽인 죄를 청하지 않고, 아뢰지 않은 것을 죄로 삼는가?"

장령 서선이 아뢰어 말했다.

"영기(永奇)는 비록 죽을죄는 아니지만 『육전(六典)』에서 (부당한 장사를) 엄격히 금지하는 뜻으로 보자면 역시 마땅히 그를 죽여야 하니 (이번 일은) 내버려두고 (그 죄를) 논하지 않는 것[不論]이 마땅합
불론
니다."

상이 말했다.

"비록 가벼운 죄라 하더라도 진실로 마땅히 바르게 그 죄를 논해야 한다[正論]. 하물며 인명(人命)을 죽일 것이 아닌데 죽인 것이 바
정론
른 일인가?"

선(選)이 대답하지 못했다. 임금이 말했다.

"헌사는 마땅히 정론(正論)을 가져야 하는데 지금은 어쩌다가 이와 같은가?"

○사간원 장무(掌務)에게 명하여 말했다.

"사헌부에서 허척의 범한 바를 핵문(劾問)하는데 앞뒤로 말하는 것이 한결같지 않으니[不一] 추핵(推劾)하여 보고하라."
불일

사간원에서 사헌부와 허척을 논핵하니 명하여 척을 순금사에 내렸다. 척이 이를 듣고 도망하니 그 때문에 그의 형 형조참의(刑曹參議) 허주(許周, 1359~1440년)³¹와 충순호위사 호군(忠順扈衛司護軍)

---

31 아버지는 판도판서(版圖判書) 허귀룡(許貴龍)이며 어머니는 통례부사(通禮副使) 이길(李吉)의 딸이다. 문과에 급제해 전법정랑(典法正郎)에 오르고, 1385년(우왕 11년) 지양주사(知襄州事)로 왜구의 침입에 대비해 성을 쌓았다. 1388년 지안성군사, 장령을 거쳐 1390년 공부총랑(工部摠郎), 경기우도 염문계정사(京畿右道廉問計定使)로서 이성계(李成桂) 일파의 전제개혁에 참가했다. 1392년 조선이 개국되자 내부경(內府卿)에 임명됐는데, 그의 인척들이 고위 관직을 점유함으로써 조선의 거족으로 군림하게 됐다. 1397년(태조

352

허조(許稠, 1369~1439년)[32]를 가뒀다. 간원에서 또 서선이 수직(守

6년) 사헌중승(司憲中丞)을 겸직하고, 그해에 노비변정도감도청사가 되어 노비 소유에 대한 소송사건을 공정하게 처리했다. 1399년(정종 1년) 노비변정도감이 폐지되자 판사수감사(判司水監事), 지형조사(知刑曹事)를 역임했다. 1401년(태종 1년) 판전농시사(判典農寺事)로서 경상도 안렴출척사(慶尙道按廉黜陟使)가 됐으나, 새로 개간된 토지 상황을 잘 파악하지 못해 이듬해 양주에 유배됐다. 1405년 형조참의를 거쳐 이듬해 호조좌참의 판홍주사가 되었다가 병으로 사임했다. 그러다가 1409년 전라도 관찰사, 이듬해 참지의정부사, 한성부윤, 경기도 관찰사 등을 지낸 뒤 병으로 사직했다. 1416년 개성유후사유후로 복직되고 1418년(세종 1년) 판한성부사로 재직 중 다시금 병으로 사퇴했다. 시문에 뛰어났으며, 성품이 강직해 공사를 분명하게 처리했다는 평이다. 또한 가법(家法)이 엄격해 사당의 모든 행사를 『주자가례(朱子家禮)』에 좇아 행했다.

32 1390년(공양왕 2년) 문과에 급제해 전의시승(典儀寺丞)이 됐고 1392년 조선이 건국되자 좌보궐(左補闕), 봉상시승(奉常寺丞)으로서 지제교를 겸해 예악제도(禮樂制度)를 바로잡는 데 힘썼다. 1397년 전적이 되어 석전(釋奠)의 의식을 개정했으며 1399년(정종 1년) 좌보궐로서 지제교를 겸했다. 태종이 즉위하자 사헌부잡단(司憲府雜端)으로 발탁됐으나 강직한 발언으로 왕의 뜻을 거슬러 완산판관으로 좌천됐다. 그 뒤 강직한 성품을 다시 인정받아 1402년(태종 2년) 이조정랑, 1404년 호군·집현전 직제학으로서 세자시강원좌문학이 됐고 1406년 경승부소윤(敬承府少尹), 이듬해 예문관 직제학으로서 세자시강원문학을 겸임했다. 세자가 명나라에 들어가게 되자 집의에 올라 서장관으로 수행했다. 이때 명나라의 여러 제도를 자세히 조사했다. 그리고 귀국 중에 들렀던 궐리(闕里)의 공자묘(孔子廟)를 본떠 조선의 문묘에서 허형(許衡)을 제향하고 양웅(揚雄)을 몰아냈다.
1408년 판사섬시사(判司贍寺事)로 세자시강원 우보덕을 겸했으나 조대림사건(趙大臨事件)에 연루되어 춘주(春州)로 유배 갔다. 그러나 곧 경승부윤으로 복직했으며 1411년 예조참의가 돼 의례상정소제조를 겸임했다. 이때 사부학당을 신설하고 왕실의 각종 의식과 일반의 상제(喪制)를 정하는 데 크게 공헌했다. 태종조에 이뤄진 많은 예악제도는 거의 그의 손에 의해 이뤄지다시피 했다. 뒤에 이조·병조의 참의를 거쳐 평안도 순찰사가 됐는데, 도내의 민폐를 자세히 조사·보고하면서 조세 감면과 왕의 수렵 자제를 극간하기도 했다. 1415년 한성부윤·예문관 제학, 1416년 예조참판·제조, 1418년 개성유후사유후·경기도 관찰사를 역임했다.
세종 즉위 후에는 공안부윤(恭安府尹)·예조판서로서 부민고소금지법(部民告訴禁止法)을 제의해 시행케 했다. 또한 시관이 돼 많은 인재를 발탁했다. 1422년(세종 4년) 이조판서가 되자 구임법(久任法)을 제정해 전곡을 다루는 경관(京官)은 3년, 수령은 6년 임기를 채우도록 정했다. 그리고 죄인의 자식이라도 직접 지은 죄가 없으면 처벌하지 않도록 하는 법제를 만들었다. 또한 이듬해에는 『속육전(續六典)』의 편수에도 참가했다. 1426년 참찬·빈객이 되었다가 이조판서에 재임했는데, 이때 대간들의 간언을 두호(斗護-남을 두둔해 돌보아줌)해 언로를 넓힐 것을 주장했다. 1428년 판중군도총제부사가 되어서는 동북방의 적을 막기 위해 평안도에 성곽을 쌓고 전선(戰船)을 마련해야 한다고 주장해 이를 관철시

直)³³을 엄하게 하지 않아 척이 도망하게 된 것을 탄핵하고 또 우정 승 조영무(趙英茂)와 사인(舍人) 허지(許遲, 1372~1422년)³⁴가 척의 보고를 듣고도 아뢰지 아니한 까닭을 논핵했다.

○ 사간원에서 소를 올렸다.

'대사헌 박신(朴信)과 장령 서선(徐選, 1367~1433년)³⁵ 현맹인(玄孟

켰다. 1430년 찬성을 거쳐 1432년 다시금 이조판서에 올라 관리 임명에 공정을 기하는 한편 효자순손(孝子順孫)과 충현(忠賢)들의 자손을 발탁해 예교(禮敎)를 장려하는 데 힘 썼다. 이듬해 세종이 파저강 야인(婆猪江野人) 이만주(李滿住) 등을 치려고 했을 때는 후 환이 있을 수 있다면서 극력 반대했다. 1435년 지성균관사가 되고 이듬해에는 예조판서 를 겸임했다. 과거시험에서 사장(詞章)보다는 강경(講經)을 중시해야 한다는 입장에서 초 장강경(初場講經)을 주장했으나 이를 성사시키지는 못했다. 당시까지만 해도 고려시대부 터 내려오는 사장 중시의 경향이 강했던 때문이었다. 1438년에는 세종을 도와 신숙주(申 叔舟) 등 진사 100인과 하위지(河緯地) 등 문신 급제자 33인을 뽑았고 같은 해 우의정 영 집현전춘추관사 세자부로 승진했다. 이듬해 궤장(几杖)이 하사되고 좌의정 영춘추관사 에 올랐으나, 그해에 죽었다.

『소학』, 『중용』을 즐겨 읽었고 효행이 지극했으며 강직한 성품을 지녔다. 특히 유교적 윤 리관을 보급해야 하는 조선 초기에 태종과 세종을 도와 예악제도를 정비하는 데 크게 공헌했다. 세종묘정에 배향됐다.

33 조사 중인 죄인이 도망치지 못하도록 그 집을 병졸들로 하여금 지키게 하는 것을 가리 킨다.

34 1414년(태종 14년) 충청도 도관찰사로 재직 중 향리(鄕里)의 풍속(風俗)을 두텁게 하고 인 심(人心)을 권면하는 방법으로 이사(里社)의 법을 행하도록 청했다. 1415년(태종 15년) 가 뭄이 심할 때 구황을 위해 부족한 수리시설을 축조할 것을 청했다. 1418년(태조 18년) 한성부윤(漢城府尹)이 되고, 이어서 대사헌·이조참판·형조판서·이조판서를 지냈다. 1421년(세종 3년) 불교의 폐단에 대한 상소문을 올렸다.

35 1396년에 문과에 급제하여 이듬해 부봉사(副奉事)가 됐다. 1398년 춘추관기사관을 거 쳐 1400년 문하주서가 되고, 이듬해 주부(注簿), 병조좌랑·이조좌랑 겸 지제교, 감찰 등 을 역임했다. 1408년 동부대언·경연참찬관·보문각 직제학·지제교(知製敎)·춘추관편수 관 겸 군기감사, 지공조사를 두루 역임했다. 이어 1411년 우부대언 겸 군자감사, 지호조 사가 되고, 이듬해 좌부대언·집현전 직제학 겸 판사재감사·지형조사를 역임했다. 그 뒤 에 우사간이 돼 말을 잘못해 부평도호부사(富平都護府事)로 좌천됐다. 1415년 우부대언 (右副代言)이 되어 동료들과 서얼의 차별 대우를 진언했다. 그 뒤 예조우참의·우대언을 거쳐 1417년 충청도 관찰사가 되고, 1419년(세종 1년) 고부 겸 청시부사(告訃兼請諡副使) 로 명나라에 다녀온 후 한성부윤이 됐다. 그 뒤 경기·경상·전라도 등의 관찰사와 형조·

仁), 지평 성엄(成揜), 신경원(申敬原) 등이 처음에는 최영기(崔永奇)의 죄가 처형[典刑=處刑]에 합당하다고 하고 뒤에는 『육전(六典)』으로 논하면 처형하는 것이 합당치 않다고 하여 인명(人命)에 관계된 중대사에 대해 앞뒤로 계문(啓聞)한 것이 각각 다릅니다. 박신 등을 파직하여 서용하지 마십시오.'

상이 이에 법률을 검토해[按律] 보고하도록 명하고 서선을 순금사에 내렸다.

○사간원에서 박신 등의 죄를 아뢰었다.

"『대명률(大明律)』에 의하면 임금의 명에 대하여[對制]³⁶ 글을 올림에 있어 속이고 사실대로 보고하지 않으면 장(杖) 100대에, 도(徒) 3년입니다."

○사간원에서 소를 올려 말했다.

'상벌(賞罰)은 인주(人主-임금)의 권한이니 아래로 옮겨 갈 수 없는 것입니다. 이 때문에 형벌을 행할 적에 무릇 대벽(大辟)³⁷이 있으면 유사(有司)가 옥사(獄事)를 갖춰 상부(相府)³⁸에 보고하고 상부는 그 가부(可否)를 살펴서 계문(啓聞)하여 (상의) 뜻을 받되[取旨] 오히려 마땅하지 않은 것이 있을까 염려하여 반드시 세 번 복심(覆審)하여 아뢴 것을 기다린 연후에 시행하는 것입니다. 이는 실로 빼어난

예조·이조의 참판 등 내외직을 지내고, 1427년 형조판서에 올랐다. 1429년 판한성부사로 절일사(節日使)가 돼 명나라에 갔다가 이듬해 귀국해 1431년 좌군도총제가 됐다.

36 '임금이 글을 올리라는 명을 내린 것에 대해서'라는 뜻이다.

37 사형(死刑) 또는 그에 해당하는 죄를 가리킨다.

38 의정부를 부르는 별칭이다.

임금[聖王]이 형벌을 행하는 데 있어 삼가고 신중히 여기는 뜻[欽恤
之意]입니다. 신 등이 보건대 서북면 검찰별감 허척(許倜)이 흥리인
(興利人) 오종길(吳從吉)과 와주(窩主) 최영기(崔永奇) 등의 죄를 응당
대벽(大辟)에 처해야 할 것으로 의정부에 보고했으니 의정부에서 마
땅히 사실을 살펴서 계문(啓聞)하여 뜻을 받아 시행했어야 할 것입
니다. 그런데 우정승 조영무(趙英茂), 참찬부사(參贊府事-의정부 참찬
사) 이숙번(李叔蕃), 참지부사(參知府事-의정부 참지사) 정구(鄭矩) 등
이 그 경중(輕重)을 분간하지 아니하고 또 뜻도 받지 않고 임의로 결
단하여 공문을 보내서 지나친 형벌을 가하게 했습니다. 상항(上項)의
조영무와 이숙번, 정구 등의 죄는 주상께서 재결(裁決)하여 시행하셔
야 합니다.'

간원 장무를 불러 명했다.

"너희의 청이 옳다. 다만 정부에서 본래부터 사사로이 무역하는 것
을 엄금했기 때문에 약간의 착오[小錯]가 있었던 것이다. 이미 알았
으니 다시 거론하지 말라."

○ 재목(材木)과 모초(茅草=띠풀)를 삼군(三軍)의 갑사(甲士)들에게
나눠 주었다.

정해일(丁亥日-25일)에 전 전라도 수군도절제사(水軍都節制使) 김빈
길(金贇吉)이 졸했다. 빈길(贇吉)은 항오(行五-일반 병사)에서 몸을 일
으켜 군공(軍功)으로 달관(達官)에 이르렀다. 전라도 수군도절제사가
되었을 때 건의하여[建白] 도내(道內) 요해처(要害處-요충지)에다 만호
(萬戶)를 두고, 병선(兵船)을 나눠 정박시켰으므로 그 뒤로부터 국용

(國用)을 조전(漕轉)하는 것에 근심이 없었다. 또 여러 섬에 둔전(屯田)을 설치해 선군(船軍)의 식량을 충족하게 하고, 국고에서 주는 것만 바라는 폐단을 없앴다. 그래서 도총제(都摠制)를 더해주었다. 졸하자 부의(賻儀)를 많이 주고, 헌부(憲府)에서 추후에 포장(褒獎)하기를 청하니 '양혜(襄惠)'라는 시호(諡號)를 내려주었다. 빈길은 충직(忠直)하고 근검(勤儉)했으며, 수전(水戰)에 능했다. 군사가 병든 자가 있으면 마음을 다해 치료해주고, 추위에 어는 자가 있으면 옷을 벗어 입혀주고, 항상 사졸들과 더불어 감고(甘苦)를 같이했다. 도적을 쫓아 행선(行船)할 때에는 분연(奮然)히 몸을 돌보지 않았으니 군사들이 사력(死力)을 다하지 않는 자가 없어서 이르는 곳마다 반드시 이겼다. 매번 상사(賞賜)를 받으면 군사(軍士)의 공(功)이 있는 자에게 나눠 주었으니 변방의 백성들이 힘을 입었다. 아들이 하나 있으니 원량(原亮)이다.

○ 이궁의 이름을 창덕궁(昌德宮)이라고 했다.

○ 이직(李稷) 박자청(朴子青, 1357~1423년)[39] 신극례(辛克禮)에게 안

---

39 1392년 조선이 건국되자 중랑장으로 승진했다. 이듬해 입직군사(入直軍士)로 궁문(宮門)을 지킬 때 왕제(王弟) 의안대군(義安大君)이 들어가려 하자 왕명이 없다고 거절했다. 의안대군이 발길로 차며 상처를 입혔는데도 끝내 거절했다. 태조가 이 사실을 알고 은대(銀帶)를 하사해 내상직(內上直)에 임명하고 어전 밖을 지키도록 했다. 철야로 직무에 충실해 선공감소감(繕工監少監)이 되고 1396년(태조 5년) 호익사대장군(虎翼司大將軍)으로 동북면 선위사(東北面宣慰使)가 돼 오랑캐 동맹가첩목아(童猛哥帖木兒)를 불러 타일렀다. 1402년(태종 2년) 공조·예조전서, 1406년 중군총제 겸 선공감사(中軍摠制兼繕工監事)가 되는 등 주로 영선(營繕-토목 보수 공사)을 맡았다.
문묘(文廟)를 새로 지을 때 역사의 감독을 맡아 주야로 살피고 계획해 4개월 만에 완공시켰다. 그러나 모화관(慕華館)을 남지(南池)에 닿게 하는 작업은 시일만 끌고 완성하지 못해 사헌부로부터 탄핵을 받았다. 1408년 판공안부사(判恭安府事)·공조판서를 역임할 때 제릉(齊陵)과 건원릉(健元陵)의 공사를 감독했다. 1413년 지의정부사(知議政府事)로

장 갖춘 말[鞍馬]을 내려주었다. 이궁(離宮)을 감독한 제조(提調)였기
때문이다.

　　신묘일(辛卯日-29일)에 수창궁 직(壽昌宮直)을 혁파하고 창덕궁 직
(昌德宮直)[40]을 두었다.

　　○ 사헌부 대사헌 박신(朴信) 등에게 직무에 나올 것[就職]을 명
했다.

　　박신 등을 불러 물었다.

　　"무슨 까닭으로 병(病)을 핑계하고 출근하지 않는가? 반드시 신극
례(辛克禮)의 죄를 청했다가 윤허(允許)를 받지 못해서일 것이다. 내
가 일찍이 극례와 더불어 삽혈동맹(歃血同盟)하여 천지(天地) 종사
(宗社)에 고했고, 하물며 그 죄가 사직(社稷)에 관계되지 않으니 어찌
이것으로 공신(功臣)을 죄줄 수 있겠는가?"

　　신(信) 등이 아뢰었다.

　　"집의 윤향(尹向)이 극례에게 욕(辱)을 당한 까닭으로 병을 핑계하
여 사직(辭職)했사온데 주상께서는 이를 윤허하시고 극례의 죄는 논
하지 않으셨습니다. 그러므로 신 등이 두세 번 상서(上書)했으나 한
번도 윤허를 받지 못했기 때문에 병을 핑계한 것일 뿐입니다."

경성수보도감제조(京城修補都監提調)를 맡아 도성을 수축했다. 그 뒤 좌우군도총제(左右
軍都摠制), 1415년 판한성부사(判漢城府事)를 지내고, 1419년(세종 1년) 참찬의정부사(參
贊議政府事)·판우군도총제부사(判右軍都摠制府事)에 이르렀다. 이해 인정문(仁政門) 밖의
행랑 축조를 감독했으나 측량 실수로 기울어지자 직무 태만으로 하옥되기도 했다.

40　직(直)은 궁직(宮直-궁지기)을 말한다.

상이 말했다.

"극례에게 욕을 당했다 하여 사직했다면 내가 어찌 윤허했겠는가?
병으로 사직했기 때문에 윤허한 것이다. 지금 너희의 말은 나의 허
물을 밝히는 것이다. 이제부터는 감히 이렇게 하지 말라."

일을 보라고 명했다.

癸亥朔 親祀于仁昭殿. 告遷新都也.
계해 삭 친사 우 인소전 고 천 신도 야

賜廣明寺米豆幷五十石 還屬其奴婢.
사 광명사 미두 병 오십 석 환속 기 노비

甲子 命給李伯剛職牒. 初 掌令徐選啓曰: "淸平君職牒 已輸
갑자 명급 이백강 직첩 초 장령 서선 계왈 청평군 직첩 이수

於新都矣. 請待國論皆可 然後給之." 上曰: "公論不合 則不必
어 신도 의 청대 국론 개 가 연후 급지 상왈 공론 불합 즉 불필

給之." 右政丞趙英茂等啓曰: "初 收伯剛職牒者 以居易子孫
급지 우정승 조영무 등 계왈 초 수 백강 직첩 자 이 거이 자손

禁錮與宮主離異 今旣不爾 不可以駙馬而爲庶人也. 臣等欲請
금고 여 궁주 이이 금 기 불이 불가 이 부마 이위 서인 야 신등 욕청

還給其職牒 適因左政丞分司新都 未得啓聞. 請給之." 乃召徐選
환급 기 직첩 적 인 좌정승 분사 신도 미득 계문 청급지 내 소 서선

命給之.
명 급지

知春秋館事權近 柳亮藏國史于景福宮勤政殿西廊.
지 춘추관 사 권근 유량 장 국사 우 경복궁 근정전 서랑

乙丑 地震. 夜 大雨雷電.
을축 지진 야 대우 뇌전

賜兀良哈高里 李豆蘭各衣一襲 笠 靴.
사 올량합 고리 이두란 각 의 일습 립 화

幸州林檎 再華而實.
행주 임금 재화 이실

丁卯 上詣太上殿 告還漢京 太上置酒爲歡.
정묘 상 예 태상전 고환 한경 태상 치주 위환

司諫院上疏曰:
사간원 상소 왈

'臣等伏聞 欲於今月初八日 移御漢都 只率內臣軍士臺諫刑曹
신등 복문 욕 어 금월 초 팔일 이어 한도 지솔 내신 군사 대간 형조

各一員. 是不欲煩民也 然無識之徒 因放鷹田獵 踏損禾穀 或
각 일원 시 불욕 번민 야 연 무식 지도 인 방응 전렵 답손 화곡 혹

畿甸守令 因支應 抽斂民戶 廣行苞苴. 民受其弊 不可不慮. 乞
기전 수령 인 지응 추렴 민호 광행 포저 민 수 기폐 불가불 려 걸

下禁令 分定監檢 如有犯者 痛行禁治.'
하 금령 분정 감검 여유 범자 통행 금치

從之.
종지

庚午 駕發松京. 司憲府 司諫院上疏曰:
경오 가발 송경 사헌부 사간원 상소 왈

'臣等以爲自古人君不以一時之樂爲娛 而以萬世之計爲念.
신등 이위 자고 인군 불이 일시 지락 위오 이이 만세 지계 위념

恭惟殿下 以漢都太上之所創 不可不還 上告神祇 下率臣民以遷
공유 전하 이 한도 태상 지 소창 불가 불환 상고 신기 하솔 신민 이천

而今木葉未脫 野火不燒 殿下日與軍士 馳馬從獸於丘陵坑坎之
이 금 목엽 미탈 야화 불소 전하 일여 군사 치마 종수 어 구릉 갱감 지

中. 脫①有不測 其將及救乎? 殿下縱不自愛 乃社稷萬世之計何?
중 탈 유 불측 기장 급구 호 전하 종부 자애 내 사직 만세 지계 하

且世子雖春秋未盛 明哲夙成 見殿下遊田之樂 豈不快於心 而以
차 세자 수 춘추 미성 명철 숙성 견 전하 유전 지락 기 불쾌 어심 이이

爲則②乎? 伏望殿下 自今正法駕遵道而行.'
위칙 호 복망 전하 자금 정법가 준도 이행

壬申 遣知申事朴錫命 獻壽幣于太上殿. 以太上誕日也.
임신 견 지신사 박석명 헌 수폐 우 태상전 이 태상 탄일 야

癸酉 駕至漢京 謁宗廟 御蓮花坊卒領議政府事趙浚第. 以
계유 가지 한경 알 종묘 어 연화방 졸 영의정부사 조준 제 이

離宮尙未畢功也.
이궁 상 미필 공야

甲戌 幸離宮. 召提調李稷等設酌 又賜軍人酒.
갑술 행 이궁 소 제조 이직 등 설작 우 사 군인 주

禁臺諫以小事上封章. 召掌令玄孟仁 正言鄭村命之曰: "往者
금 대간 이 소사 상 봉장 소 장령 현맹인 정언 정촌 명지 왈 왕자

下敎 予有過失 不必具疏進諫. 前日野次 交章以聞 謂③有大事
하교 여유 과실 불필 구소 진간 전일 야차 교장 이문 위 유 대사

及見其疏 乃曰毋縱馳馬 正駕遵道而已. 如此小事 何不進言 而
급 견 기소 내 왈 무종 치마 정가 준도 이이 여차 소사 하 부 진언 이

具疏以聞乎?" 村對曰: "駕曉動暮止 無進言之時 故具疏以聞."
구소 이문 호 촌 대왈 가 효동 모지 무 진언 지시 고 구소 이문

上曰: "爾必上疏者 蓋欲留名於後世也. 今後小事 毋上疏."
상왈 이필 상소 자 개 욕 유명 어 후세 야 금후 소사 무상 소

放京外笞罪囚.
방 경외 태죄 수

豊海道飢 命水田收以穀 爲明年民間種; 旱田租留其半 以爲
救荒之費.

乙亥 幸離宮 又置酒. 慰監督官也. 賜離宮赴役工匠木緜正布
幷十二匹.

戊寅 命司憲府 禁隨駕臣僚奪占人家. 召掌令徐選曰: "往日
議政府啓曰: '新徙之初 大小臣僚無家 難以過冬. 寡婦及閑人之
家 宜權借於時仕者.' 予乃不聽 今聞或有奪人之家者. 憲司劾問
論罪."

己卯 命議政府 大小臣僚私行 毋得給駏馬.

吉昌君權近上書薦金泮 金從理. 書略曰:

'臣所撰次禮記淺見錄 本經正文及陳氏集說十六卷 無慮數百
萬言. 臣今僭著先後之次 幷附臆見之說 亦不下數萬餘言 釐爲
二十六卷. 自臣作藁 已踰十年 未能正書 深以爲恨 今蒙主上
殿下崇儒右文之治 特命繕寫, 前敎授官臣金泮 前監務臣金從理
等自今年八月初四日承命已後 每日繕寫 未嘗暫廢 甫踰三朔 乃
於今月十有七日 俱已畢書. 其敬上命 勤謹不怠 誠可嘉賞. 且泮
精敏 從理篤實 皆好學問 或任文翰 或任世務 皆可克堪. 伏望特
下吏曹 量宜注授 以旌其勤 以勸于後.'

上下吏曹 除泮 成均注簿 從理 任實監務.

庚辰 幸東郊 觀放鷹.

辛巳 命除各道都觀察使首領官及差使員謁見扈駕臺諫之禮.

初 司憲府上疏:

'觀察使首領官及支應差使員等 謁見扈駕臺諫 禮也. 月初

八日 駕次長湍 首領官及差使員等 不行此禮. 初九日駕次逍遙岐

府發書吏所由 察汎濫者 差使員積城監務 藏酒幕中. 遣所由呼

首領官郭存中之吏 欲言其故 存中以爲無明文. 故移關于觀察使

亦不送之 乃曰: "積城監務藏酒 將以爲翼日供上也." 細問之

翼日支應差使員 乃楊州府使 非積城監務也. 觀察使咸傅霖 妄

以書吏所由 擅開進上酒器 報議政府. 本府劾存中以不送吏之故

存中回避不受 乃於大駕入京之日 任然還于留後司. 其不畏朝綱

而埋沒所司 至於如此 伏望上裁施行.'

上曰: "傅霖無罪." 命視事. 翌日 傅霖辭以疾. 至是 敎司憲府

曰: "行在所 觀察使首領官支應差使員等 議政府外 毋得參見.

司憲府毋遣所由搜觀察使及差使員依幕 以爲恒式."

離宮告成: 正寢廳三間 東西寢殿各二間 東西穿廊各二間 南

穿廊六間. 東西小橫廊各五間 接于東西行廊 北行廊十一間

連排西別室三間. 東西行廊各十五間 東樓三間 廂庫三間. 其餘

兩殿水剌間 司饔房及湯子洗手間等 雜間閣摠一百十八間. 以上

內殿. 便殿三間 報平廳三間 正殿三間. 越臺東西廣六十三尺九

寸 南北廣三十三尺. 上層階高三尺五寸 中層廣五尺 階高四尺

一寸. 殿庭南北廣一百十七尺有奇 東西廣一百五十六尺有奇.
일촌 전정 남북 광 일백 십칠 척 유기 동서 광 일백 오십 육척 유기

東邊上層三間 中層五間 行廊九間; 西邊上層三間 中層四間
동변 상층 삼간 중층 오간 행랑 구간 서변 상층 삼간 중층 사간

行廊九間. 大門三間 左右行廊各九間. 承政院廳三間 東行廊
행랑 구간 대문 삼간 좌우 행랑 각 구간 승정원 청 삼간 동 행랑

十間 南行廊四間 北行廊四間 外行廊五間 外樓三間.
십간 남 행랑 사간 북 행랑 사간 외 행랑 오간 외루 삼간

　壬午 御離宮 漢京父老獻歌謠於道左. 世子率百官行賀禮
임오 어 이궁 한경 부로 헌 가요 어 도좌 세자 솔 백관 행 하례

議政府獻壽 親勳 政府 六曹咸與焉. 議政府贊成事權近 撰
의정부 헌수 친훈 정부 육조 함 여언 의정부 찬성사 권근 찬

華嶽詩以獻. 其序曰:
화악시 이헌 기서 왈

　'臣近伏覩主上殿下 駕還都城 以蒞新宮 上敦繼述之孝 下慰
신 근 복도 주상 전하 가환 도성 이리 신궁 상돈 계술 지효 하위

來蘇之望. 宅中圖治 迓續永命 宗社以光國步載安. 朝鮮臣民
내소 지망 택중 도치 아속 영명 종사 이광 국보 재안 조선 신민

罔不懽慶. 況以臣近 備員政府 親覩盛美 抃躍之情 倍萬常品.
망불 환경 황 이신 근 비원 정부 친도 성미 변약 지정 배만 상품

竊伏惟念 古昔帝王建國遷都 莫不各有詠歌之詞 以美其功 被諸
절복 유념 고석 제왕 건국 천도 막불 각유 영가 지사 이미 기공 피제

律呂 垂示罔極. 考之周詩 公劉遷豳 太王遷豐 武王遷鎬 靡不有
율려 수시 망극 고지 주시 공류 천빈 태왕 천풍 무왕 천호 미불 유

詩 編爲雅頌 遂使數千載之下 得以想見當時君上治功之盛 與夫
시 편위 아송 수사 수천재 지하 득이 상견 당시 군상 치공 지성 여부

臣子愛君歸美之誠 而皆有所感之誠之發 而興起焉 則歌詩之效
신자 애군 귀미 지성 이개 유 소감 지성 지발 이흥기 언 즉 가시 지효

爲不淺矣.
위 불천 의

　今我主上殿下 聰明聖智 仁孝溫文 夙夜惟寅 動法古昔 鋤去
금 아 주상 전하 총명 성지 인효 온문 숙야 유인 동법 고석 서거

敝蠱 登崇俊良 治功灼著 中外靖嘉. 天子錫命而嘉賞 島夷輸貢
폐고 등숭 준량 치공 작저 중외 정가 천자 석명 이 가상 도이 수공

而來朝 隆功偉烈 視古無讓. 顧我漢城之都 實膺圖籙 太上王之
이 내조 융공 위열 시고 무양 고 아 한성 지도 실응 도록 태상왕 지

所定也 宗廟社稷之所在也. 民乃重遷 不適有居 殿下乃以宗廟之
소정 야 종묘 사직 지 소재 야 민 내 중천 부적 유거 전하 내 이 종묘 지

重 堂構之義 不可不遷 告廟獲吉 營室而還 所以尊宗社定民志
중 당구 지의 불가 불천 고묘 획길 영실 이환 소이 존 종사 정 민지

而奉太上之懽心也. 其視古昔遷徙之擧 義尤重焉. 是宜奮肆欽歆
이 봉 태상 지 환심 야 기시 고석 천사 지거 의 우중 언 시 의 분사 구유

手足蹈舞 長言之於康衢 播揚休聲 以永厥聞. 豈可暗黙無詩 以
수족 도무 장언 지어 강구 파양 휴성 이영 궐문 기 가 암묵 무시 이

泯其傳哉? 是故 臣近不揆鄙拙 僭獻詩章 欲形容聖德之萬一. 雖
민 기전 재 시고 신근 불규 비졸 참헌 시장 욕 형용 성덕 지 만일 수

其辭語粗淺 聲律舛戾 不足以鋪張盛朝功德之懿 然於臣子區區
기 사어 조천 성률 천려 부족 이 포장 성조 공덕 지 의 연 어 신자 구구

歸美之誠 亦所不能自已者也. 伏惟聖慈垂採焉.'
귀미 지성 역 소불능 자이 자야 복유 성자 수채 언

其詞曰:
기사 왈

嵩嵩華嶽 滔滔漢江 環拱完固 天作之邦
숭숭 화악 도도 한강 환공 완고 천 작지 방

淑氣攸積 啓我有德 誕膺貞符 九變之局
숙기 유적 계아 유덕 탄응 정부 구변 지국

維神斯基 維聖斯復 神聖相承 永保民極
유 신 사 기 유 성 사 복 신성 상승 영보 민 극

華山嵩嵩 漢江滔滔 流嶼旋繞 天作之都
화산 숭숭 한강 도도 유서 선요 천 작지 도

龍孫訖籙 仙李敷榮 先乎千載 其徵孔明
용손 흘록 선이 부영 선 호 천재 기징 공명

天之所啓 我后其貞 於萬斯年 以開太平
천 지 소계 아 후 기정 어 만사 년 이 개 태평

滔滔漢江 嵩嵩華嶽 舟車所會 天作之國
도도 한강 숭숭 화악 주거 소회 천 작지 국

都人遑遑 苦侯我后 王曰旋歸 以重堂構
도인 황황 고 혜 아 후 왕 왈 선귀 이중 당구

乃作新宅 乃張治具 來燕來寧 福祿是聚
내 작 신택 내 장 치구 내연 내녕 복록 시 취

漢江滔滔 華嶽嵩嵩 金湯其固 天作之宮
한강 도도 화악 숭숭 금탕 기고 천 작지 궁

天作伊何 啓我朝鮮 篤生聖哲 世德相傳
천작 이하 계아 조선 독생 성철 세덕 상전

嚴恭夙夜 永畏于天 子孫繩繩 彌億萬年
엄공 숙야 영외 우천 자손 승승 미억 만년

酒酣 上與諸臣 聯句唱和 上有在位何忘履薄心之句.
주감 상여 제신 연구 창화 상유 재위 하망 이박 심지구

左政丞河崙 進漢江詩. 序曰:
좌정승 하륜 진 한강시 서왈

'臣伏値主上殿下還都漢城 臣民咸悅 雲會影從 惟恐或後 漢
신 복치 주상 전하 환도 한성 신민 함열 운회 영종 유공 혹후 한

之父老 至有垂泣相感者. 苟非深仁厚澤 洽於民心 安能至此! 臣
지 부로 지유 수읍 상감 자 구비 심인 후택 흡어 민심 안능 지차 신

竊聞周之太王 去邠居岐 民之從者如歸市. 臣幸親見盛事 不勝
절문 주지 태왕 거빈 거기 민지 종자 여 귀시 신행 친견 성사 불승

慶抃之至 謹和贊成事權近所進歌詩 爲漢江詩一篇 繕寫以獻.
경변 지지 근화 찬성사 권근 소진 가시 위 한강시 일편 선사 이헌

臣竊念宣王中興周室 尹吉甫作江漢詩 編諸簡册 被諸金石 傳之
신 절념 선왕 중흥 주실 윤길보 작 강한시 편저 간책 피저 금석 전지

至今 一時君臣之美 愈久愈顯.④ 臣不才 安敢自比古之作者! 誠
지금 일시 군신 지미 유구 유현 신 부재 안감 자비 고지 작자 성

願殿下之美 垂於無窮 歌詠盛德之光輝 儻蒙燕閑之暇 賜一睿覽
원 전하 지미 수어 무궁 가영 성덕 지 광휘 당몽 연한 지가 사 일 예람

焉 則臣之爲幸至矣.'
언 즉 신지 위행 지의

其詩曰:
기시 왈

維漢之水 振古泱泱 維華之山 倚天蒼蒼
유한 지수 진고 앙앙 유화 지산 의천 창창

維聖勃興 奄有東方 迺定國都 維漢之陽
유성 발흥 엄유 동방 내정 국도 유한 지양

宗廟乃安 景運靈長 維漢之江 浩乎朝宗
종묘 내안 경운 영장 유한 지강 호호 조종

維華之山 鬱乎葱蘢 維聖繼作 經始新宮
유화 지산 울호 총롱 유성 계작 경시 신궁

視民如子 民樂赴功 不日有成 萬福攸同
시민 여자 민락 부공 불일 유성 만복 유동

我后來止 路車皇皇 衛仗整齊 維德之光
아 후 래지 노거 황황 위장 정제 유 덕 지광

駿奔後前 濟濟英良 民心載悅 歌詠康莊
준 분 후전 제제 영량 민심 재열 가영 강장

我后至止 堂陛巍巍 威儀肅穆 維德之輝
아 후 지지 당폐 외외 위의 숙목 유 덕 지휘

揖讓周旋 藹藹賢才 嘉言日進 公道天開
읍양 주선 애애 현재 가언 일진 공도 천개

勉勉我后 孝友純至 不惟述事 于以繼志
면면 아 후 효우 순지 불유 술사 우이 계지

宗親克睦 內助允美 旣齊其家 國隨以治
종친 극목 내조 윤미 기제 기가 국수 이치

明明我后 克篤綱常 天鑑厥德 俾熾而昌
명명 아 후 극독 강상 천감 궐덕 비치 이창

緝熙安安 壽考而康 祚胤萬世 其永無疆
집희 안안 수고 이강 조윤 만세 기영 무강

癸未 雷電.
계미 뇌전

笞世子宮宦者盧犇. 上以世子惰學 令盧希鳳笞侍左右者盧犇
태 세자궁 환자 노분 상이 세자 타학 영 노희봉 태시 좌우 자 노분

犇白於世子曰: "此豈奴之罪也?"世子不悅.
분 백어 세자 왈 차 기 노지죄 야 세자 불열

世子師成石璘 賓客權近 劉敞 李來 趙庸等 聞盧犇被笞 會
세자사 성석린 빈객 권근 유창 이래 조용 등 문 노분 피태 회

書筵官 警世子曰: "世子不可不知者孝也 不可不務者學也. 今若
서연관 경세자 왈 세자 불가 부지 자효 야 불가 불무 자학 야 금약

不勤學而動上念 則不孝莫大焉. 世子當以悅上意爲心可矣." 近
불근 학이동상념 즉불효 막대 언 세자 당이 열 상의 위심 가의 근

曰: "有人言: '常人須學 以立身成名 若世子 何必學 然後立身!
왈 유인 언 상인 수학 이 입신 성명 약세자 하필 학 연후 입신

且非欲登第也.' 是大不然. 常人雖能一藝 可以立身 在上位 非學
차 비욕 등제 야 시대 불연 상인 수능 일예 가이 입신 재 상위 비학

不能爲政. 不能爲政 則國之亡無日矣." 世子無一言. 厥後 上欲令
불능 위정 불능 위정 즉국지 망무일 의 세자 무 일언 궐후 상 욕령

世子講所讀書 世子聞之 徹夜讀書.
세자 강 소독서 세자 문지 철야 독서

世子侍食於上 多不中禮 上視之曰: "予少也遊豫不學 擧動
세자 시식 어상 다 부중 례 상 시지 왈 여 소야 유예 불학 거동

無節. 今爲民主 亦不合民望 故心自愧之. 汝雖年少 乃元子也.
무절 금위민주 역불합 민망 고심 자괴지 여수연소 내원자야

言語擧動 何無節耶? 書筵官曾不敎歟?"世子慙懼.
언어 거동 하무절 야 서연관 증 불교 여 세자 참구

甲申 雷電.
갑신 뇌전

與李稷 辛克禮設酌 六代言入直 摠制與焉.
여 이직 신극례 설작 육대언 입직 총제 여언

罷藝文館提學金漢老職. 司憲府上書請罪. 其略曰:
파 예문관 제학 김한로 직 사헌부 상서 청죄 기 약왈

'漢老之行 欲率巨商白龜 從事官等 以白龜常挾金銀 興利
한로 지행 욕솔 거상 백구 종사관 등 이 백구 상협 금은 흥리

上國 請毋率行. 漢老貪利而不聽 於政府差箚 改書白龜之名曰
상국 청무 솔행 한로 탐리 이 불청 어 정부 차차 개서 백구 지명왈

龍. 至平壤府 聞議政府推考 乃還之 令白龜妻弟李元 遞受其貨
용 지 평양부 문 의정부 추고 내 환지 영 백구 처제 이원 체수 기화

而行. 此非特全失宰相之義 其欺冒國家亦甚矣.⑤ 請收職牒 黜于
이행 차 비특 전실 재상 지의 기 기모 국가 역 심의 청수 직첩 출우

遐方.'
하방

止令罷職.
지 령 파직

司憲府請辛克禮辱罵尹向之罪 不允.
사헌부 청 신극례 욕매 윤향 지죄 불윤

丙戌 命司憲府 詰問西北面行臺監察許倜罪. 倜爲西北面檢察
병술 명 사헌부 힐문 서북면 행대 감찰 허척 죄 척위 서북면 검찰

別監 至義州 執彼土興利人吳從吉及窩主崔永奇典刑以聞. 上
별감 지 의주 집 피토 흥리 인 오종길 급 와주 최영기 전형 이문 상

怒其已誅而後聞 下憲府詰之 掌令徐選啓曰: "許倜擅殺興利人
노 기 이주 이 후문 하 헌부 힐지 장령 서선 계왈 허척 천살 흥리 인

過矣."上曰: "擅殺過矣 其罪當殺歟? 更議以聞." 徐選啓曰: "倜
과의 상왈 천살 과의 기죄 당살 여 갱의 이문 서선 계왈 척

殺主人崔永奇則過矣."命令倜私馬上京.
살 주인 최영기 즉 과의 명령 척 사마 상경

召議政府舍人許遲曰: "許倜殺興利之人罪 議定以聞." 遲啓曰:
소 의정부 사인 허지 왈 허척 살 흥리 지인 죄 의정 이문 지 계왈

"以六典考之 似乎無罪." 乃命收其私馬上京之牒.
이 육전 고지 사호 무죄 내 명 수 기 사마 상경 지첩

召司憲掌令徐選問曰: "許倜所殺一人 當死 一人亦當死乎?"
소 사헌 장령 서선 문왈 허척 소살 일인 당사 일인 역 당사 호

選對曰:“一人不當死也.”上曰:“前上書 何故言當死? 更推以聞.”

司憲府請許偶擅殺之罪 上曰:“偶非不聞 議政府受其報而不

以聞 然偶亦有罪. 從吉興利人 可殺也 其主人 何以殺之? 六典

無此法矣. 憲府奚不請濫殺之罪 以不聞爲罪乎?”掌令徐選啓曰:

“永奇雖不應死 以六典痛禁之意 亦當殺之 宜置而不論.”上曰:

“雖輕罪 固當正論 況人命不應殺 而殺之可乎?”選不能對. 上曰:

“憲司當持正論 今乃如此乎?”

命司諫院掌務曰:“司憲府劾問許偶所犯 前後所言不一 推劾

以聞.”司諫院劾司憲府及許偶 命下偶于巡禁司. 偶聞之逃 囚

其兄刑曹參議周 忠順扈衛司護軍稠. 諫院又劾徐選以不嚴守直

致偶之逃 又劾右政丞趙英茂 舍人許遲以不啓偶報之故.

司諫院上疏:

‘大司憲朴信 掌令徐選 玄孟仁 持平成揜 申敬原等初以爲

崔永奇罪合典刑 後以爲六典內不合典刑 以人命重事前後啓聞

各異. 其⑥朴信等 罷職不敍.’

上乃命按律以聞 下徐選于巡禁司.

司諫院啓:“朴信等罪 大明律 對制上書 詐不以實 杖一百 徒

三年.”

司諫院上疏曰:

‘賞罰 人主之權 不可下移. 是故用刑之際 凡有大辟 有司

具獄 報于相府 相府審其可否 啓聞取旨 猶恐其未當 必候三復
구옥 보우 상부 상부 심기 가부 계문 취지 유공 기 미당 필후 삼복

奏 然後施行. 此實聖王用刑欽恤之意也. 臣等竊見 西北面檢察
주 연후 시행 차실 성왕 용형 흠휼 지의 야 신등 절견 서북면 검찰

別監許偶 以興利人吳從吉 窩主崔永奇等罪應大辟 報于議政府
별감 허척 이 흥리 인 오종길 와주 최영기 등 죄응 대벽 보우 의정부

議政府宜當審實以聞 取旨施行. 右政丞趙英茂 參贊府事李叔蕃
의정부 의당 심실 이문 취지 시행 우정승 조영무 참찬 부사 이숙번

參知府事鄭矩等 不分輕重 亦不取旨 擅斷行移 致使濫刑. 上項
참지 부사 정구 등 불분 경중 역 불 취지 천단 행이 치사 남형 상항

趙英茂 李叔蕃 鄭矩等之罪 上裁施行.
조영무 이숙번 정구 등 지죄 상 시행

召諫院掌務命曰:"汝等之請是矣 但政府本緣痛禁私和買賣而
소 간원 장무 명왈 여등 지청 시의 단 정부 본연 통금 사화 매매 이

有小錯. 已知之 更勿擧論."
유 소착 이 지지 갱물 거론

分賜材木茅草于三軍甲士.
분사 재목 모초 우 삼군 갑사

丁亥 前全羅道水軍都節制使金贇吉卒. 贇吉出身行伍 以軍功
정해 전 전라도 수군도절제사 김빈길 졸 빈길 출신 행오 이 군공

至達官. 其爲全羅道水軍都節制使也 建白道內要害之處 置萬戶
지 달관 기위 전라도 수군도절제사 야 건백 도내 요해 지처 치 만호

分泊兵船. 自後國用漕轉無虞. 且設諸島屯田 以足船軍之食 以
분박 병선 자후 국용 조전 무우 차 설 제도 둔전 이족 선군 지식 이

除仰給國庫之弊 就加都摠制. 及卒 賻恤有加 憲府請加追獎 乃
제 앙급 국고 지폐 취가 도총제 급졸 부휼 유가 헌부 청가 추장 내

賜諡襄惠. 贇吉忠直勤儉 長於水戰 軍士有病者 盡心治療 寒凍
사시 양혜 빈길 충직 근검 장어 수전 군사 유병 자 진심 치료 한동

者解衣衣之 常與士卒同甘苦. 追寇行船 則奮不顧身 軍士莫不
자 해의 의지 상여 사졸 동 감고 추구 행선 즉 분 불고 신 군사 막불

出死力 所至必捷. 每受賞賜 分與軍士之有功者 邊民賴焉. 一子
출 사력 소지 필첩 매수 상사 분여 군사 지 유공 자 변민 뢰언 일자

原亮.
원량

號離宮曰昌德宮.
호 이궁 왈 창덕궁

賜鞍馬于李稷 朴子靑 辛克禮. 離宮監督提調也.
사 안마 우 이직 박자청 신극례 이궁 감독 제조 야

辛卯 革壽昌宮直 置昌德宮直.
신묘 혁 수창궁 직 치 창덕궁 직

命司憲府大司憲朴信等就職. 召信等問曰: "何故托病不仕 必
명 사헌부 대사헌 박신 등 취직 소신등 문왈 하고 탁병 불사 필

以請克禮之罪而不得也? 予曾與克禮 歃血同盟 告于天地宗社.
이 청 극례 지 죄 이 부득 야 여 증 여 극례 삽혈 동맹 고우 천지 종사

況其罪不關社稷 豈可以此罪功臣也?" 信等啓曰: "執義尹向 以
황 기죄 불관 사직 기 가 이차 죄 공신 야 신 등 계왈 집의 윤향 이

見辱於克禮之故 托疾辭職 上允之 不論克禮之罪 臣等再三上書
견욕 어 극례 지고 탁질 사직 상 윤지 불론 극례 지죄 신등 재삼 상서

一不蒙允 以故托疾耳." 上曰: "以受辱於克禮爲辭 則予豈允之?
일불 몽윤 이고 탁질 이 상왈 이 수욕 어 극례 위사 즉 여기 윤지

以疾爲辭 故允之. 今爾等之言 昭我過也. 自今毋敢如此" 仍命
이질 위사 고 윤지 금 이등 지언 소 아 과 야 자금 무감 여차 잉명

視事.
시사

| 원문 읽기를 위한 도움말 |

① 脫. '만약', '혹시라도'라는 뜻인데 여기에는 '그럴 리는 없겠지만 혹시라
탈
도'라는 뜻이 포함돼 있다.

② 以爲則. 여기서는 以爲가 아니라 앞에 있는 것을 갖고서[以] '본받다
이 위칙   이
[爲則]'라는 뜻이다. 같은 상소문 안에 爲娛, 爲念과 같은 표현이다. 그래
위칙   위오   위념
서 以와 爲를 떼서 음을 달았다.
이   위

③ 謂有大事. 여기서의 謂는 以謂라고 할 때의 謂와 마찬가지로 '~라고 생
위 유 대사   위   이위   위
각하다', '~라고 여기다'라는 뜻이다.

④ 愈久愈顯. '愈~愈~'는 '~하면 할수록 그만큼 더 ~한다'라는 구문이다.
유구 유현 유 유

⑤ 此非特全失宰相之義 其欺冒國家亦甚矣. 이는 '非特~亦'의 구문으로
차 비특 전 실 재상 지 의 기 기모 국가 역 심 의   비특   역
'~뿐만 아니라 ~도 또한 ~'라는 뜻이다.

⑥ 其. 여기서 其는 '이에' 혹은 '그에'라는 뜻이다. 즉 '그래서'라는 뜻이다.
기   기

태종 5년 을유년
11월

十一月

계사일(癸巳日-1일) 초하루에 지신사 박석명(朴錫命)을 개성유후사
(開城留後司)에 보내 태상전(太上殿)에 문안을 드렸다.

○ 경외(京外)의 도형(徒刑) 및 유형(流刑)의 죄수들을 사면했다. 때
아닌[非時] 천둥이 쳤기 때문이다.

비시

○ 의정부에서 아뢰어 말했다.

"정탁(鄭擢, 1363~1423년)¹과 이백온(李伯溫, ?~1419년)²이 거리낌

---

1 이성계(李成桂)를 도와 조선 개국에 공헌해 개국공신(開國功臣) 1등이 되고 이듬해 사헌
지평(司憲持平)·성균사예(成均司藝)를 역임했고, 교주강릉도안렴부사(交州江陵道按廉副
使)로 나갔다. 이어 대장군(大將軍)으로 성균대사성에 승진, 1396년(태조 5년) 정조사(正
朝使)를 보낼 때 그가 지은 표문(表文)이 명나라 황제로부터 문사(文辭)가 경박하고 모욕
적이라고 꾸중을 받자 계품사(計稟使) 하륜(河崙)을 따라 명나라에 가서 사실을 해명한
뒤에 노모(老母)를 모셨다고 해서 용서받고 돌아왔다. 이어 좌승지(左承旨)·중추원 학사
(中樞院學士) 등을 역임했고 1398년 도평의사사사(都評議使司事)로 청성군(淸城君)에 봉
해지고, 이해 1차 왕자의 난에 방원(芳遠)을 도와 정사공신(定社功臣) 2등이 됐다. 이어
첨서중추원사(簽書中樞院事)·예문춘추관 대학사(藝文春秋館大學士)·정당문학(政堂文學)
을 거쳐 지의정부사(知議政府事)·삼사우사(三司右使)를 역임, 1403년(태종 3년) 판한성부
사(判漢城府事)가 되고, 이해인 1405년 살인죄로 영해부(寧海府)에 유배됐다. 공신인 탓
으로 뒤에 풀려 나와 개성유후사유후(開城留後司留後)를 거쳐 1408년 태조가 죽자 고부
청시사(告訃請諡使)로 명나라에 다녀오고 이듬해 세자 좌빈객(世子左賓客), 1411년 참찬
의정부사(參贊議政府事)가 됐다. 이듬해 정조사로 다시 명나라에 다녀오고 1415년 부원
군(府院君)에 진봉(進封), 1421년(세종 3년) 진하사(進賀使)로 명나라에 다녀온 뒤 우의정
에 올랐다.

2 아버지는 태조의 이복형인 이원계(李元桂)이며 완평군 이조(完平君 李朝)의 아우다. 종친
으로서 주색을 탐함이 심해 강상(綱常)을 문란하게 하여 여러 차례 사헌부의 탄핵을 받
았다.

없이[不忌] 사람을 죽였으니 그 죄(罪)는 주살에 해당합니다. 그러나

불기

다만 공신(功臣)과 종친(宗親)이라는 이유로 성명(性命)을 보존했으니

속히 용서할 수 없습니다."[3]

그대로 따랐다.

갑오일(甲午日-2일)에 영보도량(靈寶道場)[4]을 베풀었다. 음양(陰陽)

이 절기(節氣)를 잃고 뇌우(雷雨)가 때에 맞지 않자 이를 빌기 위함

이었다.

정유일(丁酉日-5일)에 태상왕이 개성유후사(開城留後司)를 출발

했다.

무술일(戊戌日-6일)에 상이 태상왕을 옛 견주(見州)[5]에서 맞이했다.

---

3 같은 날 내린 사면령에 이 두 사람은 포함시킬 수 없다는 주장이다.

4 『영보경(靈寶經)』의 독송을 주로 하는 의식으로 1265년(고려 원종 6년) 정월에 행해진 것
   이 가장 오랜 기록이다. 1110년(예종 5년) 송나라에서 2명의 도사가 오고 복원궁(福源
   宮)이 건립됨에 따라 고려 도교의례가 중국의 성립도교(成立道敎)에 준하여 체계화됐는
   데 이 도량도 그때부터 시작된 것으로 보인다. 도량이라는 이름 때문에 흔히 불교의례라
   고 잘못 여겨져 왔다. 도교의 도량에는 이 밖에도 성변기양십일요소재도량(星變祈禳十一
   曜消災道場), 북제신병호국도량(北帝神兵護國道場) 등이 있었다. 영보도량은 복원궁·신격
   전(神格殿) 등의 도관이나 내전(內殿)·편전(便殿) 등에서 설행(設行)됐으며, 10월[孟冬]의

                                                              맹동
   항례적 성격(恒例的性格)이 짙다. 설행 목적은 한마디로 왕실의 기복(祈福)이지만 구체적
   으로는 천재지변이나 병혁(兵革) 등을 기양(祈禳)함으로써 사직의 안태(安泰)를 도모하
   는 데 있었다.

5 본래 고구려의 매성군(買省郡)이었던 견주(見州)는 신라 경덕왕(景德王) 때 내소군(來蘇
   郡)으로 편제됐다가 898년 전후에 견주로 불리게 되었다. 이때 왕건(王建)이 양주와 견주
   를 쳐서 복속시켰기 때문이다. 고려 건국 후 견주는 개경 인근이자 양주 경계 내에 있던
   곳으로 정치·경제적인 중요성을 띤 행정구역으로 편제됐다.

상이 숙소에 나아가 헌수(獻壽)하니 태상왕이 조용히 일러 말했다.

"양도(兩都)를 왔다 갔다 하느라 백성들이 생업(生業)을 편안케 하지 못했다. 이제부터는 한 군데 정해 살 수 있겠는가?"

상이 말했다.

"삼가 가르침을 받들겠습니다."

마침내 함께 모시고 잤다[陪宿].

기해일(己亥日-7일)에 태상왕이 노원역(盧原驛) 들에 머무르니 상이 따라가서 술잔을 올리고 함께 모시고 잤다. 내섬시(內贍寺) 여종 원만(元萬)과 공안부(恭安府) 여종 가도지(加都知)에게 쌀 각각 2섬씩을 내려주었다. 원만 등이 아이를 업고 또 물건을 이었으므로 상이 이를 보고서 불쌍히 여겼기 때문이다.

경자일(庚子日-8일)에 상이 태상왕을 모시고 서울로 들어와 예전 무안군(撫安君) 방번(芳蕃)의 집을 태상궁(太上宮)으로 삼으니 태상왕이 기꺼이 들려고 하지 않아 이에 장막(帳幕)을 치고 거처했는데 따로 궁실(宮室)을 짓고자 함이었다. 상이 상기(上妓) 봉가이(奉加伊) 등 11인과 악공(樂工) 박문(朴文) 등 9인이 여러 날 동안 태상왕을 모셨기 때문에 각각 쌀 1섬씩을 주었다.

○ 내섬시판사(內贍寺判事) 위충(魏种), 판관(判官) 이차약(李次若), 공조좌랑(工曹佐郎) 이중만(李仲蔓) 등을 순금사에 내렸다. 헌수(獻壽)할 때 찬품(饌品)이 정밀하지 못하고 화초(花草)가 미처 이르지 못했기 때문이다.

신축일(辛丑日-9일)에 사헌부에서 강거신(康居信)의 처(妻) 목씨(睦氏)의 죄를 청했다. 소는 이러했다.

'거신(居信)이 주살을 당했는데 그 아내 목씨(睦氏)가 3년도 안 돼 상호군(上護軍) 김만수(金萬壽, ?~1421년)[6]에게 재가(再嫁)했으니 (이는) 그의 오라비 호군(護軍) 목인해(睦仁海)가 중매한 것입니다. 목씨와 만수, 인해 등은 예절(禮節)을 돌보지 않고 인륜을 파괴하고 어지럽혔으니 청컨대 모두 죄를 논해야 합니다.'

상은 다만 목씨를 이혼시켜[離異] 그의 고향으로 돌아가게 하고,
이이
만수와 인해는 논하지 말게 했다.

○ 순금사에서 아뢰었다.

"전 의주판관(義州判官) 오한(吳翰)을 보방(保放-보석)하여 오희찰(吳希察)이 오기를 기다려서 빙문(憑問)하게 하소서."

윤허하고 아래에 내렸다[允下=允許].
윤하   윤허

계묘일(癸卯日-11일)에 이조정랑 하연(河演), 좌랑 유사눌(柳思訥)을 파직했다. 사헌부에서 말씀을 올렸다.

---

6 무략(武略)으로서 발탁됐으나 특별히 일컬을 만한 것은 없었다. 이때인 1405년(태종 5년) 강거신(康居信)의 처(妻) 목씨(睦氏)와 결혼했을 때 사헌부에서 그 인륜을 어지럽힌 죄를 청했으나 다만 목씨만 이혼시키고 그냥 넘어갔다. 태종과 세종 두 임금을 모셨고 관직은 좌군동지총제(左軍同知摠制), 삼도조전절제사(三道助戰節制使) 등을 두루 거쳐 도총제(都摠制)까지 올랐다. 1418년(태종 18년) 도총제로 있을 때 죄인 김여하(金慮遐)를 첩의 집에 숨겨주었다가 죄를 묻자 지난날 아버지가 김여하의 어머님께 은혜를 입어 죄가 되는 줄 알고도 은혜를 저버릴 수 없어 숨겨주었다고 했다. 이를 듣고 왕이 외방종편(外方從便)으로 비교적 약하게 처벌했다.

"연과 사눌은 문선사(文選司)[7]로서 10월 24일에 있었던 전동정(轉動政)[8]의 참외판(參外判)[9]에 인(印-관인)을 찍지 않고 내려보냈습니다. 청컨대 죄를 주어야 합니다."

갑진일(甲辰日-12일)에 신의왕후(神懿王后)의 진영(眞影-초상화)을 예전의 세자전(世子殿)에 봉안했다. 예조에서 말씀을 올렸다.

"고전(古典)에 따르면 왕후 부묘의(王后祔廟儀)에는 문무(文武)의 여러 신하가 시위(侍衛)하게 돼 있습니다. 지금 인소전(仁昭殿)을 한경(漢京)으로 옮겨 모시오니[移安] 각사(各司)에서 한 사람씩 조복(朝服)을 갖추고 문밖에서 맞이하게 해야 합니다."

그것을 따랐다. 인소전은 신의왕후의 진전(眞殿-혼전) 이름이다.

을사일(乙巳日-13일)에 나무에 성에가 꼈다.

무신일(戊申日-16일)에 상이 친히 인소전(仁昭殿)에 제사하고 드디어 상왕전(上王殿)에 나아가 술자리를 베풀고 매우 즐겼다.

○ 명하여 허척(許倜)의 직첩을 거두어 수군(水軍)에 채워 넣고 허

---

7 조선시대 문관의 인사에 관한 사무를 관장하기 위해 설치됐던 이조 소속의 관서다. 1405년(태종 5년) 3월 태종의 왕권강화 도모와 직결된, 육조가 중심이 되어 국정을 운영하는 육조직계제(六曹直啓制)의 실시 기도와 명나라의 속부제(屬部制) 및 청리사제(淸吏司制)가 연관되면서 육조속사제가 정립될 때 설치됐다.
8 무시(無時)로 벼슬의 제수(除授)를 행하는 정사(政事)다. 해마다 음력 6월과 12월에 벼슬아치의 공과(功過)에 따라서 벼슬자리를 떼어버리거나 승진시키는 일을 도목정(都目政)이라 하고, 무시(無時)로 제수(除授)하는 것을 전동정(轉動政)이라 한다.
9 참외(參外)의 벼슬을 임명하는 임금의 판지(判旨)를 가리킨다.

주(許周)와 허조(許稠)를 풀어주어 직임으로 돌아하게 했으며 서선(徐選)은 집으로 돌려보냈다. 이때 척은 달아나 나타나지 않았다.

○ 신극례에게 술 10병을 내려주었다.

경술일(庚戌日-18일)에 이백온(李伯溫)을 풀어주어 도성 밖에서 편한 대로 살게 했다[京外從便].

○ 서연관을 불러 일과(日課)를 폐지하지 말 것을 명했다. 상이 말했다.

"들으니 세자가 옛것을 복습한다는 핑계로[托=稱] 일과(日課)를 폐기했다 하는데 금후로는 다시는 그렇게 하지 말라."

○ 명하여 양홍달(楊弘達)의 직(職)을 빼앗았다. 홍달(弘達)이 항상 태상왕의 병(病)을 시중하여 총애를 얻어 검교 승녕부윤(檢校承寧府尹)이 되었는데 진배(眞拜)[10]를 얻으려고 했다. 헌부(憲府)에서 논핵(論劾)하여 아뢰어 말했다.

"홍달은 천인(賤人)입니다. 의술(醫術)로 벼슬이 2품에 이르렀으니 극진하건만 드디어 분수에 넘치는 마음을 먹고 있으니 청컨대 그 직첩을 거두고 국문하여 징계하소서."

상이 다만 벼슬만 빼앗게 했다.

신해일(辛亥日-19일)에 다시 조영무(趙英茂)를 우정승(右政丞), 이숙번(李叔蕃)을 의정부 참찬사로 삼았다.

---

10 허직(虛職)이 아닌 실직(實職)의 제수(除授)를 말한다. 검교가 바로 허직이다.

임자일(壬子日-20일)에 박신(朴信), 서선(徐選), 현맹인(玄孟仁), 신경원(申敬原), 성엄(成揜) 등을 순금사에 내렸다. 신(信)은 (충청도) 아주(牙州)¹¹로, 맹인(孟仁)은 전라도 내상(全羅道內廂)으로, 선(選)은 음죽(陰竹-장호원 지역)으로, 엄(揜)은 원주(原州)로, 경원(敬原)은 괴주(槐州-괴산)로 유배 보냈다. 사간(司諫) 윤수(尹須) 등을 불러 명했다.

"긴급하지 않은 일은 두 번씩이나 상소(上疏)하고, 사헌부에서 허척(許倜)의 죄를 몽롱(曚曨)하게 한 것은 다시 청하지 않으니 일을 맡긴[委任] 뜻에 매우 어긋난다. 각각 집으로 물러가라."

○ 요동(遼東) 사람 조성(曹成) 등 11명을 풀어서 보내주었다[解送]. 성(成) 등이 강계(江界)에 이르러 면포(緜布)와 능단(綾段)을 매매하면서 조지휘(曹指揮)의 친아들이라고 자칭했으나 문빙(文憑)이 없으므로 전농부정(典農副正) 원민생(元閔生)을 시켜 풀어서 보내주었다.

○ 큰 고기 6마리가 바다에서 조수(潮水)를 타고 양천포(陽川浦)로 들어왔다. 포(浦) 옆의 백성들이 잡으니 그 소리가 소가 우는 것 같았다. 비늘이 없고, 색깔이 까맣고, 입은 눈가에 있고, 코는 목 위에 있었다. 현령(縣令)이 아뢰었더니 그 고기를 가져다가 갑사(甲士)에게

---

11 백제의 아술현(牙述縣)이었는데 신라의 경덕왕이 음봉(陰峰)으로 고쳐 탕정군(湯井郡-지금의 아산시 탕정면)의 속현으로 삼았다. 고려 태조 때 인주(仁州)로 고쳤고, 성종 때 자사(刺史)를 두었으며, 1018년(현종 9년) 천안으로 예속시켰다가 뒤에 아주(牙州)로 고치면서 독립된 감무(監務)를 설치했다. 1413년(태종 13년) 전국의 군현 개편 때 인구수가 적은 곳에 산(山)이나 천(川)을 붙이게 됨에 따라 아주를 아산으로 고쳤다.

나눠 주었다.

계축일(癸丑日-21일)에 형조에서 곽식(郭軾)과 이거(李居)의 처(妻) 전씨(田氏)의 죄를 청하니 그것을 따랐다.

"전 사재감(司宰監) 전사리(田思理)의 고모부(姑母夫)인 전 사농경 (司農卿) 곽식(郭軾)과 고모(姑母) 고(故) 예안감무(禮安監務) 이거(李 居)의 처(妻) 전씨(田氏) 등이 노비를 함께 차지하려고 거짓말을 하기 를 '사리(思理)의 아비 의보(義甫)가 아비의 첩 및 자기 누이를 간통 했다'고 하여 다년간 서로 송사를 벌여 골육을 해치고 풍속을 무너 뜨렸습니다. 빌건대 직첩을 회수하고 엄하게 국문하여 율(律)에 따라 처리함으로써 뒷사람을 경계시켜야 합니다."

○ 의정부에서 글을 올려 사찰의 토지와 노비[田口]를 없앨 것을 전구
청했다. 이때 금산사(金山寺) 주지(住持) 도징(道澄)이 그 절의 여종 강장(姜庄)·강덕(姜德) 형제를 간통하고 토지에서 나오는 것과 노비 의 공화(貢貨)[12]를 모두 다 사사로이 썼다[私用]. 또 와룡사(臥龍寺)[13] 사용
주지 설연(雪然)은 그 절의 여종 가이(加伊) 등 5명을 간통했다. 의정 부에서 글을 올려 말했다.

'불씨(佛氏)의 도(道)[14]는 마음의 깨끗함과 고요함[淸淨]을 으뜸으 청정

---

12 노동력과 그들의 재산을 뜻한다.

13 지리산 자락에 있는 절이다.

14 유가의 도(道)는 우리가 흔히 쓰는 도리에 가깝기 때문에 가능한 한 '도리'로 옮긴 반면 불교나 도가의 도(道)는 그와 다르기 때문에 그냥 '도'라고 옮겼다.

로 삼고, 계행(戒行)과 정혜(定慧)[15]를 근본으로 삼는 것입니다. 석가

(釋迦)가 처음에 출가해 설산(雪山) 가운데 들어가서 고행(苦行)한 지

6년 만에 그 도(道)를 이루고 사위국(舍衛國)[16]에 이르러 바리[鉢]를
_발

가지고 입성(入城)하여 걸식(乞食)하며, 발을 씻고 가부좌(跏趺坐-책

상다리)하여 설법(說法)하는데, 아난(阿難)[17]이 마등가(摩藤加) 여자

를 보고 참지 못해 마침내 범(犯)하니 석가는 능엄경(楞嚴經)[18]을 설

---

15 선정(禪定)과 지혜(智慧)로 선정(禪定)은 참선(參禪)하여 삼매경(三昧境)에 이름을 말하고, 지혜(智慧)는 사물(事物)의 실상(實相)을 관조(觀照)하여 의혹을 끊고 정각(正覺)을 얻는 힘을 말한다.

16 중인도(中印度) 가비라 위국(迦毘羅衛國)의 서북(西北)에 있어 석가가 25년간 설법 교화(說法敎化)했다는 땅으로 바사익왕(波斯匿王) 및 비유리왕(毘瑠璃王)의 도성(都城)이다. 지금의 인도 곤다(Gonda) 주의 세트마헤트(Setmahet)에 해당하며, 기원 정사(祇園精舍)는 그 남쪽에 있었다고 한다.

17 석가모니의 종제(從弟)로서 십대 제자(十大弟子)의 한 사람이며, 십륙 나한(十六羅漢)의 한 사람이다. 석가의 상시자(常侍者)로서 견문(見聞)이 많고 기억력이 좋아 불멸(佛滅) 후에 경권(經卷)의 대부분은 이 사람의 기억에 의해 결집(結集)되었다고 한다.

18 한국불교 근본경전 중의 하나다. 『금강경』, 『원각경』, 『대승기신론(大乘起信論)』과 함께 불교 전문강원의 사교과(四敎科) 과목으로 채택되어 학습되었다. 원명은 『대불정여래밀인수증요의제보살만행수능엄경(大佛頂如來密因修證了義諸菩薩萬行首楞嚴經)』이며 줄여서 『대불정수능엄경』, 『수능엄경』이라고도 한다. 인도의 나란타사에서 비장(祕藏)하여 인도 이외의 나라에는 전하지 말라는 왕명에 의해 당나라 이전에는 중국 및 우리나라에 전래되지 않았다고도 하며, 중국에서 후대에 찬술한 위경(僞經)이라는 설이 지배적이다. 소화 엄경(小華嚴經)이라 불리면서 널리 독송되었던 이 경은 전 10권의 각 권에 수록된 내용들이 모두 한국불교의 신행(信行)에 크게 영향을 미쳤다.

제1권에서는 칠처징심(七處徵心)을 주제로 하고 있다. 석가모니가 제자 아난과의 문답을 통해 마음을 어느 곳에서 얻을 수 있는가를 밝힌다. 마음은 몸 안, 몸 밖, 감각기관, 어둠으로 감춰진 곳, 생각이 미치는 곳, 감각기관과 대상의 중간 지점, 집착하지 않는 곳, 그 어느 곳에도 있는 것이 아님을 밝혔다.

제2권에서는 깨달음의 본성이 무엇인가를 밝히고, 깨달음으로 나아가는 과정을 설한다. 물질과 나, 몸과 마음, 본질과 작용 등은 둘이 아니며, 오음(五陰-색(色), 애(愛), 상(想), 행(行), 식(識))은 모두가 허망하여 자연도 인연도 아님을 설한다.

제3권에서는 세간(世間)의 만법(萬法)이 모두 여래장묘진여성(如來藏妙眞如性)이라 하여 마음의 영원불멸성을 깨우치고 있다.

법해 음란한 것을 제1계(第一戒)로 삼았습니다.

석가는 불가(佛家)에서 가장 높은[最尊] 자인데도 행실을 다잡아 [操行] 근검(勤儉)하는 것이 오히려 이와 같았고, 아난(阿難)은 석가 의 높은 제자[高弟]이면서도 색(色)을 가까이하여 참지 못하는 것이 또한 이와 같았습니다. 지금 각 절의 주지들은 (절 밖으로) 나가면[出 則] 살찐 말을 타고서 동네 저잣거리를 휘젓고 다니고[橫行] 절에 들 어가면[入則] 비복(婢僕)을 사역시켜 편안히 앉아서 먹습니다. (그리 고) 논밭에서 나오는 것과 노비의 공화(貢貨)를 갖고서 자기 마음대

제4권에서는 여래장(如來藏)이 무엇인가를 밝히고, 중생들이 미혹하게 된 원인과 업(業) 을 짓게 되는 근원, 수행할 때의 마음가짐 등을 설명하고 있는데, 3·4권의 내용은 여래 장사상 발달사에 있어서도 매우 요긴한 해설이 되고 있다.

제5권에서는 수행할 때 풀어야 할 업의 근원이 무엇인가를 밝히고 있다. 풀어야 할 근원 적인 업의 매듭은 육근(六根)·육경(六境)·육식(六識) 등이며, 이를 풀어서 깨달음으로 들어갈 수 있었던 인연을 법회에 참석한 제자들이 체험담으로 진술했다.

제6권에서는 관세음보살이 중생을 제도하기 위해 갖가지 몸으로 화현함을 밝히고, 이 사 바 세계에서 깨달음의 세계로 들어가는 가장 쉬운 방법이 관음수행문(觀音修行門)임을 설 했다. 이는 『법화경』과 함께 우리나라 관음신앙의 유포에 크게 영향을 준 부분이기도 하다.

제7권에서는 해탈의 문에 들어가는 주문인 능엄다라니를 설하고 그 공덕을 밝히고 있다.

제8권에서는 보살의 수행하는 단계로 57위(位)를 설한 뒤 경의 이름을 밝히고, 지옥·아 귀·축생·인간·신선·천인·아수라라는 일곱 갈래의 중생이 생겨난 원인과 그 각각의 생 존 양상을 설명했다. 여기서 『화엄경』의 53위와는 달리 사가행(四加行)을 넣어 57위로 한 점이나 중생의 갈래에 신선을 포함시킨 점 등은 이 경에서만 볼 수 있는 특이한 점이다.

제9권에서는 말세중생이 수행하는 도중에 나타나는 50가지 마(魔)에 관해 그 원인과 종 류를 밝혔다.

제10권에서는 오음의 근본을 설하여 경의 본론을 끝낸 뒤 이 경의 공덕과 유통에 관해 부언했다.

이 경에 관한 우리나라 고승의 주석서로는 고려시대 보환(普幻)의 『능엄경신과(楞嚴經新 科)』 2권과 『수능엄경환해산보기(首楞嚴經環解删補記)』 2권, 조선시대 유일(有一)의 『능엄 경사기(楞嚴經私記)』 1권과 의첨(義沾)의 『능엄경사기』 1권 등이 현존하고 있으며, 조선시 대에 간경도감에서 편찬한 언해본을 비롯해 10개의 판본이 전래되고 있다. 우리나라의 일부 선종(禪宗) 사찰에서는 이 경의 제7권에 수록된 수능엄다라니를 외우는 것을 매일 의 일과로 삼고 있다.

로 안장 달린 말과 의복을 사는 데 쓰고, 심지어는 주색(酒色)의 비용으로 삼고 있습니다. 도징(道澄)과 설연(雪然)은 서로 스승과 제자 사이인데 이런 자들은 경(經)을 외고 복을 비는 것도 즐겨 행하지 않으니 이미 본사(本師-석가)의 깨끗함과 고요함의 가르침[淸淨之敎]을 어기고 또 국가에서 (불교를 통해) 복(福)을 비는 뜻을 어긴 것입니다.

불법(佛法)이 동방(東方-우리나라)에 이른 것은 삼국(三國)시대에 시작됐습니다. 고구려 17대 소수림왕(小獸林王, ?~384년)[19] 때 오랑캐 승려[胡僧] 순도(順道)[20]가 진나라[符秦][21]로부터 이르렀습니다. 백제(百濟) 13대[22] 침류왕(枕流王)[23] 때 오랑캐 승려 마라난타(摩羅

---

19 제16대 고국원왕의 아들로 355년(고국원왕 25년) 1월에 태자로 책봉됐다. 371년 10월 부왕이 평양성(平壤城)까지 진격해 온 백제군을 맞아 싸우다 전사하자 그 뒤를 이어 즉위했다. 고국원왕대의 대외 진출 기도의 실패 등으로 말미암은 고구려 사회의 동요를 극복하기 위해 일련의 체제 정비를 도모했다. 즉 372년(소수림왕 2년)에는 전진(前秦)에서 외교 사절과 함께 온 승려 순도(順道)를, 374년에는 아도(阿道)를 각각 맞아들였고, 375년에는 초문사(肖門寺)와 이불란사(伊弗蘭寺)를 창건해 이들을 거주하게 하는 등 불교의 수용 및 보급에 노력했다. 한편 372년에는 유교 교육기관인 태학(太學)을 설립해 유교 이념의 확대를 도모했다. 373년에는 국가 통치의 기본법인 율령(律令)을 반포했다. 죽은 뒤에 소수림(小獸林)에 묻혔다.

20 고구려 소수림왕 때 귀화한 중으로, 본래 전진(前秦) 사람이다. 372년(소수림왕 2년)에 전진(前秦) 왕 부견(符堅)의 명으로 사신을 따라 불상(佛像)과 경문(經文)을 가지고 고구려에 왔으며 374년에는 전진의 중 아도(阿道)가 또 고구려에 왔는데, 고구려에서는 이들을 위해 이듬해 봄에 초문사(肖門寺)와 이불란사(伊弗蘭寺)를 창건해 전자에는 순도가 살게 하고 후자에는 아도를 살게 했다. 이것이 고구려 불교의 시초였다.

21 전진(前秦)을 가리킨다. 왕의 이름과 나라 이름을 함께 부른 것이다.

22 15대 왕이다.

23 384년(근구수왕 10년) 여름에 아버지 근구수왕이 죽자 그의 뒤를 이어 왕위에 올랐다. 당시 고구려와 신라는 중국의 전진(前秦, 351~394년)과 외교관계를 맺어 백제를 견제하려 했고, 백제는 근초고왕 때부터 중국의 동진(東晉, 317~420년)과 교류하며 이에 맞섰다. 왕위에 오른 침류왕은 그해 음력 7월에 동진에 사신을 보냈고, 음력 9월에는 동진에서

難陀)²⁴가 진(晉)나라로부터 이르렀습니다. 그 초기에는 창건한 절이 한둘에 지나지 않았고 머리를 깎고 중이 된 자도 수십 명을 넘지 않았습니다. 그 뒤에 신라(新羅)에 흘러들어 와서 그 설(說)이 더욱 번성하여 삼국의 임금과 신하들이 다투어 사사(寺社)를 세웠고 전조(前朝-고려) 때에 이르러서는 또 영건(營建-건축)을 더해 비보(裨補)²⁵라 일컬었습니다. 지금 국가에서는 일국(一國)²⁶의 토전(土田)과 인물(人物)로 망국(亡國)의 사대(四代) 군신(君臣)의 원당(願堂)을 지탱하고, 또한 비보(裨補)라는 명칭으로 폐(廢)하지 못하는 것도 있습니다.

삼대(三代-하·은·주) 전에는 불법(佛法)이 없었음에도 요(堯)·순(舜)·우(禹)·탕(湯)·문(文)·무(武)가 모두 백세(百歲)를 향수(享壽)하고, 세도(世道)가 화합하고 빛났으며 역년(歷年-후대로 이어진 기간)이 영구(永久)했습니다. 한(漢-후한) 명제(明帝)²⁷ 때에 이르러 (불법이)

호승(胡僧) 마라난타(摩羅難陀)가 백제로 건너왔다. 침류왕은 그를 궁궐로 맞이해 예우하고 공경했는데, 이것이 백제에 불교가 전래된 최초의 사건으로 전해진다. 침류왕은 이듬해인 385년(침류왕 2년) 음력 2월에는 한산(漢山)에 절을 창건하고 10인의 승려에게 도첩(度牒)을 주었다. 그러나 침류왕은 그해 겨울에 죽었고, 태자의 나이가 어려 동생인 진사왕이 뒤를 이어 왕위에 올랐다.

24 백제에 처음으로 불교를 전한 인도의 중이다. 384년(침류왕 1년)에 진(晉)나라를 거쳐 와서 불도(佛道)를 폈다.

25 사가(私家)에서 원찰(願刹)이라 부르는 사찰을 나라에서 일컫는 말이다.

26 상당히 과장된 표현이다.

27 환영(桓榮)에게 사사(師事)하여 『춘추(春秋)』, 「상서(尙書)」에 통달했다. 즉위 뒤 유학자를 고관에 임명해 예교주의(禮敎主義)에 힘쓰고 빈민구제, 농업 진흥, 형여자(刑餘者)의 조부(租賦) 감면에 힘쓰는 등 내정 충실을 꾀했다. 또 소당강(燒當羌)을 토벌하고 북흉노를 격퇴하는 등 외정에도 관심이 컸다. 반초(班超)에게 서역 제국을 귀순시켜 서역도호(西域都護), 무기교위(戊己校尉)를 부활시켰다. 67년 꿈을 꾸고 불교에 귀의(歸依)했다.

비로소 중국에 들어와 위(魏)나라, 진(晉)나라 이래로[以降=以來] 송(宋)나라, 원(元)나라에 이르기까지 그로 인한 나라의 멸망이 계속됐고 향수(享壽-임금의 수명)와 역년(歷年-왕조의 수명)이 모두 삼대(三代)에 미치지 못했습니다. 양(梁)나라 무제(武帝)[28]는 가장 깊이 공경하고 믿어서 세 번이나 자기 몸을 바쳐 통태사(通泰寺)의 종이 되고, 부처를 만들고 탑을 만들어 나라 안에 가득했으나 두 대[二世]가 못되어 망했습니다.

우리 동방(東方)은 단군(檀君) 기자(箕子)[29]가 모두 그 역년(歷年)이

---

28 남조 양나라의 초대 황제(재위 502~549년)다. 박학하고 문무에 재질이 있었다. 제(齊)나라에서 벼슬해 옹주자사(雍州刺史)가 되어 양양(襄陽)을 지켰다. 남제(南齊)의 경릉왕(竟陵王) 왕자량(王子良)의 집에서 심약(沈約)과 범운(范雲) 등 문인 귀족과 교유하여 팔우(八友)의 이름을 얻었다. 제나라 말인 500년(영원(永元) 2년) 황실이 어지러워지자 동혼후(東昏侯)에 대한 타도군을 일으켜 도읍인 건강(建康-난징[南京])을 함락시킨 뒤 남제를 멸망시키고 정권을 장악하면서 양왕(梁王)에 봉해졌다. 이어 제나라 화제(和帝)를 폐위하고 제위에 올라 국호를 '양'이라 했다. 즉위한 뒤 유학(儒學)을 중흥시키고 백가보(百家譜)를 개정하면서 방목(謗木)을 설치하고 공헌(貢獻)을 폐지하는 등 괄목할 만한 정치를 펼쳤다. 나중에는 사족(士族)을 중용하고 불교를 신봉하여 사원을 대대적으로 건축하는 한편 세 번이나 동태사(同泰寺)에 몸을 바쳤다. 치세는 50년에 이르는데, 전반은 정치에 정진했지만 후반에는 불교신앙이 정치 면에도 나타났다. 불교사상사의 황금시대를 이뤘지만 조금씩 파국의 징조를 보이기 시작했다. 547년(중대동(中大同) 2년) 동위(東魏)의 반장(叛將) 후경(侯景)이 투항했는데, 얼마 뒤 동위와 화친을 구하자 이를 의심한 후경이 다음 해 반란을 일으켜 수도 건강(建康)이 함락되고 자신은 굶주림과 곤궁 속에 병사했다.

29 기자(箕子)는 주(周)의 신하가 되기를 거부하며 상(商)의 유민(遺民)을 이끌고 북쪽으로 이주했다. 당시 기자(箕子)가 상(商)의 멸망을 슬퍼하며 지었다는 「맥수지시(麥秀之詩)」에서 '맥수지탄(麥秀之嘆)'이라는 성어가 비롯됐다. 일부에서는 기자(箕子)가 한반도(韓半島)로 옮겨가 그곳에 기자조선(箕子朝鮮)을 세웠다는 이야기도 전해진다. 이러한 '기자동래설(箕子東來說)'은 『사기(史記)』「송미자세가(宋微子世家)」, 『한서(漢書)』「지리지(地理志)」, 『상서대전(尙書大傳)』「은전(殷傳)」, 『삼국지(三國志)』「위지(魏志)」 등의 중국 사서(史書)와 『삼국유사(三國遺事)』, 『제왕운기(帝王韻紀)』, 『동국사략(東國史略)』 등의 고려시대와 조선시대의 사서(史書)들에 나타나 있다. 조선시대에는 이러한 기자동래설(箕子東來說)에 근거하여 단군(檀君)과 함께 기자(箕子)의 제(祭)를 지냈으며, 그의 사당(祠堂)을 세우기도 했다.

1,000년이나 되지만 당시에도 불법(佛法)은 있지 않았습니다. 삼국시대에 이르러 고구려와 백제가 처음으로 불사(佛寺)를 지었으나 세 나라 중에서 이들 두 나라가 먼저 망했습니다. 신라 말기에는 도성 안에 불사(佛寺)가 반이나 되었지만 나라가 곧바로[隨=卽] 그로 인해 망했습니다. 전조(前朝-고려) 태조(太祖)는 유계서(遺戒書-훈요십조)를 지어 "신라가 불사를 많이 지어서 망하기에 이른 것을 마땅히 거울로 삼아야 한다"라고 했습니다. 태조가 창건한 것은 밀기(密記)를 벗어나지 않았는데 그 뒤에 임금과 신하들이 각각 원당(願堂)을 세웠습니다. 의왕(毅王)[30]은 여러 사사(寺社)들을 순행하여 달마다 10여 곳에 이르고, 해마다 중 3만 명을 궁정(宮庭)에서 밥 먹였으나 마침내 화(禍)를 면치 못했고 희왕(熙王)[31]도 또한 그러했습니다. 공민왕(恭愍王)은

---

30 의종(毅宗)을 낮춰 부른 것이다. 고려의 제18대 왕이다. 1134년(인종 12년)에 태자(太子)가 됐으며 1146년 인종이 승하하자 즉위했다. 불교, 음양설, 선풍(仙風)을 중요시했다. 1170년 보현원(普賢院)에 거둥했을 때 정중부(鄭仲夫), 이의방(李義方), 이고(李高) 등의 무신들이 정변을 일으킴으로써 왕위에서 물러나 거제현(巨濟縣)으로 옮겨 갔다. 이와 동시에 아우인 익양공 왕호(翼陽公 王晧)가 즉위하니 곧 명종이다. 그 뒤 1173년(명종 3년)에 김보당(金甫當)의 거병으로 계림(鷄林-경주)에서 복위되기를 기다렸으나 거병이 실패하자 이의민(李義旼)에 의해 비참하게 살해돼 곤원사(坤元寺) 북쪽 연못에 던져졌다.

31 희종(熙宗)을 낮춰 부른 것이다. 고려의 제21대 왕이다. 1200년(신종 3년)에 태자로 책봉되고 1204년에 신종의 양위를 받아 대관전(大觀殿)에서 즉위했다. 1205년(희종 1년)에 최충헌(崔忠獻)을 진강군개국후(晋康郡開國侯)에 봉했으며 1206년에 다시 진강후(晋康侯)에 봉하고 흥녕부(興寧府)를 세우게 했다. 1207년 최충헌의 청으로 유배자 300여 명을 가까운 곳으로 옮겨 방면했다. 1211년 내시 왕준명(王濬明) 등과 함께 당시 정권을 휘두르던 최충헌을 죽이려다가 실패했는데 이로 인해 도리어 최충헌에게 폐위를 당해 강화로 쫓겨났다가 뒤이어 자란도(紫鸞島)로 옮겨졌고, 1215년(고종 2년) 다시 교동으로 옮겨졌다가 1219년 서울에 봉영(奉迎)됐다. 이렇게 서울에 돌아와서 딸 덕창궁주(德昌宮主)를 최충헌의 아들 성(珹)과 혼인시켰다. 1227년 복위의 음모가 있다는 무고로 최우(崔瑀)에 의해 다시 강화로 쫓겨났다가 교동으로 옮겨져 법천정사(法天精舍)에서 승하했다.

부처를 섬기기를 더욱 부지런히 하여 처음에는 보허(普虛)[32]를 스승으로 삼고 뒤에는 나옹(懶翁)[33]을 스승으로 삼아 운암사(雲庵寺)를 지어 항상 100명의 중을 기르고, 연복사(演福寺)를 수리해 해마다 문수회(文殊會)를 베풀었습니다. 보허와 나옹은 모두 사리(捨利)가 있고 득도(得道)했다고 칭했으나, 공민왕의 화(禍)를 구제하지 못했습니다. 공양왕(恭讓王)이 부처를 섬긴 것 또한 부지런하지 않은 것이 아니었으나 마침내 나라가 망하고 말았습니다.

비보(裨補)와 축리(祝釐-기복)의 설은 진실로 믿을 것이 못 되는데도 그것을 행한 지가 이미 오래이고 믿는 자들이 많아서 갑자기 없앨 수는 없습니다. 전조(前朝)의 밀기(密記-훈요십조)로서 비보 사사(裨補寺社)에 붙인 것과 외방(外方) 각 관(各官)의 답산기(踏山記)로서 사사(寺社)에 붙인 것은 신구경(新舊京)의 오교양종(五敎兩宗)[34]의 각 1사(寺)

---

32 보우(普愚)라고도 한다. 1352년(공민왕 1년) 궁중에서 설법했으며 경룡사(敬龍寺)에 있었는데 홍건적의 난을 피해 소설산으로 옮겼다. 1356년 왕의 청으로 봉은사(奉恩寺)에서 설법했고, 그해 4월 왕사(王師)로 책봉돼 광명사(廣明寺)에 머물렀다. 1362년 왕은 그를 희양산 봉암사(鳳巖寺)에 있게 했고, 1363년 가지산 보림사(寶林寺)로 옮기게 했다. 그때 왕에게 총애 받던 신돈(辛旽)을 경계하는 글을 올리고 전주 보광사(普光寺)에 가서 머물렀다. 1368년 신돈의 참언(讒言)으로 속리산에 금고(禁錮)됐는데 이듬해 3월 왕이 이를 뉘우치고 다시 소설산으로 돌아오게 했다. 1371년 공민왕은 그를 국사로 봉한 뒤 영원사(瑩原寺)에 머물기를 청했으나 사양했다. 1381년(우왕 7년) 양산사(陽山寺)로 옮겼는데 우왕은 다시 국사로 봉했다. 1382년 소설산으로 돌아와서 12월 17일 입적했다.

33 문경(聞慶) 대승사(大乘寺)의 요연선사(了然禪師)에게 가서 중이 됐다. 지공(指空), 무학(無學)과 함께 삼대화상(三大和尙)이라 일컬어졌다. 중국 서천(西天)의 지공화상(指空和尙)을 따라 심법(心法)의 정맥(正脈)을 이어받고 돌아왔다. 공민왕 때 왕사(王師)를 지냈으며 우왕의 명을 받고 밀양(密陽) 영원사(瑩原寺)로 가다가 여주(驪州) 신륵사(神勒寺)에서 죽었다. 이색(李穡)이 글을 지어 세운 비(碑)와 부도(浮屠)가 양주(楊州) 회암사(檜巖寺)에 남아 있다.

34 교종(敎宗)에 속하는 계율종(戒律宗), 법상종(法相宗), 열반종(涅槃宗), 법성종(法性宗), 원융종(圓融宗)의 오교(五敎)와 선종(禪宗)의 조계(曹溪), 천태(天台)의 양종(兩宗)을 합해

와 외방(外方) 각 도(各道)의 부관(府官) 이상은 선교(禪敎) 각 1사(寺), 감무관(監務官) 이상은 선교(禪敎) 중 1사(寺)에 붙여 아직 그 전대로 하게 해야 합니다. 소재관(所在官)으로 하여금 그 노비의 인구수(人口數)를 문서로 만들어[成籍] 각기 그 절의 10리 밖에서 농사를 지으며
성적
살게 해야 합니다. 밥을 짓고 공급하는 일은 다만 사역시키는 노자(奴子-노비)만을 쓰게 하되 100명이 사는 곳은 20명, 50명이 사는 곳은 10명, 10명이 사는 곳 이하는 2명씩 매년 교대하여 윤번(輪番)으로 입역(立役)하게 하고, 그 나머지 노비의 신공(身貢)과 논밭의 소출은 모두 다 거둬들어야 합니다. 노비가 없는 사사(寺社)는 비보(裨補) 이외의 사사(寺社) 노비와 논밭으로 적당히 옮겨주되 살고 있는 중의 많고 적은 것에 따라서 계월(季月)[35]마다 헤아려 제급(題給)[36]해야 합니다. 각각 그 법(法)으로 수행하게 하고, 때때로 점검을 가해 도관찰사(都觀察使)에게 보고하게 해야 합니다. 매년 연말이 되면 포폄 신문(褒貶申聞)하여 출척(黜陟)의 근거자료로 삼게 해야 합니다. 만일 여종이 절 안에서 입역(立役)하는 자가 있으면 모두 금지해야 합니다. 여종이 절 안에서 오고가는 것을 금하지 않는 중과 노비의 집에 내왕하는 중은 다른 사람들이 진고(陳告-신고)하는 것을 허락해 (발각된 중으로부터) 포(布) 100필을 징수해 진고한 자에게 상(賞)으로 주고 그 중은 머리를 길러

오교양종(五敎兩宗)이라 한다. 뒤에 계율·법상·열반·법성·원융의 오교는 각각 남산종(南山宗)·자은종(慈恩宗)·시흥종(始興宗)·중도종(中道宗)·화엄종(華嚴宗)으로 불리게 되고, 조선조의 억불정책(抑佛政策)에 의해 세종(世宗) 때 오교양종은 선(禪)·교(敎) 양종(兩宗)으로 통합 정리됐다.

35 사계(四季)의 마지막 달, 곧 음력 3월, 6월, 9월, 12월을 말한다.

36 평가 결과를 제공하는 것을 말한다.

서 충군(充軍)시켜야 합니다. 그 나머지 각사(各寺)의 노비는 모두 속공(屬公)시키고, 절 안에서 밥을 짓고 불을 때는 등의 일은 직책이 없는 잡승(雜僧)으로 채워 넣어 그 일을 하게 해야 합니다.'

그것을 따르되 오직 연경(衍慶), 흥천(興天), 화장(華藏), 신광(神光), 석왕(釋王), 낙산(洛山), 성등(聖燈), 진관(津寬), 상원(上元), 견암(見菴), 관음굴(觀音窟), 회암(檜庵), 반야전(般若殿), 만의(萬義)와 서울의 감로(甘露) 등의 사사(寺社)는 예전대로 하게 했다.

이에 진주목사 안노생(安魯生, ?~?)[37]이 하전(賀箋)을 올려 말했다.

'신이 듣건대 천하(天下)가 생기고서[生] 한 번 다스려지면 한 번은 어지러웠는데[一治一亂][38] 빼어난 임금들[聖人]이 갈마들며[迭] 일어나자 점차로 (어지러움은) 제거되고 다스려졌습니다. 요(堯)임금 때를 맞아 큰물이 횡류(橫流)했는데 대우(大禹)가 일어나지 않았더라면 사람들은 아마도 어별(魚鼈-물고기나 자라)이 됐을 것입니다. 하(夏)

---

37 1376년(우왕 2년) 문과에 급제했다. 1391년(공양왕 3년) 4월 군자소윤(軍資少尹)으로 서북면 찰방별감(西北面察訪別監)이 돼 국경에서 성행하던 원나라와의 밀무역(密貿易)을 철저히 단속해 법을 위반하는 자가 없도록 했다. 이듬해 4월 병조총랑(兵曹摠郞)으로 있을 때 정몽주(鄭夢周)가 이방원(李芳遠)에게 피살됐는데 안노생(安魯生)은 그 일파로 몰려 파직된 후 경상도 영해도호부(寧海都護府)로 유배됐다.
조선이 건국되자 1399년(정종 1년)에 좌간의대부(左諫議大夫)로 다시 등용됐으며 1400년(정종 2년)에는 집현전 제학(集賢殿提學) 겸 지제교(知製敎)로 중용되어 왕을 시종했다. 1403년(태종 3년) 7월 좌사간(左司諫)이 됐으나 사간원에서 지방 행정조직 개편에 대해 건의한 것을 두고 사헌부와 갈등이 재현되어 탄핵을 받아 1404년 1월 진주목사로 좌천됐다. 1406년(태종 6년) 10월 예조 참의(參議)가 되어 신정을 하례하기 위한 사신으로 명나라에 파견됐다. 1407년 5월에는 형조 우참의가 되어 당시 분쟁이 많았던 노비 재산상속에 관한 의견을 상소했다. 1409년 4월에는 충청도 관찰사가 되어 맡은 바 소임을 다했다. 이후 1411년 2월에 판광주부사(判廣州府事), 1413년 3월 인녕부윤(人寧府尹) 등을 역임했다.
38 다스림이 오래 이어지지 않고 혼란을 거듭했다는 말이다.

나라와 상(商)나라 말기[季=衰季]에 (각각) 걸(桀)³⁹과 주(紂)⁴⁰가 포악
한 짓을 했는데 탕(湯)과 무왕(武王)이 일어나지 않았다면 백성들은
아마도 도탄(塗炭)에 빠졌을 것입니다. 융적(戎狄-서쪽 오랑캐)이 난
(亂)을 꾸미고 호랑이와 표범[虎豹]이 (백성들에게) 재앙이 되었을 때
주공(周公)⁴¹의 빼어남[聖]이 있지 않았다면 누가 능히 응징하고 내

---

39 제발(帝發)의 아들로 상(商)왕조 최후의 왕인 주(紂)와 함께 포악한 임금의 상징으로 거
  론된다. 걸주(桀紂)라고도 하며 흔히 이상적 천자로 추앙받는 요순(堯舜)과 대비된다. 웅
  장한 궁전을 지어 천하의 희귀한 보화와 미녀를 모았으며 궁전 뒷뜰에 주지(酒池)를 만
  들어 배를 띄워 즐겼고 장야궁(長夜宮)을 짓고 거기서 남녀 합환의 유흥에 빠졌다고 전
  한다. 사마천의 『사기(史記)』에서는 "걸왕 때 하(夏)나라의 국세는 이미 쇠약하여 많은 제
  후(諸侯)가 떨어져 나갔다. 걸왕은 부도덕했고, 현신(賢臣) 관용봉(關龍逢)과 이윤(伊尹)
  의 간언을 듣지 않았으며, 백성을 억압했을 뿐만 아니라 도덕군자로 알려졌던 은나라(상
  나라)의 탕왕(湯王)을 하대(夏臺)에서 체포하는 등 폭정을 자행했다. 그가 탕왕의 토벌을
  받고 도망가다가 죽음으로써 하나라는 멸망했다"고 기록하고 있다.

40 아버지 제을(帝乙)로부터 왕위를 물려받아 상(商)나라의 왕이 됐다. 신체가 장대하고 외
  모가 준수하며 총명하고 힘이 장사였다고 한다. 군사적 재능이 있어 많은 전쟁에서 승리
  를 거뒀다. 그러나 향락을 좋아하고 여색을 밝혔으며 급기야 애첩 달기(妲己)에게 빠져
  나라를 망하게 했다. 하(夏)나라의 마지막 왕 걸(桀)과 함께 폭군의 전형이 됐다. 주지(酒
  池) 주변의 나무를 비단으로 휘감은 뒤 고기(인육이라고도 함)를 매달아놓고[肉林] 달기
  와 함께 배를 타고 노닐면서 손이 가는 대로 고기를 따서 먹었다고 한다. 주지육림(酒池
  肉林)이라는 고사성어는 여기에서 유래한다. 또 학정을 그치도록 간언하는 신하들로 하
  여금 기름을 발라 숯불 위에 걸쳐놓은 구리기둥 위를 걷게 하는 포락지형(炮烙之刑)을
  내려 미끄러져서 타 죽는 모습을 구경하면서 즐거워했다. 7년에 걸쳐 높이 180m, 둘레
  800m의 호화궁전 녹대(鹿臺)를 짓느라 무거운 세금을 부과해 백성들의 원성이 극에 달
  했다. 마침내 제후들의 맹주 격인 서백의 아들 발(發)이 여상 강태공과 함께 군사를 일으
  켜 상나라를 멸망시키고 주(周)나라를 세워 무왕이 됐다.

41 이름은 단(旦)이고, 성은 희(姬)다. 숙단(叔旦)으로도 불린다. 문왕(文王)의 아들이자 주
  나라를 세운 무왕(武王)의 동생이다. 채읍(采邑)이 주(周)에 있었다. 무왕을 도와 주(紂)
  를 쳐서 상(商)나라를 멸했다. 무왕의 아들 성왕(成王)을 도와 주왕조의 기초를 확립
  했다. 무왕이 죽은 뒤 나이 어린 성왕이 제위에 오르자 섭정(攝政)이 됐다. 은족(殷族)의
  대표자 무경(武庚)과 녹부(祿夫), 그리고 주공의 동생 관숙(管叔)과 채숙(蔡叔) 등의 반
  란을 진압한 다음 동방(東方)으로 원정하여 하남성 낙양(洛陽) 부근의 낙읍(洛邑-성주(成
  周))에 진(鎭)을 설치했다. 이후 은족을 회유하기 위해 은(殷)의 옛 땅에 주왕(紂王)의 형
  미자계(微子啓)를 봉해 송나라라 칭하고, 아들 백금(伯禽)을 노(魯-곡부(曲阜))나라에 봉

몰아 그 해악을 없앴겠습니까? 전국(戰國)시대에 이르러 인구가 많은 나라가 적은 나라에 포학(暴虐)하게 하고, 강한 자가 약한 자를 능멸하여 찬탈(纂奪)의 재앙이 일어나서 하늘과도 같은 이치[天理]가 거의 없어질 뻔했는데 중니(仲尼-공자)가 붓으로 주벌하지 않았다면[42] 천하 사람 사이에 임금과 신하가 없을 것이요,[43] 양주(楊朱)[44]와 묵적(墨翟)[45]이 횡행(橫行)하여 천하를 속이고 어지럽혔는데 맹가씨(孟軻氏)[46]가 변명하여 배척하지 않았다면 천하의 풍속이 금수(禽獸)처럼 됐을 것입니다.

석씨(釋氏-불교)의 해악들 중에는 이보다 더 심한 것이 있습니다. 임금은 임금답고 신하는 신하다우며 아비는 아비답고 자식은 자식다운 것[君君而臣臣 父父而子子][47]은 집안과 나라의 큰 원칙[大典]

하는 등 주 왕실의 일족과 공신들을 중원(中原)의 요지에 배치해 다스리게 하는 등 주나라 초기에 대봉건제(大封建制)를 실시해 주 왕실의 기틀을 공고히 했다. 예악(禮樂)제도를 제정하고 제후(諸侯)를 봉하는 등 주나라를 강하게 만들었다.

42 공자가 『춘추(春秋)』를 저술해 역사에 대한 포폄을 가한 것을 이렇게 표현한 것이다.

43 임금은 임금답고 신하는 신하다운 분별이 없어진다는 뜻이다.

44 중국 전국시대(戰國時代)의 사상가(思想家)다. 자(字)는 자거(子居)다. 노자(老子)의 무위독선설(無爲獨善說)을 따라서 쾌락적 인생관을 세우고 극단적인 이기주의와 개인주의를 제창해 묵적(墨翟)의 겸애설(兼愛說)과 대립했다.

45 중국 전국시대(戰國時代)의 노(魯)나라 철학자다. 겸애(兼愛)의 설(說)을 주장했으며 묵가(墨家)의 시조다.

46 맹자를 가리킨다.

47 『논어(論語)』「안연(顏淵)」편에 나오는 말이다. 제(齊)나라 경공(景公)이 공자에게 정치하는 법에 관해 묻자 공자는 이렇게 대답한다. "임금은 임금다워야 하고 신하는 신하다워야 하며 아버지는 아버지다워야 하고 자식은 자식다워야 합니다." 이 말을 들은 경공은 이렇게 말한다. "좋은 말이다. 진실로 임금이 임금답지 못하고 신하가 신하답지 못하고 아비가 아비답지 못하고 자식이 자식답지 못하면 제아무리 곡식이 많이 있다 한들 내가 그것을 먹을 수 있겠는가?"

이요, 인륜(人倫)의 큰 뿌리[大本]이니 하루라도 버릴 수 없는 것입니다. 한(漢)나라 말기에 우리 성인(聖人-공자)의 도리가 캄캄해지고 막혀[晦塞] 부도씨(浮屠氏-불교)가 일어나서 사특하고 괴이한 말을 퍼뜨려 천하 백성들을 몰아 이적(夷狄)(의 정신세계)으로 들여보냈습니다. 죄(罪)와 복(福)의 말을 미끼[餌]로 삼아 사람의 심지(心志)를 현혹시키고 사람의 이목(耳目)을 귀머거리와 소경으로 만들어서 우리 군신(君臣)의 의리를 허물어뜨리고 우리 부자(父子)의 어짊을 없애버렸습니다. (그런데) 그 법이 마침내 동방에 이르러 큰 어지러움[大亂]이 극에 이르렀습니다. 나라의 임금이 믿으면 비보(裨補)라 부르고 경대부(卿大夫)가 믿으면 원당(願堂)이라 칭했습니다. 한 마리 수컷[一雄]이 외치면 100마리 암컷[百雌]이 화답하여 온 세상이 쏠려 기쁘게 따르면서 서로 다투어 절과 탑을 지어 경내(境內-나라 안)에 꽉 찼습니다. 그 (사찰의) 거실(居室)을 금과 옥으로 꾸며 왕궁(王宮)보다 사치했습니다. 그 몸은 배부르고 따뜻하여 세속보다 부유(富裕)했습니다. 나라의 양인(良民)을 도둑질하여 사역(私役)으로 삼아 적(籍)에 속해 있지 않은 자가 1만(萬)을 헤아리게 되니 나라의 호구 수가 이로 인해 날로 감소됐습니다. 그리고 주색(酒色)의 욕심을 공공연히 자행(恣行)하여 음란한 것은 의로움을 꺾어버리고 욕심은 예(禮)를 내팽개치게 하니 마음을 맑게 하고 욕심을 적게[淸心寡欲]하며, 복을 빌고 나라를 복되게[祝釐福國]하는 (불교의) 도에 있어 어찌할 수가 없을 지경이었습니다. 심했습니다.

고구려, 신라, 백제 삼국의 임금과 신하들은 간사한 설[邪說]에 빠져 강상(綱常)의 이치(理致)를 해치고 멸하여 망하는 지경에 이르렀으니 어찌 족히 토의할 것이 있습니까? 전조(前朝) 태조(太祖)가 창업하여 대통(大統)을 전해 장차 500년이 됐고, 그사이에 다스림을 행하는[有爲] 임금과 다스림을 보좌하는 신하가 또한 간혹 있었으니 (그것을 보면) 석씨(釋氏)가 나라를 병들게 하고 백성을 해친다는 것은 알지 못한 것이 아닙니다. 그런데도[然而] 마침내 고치지 못한 것은 어째서이겠습니까? 간사한 것을 없애려면 마땅히 초기에 분별해 내고 미약(微弱)할 적에 막아서 점점 불어나고 퍼지지 못하게 하여 그 근저(根柢)를 끊는 것이 좋습니다. 그러나 전조(前朝)의 역대 임금과 신하들은 삼국의 숭신(崇信)하던 여세를 이어받아 옛날과의 거리가 오래지 않고 유풍(流風)과 유속(遺俗)이 아직 그대로 남아 있었기 때문에 형세상으로 불가능했던 것입니다. 바야흐로 하늘이 동방을 도와서 우리의 성인(聖人)[48]을 내어 대통(大統)을 잇게 하셨으니 왕위에 오르신[踐祚=卽位] 뒤에 모든 일마다 요(堯)와 순(舜)을 본받고[動法] 문왕(文王)과 무왕(武王)을 모범으로 삼아서[憲章] 강기(綱紀)를 세워 왕도(王道)를 높이고 오랑캐의 법을 억제하여 크게 적중하고[大中] 지극히 바른[至正] 도리를 행하고, 황탄(荒誕)·방사(放邪)한 말을 내쳐 성심(聖心)에서 재량(裁量)하고 대의(大義)로써 결단하여 특별히 중외(中外)에 밀기(密記)를 무효화하여 (그 밀기에 따라) 증치(增置)한 사찰(寺刹)에 붙이시고,[49] (사찰에 소속된) 논밭과 백성들을 거두어서 나라에 회복시켜 천년(千年)의 폐단을 고쳐 없애고, 삼

---

48 태종을 가리킨다.
49 최소한의 사찰만 남기고 사찰에 대한 특혜를 없앤 조치를 가리킨다.

대(三代)의 정치를 만회하셨습니다. 하늘이 내신 빼어남과 지혜로움[聖智]의 자품(資品)이 아니면 어찌 여기에 이르렀겠습니까?

성인(聖人-공자)의 도리가 어두워졌다가 다시 밝아지고 사설(邪說)의 행함이 막히고 끊어져[屛息] 마구 풀리지 못해 교화(敎化)가 밝아지고 조야(朝野)가 맑아졌으니 이는 동국(東國)이 생긴 이래 일찍이 없었던 성대한 일[盛事]입니다. 홍수의 재앙이 아니었다면 어찌 요(堯)·순(舜)·우(禹)의 대덕(大德)을 알며, 걸(桀)·주(紂)의 포학(暴虐)과 호표(虎豹)의 해악이 아니었다면 어찌 탕(湯)·무(武)·주(周-주공)·공(孔-공자)의 지극한 어짊[至仁]을 알며, 양(楊)·묵(墨)의 요망함이 아니었다면 누가 맹가씨(孟軻氏)의 대공(大功)을 알겠습니까?

(마찬가지로) 지금 석씨(釋氏)의 해악이 아니었다면 일국(一國)의 사람들이 어찌 성상(聖上)께서 화하(華夏)[50]를 써서 이적(夷狄)을 변화시키는[用夏變夷] 대덕(大德)과 대공(大功)을 알겠습니까? 막힌 것을 통하게 하고 빠진 것을 건지며[亨屯拯溺], 환란을 없애고 어지러움을 푸는 도리가 옛날의 빼어난 이[前聖]와 오늘날의 빼어난 이[後聖][51]가 부절(符節)을 합친 것 같으니, 아아! 성대합니다.

신(臣)이 보잘것없는 재주로 빼어난 조정[聖朝]을 만나 다행히 도탑고 넉넉한[優渥] 은택을 입어 유신(儒臣)의 대열에 참여했으니 어찌 감히 성덕(聖德)을 노래하고 일월(日月)의 빛을 도와 광채를 무궁하게 남기지 않겠습니까? 만기(萬機)의 여가(餘暇)에 특별히 관람(觀

---

50 화하는 중국을 가리키는 말이다. 따라서 오랑캐가 아닌, 중국의 문명의 도리를 뜻한다.
51 태종을 가리킨다.

覽)해주신다면 신(臣)이 하늘과 땅 사이에서 초목(草木)과 더불어 함께 썩어가지는 않을 것입니다.'

상이 그것을 아름답게 여겨 받아들였다. 무릇 와룡사(臥龍寺)는 진주(晉州) 지경에 있는데 설연(雪然)의 간사한 짓이 노생(魯生)으로 말미암아 적발됐다[發摘].

갑인일(甲寅日-22일)은 동지다. 편전(便殿)에서 훈구, 종친, 대신(大臣)들과 더불어 술자리를 베풀었다. 상이 성석린(成石璘)에게 일러 말했다.

"옛날에 내가 경사(京師)에 조회하러 갈 적에 경(卿)이 시 한 수를 주었는데 내가 지금도 잊지 않고 있다."

그러더니 그것을 낭송했다.

> 아들을 알아보고 신하를 알아보는[知子知臣] 예감(睿鑑)이 밝고
> 하늘을 두려워하며 뜻을 다함은 일을 이루어내기 위함이라네.
> 모두들 말하기를 만세(萬歲) 조선(朝鮮)의 경사(慶事)는
> 이번 더위 장마에 떠나가는 행차에 있다네.

그러고 나서 말했다.

"경의 시(詩)가 이와 같으니 경의 마음을 알 수가 있다."

석린(石璘)이 머리를 조아리며[扣頭=叩頭] 사례했다. 석린과 하륜(河崙)에게 내구마(內廐馬)를 각각 한 필씩 내려주었다. 뒤에 여러 신하가 그 글자로 운(韻)을 삼아 시(詩)를 지었는데, 륜(崙)이 서(序)를

지어 올렸다.

을묘일(乙卯日-23일)에 경상도 병마도절제사 유용생(柳龍生, ?~1434년)[52]
에게 술 10병과 약(藥) 1봉을 내려주었다. 마음을 써서 봉직(奉職)했
기 때문이다.

병진일(丙辰日-24일)에 의정부 우정승 조영무(趙英茂)와 참찬의정부
사 이숙번(李叔蕃)이 전(箋)을 올려 사직했으나 윤허하지 않았다. 이
조 참의 권진(權軫)을 영무(英茂)의 집에, 좌랑 박희종(朴熙宗)을 숙
번(叔蕃)의 집에 보내 그 전을 돌려주었다.

정사일(丁巳日-25일)에 의안대군(義安大君) 화(和)에게 말 1필을 내
려주었다.

---

52 공민왕 때 궁중에서 자랐으며 20세에 벼슬길에 올라 창왕 때에 문하부밀직사(門下府密
直使)가 됐다. 1390년(공양왕 2년)에는 판자혜부사(判慈惠府使), 이듬해에는 동북면 도절
제사가 됐다. 1392년 동북면 도절제사 겸 화령부윤(和寧府尹)으로 있을 때 왜구를 포획
하는 데 공이 컸다. 1401년(태종 1년)에 중군총제가 되었고, 이듬해 성절사(聖節使)로 명
나라에 다녀왔다. 1404년 경상도 도절제사 및 경상도 병마제사로 있을 때도 왜구 퇴치
에 큰 공을 세웠다. 1407년 공조판서·참찬의정부사(參贊議政府事)가 됐으며, 이듬해 성
절사로 다시 명나라에 다녀왔다. 1409년 호조판서, 중군도총제 등을 역임하고 형조판서
가 됐다. 당시 민무구(閔無咎)·민무질(閔無疾) 형제의 사건 관련자를 국문할 때 형관으로
서 엄하게 하지 않았다는 문책을 당하여 파직돼 외방(外方)으로 유배 갔다. 이듬해 과전
(科田)은 환급받았다. 문관이면서도 무관의 직을 맡아 왜구 퇴치에 큰 공을 세웠다.

癸巳朔 遣知申事朴錫命于開城留後司 問安于太上殿.
계사 삭 견 지신사 박석명 우 개성 유후사 문안 우 태상전

宥京外徒流人. 以非時雷動也.
유 경외 도류 인 이 비시 뇌동 야

議政府啓曰: "鄭擢 李白溫 殺人不忌 其罪當誅 但以功臣宗親
의정부 계왈 정탁 이백온 살인 불기 기죄 당주 단 이 공신 종친

之故 得保性命 不可速宥." 從之.
지 고 득보 성명 불가 속유 종지

甲午 設靈寶道場. 禳陰陽失節 雷雨非時也.
갑오 설 영보 도량 양 음양 실절 뇌우 비시 야

丁酉 太上王發開城留後司.
정유 태상왕 발 개성 유후사

戊戌 上迎太上王于古見州. 上詣宿所獻壽 太上王從容謂曰:
무술 상 영 태상왕 우 고 견주 상 예 숙소 헌수 태상왕 종용 위왈

"兩都往來 民不安業. 自今其能定居乎?" 上曰: "謹奉敎." 仍
양도 왕래 민 불 안업 자금 기 능 정거 호 상왈 근 봉교 잉

陪宿.
배숙

己亥 太上王次于盧原駬郊 上隨至獻酌陪宿. 賜內贍婢元萬
기해 태상왕 차 우 노원 일 교 상 수지 헌작 배숙 사 내섬 비 원만

恭安府婢加都知米各二石. 元萬等負兒且戴物 上見而憐之也.
공안부 비 가도지 미 각 이석 원만 등 부아 차 대물 상 견 이 연지 야

庚子 上奉太上王入京 以古撫安君芳蕃第爲太上宮① 太上王
경자 상 봉 태상왕 입경 이 고 무안군 방번 제 위 태상궁 태상왕

不肯入 張帳幕以居 欲別營宮室也. 上以上妓奉加伊等十一人
불긍 입 장 장막 이거 욕 별영 궁실 야 상 이 상기 봉가이 등 십일 인

樂工朴文等九人 累宿以迎太上王 賜米人一石.
악공 박문 등 구인 누숙 이 영 태상왕 사미 인 일석

下判內贍寺事魏种 判官李次若 工曹佐郎李仲蔓等于巡禁司.
하 판 내섬시 사 위충 판관 이차약 공조 좌랑 이중만 등 우 순금사

以獻壽時饌品不精 而花草不及至也.
이 헌수 시 찬품 부정 이 화초 불급 지 야

辛丑 司憲府請康居信妻睦氏之罪. 疏曰:'居信被誅 其妻睦氏
신축 사헌부 청 강거신 처 목씨 지죄 소왈 거신 피주 기처 목씨

乃於三年內 再嫁上護軍金萬壽 其兄護軍睦仁海爲之媒 其睦氏
내 어 삼년 내 재가 상호군 김만수 기형 호군 목인해 위지 매 기 목씨

及萬壽 仁海等 不顧禮節 壞亂人倫 請皆論罪.'上但令睦氏離異
급 만수 인해 등 불고 예절 괴란 인륜 청개 논죄 상단 영 목씨 이이

歸其鄕 萬壽 仁海勿論.
귀 기향 만수 인해 물론

巡禁司啓:"前義州判官吳翰保放 以待吳希察至 憑問." 允下.
순금사 계 전 의주 판관 오한 보방 이대 오희찰 지 빙문 윤하

癸卯 罷吏曹正郎河演 佐郎柳思訥職. 司憲府上言:"演 思訥
계묘 파 이조 정랑 하연 좌랑 유사눌 직 사헌부 상언 연 사눌

以文選司 於十月二十四日 轉動政參外判 不安印而下. 請罪之."
이 문선사 어 십월 이십사 일 전동정 참외판 불 안인 이하 청 죄지

甲辰 安神懿王后眞于古世子殿. 禮曹上言:"古典王后祔廟儀
갑진 안 신의왕후 진 우 고세자전 예조 상언 고전 왕후 부묘 의

文武群臣侍衛. 今仁昭殿移安于漢京 令各司一員 具朝服迎于
문무 군신 시위 금 인소전 이안 우 한경 영 각사 일원 구 조복 영우

門外." 從之. 仁昭殿 神懿王后眞殿名也.
문외 종지 인소전 신의왕후 진전 명야

乙巳 木稼.
을사 목가

戊申 上親祭于仁昭殿 遂詣上王殿 置酒歡甚.
무신 상 친제 우 인소전 수 예 상왕전 치주 환심

命收許個職牒 充水軍 放許周 許稠還任 徐選歸于家. 時個
명수 허척 직첩 충 수군 방 허주 허조 환임 서선 귀 우가 시 척

亡命未見.
망명 미현

賜辛克禮酒十瓶.
사 신극례 주 십병

庚戌 放李白溫 京外從便.
경술 방 이백온 경외 종편

召書筵官 命毋廢日課. 上曰:"聞世子托溫故 廢日課. 今後
소 서연관 명무 폐 일과 상왈 문 세자 탁 온고 폐 일과 금후

毋得復爾."
무득 부이

命奪楊弘達職. 弘達常侍太上王疾得幸 爲檢校承寧府尹 營求
명탈 양홍달 직 홍달 상시 태상왕 질 득행 위 검교 승녕부 윤 영구

眞拜. 憲府劾啓曰:"弘達 賤口也. 用醫術 位至二品 極矣 遂生
진배 헌부 핵 계왈 홍달 천구 야 용 의술 위지 이품 극의 수생

400

踰分之心 請收其職牒 勘問以懲."上只令奪爵.
<small>유분 지심 청수 기 직첩 감문 이징 상지영 탈작</small>

辛亥 復以趙英茂爲右政丞 李叔蕃參贊議政府事.
<small>신해 부이 조영무 위 우정승 이숙번 참찬 의정부 사</small>

壬子 下朴信 徐選 玄孟仁 申敬原 成揜等于巡禁司. 流信于
<small>임자 하 박신 서선 현맹인 신경원 성엄 등우 순금사 유신우</small>

牙州 孟仁全羅道內廂 選陰竹 揜原州 敬原槐州. 召私諫尹須等
<small>아주 맹인 전라도 내상 선 음죽 엄 원주 경원 괴주 소 사간 윤수 등</small>

命曰:"不緊之事則再上疏 司憲府曚曨許偶之罪則不更請 甚違
<small>명왈 불긴 지사 즉재 상소 사헌부 몽롱 허척 지죄 즉불 갱청 심위</small>

委任之意 各退于家."
<small>위임 지의 각퇴우가</small>

解送遼東人曹成等十一名. 成等到江界 將縣布綾段賣買 自稱
<small>해송 요동인 조성 등 십일 명 성등 도 강계 장 면포 능단 매매 자칭</small>

曹指揮親男 無文憑 故以典農副正元閔生解送之.
<small>조 지휘 친남 무 문빙 고 이 전농 부정 원민생 해송지</small>

有大魚六尾 自海乘潮入陽川浦 浦傍民殺之 聲如牛吼 無鱗甲
<small>유 대어 육미 자해 승조 입 양천 포 포방 민 살지 성여 우후 무 인갑</small>

色正黑 口在目邊 鼻在項上. 縣令以聞 取其肉 頒于甲士.
<small>색 정흑 구 재 목변 비재 항상 현령 이문 취 기육 반우 갑사</small>

癸丑 刑曹請郭軾 李居妻田氏之罪 從之. 啓曰:"前司宰監
<small>계축 형조 청 곽식 이거 처 전씨 지죄 종지 계왈 전 사재감</small>

田思理姑夫前司農卿郭軾 姑故禮安監務李居妻田氏等 欲合執
<small>전사리 고부 전 사농 경 곽식 고고 예안 감무 이거 처 전씨 등 욕 합집</small>

奴婢 妄說思理父義甫 奸父妾及妹 多年相訟 骨肉相殘 毁傷
<small>노비 망설 사리 부 의보 간 부첩 급 매 다년 상송 골육 상잔 훼상</small>

風俗. 乞職牒收取 嚴加鞫問 依律鑑後."
<small>풍속 걸 직첩 수취 엄가 국문 의율 감후</small>

議政府上書請革寺社田口. 時 金山寺住持道澄 奸其寺婢姜庄
<small>의정부 상서 청혁 사사 전구 시 금산사 주지 도징 간 기사 비 강장</small>

姜德兄弟 土田所出 奴婢貢貨 竝皆私用; 臥龍寺住持雪然奸
<small>강덕 형제 토전 소출 노비 공화 병개 사용 와룡사 주지 설연 간</small>

其寺婢加伊等五名. 議政府上書曰:
<small>기사 비 가이 등 오명 의정부 상서 왈</small>

'佛氏之道 以淸淨爲宗 戒定慧爲本. 釋迦初出家 入雪山中
<small>불씨 지도 이 청정 위종 계정혜 위본 석가 초 출가 입 설산 중</small>

苦行六年 乃成其道 至舍衛國 持鉢入城乞食 洗足敷坐說法.
<small>고행 육년 내 성 기도 지 사위국 지발 입성 걸식 세족 부좌 설법</small>

阿難見摩滕加女 不忍乃犯 釋迦說楞嚴經 以淫爲第一戒.
<small>아난 견 마등가 녀 불인 내범 석가 설 능엄경 이음 위 제일 계</small>

釋迦 佛氏之最尊者 操行勤儉尙②如此: 阿難 釋迦之高弟
석가 불씨 지 최존 자 조행 근검 상 여차 아난 석가 지 고제

近色不忍又如此.② 今各寺住持 出則乘肥馬 橫行閭里 入則役
근색 불인 우 여차 금 각사 주지 출즉승 비마 횡행 여리 입즉 역

婢僕 安坐而食. 以土田之出 奴婢之貢 恣爲鞍馬衣服之用 至爲
비복 안좌 이식 이 토전 지출 노비 지공 자위 안마 의복 지용 지위

酒色之費. 至有如道澄 雪然之師弟者 誦經祝釐 亦不肯行 旣違
주색 지비 지유 여 도징 설연 지 사제 자 송경 축리 역 불긍 행 기위

本師淸淨之敎 又違國家求福之意.
본사 청정 지교 우 위 국가 구복 지의

佛法到東方 始於三國. 高句麗十七代小獸林王時 胡僧順道
불법 도 동방 시어 삼국 고구려 십칠 대 소수림왕 시 호승 순도

至自苻秦: 百濟十三代枕流王時 胡僧摩羅難陀至自晋 其初所創
지자 부진 백제 십삼 대 침류왕 시 호승 마라난타 지자 진 기초 소창

之寺 不過一二 削髮爲僧者 不過數十 厥後流入新羅 其說益盛
지사 불과 일이 삭발 위승 자 불과 수십 궐후 유입 신라 기설 익성

三國君臣 爭立寺社 至于前朝 又增營構 稱爲裨補 今國家以
삼국 군신 쟁립 사사 지우 전조 우증 영구 칭위 비보 금 국가 이

一國之土田人物 支亡國四代君臣之願堂 亦有裨補稱名而不得廢
일국 지 토전 인물 지 망국 사대 군신 지 원당 역유 비보 칭명 이 부득 폐

者. 三代之前 未有佛法 堯 舜 禹 湯 文 武 俱享百歲 世道雍熙
자 삼대 지전 미유 불법 요 순 우 탕 문 무 구향 백세 세도 옹희

歷年永久. 至漢明帝 始入中國 魏晋以降 至于宋 元 亂亡相繼
역년 영구 지 한 명제 시입 중국 위진 이강 지우 송 원 난망 상계

享壽歷年 俱不及三代. 梁武帝最深敬信 三捨身爲通泰寺奴 造佛
향수 역년 구 불급 삼대 양 무제 최심 경신 삼 사신 위 통태사 노 조불

造塔 遍于境內 不再世而亡.
조탑 편우 경내 부 재세 이망

吾東方檀君 箕子 俱歷年一千 當時亦未有佛法. 至三國時
오 동방 단군 기자 구 역년 일천 당시 역 미유 불법 지 삼국 시

高句麗 百濟 始作佛寺 三國之中 二國先亡. 新羅之季 城中佛寺
고구려 백제 시작 불사 삼국 지중 이국 선망 신라 지계 성중 불사

太半 國隨以亡. 前朝太祖作遺戒書 宜鑑新羅 多作佛寺 以至於
태반 국수 이망 전조 태조 작 유계서 의감 신라 다작 불사 이 지어

亡. 太祖所創 不出密記之外 其後君臣 各立願堂. 毅王幸諸寺社
망 태조 소창 불출 밀기 지외 기후 군신 각립 원당 의왕 행 저 사사

月至十餘所 歲飯僧三萬于宮庭 卒不免於禍 熙王亦然. 恭愍王
월지 십여 소 세 반승 삼만 우 궁정 졸 불면 어화 희왕 역연 공민왕

事佛尤勤 初以普虛爲師 後師③懶翁 作雲庵寺 常養百僧: 修
사불 우근 초 이 보허 위사 후사 나옹 작 운암사 상양 백승 수

演福寺 歲設文殊會. 普虛 懶翁 俱有捨利 號稱得道 無救恭愍之

禍; 恭讓之事佛 亦非不勤 卒以亡國.

裨補祝釐之說 固非可信 然行之已久 信者衆多 未可遽革. 以

前朝密記付裨補寺社及外方各官踏山記付寺社 新舊京五敎兩宗

各一寺 外方各道府官已上禪敎各一寺 監務官已上禪敎中一寺

且仍其舊. 令所在官 籍其奴婢口數 各其寺十里外農作居生. 其

炊饌供給 只用役使奴子 百員居處二十名 五十員居處十名 十員

居處以下二名式 每年相遞 輪番立役 其餘奴婢身貢及土田所出

併皆收齊. 無奴婢寺社 以裨補外寺社奴婢及土田 量宜移給 以

居僧多少 每季月計題給 各以其法薰修 時加考察 報都觀察使;

每當歲季 褒貶申聞 以憑黜陟. 如有婢子寺內立役 一皆禁斷;

婢子寺內來往不禁僧人及奴婢戶內來往僧人 許人陳告 徵布一百

匹 告者充賞 長髮充軍. 其餘各寺奴婢竝屬公 寺內炊爨等事 以

無職雜僧充役.'

從之 唯衍慶 興天 華藏 神光 釋王 洛山 聖燈 津寬 上元

見菴 觀音崛 檜巖 般若殿 萬義 京甘露等寺社仍舊.

於是 晉州牧使安魯生上賀箋曰:

'臣聞天下之生 一治一亂 聖人迭興 漸次除治. 當堯之時 洚水

橫流 大禹不作 人其魚鼈矣; 夏商之季 桀紂爲暴 湯武不興 民

其塗炭矣; 戎狄爲亂 虎豹爲災 不有周公之聖 孰能膺且驅之 以

除其害乎? 以至戰國 衆暴寡强凌弱 簒奪之禍作 天理幾乎滅 非
제 기해 호　　이지 전국　중포과강능약　찬탈 지화 작　천리 기호 멸　비

仲尼筆而誅之 則天下之人 無君臣矣: 楊墨橫行 誑亂天下 非
중니 필 이 주지　즉 천하 지인　무 군신 의　양묵 횡행　광란 천하　비

孟軻氏辭而闢之 則天下之俗 爲禽獸矣.
맹가 씨 사 이 벽지　즉 천하 지속　위 금수 의

　釋氏之害則有甚於此. 君君而臣臣 父父而子子 家國之大典
　석씨 지해 즉유 심 어차　군군 이 신신　부부 이 자자　가국 지 대전

人倫之大本 不可一日而去之. 漢之衰季 吾聖人之道 晦而不明
인륜 지 대본　불가 일일 이 거지　한 지 쇠계　오 성인 지도　회 이 불명

浮屠氏作 駕邪怪之說 驅天下之民 入於夷狄: 餌之以罪福之說
부도 씨작　가 사괴 지설　구 천하 지민　입어 이적　이지 이 죄복 지설

眩惑人之心志 聾瞽人之耳目: 毁我君臣之義 滅我父子之仁. 其法
현혹 인 지심지　농고 인 지이목　훼 아 군신 지의　멸 아 부자 지인　기법

遂至東方 大亂極矣. 國君信之則號曰褓補 卿大夫信之則稱爲
수 지 동방　대란 극의　국군 신지 즉 호왈 비보　경대부 신지 즉 칭위

願堂. 一雄唱而百雌和 擧世靡然 悅而從之 爭營寺塔 遍于境內:
원당　일웅 창 이 백자 화　거세 미연　열 이 종지　쟁영 사탑　편 우 경내

金璧其居 侈於王宮: 飽煖其身 富於世俗. 竊國良民 以爲私役 而
금벽 기거　치 어 왕궁　포난 기신　부 어 세속　절국 양민　이위 사역　이

不屬於籍者 以萬計 國之戶口 因致日減. 酒色之欲 公然恣行 淫
불속 어적 자　이만 계　국 지 호구　인치 일감　주색 지욕　공연 자행　음

敗義欲敗禮 於淸心寡欲祝釐福國之道 末如之何也. 甚矣.
패 의 욕 패례　어 청심 과욕 축리 복국 지도　말 여지하 야　심의

　高句麗 新羅 百濟三國之君臣 溺於邪說 戕滅綱常之理 以至
　고구려　신라　백제 삼국 지 군신　익 어 사설　장멸 강상 지리　이지

於亡 何足議也? 自前朝太祖創業垂統 將五百年 其間有爲之君
어망　하족 의 야　자 전조 태조 창업 수통　장 오백 년　기간 유위 지군

補治之臣 亦或有之 非不知釋氏之病國害民也. 然而卒不能革者
보치 지신　역 혹 유지　비 부지 석씨 지 병국 해민 야　연 이 졸 불능 혁자

何也? 去邪當辨之於早 防之於微 不使之滋蔓 以絶其根柢可也.
하야　거사 당변 지 어조　방지 어미　불 사지 자만　이절 기 근저 가야

　前朝歷代君臣 承三國崇信之餘 去古未久 流風遺俗 猶有存者
　전조 역대 군신　승 삼국 숭신 지여　거고 미구　유풍 유속　유유 존자

故勢不能也. 方今天佑東方 生我聖人 入承大統 踐祚之後 動法
고 세 불능 야　방금 천우 동방　생 아 성인　입승 대통　천조 지후　동법

堯舜 憲章文武 立綱布紀 尊王道抑夷法 行大中至正之道 黜
요순　헌장 문무　입강 포기　존 왕도 억 이법　행 대중 지정 지도　출

唱誕放邪之辭 裁自聖心 斷以大義 特於中外 汰其密記付增置
창탄 방사 지사　재 자 성심　단 이 대의　특 어 중외　태 기 밀기 부 증치

寺刹 收其田民 以復於國 革除千載之弊 挽回三代之治. 非天縱
사찰 수 기 전민 이복어국 혁제 천재 지폐 만회 삼대 지치 비천종

聖智之資 何以臻此歟? 聖人之道 晦而復明 邪說之行 屏而不肆
성지 지자 하이 진차 여 성인 지도 회이부명 사설 지행 병이 불사

敎化文明 朝野克淸 此東國以來未有之盛事也. 非洚水之災 安知
교화 문명 조야 극청 차 동국 이래 미유 지 성사 야 비홍수 지재 안지

堯舜禹之大德 非桀紂之暴 虎豹之害 安知湯 武 周 孔之至仁 非
요순 우지 대덕 비걸주 지폭 호표 지해 안지 탕 무 주 공지 지인 비

楊墨之妖 孰知孟軻氏之大功乎? 今非釋氏之害 一國之人 何知
양묵 지요 숙지 맹가 씨지 대공 호 금비 석씨 지해 일국 지인 하지

聖上用夏變夷之大德大功乎? 其亨屯拯溺 排患釋亂之道 則前聖
성상 용하 변이 지 대덕 대공 호 기 형둔 증닉 배환 석란 지도 즉 전성

後聖 如合符節. 嗚呼盛哉! 臣以斗筲之才 遭遇聖朝 幸蒙優渥
후성 여합 부절 오호 성재 신 이 두소 지재 조우 성조 행몽 우악

得與儒臣之列 敢不歌詠聖德 助光日月 垂耀於無窮! 萬機之暇
득여 유신 지열 감불 가영 성덕 조광 일월 수요 어 무궁 만기 지가

特賜觀覽 臣於天地間 不與草木同朽矣.'
특사 관람 신 어 천지 간 불여 초목 동후 의

　上嘉納之. 蓋臥龍寺在晉州界 雪然之奸 由魯生發摘也.
　상가 납지 개 와룡사 재 진주 계 설연 지간 유 노생 발적 야

　甲寅 冬至. 御便殿 與勳親大臣置酒, 上謂成石璘曰: "昔予之
　갑인 동지 어 편전 여 훈친 대신 치주 상위 성석린 왈 석여지

朝京也 卿贈詩一首 予至今未忘." 因誦之曰: "知子知臣睿鑑明
조경 야 경증시 일수 여 지금 미망 인 송지 왈 지자 지신 예감 명

畏天誠意爲生成 皆言萬世朝鮮慶 在此炎霖跋涉行." 且曰: "卿之
외천 성의 위 생성 개언 만세 조선 경 재차 염림 발섭 행 차왈 경지

詩如此 卿之心可知也."石璘扣頭謝. 賜石璘 河崙內廐馬各一匹.
시 여차 경지 심 가지 야 석린 구두 사 사 석린 하륜 내구마 각 일필

後 君臣韻其字以爲詩 崙作序以進.
후 군신 운 기자 이 위시 륜작서 이진

　乙卯 賜慶尙道兵馬都節制使柳龍生酒十瓶 藥一封. 以用心
　을묘 사 경상도 병마도절제사 유용생 주 십병 약 일봉 이 용심

奉職也.
봉직 야

　丙辰 議政府右政丞趙英茂 參贊議政府事李叔蕃 上箋辭
　병진 의정부 우정승 조영무 참찬 의정부 사 이숙번 상전 사

不允. 遣吏曹參議權軫于英茂第 佐郞朴熙宗于叔蕃第. 還其箋.
불윤 견 이조 참의 권진 우 영무 제 좌랑 박희종 우 숙번 제 환 기전

　丁巳 賜義安大君和馬一匹.
　정사 사 의안대군 화 마 일필

| 원문 읽기를 위한 도움말 |

① 以古撫安君芳蕃第爲太上宮. '以~爲~'의 구문으로 '~를 ~로 삼다'라는
   이 고 무안군 방번 제 위 태상궁 이 위
   뜻이다.

② 釋迦 佛氏之最尊者 操行勤儉尙如此; 阿難 釋迦之高弟 近色不忍又
   석가 불씨 지 최존 자 조행 근검 상 여차 아난 석가 지 고제 근색 불인 우
   如此. 대비가 되는 두 문장을 지탱해주는 것은 尙과 又다.
   여차 상 우

③ 師. 이때의 師는 동사로 '스승으로 삼다'라는 뜻이기 때문에 바로 앞에
   사 사
   있는 爲師와 같다.
   위사

태종 5년 을유년
12월

十二月

계해일(癸亥日-1일) 초하루에 사헌집의 윤향(尹向)이 이백온(李伯溫)을 사면하지 말 것을 청했다. 소에서 이렇게 말했다.

'법이란 천하의 공기(公器)여서 친소(親疎)의 구별이 없습니다. 지난번에[曩者] 원윤(元尹) 백온(伯溫)이 대낮에 전하(殿下)의 백성을 난폭하게 죽였으니 법에 따라 마땅히 베어야 하는데 전하께서 종친(宗親)이라 하여 차마 베지 못하고 특별히 외방(外方)으로 유배 보내셨다가 지금 1년이 못 되어[不閱] 곧바로 용서하셨습니다[原=宥]. 신의 어리석음으로 가만히 보건대 은혜는 비록 종실(宗室)에서 온전할지 몰라도 법은 이에 조정에서 무너져 사람들을 징계하는 바가 없을까 두렵습니다. 엎드려 바라옵건대 전하께서는 공법(公法)으로 결단하셔야 합니다.'

회답하지 않았다[不報].

○ 우사간 대부 윤수(尹須), 사간원 지사 이양(李揚), 헌납 한고(韓皐) 박희문(朴希文), 정언 박관(朴冠) 정촌(鄭村)을 파직했다. 집의 윤향이 소를 올려 말했다.

'지난번에[頃者] 박신(朴信) 등이 허척(許倜)의 죄를 핵문(劾問)할 때 앞뒤로 경중(輕重)이 같지 않았습니다. 우사간 윤수 등이 명령을 받들어 죄를 핵문함에 있어 마땅히 법대로 처치해야 할 것을 강력히 논했어야[極論] 할 것인데, 도리어[顧=反] 마침내 파직(罷職)만을 청했고 안률(按律)하라는 명령이 있은 뒤에야 사실대로 아뢰고 또다시 그 죄를 청하지 않았으니 심히 법을 받드는 뜻을 잃었으므로 징계하지 않을 수 없습니다.'

그것을 따랐다.

갑자일(甲子日-2일)에 햇무리[日暈]¹를 하고, 일배(日背)²와 일이(日珥)³가 나타났다. 밤에 비가 내렸다.

○ 태일 초례(太一醮禮)를 거행했다. 때 아닌[非時] 천둥이 있어 (무탈하기를) 빌기 위함이었다.

○ 명하여 의지할 곳 없는 불쌍한 백성들을 제생원(濟生院)⁴에 모아서 길러주도록 했다. 의정부에 가르쳐 말했다.

"환과고독(鰥寡孤獨)⁵과 독질(篤疾-위독한 병)이나 불치병[廢疾=不治病]에 걸린 사람, 생업을 잃은 백성들이 어찌 얼고 주려서 비명(非命)에 죽는 자가 없겠느냐? 내가 매우 불쌍히 여긴다. 한성부(漢城府)와 유후사(留後司) 오부(五部)로 하여금 빠짐없이 널리 알려서 거두어 길러주도록 하라."

---

1 햇빛이 대기(大氣) 속의 수증기에 비치어 해 주위로 둥그렇게 보이는 고리 모양의 테두리를 가리킨다.

2 햇무리의 한 가지로 해 위에 'ㄴ'자 모양의 햇무리가 진 현상을 말한다.

3 햇무리의 한 가지로 해의 옆에 귀고리[珥] 모양의 햇무리가 진 현상을 말한다.

4 1397년(태조 6년) 조준(趙浚)의 건의에 따라 설치한 구료(救療) 기관으로 고려의 제위보와 같은 기능을 했다. 빈민, 행려의 치료와 미아(迷兒)의 보호를 맡아보았다.

5 홀아비, 과부, 고아와 자식이 없는 늙은이를 말한다.

무진일(戊辰日-6일)에 곤방(坤方-서남쪽)에 붉은 기운이 있었다.

○ 일본 국왕의 사신인 중 주당(周棠)이 와서 빙문(聘問)했다.

○ 이숙(李淑)을 의정부 찬성사, 김승주(金承霔)를 공조판서, 유량 (柳亮)을 한성부 판사, 박석명(朴錫命, 1370~1406년)[6]을 의정부 지사 (知議政府事), 허응(許應)을 사헌부 대사헌, 황희(黃喜)를 승정원 지신 사로 삼았다. 석명(錫命)이 지신사에서 의정부 지사로 초배(超拜-특 진)됐는데[7] (이런 일은) 개국(開國) 이래로 없던 일이다.

기사일(己巳日-7일)에 햇무리[日暈]를 하고, 일배(日背)와 일이(日珥) _{일훈}
가 나타났다.

경오일(庚午日-8일)에 상이 태상전에 나아가 헌수하고 저물녘에 돌 아왔다.

임신일(壬申日-10일)에 일배(日背)와 일이(日珥)가 나타났다. 비가 내

---

6   1385년(우왕 11년) 승보시에 동진사(同進士)로 급제해 1390년(공양왕 2년) 우부대언(右副 代言)을 지냈다. 1392년(태조 1년) 조선이 건국되자 귀의군(歸義君) 왕우(王瑀-공양왕의 아우)의 사위였던 관계로 7년간 은거했다. 1399년(정종 1년) 고려의 구신들이 등용되자 좌산기상시(左散騎常侍)로 기용되고 안주목사를 거쳐 이듬해 도승지가 됐다. 정종이 태 종에게 선위하자 그 교서를 가져가서 태종을 옹립했다. 1401년(태종 1년) 좌명공신 3등이 되고 평양군(平陽君)에 봉해진 뒤 지신사(知申事)를 거쳐 이때인 1405년 지의정부사(知 議政府事), 이듬해 함경도 선위사, 전라도 도체찰사 등을 역임했다. 젊었을 때 정종과 같 이 이불을 덮고 자는데 꿈에 누런 용이 옆에 있으므로 돌아다보니 태종이었다. 그때부터 기이하게 여겨 서로 친구로 더욱 두텁게 지냈다. 평소 사람을 알아보는 안목이 깊었는데, 특히 태종에게 황희(黃喜)를 승지로 천거한 것이 유명하다.
7   지신사는 정3품, 의정부 지사는 정2품이다. 종2품을 건너뛴 것이다.

렸다.

○ 상호군 최저(崔沮)[8]의 상(喪)에 쌀과 콩을 아울러 20석과 종이 100권을 부의(賻儀)로 내려주었다.

○ 중들이 사사(寺社)의 노비를 자기 제자나 집안사람들에게 사사로이 주는 것을 금지했다. 사헌부에서 아뢰었다.

"각 종파의 중들이 공(功)이 있다고 핑계를 대 사사의 노비를 몰래 속여 얻어서 마음대로 제자와 집안사람들에게 주는 것은 일절 모두 속공(屬公)하고, 사사 노비를 공(功)이 있다고 빙자하여 서로 주어서 제 것으로 만드는 것을 이제부터 영구히 금지해야 합니다."

○ 일본국 지좌전(志佐殿)이 사람을 보내와서 조회했다.

계유일(癸酉日-11일)에 태백성(太白星)이 낮에 나타났고 밤에는 이방(离方)[9]에 흰 기운이 있었다.

갑술일(甲戌日-12일)에 일이(日珥)의 현상이 나타났다.

을해일(乙亥日-13일)에 여흥부원군(驪興府院君) 민제(閔霽)의 집에 행차했다. 상과 정비(靜妃)가 잔치를 베푸니 민씨(閔氏) 일족이 모두 참여했다. 상이 제(霽)와 제의 사위 조박(趙璞)에게 안장 달린 말[鞍馬]을 내려주고 말했다.
안마

---

8 무장 최영지(崔永沚)의 아들이다.
9 정남(正南)을 중심으로 한 45도 각도 안의 방향을 가리킨다.

"내가 젊었을 때 민씨(閔氏)에게 자라나 은혜와 사랑을 많이 받았다."

무인일(戊寅日-16일)에 일본 국왕의 사자를 불러서 만나보았다 [引見]. 일본국 사자는 5품(品) 반항(班行)[10]에 차례대로 섰다[序= 序立]. 예가 끝나자 불러서 전내(殿內)로 오르게 하고 명했다.

"네 나라 임금이 내가 보낸 사람을 후하게 대접하고 또 잡혀간 사람들을 많이 찾아서 돌려보내고 힘써 해적(海賊)을 금하니 내가 대단히 기쁘다. 지금 네가 내조(來朝)한 지가 이미 오래되었는데 재계(齋戒)로 인해 곧바로 만나보지 못했다."

일본 사자가 말했다.

"처음에 본국(本國)을 떠나올 때 속히 내조(來朝)하기를 원했는데, 지금 이렇게 예접(禮接)해주시니 감사하고 은혜롭기 그지없습니다 [何涯]."

상이 말했다.

"환국(還國)하는 날에 마땅히 다시 만나보겠다."

또 대마도(對馬島) 왜인(倭人)을 전외(殿外)로 나오게 하고서 명하여 말했다.

"능히 해적(海賊)을 금했으니 가상히 여겨 마지않는다[無已]."

드디어 명하여 음식을 대접하게 했다.

○ 금주령을 내렸다. 경기도 도관찰사 권담(權湛)이 아뢰었다.

---

10 반열(班列)이나 반위(班位)라고도 한다.

"근년(近年)에 술을 금하는 것이 매번 춘계(春季-늦봄)의 술이 익은 뒤에 하다 보니 저축(貯蓄)의 계책에 도움이 되지 못했습니다. 명년에는 춘초(春初-초봄)에 금하도록 해야 합니다."

그것을 따랐다.

기묘일(己卯日-17일)에 비가 내렸다.

○ 이도분(李都芬)[11]을 길주 도안무사(吉州都安撫使)[12]로 삼았다.

○ 동북면(東北面)과 풍해도(豊海道)에 사신을 보내 미리 수재(水災)와 한재(旱災)를 막기 위해 산천(山川)에 빌도록 명했다. 상이 예조(禮曹)에 명해 말했다.

"근년에 계속하여 수재와 한재가 있었는데 동북면과 풍해도가 더욱 심하니 마땅히 사신을 보내서 미리 빌어야 한다."

예조에서 명년 2월 외산제(外山祭)[13] 때에는 옛날 산천(山川)에다 영제(禜祭)[14]를 지내던 예(例)를 써서 빌 것을 청했다.

경진일(庚辰日-18일)에 달이 태미원(太微垣) 서북쪽에 들어갔다.

---

11 1419년(세종 1년) 개성유후로 있을 때 본명인 이도분(李都芬)의 이름 중 '도(都)' 자가 세종의 이름과 음이 같아서 이사분으로 고쳤다. 다섯 번 수령에 임명되고 세 번 진수(鎭帥)가 되어 모두 공적이 있었고 좌군도총제(左軍都摠制)를 역임했다. 1441년(세종 23년) 88세로 졸했다.

12 임금의 명령을 받고 지방에 나가서 백성들을 안무(安撫)하는 임시 벼슬 또는 그 벼슬아치를 가리킨다. 2품 이상의 대신(大臣)으로 임명했는데, 3품 이하의 관원으로 임명하면 그냥 안무사라고 이른다.

13 도성 밖의 산에서 올리는 제사다.

14 오랫동안 장마가 질 때 날이 개기를 비는 나라의 제사로, 곧 기청제(祈晴祭)다.

○ 사헌부(司憲府)에서 대간(臺諫-사헌부와 사간원)이 조계(朝啓)에 참여할 수 있게 해달라고 청했다. 소(疏)는 대략 이러했다.

'전하께서 날마다 정부와 육조를 만나보시고 다스리는 도리[治道]를 물으시니 참으로 아름다운 뜻입니다. 본부(本府)와 간원(諫院)은 전하의 귀와 눈을 맡은 관직[耳目之官]으로 마땅히 좌우(左右)에 있어야 할 것인데 홀로 진현(進見)하는 (일정한) 때가 없습니다. 바라건대 대간 3품 이상으로 하여금 조계에 참여하게 해주소서.'

답하지 않았다.

신사일(辛巳日-19일)에 검교 의정부 좌정승(檢校議政府左政丞) 권희(權禧)가 죽었다. 희(禧)는 안동(安東) 사람인데, 충정공(忠靖公) 고(皐)의 아들이다. 처음에 음사(蔭仕)로 보직(補職)되어 여러 번 승진하여[累轉] 문하찬성사 영가군(永嘉君)에 이르렀다. 태상왕이 즉위하자 검교 문하시중을 제수하고 원종공신(原從功臣) 녹권(錄券)을 내려주었고, 또 오랜 벗인 까닭에 매우 보살펴 사랑하고[眷愛] 안부를 묻고 물건을 주는 것이 끊이지 않았다. 상(上)이 즉위하자 검교 좌정승으로 고쳤는데 병으로 죽으니 나이 87세였다. 부음이 올라오자 조회를 3일 동안 정지하고 태상왕과 주상께서 모두 사제(賜祭)하고 시호(諡號)를 정간(靖簡)이라 했으며, 유사(攸司)에 명해 예장(禮葬)하게 했고 정비(靜妃)와 세자 또한 사신을 보내 치제(致祭)했다. 희(禧)는 윗사람을 섬기고 직사(職事)를 받드는 데 있어 정성스럽고 진실하여 속이지 않았으며, 부처를 지나치게 좋아했고[酷好] 처음에 벼슬할 때부터 마지막에 이르기까지 한 번도 폄출(貶出)과 탄핵(彈劾)을 당하

지 않았다. 아들이 다섯이니 화(和), 충(衷), 근(近), 우(遇)이고 하나
는 중[祝髮]이 됐는데 이름은 이사(二巳)다.

○ 원묘(原廟)의 전물(奠物)[15]을 토의했다. 상이 말했다.

"진전(眞殿)에 소찬(素饌)으로 전(奠)하는 것은 어느 때에 시작됐는
가? 내가 생각건대 유명(幽明)이 비록 다르나 이치는 한가지일 것이
니 자식 된 자가 마땅히 평상시에 봉양하던 예(禮)로 제사하는 것이
맞을 것이다."

여러 신하가 모두 말했다.

"그렇습니다."

김첨(金瞻)이 아뢰어 말했다.

"진영(眞影)을 베푸는 것은 불씨(佛氏)와 노자(老子)에게서 비롯됐
는데, 한(漢)나라 초년(初年)에 처음으로 시작됐고 송(宋)나라 인종
(仁宗)에 이르러 그 제도가 크게 번성하여 집 수천 간(間)을 세웠습
니다. 종묘(宗廟)를 가볍게 여기고 진전(眞殿)을 무겁게 여기며 모두
소찬(素饌)을 베풀었으니 이는 불씨(佛氏)의 도(道)에서 연유한 것입
니다. 그러나 진전(眞殿)을 세우는 것은 예전 제도가 아니고 3년 후
에는 종묘(宗廟)에 합사해야 하니 진전(眞殿)은 혁파(革罷)해야 하고,
반드시 부득이해 한다면 마땅히 그 법(法)에 의해 소찬(素饌)으로
하는 것이 옳습니다."

상이 말했다.

"부녀(婦女)가 부묘(祔廟)하기 전에 어찌 치제(致祭)하는 예(禮)가

---

15 제전(祭奠)에 쓰이는 제기(祭器)나 음식물 일체를 말한다.

없겠는가? 만일 불가(佛家)에 진전(眞殿)을 둔다면 마땅히 소찬(素饌)을 써야 하지만, 따로 집을 세웠다면 고기를 쓰는 것이 마땅하다. 다만 평소에 즐기시던 어육(魚肉)과 포해(脯醢-포와 젓갈) 등의 제물로써 올리라."

계미일(癸未日-21일)에 태상왕이 친히 계성전(啓聖殿)에 전(奠)을 드리고 드디어 사리전(舍利殿)에 들어가 부처에 예(禮)를 행했다. 계성전은 곧 환왕(桓王)¹⁶의 진전(眞殿)이다.

○ 밤에 인방(寅方)¹⁷과 묘방(卯方)¹⁸에 붉은 기운이 있었다.

○ 예장(禮葬)과 증시(贈諡)의 법을 정했다. 사헌부에서 소를 올려 말했다.

'가만히 생각건대 국가는 대신(大臣)이 죽을 경우 일찍이 정부(政府)를 거친 자는 시산(時散-현직·전직)을 논하지 않고[不論=勿論] 모두 예(禮)로써 장사(葬事)를 지내니 이는 그의 공(功)을 갚는 도리요, 충후(忠厚)함이 지극한 것입니다. 그러나 법은 마땅히 만세(萬世)에 드리워지는 것이니 그 처음을 삼가지 않을 수 없습니다. 만일 반드시 벼슬이 정부를 거친 자라야 예장(禮葬)을 한다면 신은 아직 잘 알지 못하겠지만 만세토록 모두 뛰어난 사람만을 써서 공(功)이 있는 자에게만 정부의 임무를 주겠습니까? 청컨대 근래의 일로써 진달하겠

---

16 조선 태조 이성계의 아버지인 환조(桓祖) 이자춘(李子春)의 존호다.
17 정동쪽에서 북으로 30도를 중심으로 한 15도 각도 안의 방위로 동동북을 말한다.
18 정동쪽을 중심으로 한 15도 각도 안의 방위를 말한다.

습니다. 문하시랑찬성사(門下侍郎贊成事) 김주(金湊)와 승추부 참판사 최운해(崔雲海)의 죽음이 마침 같은 때에 있었는데 조정에서 주(湊)에게는 중례(中例)[19]로 장사했으니 신의 어리석음으로는 아직 잘 가려내지 못하겠지만 주(湊)가 찬성(贊成)이 되어 경륜(經綸)과 보치(輔治)의 공훈(功勳)이 있었습니까? 융마(戎馬)로 원방(遠方)을 평정한 공로가 있었습니까? 운해(雲海)는 사방의 변경을 정벌(征伐)하고, 몸으로 (날아오는) 화살과 돌을 무릅쓰고 오랑캐를 물리쳐 백성들을 편안케 하고, 변방을 지키며 군사를 무마한 공로가 있으니 이는 나라 사람들이 다 함께 아는 바인데도 도리어[反] 사시(賜諡)와 예장(禮葬)의 은전(恩典)을 받지 못했습니다. 전라도 수군도절제사 김빈길(金贇吉)은 항상 물 위에서 나라의 장성(長城)이 되어 해도(海盜)를 막고 집에서 생업(生業)을 다스리지 못한 지가 30여 년이었습니다. 마음은 항상 보국(報國)에 달려 있어 도적을 소탕하고 백성을 편안히 하는 것을 책임으로 삼아 음식과 의복의 좋고 나쁜 것까지도 알지 못했으니, 이것이 이른바 (생각하는 것이라고는) 나라뿐이고 집은 잊어서 충성(忠誠)이 사직(社稷)에 있는 자인데도 역시 국가의 예장(禮葬)과 사시(賜諡)의 은전(恩典)을 받지 못했습니다. 전하께서 비록 특별히 물건을 주어 상(喪)을 돕는 은혜를 내리셨으나, 이것이 어떻게 구천(九泉)에 있는 충혼(忠魂)을 위로할 수 있습니까? 바라건대 전하께서는 유사(攸司)에 명해 운해(雲海)와 빈길(贇吉)의 시호(諡號)

---

19 원문에 중례(中例)로 돼 있지만 중간 정도의 예라는 뜻에서 중례(中禮)가 아닌가 생각된다.

를 추사(追賜)하시고, 아울러 두텁게 장사(葬事)하게 하여 그 공로(功勞)를 갚고 충신의 뜻을 권면하셔야 합니다. 그리고 이제부터는 국장(國葬)과 사시(賜諡)의 법을, 비록 벼슬이 정부를 거친 신하라 할지라도 대간(臺諫)과 정부(政府), 예조(禮曹)로 하여금 함께 의논하고 아뢰어 시행하게 하고, 여러 사람과 함께 나오고 물러가고 하여 보익(補益)한 바가 없는 자, 간특(奸慝)하고 청렴(淸廉)치 못해 백성에게 해(害)를 입힌 자는 요행으로 지나친 은전(恩典)을 입지 못하게 해야 합니다. (반면) 비록 정부의 신하가 아니라 하더라도 공(功)이 사직에 있고 충성을 국가에 바쳐 사업(事業)이 현저하게 드러난 자는 유사에 명해 거행하게 하여 영구히 항식(恒式)으로 삼아야 할 것입니다.'

의정부에 내려 깊이 토의하게 하니 이렇게 말했다.

"종1품 이상은 예장(禮葬)과 증시(贈諡)하고, 정2품은 증시(贈諡)와 치부(致賻)하고, 종2품은 치부(致賻)만 하고, 공덕(功德)은 있는데 관품(官品)이 그에 해당되지 못한 자는 사헌부의 신문(申聞)에 의거해 깊이 토의해 상의 명을 받도록 하고, 공신(功臣)의 장시(葬諡)는 전례(前例)에 의거하게 해야 할 것입니다."

그것을 따랐다.

병술일(丙戌日-24일)에 손방(巽方)[20]에 붉은 기운이 있었고, 금성(金星)과 토성(土星)이 서로를 범(犯)했다.

○ 상이 태상전에 나아가 헌수(獻壽)했는데 상이 일어나 춤을 추고

---

20 정동(正東)과 정남(正南) 사이 한가운데를 중심으로 한 45도 각도 안의 방향을 말한다.

매우 즐겼다.

무자일(戊子日-26일)에 상이 인소전(仁昭殿)에 별제(別祭)[21]를 거행했다.

○ 밤에 간방(艮方)[22]에 붉은 기운이 있었다.

기축일(己丑日-27일)에 민정(民丁) 3,000명을, 충청(忠淸)과 강원(江原) 두 도에서 각각 1,500명씩 징발해 태상전(太上殿)을 짓는 역사(役事)에 투입했다. 이듬해 정월 16일까지 역사에 나오도록 기한을 정했다.

○ 제주(濟州)의 굶주린 백성들을 진휼했다. 경승부(敬承府)[23] 소윤(少尹) 이각(李慤)을 보내 쌀과 콩 1,000석으로 진휼하고 또 쌀과 콩 1,500석으로 말을 사들였다[市馬].
시마

경인일(庚寅日-28일)에 상이 태상전에 나아가 문안했다.

○ 각 포구의 수군 만호와 천호는 한결같이 민관(民官)의 교대하는 예(例)에 의거하도록 명했다. 경상도 도관찰사 김희선(金希善,

---

21 기일(忌日)이 아닌 명절이나 특별히 날을 정해 베푸는 제사를 말한다.

22 동북방을 말한다.

23 1402년(태종 2년) 4월에 설치한 동궁(東宮)의 관아인 원자부(元子-세자부)의 처음 이름이다. 경승부(敬承府)는 1418년(태종 18년) 6월에 순승부(順承府)로 고쳐 세자전(世子殿)에 소속됐다가 1418년(세종 1년) 8월에 다시 인수부(仁壽府)라 고쳐 상왕전(上王殿)에 소속됐다.

?~1408년)²⁴의 장계(狀啓)²⁵에 따른 것이다.

○ 요망한 무당 백이(栢伊)에게 장(杖)을 때리도록 명했다. 요망한 귀신[妖神]이 청주(淸州)의 관비(官婢)인 백이라는 자에게 내려 공중에서 사람과 말을 하니 점치는 자들이 많이 모여들었다. 의정부에서 살펴 징험하기를 청하니 상이 말했다.

"이는 거짓이다. 어찌 귀신이 말을 할 수 있겠느냐?"

좌우(左右)에게 물었다.

"당(唐)나라 진여(眞如)의 일이 매우 허무맹랑한데 그때 어떻게 처리했던가?"

좌우가 대답하지 못했다. 명하여 『통감강목(通鑑綱目)』²⁶을 가져다 보고 말했다.

"선유(先儒-주희)의 논(論)이 몹시 바르고 깊이 내 마음과 들어맞는다."

---

24 1392년(태조 1년) 호조판서를 거쳐 이듬해 전라도 안렴사로 있으면서 전국 각 도에 의학원을 설치할 것을 건의했다. 1395년 노비변정도감의 판사가 됐으며 동지중추부사로 재직 중 정조사가 돼 명나라에 다녀왔다. 이듬해 중추원부사로서 충청·전라·경상도에 내려가 백성들의 병고를 묻고 돌보았다. 1398년 원주목사를 거쳐 1402년 참지의정부사, 서북면 도순문찰리사가 됐다. 1404년 대사헌, 지의정부사를 거쳐 이듬해 경상도 관찰사, 1406년 형조판서가 됐다. 이듬해 부친의 병으로 참찬의정부사 겸 대사헌직을 사직하고자 하니 효성이 지극함이 더욱 빛났다. 곧 호조판서가 됐으며 의학에 정통해 중요한 의학서적들을 저술했다. 편저로는 『향약제생집성방(鄕藥濟生集成方)』, 『우마의방(牛馬醫方)』 등이 있다.

25 감사(監司) 또는 임금의 명령을 받들고 지방에 나간 벼슬아치가 글로 써서 임금에게 올리는 계본(啓本-공식 보고서)이다.

26 중국 남송(南宋)의 주희(朱熹)가 지은 중국의 역사책이다. 사마광(司馬光)의 『자치통감(資治通鑑)』을 강(綱)과 목(目)으로 나누어 편찬한 것이다. 주희가 직접 만든 범례 한 권에 의해 그 문인 조사연(趙師淵) 등이 전편 59권을 작성했다. 본이름은 『자치통감강목』이고 줄여서 『강목』이라고도 한다.

순금사 대호군 최관(崔關)에게 명해 현지에 가서 장(杖)을 때리도
록 했다.

신묘일(辛卯日-29일)에 허척(許倜)이 순금사에 자수하니[自歸](평안
도) 안주(安州)로 유배 보냈다.

○ 명하여 열부(烈婦)를 정표(旌表)[27]했다. 경상도 도관찰사 김희선
이 보고했다.

'인동현(仁同縣)에 중랑장(中郎將) 고성언(高成彦)의 처 최씨(崔氏)
가 있는데 나이 28세에 성언(成彦)이 죽으니 삼년상을 눈물로 울며
그 도리를 다했습니다. 과부(寡婦)로 홀로 산 지 이미 여러 해 만에
그의 오빠 림(琳)이 강제로 시집을 보내려 하니 스스로 죽기를 맹세
하자 림(琳)도 감히 어찌하지 못했습니다. 딸 셋이 있는데 맏이는 중
랑장 이진우(李珍祐)에게 출가하고 다음 딸은 군기주부(軍器注簿) 정
후(鄭厚)에게 출가했습니다. 진우와 정후가 또한 모두 일찍 죽으니 두
딸도 모두 어미의 절개와 같으므로 지역 사람들[鄕黨]이 그가 사는
곳을 칭하여 "정부리(貞婦里)"라고 합니다. 산원(散員) 장윤(張倫)의
처 유씨(兪氏)라는 자가 있는데, 나이 33세에 윤(倫)이 전사하니 그
아비 경(景)이 개가시키려고 하여 백방으로 달랬으나 유씨가 말하기
를 "양인(良人-남편)이 제자리에서 편안히 죽지도 못했고, 나와 영결
(永訣)도 하지 않았으니 어찌 차마 버리겠습니까? 다행히 젖먹이 자
식이 있으니 장성하기를 기다리면 내 생(生)을 의뢰할 수 있을 것입

---

27 선행을 칭찬하고 세상에 드러내어 널리 알린다는 뜻이다.

니다"라고 하니 아비도 그 정을 빼앗지 못했습니다.'

　풍해도 관찰사가 보고했다.

　'곡주(谷州)에 고(故) 초계군사(草溪郡事) 이태경(李台慶)의 처 강씨(姜氏)라는 자가 있었습니다. 그 남편이 관직을 수행하다가 죽고 아들 한 명은 아직 어렸습니다. 강씨가 힘이 모자란데도 그 남편을 경산(慶山)에 귀장(歸葬)하여 마침내 3년 동안 무덤 옆을 떠나지 않았습니다. 상을 마치자 서울에 있는 거실(巨室)들이 나이가 어리고 아름답다는 소문을 듣고 그녀를 맞이하려고 했으나 강씨가 울면서 거절하여 곡주(谷州)로 피했습니다. 곡주(谷州)의 대가(大家)가 또 혼인을 요구했습니다. 강씨가 단발하고 스스로 맹세하니 절의가 더욱 견고했습니다.'

　이때에 이르러 모두 그 문(門)을 정표(旌表)하고 호역(戶役)을 면제해주었다[復].
　　　　　　　　　　　　　복

　○ 이달에 (대마도의) 종정무(宗貞茂)가 사람을 시켜 말 10필을 바치고, 잡혀갔던 사람 60명을 돌려보냈다.

원문

癸亥朔 司憲執義尹向 請勿宥伯溫. 疏曰:
계해 삭 사헌 집의 윤향 청 물유 백온 소왈

'法者 天下之公器 無親疏之別. 暴者 元尹伯溫 白日暴殺殿下
법자 천하 지공기 무친소 지별 낭자 원윤 백온 백일 폭살 전하

之民 法所當誅 殿下以宗親之故 不忍加誅 特流於外 今不閱歲
지민 법 소당주 전하 이 종친 지고 불인 가주 특유어외 금 불열세

從而原之. 臣愚竊恐恩雖全於宗室 法乃毀於朝廷① 人無所懲.
종이 원지 신우 절공 은수 전어종실 법 내 훼어 조정 인 무 소징

伏望殿下 斷以公法.'
복망 전하 단이 공법

不報.
불보

罷右司諫大夫尹須 知司諫院事李揚 獻納韓皐 朴希文 正言
파 우사간대부 윤수 지사간원사 이양 헌납 한고 박희문 정언

朴冠 鄭村職. 執義尹向上疏曰: '頃者 朴信等劾問許偶之罪
박관 정촌 직 집의 윤향 상소 왈 경자 박신 등 핵문 허척 지죄

前後輕重不同. 右司諫尹須等 奉旨劾罪 宜極論其當置於法 顧乃
전후 경중 부동 우사간 윤수 등 봉지 핵죄 의 극론 기 당치 어법 고내

但請罷職 及有按律之命 乃以實聞 又不復請其罪 殊失奉法之意
단 청 파직 급유 안률 지명 내 이실문 우 불부청 기죄 수실 봉법 지의

不可不懲.'
불가 부징

從之.
종지

甲子 日暈且背珥. 夜雨.
갑자 일운 차 배이 야우

行太一醮禮. 禳非時雷動也.
행 태일 초례 양 비시 뇌동 야

命聚無告之民於濟生院以養之. 敎議政府曰: "鰥寡孤獨 篤疾
명취 무고 지민 어 제생원 이 양지 교 의정부 왈 환과고독 독질

廢疾 失業之民 豈無凍餒 以非命而亡者歟? 予甚閔焉. 令漢城府
폐질 실업 지민 기무 동뇌 이 비명 이 망자 여 여 심민 언 영 한성부

424

及留後司 五部 無遺②通曉 聚而養之."
급 유후사 오부 무유 통효 취 이 양지

戊辰 坤方有赤氣.
무진 곤방 유 적기

日本國王使僧周棠來聘.
일본 국왕 사 승 주당 내빙

以李淑爲議政府贊成事 金承霆工曹判書 柳亮判漢城府事
이 이숙 위 의정부 찬성사 김승주 공조판서 유량 판 한성부 사

朴錫命知議政府事 許應司憲府大司憲 黃喜承政院知申事. 錫命
박석명 지 의정부 사 허응 사헌부 대사헌 황희 승정원 지신사 석명

由知申事 超拜知議政府事 開國以來所未有也.
유 지신사 초배 지 의정부 사 개국 이래 소미유 야

己巳 日暈且背而珥.
기사 일운 차 배 이 이

庚午 上詣太上殿獻壽 暮還.
경오 상 예 태상전 헌수 모환

壬申 日背而珥. 雨.
임신 일배 이 이 우

賜賻上護軍崔沮之喪米豆幷二十石 紙百卷.
사부 상호군 최저 지 상 미두 병 이십 석 지 백권

禁僧人私與寺社奴婢於弟子及族人. 司憲府啓: "各宗僧人 稱
금 승인 사여 사사 노비 어 제자 급 족인 사헌부 계 각종 승인 칭

爲有功 冒得寺社奴婢 擅與其弟子及族人者 一皆屬公. 其以寺社
위 유공 모득 사사 노비 천여 기 제자 급 족인 자 일개 속공 기 이 사사

奴婢 稱功相與 以濟其私者 自今永禁."
노비 칭공 상여 이제 기사 자 자금 영금

日本國 志佐殿 遣人來朝.
일본국 지좌전 견인 내조

癸酉 太白晝見. 夜 离方有白氣.
계유 태백 주견 야 이방 유 백기

甲戌 日珥.
갑술 일이

乙亥 幸驪興府院君閔霽第. 上與靜妃設宴 閔氏之族皆與焉. 上
을해 행 여흥 부원군 민제 제 상여 정비 설연 민씨 지족 개 여언 상

賜霽及霽之壻趙璞鞍馬曰: "予少長於閔氏 多受恩愛."
사 제 급 제 지 서 조박 안마 왈 여 소장 어 민씨 다수 은애

戊寅 引見日本國王使者 日本國使序于五品班行. 禮畢 召陞
무인 인견 일본 국왕 사자 일본국 사 서우 오품 반항 예필 소승

殿內 命之曰: "汝國王厚待予所遣之人 多刷被擄人口送還 力禁
전내 명지 왈 여 국왕 후대 여 소견 지인 다 쇄 피로 인구 송환 역금

海賊 予甚喜焉. 今汝來朝已久 因齋戒未卽見也." 日本使曰: "初
해적 여 심희언 금여 내조 이구 인 재계 미 즉견 야 일본 사왈 초

發本國 願速來朝. 今得禮接如此 感恩何涯!" 上曰: "還國之日
발 본국 원속 내조 금득 예접 여차 감은 하애 상왈 환국 지일

當更見之." 又進對馬島倭于殿外 命之曰: "能禁海賊 嘉尙無已."
당경 견지 우진 대마도 왜우 전외 명지왈 능금 해적 가상 무이

遂命饋之.
수명 궤지

下禁酒令. 京畿都觀察使權湛啓: "近年禁酒 每當春季酒熟之
하 금주령 경기 도관찰사 권담 계 근년 금주 매당 춘계 주숙 지

後 故無及於貯蓄之計. 明年乞於春初禁之." 從之.
후 고 무급 어 저축 지계 명년 걸어 춘초 금지 종지

己卯 雨.
기묘 우

以李都芬爲吉州都安撫使.
이 이도분 위 길주 도안무사

命遣使東北面 豊海道預祈水旱於山川. 上命禮曹曰: "近年
명 견사 동북면 풍해도 예기 수한 어 산천 상명 예조 왈 근년

連有水旱 東北面 豊海道尤甚 宜遣使預禱." 禮曹請於明年二月
연유 수한 동북면 풍해도 우심 의 견사 예도 예조 청어 명년 이월

外山祭 用古者禜於山川之例以禱之.
외산제 용 고자 영어 산천 지예 이 도지

庚辰 月入太微西北.
경진 월입 태미 서북

司憲府請令臺諫與朝啓. 疏略曰: '殿下日見政府 六曹 咨訪
사헌부 청령 대간 여 조계 소 약왈 전하 일견 정부 육조 자방

治道 誠美意也. 本府與諫院 以殿下耳目之官 宜在左右 而獨無
치도 성 미의야 본부 여 간원 이 전하 이목 지관 의재 좌우 이독무

進見之時 願令臺諫三品以上 與於朝啓. 不報.
진현 지시 원령 대간 삼품 이상 여어 조계 불보

辛巳 檢校議政府左政丞權禧卒. 禧 安東人 忠靖公皐之
신사 검교 의정부 좌정승 권희 졸 희 안동 인 충정공 고지

子. 始以蔭補職 累轉至門下贊成事 永嘉君. 太上卽位 拜檢校
자 시이 음보 직 누전 지 문하 찬성사 영가군 태상 즉위 배 검교

門下侍中 賜原從功臣錄券 且以故舊 甚加眷愛 問遣不絶 及上
문하시중 사 원종 공신 녹권 차이 고구 심가 권애 문유 부절 급상

卽位 改檢校左政丞. 以疾卒 年八十七. 訃聞 輟朝三日 太上及上
즉위 개 검교 좌정승 이질 졸 연 팔십칠 부문 철조 삼일 태상 급상

皆賜祭 諡靖簡 命攸司禮葬 靜妃 世子亦遣使致祭. 禧事上奉職
개 사제 시정간 명 유사 예장 정비 세자 역 견사 치제 희 사상 봉직

誠信不欺 酷好佛氏 自始仕至終 未嘗一見貶劾. 五子: 和 衷 近
성신 불기 혹호 불씨 자시사 지종 미상 일견 폄핵 오자 화 충 근

遇 其一祝髮 名二巳.
우 기 일 축발 명 이사

議原廟奠物. 上曰: "眞殿素湌之奠 起於何時乎? 予謂幽明雖
의 원묘 전물 상왈 진전 소찬 지전 기어 하시 호 여위 유명 수

殊 理則一也. 爲子者當以平日致養之禮 祭之可也." 群臣皆曰:
수 이즉 일야 위자자당이 평일 치양 지례 제지 가야 군신 개왈

"然." 金瞻啓曰: "眞影之設 本於佛老 漢初始起 至宋仁宗 其制
연 김첨 계왈 진영 지설 본어 불로 한초 시기 지송 인종 기제

大盛 立屋數千間. 以宗廟爲輕 眞殿爲重 皆設素湌 因佛氏之道
대성 입옥 수천 간 이종묘 위경 진전 위중 개설 소찬 인불씨 지도

也. 然立眞殿 非古也 三年之後 當祔於廟 眞殿可革 必不得已而
야 연입 진전 비고야 삼년 지후 당부어묘 진전 가혁 필 부득이 이

爲之 則當依其法素湌可也." 上曰: "婦女未祔之前 豈無致祭之禮
위지 즉 당의 기법 소찬 가야 상왈 부녀 미부 지전 기무 치제 지예

歟? 若於佛家置眞殿 則宜用素湌矣 別立其室 則 宜用肉也 但以
여 약어 불가 치 진전 즉 의용 소찬 의 별립 기실 즉 의용 육야 단이

其平日所嗜魚肉脯醢等物薦之."
기 평일 소기 어육 포해 등물 천지

癸未 太上王親奠于啓聖殿 遂入舍利殿禮佛. 啓聖殿 卽桓王
계미 태상왕 친전 우 계성전 수입 사리전 예불 계성전 즉 환왕

眞殿也.
진전 야

夜 寅卯方有赤氣.
야 인 묘방 유 적기

定禮葬贈諡之法. 司憲府上疏曰:
정 예장 증시 지법 사헌부 상소 왈

'竊謂國家於大臣之沒 其曾經政府者 不論時散 竝以禮葬之 此
절위 국가 어 대신 지몰 기증경 정부 자 불론 시산 병이 예장 지 차

報功之道 而忠厚之至也. 然法當垂於萬世 不可不謹其始也. 若必
보공 지도 이 충후 지지야 연법 당수 어 만세 불가 불근 기시 야 약필

以位經政府者禮葬之 則臣未知萬世之下 其皆用賢而有功者 授
이위 경 정부 자 예장 지 즉신 미지 만세 지하 기개 용현 이 유공 자 수

政府之任乎? 請以近事陳之. 門下侍郎贊成事金湊 參判承樞府
정부 지임 호 청이 근사 진지 문하시랑 찬성사 김주 참판 승추부

事崔雲海 其沒適在一時 朝廷於湊則葬以中例. 臣愚未審湊爲
사 최운해 기몰 적재 일시 조정 어주 즉장 이 중례 신우 미심 주위

贊成 有經綸輔治之勳歟? 有戎馬定遠之勞歟? 雲海則征伐四陲
찬성 유 경륜 보치 지훈 여 유 융마 정원 지로 여 운해 즉 정벌 사수

身親矢石 攘狄安民 戍塞撫卒之勞 國民所共知也 而反未蒙賜謚

禮葬之恩. 全羅道水軍都節制使金贇吉 恒居水上 爲國長城

扞禦海盜 其不家居治生者三十餘年. 心常懸於報國 以掃賊安民

爲任 至不知飲食服飾之麤潔 此所謂國而忘家 忠在社稷者也 亦

未蒙國家葬謚之典. 殿下雖特垂賜物助葬之恩 是豈能足慰忠魂

於九泉之下歟? 願殿下勅攸司 追賜雲海 贇吉之謚 幷令厚葬 以

報其勞 以勸忠臣之志. 自今國葬賜謚之法 雖位歷政府之臣 令

臺諫政府禮曹議啓施行; 其旅進旅退 無所補益者 奸慝不廉 民

被其害者 勿使僥倖濫蒙. 雖非政府之臣 功在社稷 忠輸國家

事業彰著者 勅攸司舉行 永爲恒式.'

下議政府擬議: "從一品以上 禮葬贈謚; 正二品贈謚致賻;

從二品 致賻. 其有功德而官品未應者 依司憲府所申 擬議取旨;

功臣葬謚 依前例." 從之.

丙戌 異方有赤氣 金 土星相犯.

上詣太上殿獻壽 上起舞盡懽.

戊子 上行別祭于仁昭殿.

夜 艮方有赤氣.

己丑 徵民丁三千于忠淸 江原道. 二道各一千五百 供太上殿

助成之役也. 期以明年正月十六日赴役.

賑濟州飢. 遣敬承府少尹李慤 以米豆一千石賑之 又以米豆

一千五百石市馬.
일천 오백 석 시마

庚寅 上詣太上殿問安.
경인 상 예 태상전 문안

命各浦水軍萬戶千戶 一依民官交代例. 從慶尙道都觀察使
명 각포 수군 만호 천호 일의 민관 교대 례 종 경상도 도관찰사

金希善之啓也.
김희선 지 계 야

命杖妖巫栢伊. 有妖神降于淸州官婢名栢伊者 在空中與人語
명장 요무 백이 유 요신 강우 청주 관비 명 백이 자 재 공중 여인 어

卜者多聚. 議政府請按之 上曰: "此妄也. 豈有神而能言者哉?"
복자 다취 의정부 청 안지 상왈 차망야 기유신이능언 자재

問左右曰: "唐眞如之事甚誕 其時何以處置?" 左右不能對. 命取
문 좌우 왈 당 진여 지 사 심탄 기시 하이 처치 좌우 불능 대 명취

通鑑綱目覽之 曰: "先儒之論甚正 深合予心." 命巡禁司大護軍
통감강목 람지 왈 선유 지론 심정 심합 여심 명 순금사 대호군

崔關往杖之.
최관 왕 장지

辛卯 許倜自歸于巡禁司 流之安州.
신묘 허척 자귀 우 순금사 유지 안주

命旌表烈婦. 慶尙道都觀察使金希善報:
명 정표 열부 경상도 도관찰사 김희선 보

'仁同縣有中郎將高成彦妻崔氏 年二十八而成彦死 泣涕三年
인동 현 유 중랑장 고성언 처 최씨 연 이십 팔 이 성언 사 읍체 삼년

喪盡其道. 寡居者旣多年 其兄琳欲奪而嫁之 以死自誓 琳亦不敢.
상 진 기도 과거자기 다년 기형 림 욕탈 이 가지 이사 자서 림 역 불감

有三女 長適中郎將李珍祐 次適軍器注簿鄭厚. 珍祐 鄭厚 亦
유 삼녀 장 적 중랑장 이진우 차 적 군기 주부 정후 진우 정후 역

皆早世 二女皆如母節 鄕黨稱其所居爲貞婦里. 有散員張倫妻
개 조세 이녀 개 여 모절 향당 칭 기 소거 위 정부리 유 산원 장륜 처

兪氏者 年三十三而倫戰死 其父景欲改嫁之 多方以誘之 兪氏曰:
유씨 자 연 삼십 삼 이 륜 전사 기부 경 욕 개가 지 다방 이 유지 유씨 왈

"良人死不安席 不與我永訣 何忍棄之! 幸有乳下子 俟其長 足以
양인 사 불 안석 불 여 아 영결 하인 기지 행 유 유하 자 사 기장 족이

資吾生." 父不能奪其情.'
자 오생 부 불능 탈 기정

豊海道觀察使報:
풍해도 관찰사 보

'谷州故草溪郡事李台慶妻姜氏 其夫歿於官 一子尙幼. 姜力貧
곡주 고 초계군 사 이태경 처 강씨 기부 몰 어 관 일자 상 유 강 역 빈

歸葬其夫于慶山 終三年不離墳側. 喪畢 京有巨室 聞其年少而
귀장 기부 우 경산 종 삼년 불리 분측 상필 경유 거실 문기 연소 이

美 欲娶之 姜泣拒之 避于谷州. 州之大家又求婚焉 姜斷髮自誓
미 욕 취지 강 읍 거지 피 우 곡주 주지 대가 우 구혼 언 강 단발 자서

節義彌堅.'
절의 미견

至是 皆旌其門而復之.
지시 개 정 기문 이 복지

是月 宗貞茂使人獻馬十匹 發還被虜人六十名.
시월 종정무 사인 헌마 십 필 발환 피로인 육십 명

| 원문 읽기를 위한 도움말 |

① 恩雖全於宗室 法乃毀於朝廷. 명확한 대비를 통해 글의 설득력을 크게
   은 수 전 어 종실 법 내 훼 어 조정

   높이고 있다. 특히 앞에는 雖를, 뒤에는 乃를 써서 짧은 글이지만 긴밀
                        수   내

   한 구성을 보여준다.

② 無遺. '남김없이', '빠짐없이'라는 뜻이다.
   무유

430

KI신서 7225

이한우의 태종실록 재위 5년

1판 1쇄 인쇄 2017년 12월 22일
1판 1쇄 발행 2017년 12월 29일

옮긴이 이한우
펴낸이 김영곤
펴낸곳 (주)북이십일 21세기북스

정보개발본부장 정지은 **인문기획팀장** 장보라 **책임편집** 김찬성 윤홍 **교정교열** 주태진 최태성
디자인 표지 씨디자인: 조혁준 함지은 김하얀 이수빈 **본문** 이수정
출판영업팀 이경희 이은혜 권오권
출판마케팅팀 김홍선 최성환 배상현 신혜진 김선영 나은경
홍보기획팀 이혜연 최수아 김미임 박혜림 문소라 전효은 염진아
제작팀 이영민

출판등록 2000년 5월 6일 제406-2003-061호
주소 (10881) 경기도 파주시 회동길 201(문발동)
대표전화 031-955-2100 **팩스** 031-955-2151 **이메일** book21@book21.co.kr
페이스북 facebook.com/21cbooks **블로그** b.book21.com
인스타그램 instagram.com/21cbooks **홈페이지** www.book21.com

ⓒ 이한우, 2017

ISBN 978-89-509-7272-1 04900
      978-89-509-7105-2 (세트)